Rechtsgrundsätze

der

neuesten Entscheidungen

des

Königlichen Ober-Tribunals.

Geordnet

nach dem Systeme der Gesetzbücher

und herausgegeben

von

Theodor Striethorst,
Kammergerichts-Rath.

Sechster Band.

Berlin.
Verlag von J. Guttentag.
1870.

Wilhelm Gronau's Buchdruckerei in Berlin.

Vorwort.

Der vorliegende sechste Band der Rechtsgrundsätze enthält die Rechtsgrundsätze derjenigen Ober-Tribunals-Entscheidungen, welche in den acht Bänden des fünften und sechsten Jahrgangs der Zweiten Folge (Band 65—72.) des Archivs für Rechtsfälle Aufnahme gefunden haben.

Berlin, im November 1869.

Theodor Striethorst.

Allgemeines Landrecht.

Publikations-Patent vom 5. Februar 1794.

---

§ 1. Gültigkeit des Römischen Rechts und anderer fremden gemeinen Rechte neben dem kodifizirten Provinzialrecht.

Rechtsgr. 1. — I. Senat. 4. Oktober 1867. (LXVIII. 217.)

In den Provinzen, woselbst das Provinzialrecht in ein in sich abgeschlossenes System aufgenommen ist, und dieses Provinzialrecht ein besonderes Gesetzbuch bildet, sind auch diejenigen Grundsätze, welche lediglich aus dem Römischen oder Sächsischen Recht entnommen sind, als Provinzialgesetze zu betrachten und kommen daher, insofern sie von dem Allgem. Landrecht abweichen, vor diesem zur Anwendung.

Siehe auch Rechtsgrundsatz 548. (Sächsisches Weichbildrecht Art. 10.)

§ 2. Landesherrlich bestätigte Statuten eines Vereins oder einer Gesellschaft in ihrer Eigenschaft als Gesetz oder Vertrag. — Vergl. Allg. Deutsches Handelsgesetzbuch Art. 228.

Rechtsgr. 2. — IV. Senat. 14. Mai 1868. (LXXI. 176.)

Als allgemeine Regel läßt sich nicht anerkennen, daß Statuten eines Vereins oder einer Gesellschaft durch die landesherrliche Bestätigung in allen ihren Theilen gleiche Wirksamkeit mit Gesetzen erhalten.

§ 4. Siehe Rechtsgrundsätze 5. 334. 777. (A. L. R. Einl. § 3., II. 11. § 710.; Gesetz vom 16. Februar 1857 Art. 11.)

§ 7. Siehe Rechtsgrundsätze 5. 294. 297. 334. (A. L. R. Einl. § 3., II. 2. §§ 2. 19. 20., 11. § 710.; Gesetz vom 16. Februar 1857 Art. 11.)

§ 9. Entscheidung gemeinrechtlicher Kontroversen durch einen Preußischen Gerichtshof mit Rücksicht auf die Vorschriften des Preußischen Rechts.

Rechtsgr. 3. — III. Senat. 4. September 1868. (LXXII. 129.)

Bei Verschiedenheit der Meinungen der gemeinrechtlichen Rechtslehrer über eine Vorschrift des Gemeinen Rechts darf ein Preußischer Gerichtshof derjenigen Ansicht, welche der Vorschrift des Allgem. Landrechts am nächsten kommt, den Vorzug geben.

§ 13. Zeitliche Geltung der die gesetzliche Erbfolge regelnden Gesetze überhaupt und namentlich rücksichtlich der Gesetze über die bäuerliche Erbfolge in Westphalen. — Vergl. Publikations-Patente vom 9. September 1814 § 18. und 21. Juni 1825 § 18.; Gesetz vom 13. Juli 1836 §§ 1. 2. 5. 9. 10. 11. 12. 16.; Verordnung vom 18. Dezember 1848 § 5.

Rechtsgr. 4. — I. Senat. 13. Dezember 1867. (LXIX. 226.)

a) Die Zeit des Erbanfalles entscheidet über die beim Wechsel der Gesetzgebung in Betreff der gesetzlichen Erbfolge in Anwendung zu bringenden Gesetze.

b) Von diesem Grundsatze ist weder in dem Gesetze No. 1730. über die bäuerliche Erbfolge in der Provinz Westphalen vom 13. Juli 1836, noch in der Verordnung vom 18. Dezember 1848, denselben Gegenstand betreffend, abgewichen.

Einleitung.

§ 2. Siehe Rechtsgrundsatz 6. (A. L. R. Einl. §. 12.)

§§ 3. 4. Fortdauernde Gültigkeit der ungeschriebenen Rechte und Observanzen in denjenigen Provinzen, für welche noch keine Provinzial-Gesetzbücher zu Stande gekommen sind. — Vergl. A. L. R. Publikations-Patent vom 5 Februar 1794 §§ 4. 7., Einl. §§. 49. 60.

Rechtsgr. 5. — II. Senat. 18. Juni 1868. (LXXI. 248.)

a) Die bereits zur Zeit der Emanation des Publikations-patents zum Allgem. Landrecht vom 5. Februar 1794 bestandenen ungeschriebenen Rechte und Observanzen, welche von den Vorschriften des Allgem. Landrechts abweichen oder etwas bestimmen, was die Gesetze unentschieden gelassen, haben in den Provinzen, für welche noch keine Provinzialgesetzbücher zu Stande gekommen sind, fortwährend Gültigkeit.

b) Auch haben nach Einführung des Allgem. Landrechts Gewohnheitsrechte und Observanzen sich über solche Gegenstände, welche das Allgem. Landrecht oder etwaige Spezialgesetze blos unentschieden gelassen haben (Observanzen praeter legem), mit Recht wirkender Kraft bilden können.

§ 12. Verpflichtung zur Kenntniß der Provinzialverordnungen. — Vergl. § 2. dieser Einleitung.

Rechtsgr. 6. — III. Senat. 6. April 1868. (LXXI. 106.)

a) Die zu vermuthende Kenntniß eines Gesetzes umfaßt auch die Kenntniß seines Gebiets.

b) Von dem Grundsatze des § 12. der Einleitung zum Allgem. Landrecht, wonach sich Niemand mit der Unwissenheit eines gehörig publizirten Gesetzes entschuldigen kann, sind Provinzialverordnungen nicht ausgeschlossen.

§ 16. Siehe Rechtsgrundsatz 302. (A. L. R. II. 2. § 210.)

§§ 23. ff. 33. Verbindende Kraft der Gesetze:

A. Beurtheilung der Privatrechtsverhältnisse überhaupt und der persönlichen Rechtsfähigkeit insbesondere nach dem Rechte des Wohnsitzes oder des Geburtsortes.

Rechtsgr. 7. — V. Senat. 2. Mai 1867. (LXVIII. 73.)

Die Privatrechtsverhältnisse eines Menschen überhaupt und die persönliche Rechtsfähigkeit insbesondere werden in der Regel nach den Gesetzen des Wohnsitzes, nicht nach den Gesetzen des Landes, dem Jemand lediglich durch seine Geburt angehört, beurtheilt.

B. Einfluß des dauernden Aufenthaltes eines Minderjährigen am Amtssitz auf die Beurtheilung der persönlichen Rechtsfähigkeit. — Vergl. A. L. R. II. 2. § 219., 18. § 811.; A. G. O. I. 2. § 11.

Rechtsgr. 8. — V. Senat. 2. Mai 1867. (LXVIII. 73.)

Die Minderjährigkeit begründet die Fortdauer des dadurch bedingten bisherigen Domizils bei dem Vater, beziehungsweise an dem Sitze der Vormundschaft; diese Fortdauer ist eine rechtliche Nothwendigkeit, der durch eine mit einem Amte verbundene Nothwendigkeit des thatsächlichen Aufenthaltes an dem Amtssitz nicht unbedingt derogirt wird.

C. Beurtheilung der Ehe rücksichtlich der Lehnsfähigkeit nach den Real- oder Personalstatuten. — Vergl. A. L. R. I. 18. §§ 360. ff.

Rechtsgr. 9. — I. Senat. 22. November 1867. (LXIX. 135.)

Die Wirkungen und Folgen einer geschlossenen Ehe, namentlich einer nichtigen Ehe, rücksichtlich der Lehnsfolgefähigkeit sind nicht nach dem Rechte des Landes, woselbst das Lehn gelegen ist, sondern lediglich nach den Personalstatuten zu entscheiden.

D. Locus regit actum.

Rechtsgr. 10. — I. Senat. 6. März 1868. (LXX. 140.)

Der Rechtsgrundsatz: "locus regit actum" bezieht sich nur auf die äußere Form eines Rechtsgeschäftes, wenn dasselbe an einem anderen Orte, als wo es entstanden, in Wirksamkeit treten soll, nicht auch auf die Wirksamkeit desselben.

E. Streit der Parteien über die Anwendung der Gesetze des Ortes, wo der Vertrag geschlossen ist und wo er zur Erfüllung gelangen soll; richterliche Feststellung in dieser Beziehung. — Vergl. Deklaration vom 6. April 1839 Art. 3. No. 1.; Verordnung No. 3153 vom 21. Juli 1849 § 29.

Rechtsgr. 11. — V. Senat. 5. März 1867. (LXVI. 246.)

Der Streit, welcher zwischen den Parteien über die

Anwendbarkeit der Gesetze des Ortes des Vertragsschlusses oder der Erfüllung geführt wird, ist kein anderer, als der über den bei ihnen vorauszusetzenden Willen, sich dem in ihrem Wohnorte geltenden Rechte zu unterwerfen, oder sich über die Erfüllung des Vertrages an einem anderen Orte zu einigen und damit den Sitz der Obligation nach diesem Orte zu verlegen und sie der Einwirkung der dort geltenden Gesetze unterzuordnen.

Wenn der Richter einen solchen Willen nach einer bestimmten Richtung hin aus den Umständen erkennt, so kann nicht gesagt werden, daß er damit eine neue, den Parteien bis dahin fremde Thatsache festgestellt habe.

F. Gültigkeit des von einem Inländer im Auslande errichteten Testaments.

Rechtsgr. 12. — I. Senat. 23. März 1868. (LXXI. 90.)

Die Gültigkeit der Form des von einem Inländer, dessen Wohnsitz sich in dem Gebiete des Allgemeinen Landrechts befindet, im Auslande vor seinem dort erfolgten Ableben errichteten Testaments ist nach den Gesetzen des Ortes der Errichtung des Testaments zu beurtheilen.

§ 34. Anwendbarkeit der inländischen Verjährungsgesetze auf ein nach ausländischem Recht zu beurtheilendes Rechtsverhältniß.

Rechtsgr. 13. — IV. Senat. 23. Oktober 1866. (LXVI. 131.)

Auf ein nach dem ausländischen Rechte zu beurtheilendes Rechtsverhältniß kann nicht ohne Weiteres die im Preußischen Rechte im Allgemeinen verordnete Klageverjährung von 30 Jahren, sondern es kann nur diejenige Klageverjährung zur Anwendung kommen, welche gerade für jenes Rechtsverhältniß im Preußischen Rechte besonders vorgeschrieben ist.

§§ 46. ff. Gewicht der Motive einer Gesetzesvorlage der Regierung.

Rechtsgr. **14.** — III. Senat. 27. September 1867. (LXVIII. 202.)

Soweit eine Gesetzesvorlage der Regierung von den übrigen Faktoren der Gesetzgebung genehmigt worden ist, kann man ihren Motiven ein Gewicht nicht versagen.

§§ 49. 60. Siehe Rechtsgrundsatz 5. (A. L. R. Einl. § 3.)

§§ 73—75. Kollision der Rechte mehrerer Grundeigenthümer, namentlich zwischen Grundeigenthum und Bergwerkseigenthum. — Vergl. A. L. R. Einl. § 93., I. **8.** §§ 29. ff., II. **16.** § 82.

Rechtsgr. **15.** — III. Senat. 24. Februar 1868. (LXXI. 74.)

Der bei der Kollision mehrerer Grundeigenthümer zutreffende Satz:

daß die Ausschließlichkeit und Willkürlichkeit des Gebrauchsrechtes des einen Eigenthümers ihre nothwendige Begrenzung finde in der dem anderen Eigenthümer ebenfalls zustehenden Willkürlichkeit und Ausschließlichkeit, und daß demgemäß die Benutzung des einen Eigenthümers nicht in den Rechtskreis der Benutzung des andern hinübergreifen dürfe,

ist nicht ohne Weiteres auf Kollisionen zwischen Grundeigenthum und Bergwerkseigenthum anzuwenden, vielmehr ist darauf zu sehen, wie sich diese widerstreitenden Verhältnisse durch Herkommen und besondere Gesetze gestaltet haben.

Siehe auch Rechtsgrundsatz 689. (Gesetz vom 28. Februar 1843 § 8.)

§§ 88. ff. Nichtbestehende rechtliche Vermuthung für das Eigenthum eines Grundstücks aus der Hauptnutzung desselben.

Rechtsgr. **15a.** — II. Senat. 7. April 1868. (LXXI. 114.)

Es besteht keine rechtliche Vermuthung dafür, daß derjenige der Eigenthümer eines Grundstücks sei, welchem an demselben die Hauptnutzung zusteht.

Siehe auch Rechtsgrundsatz 233. (A. L. R. I. **21.** § 270.)

§ 93. Siehe Rechtsgrundsätze 15. 53. (A. L. R. Einl. § 73., I. **6.** § 29.)

§ 101. Siehe Rechtsgrundsatz 241. (A. L. R. I. **21** § 358.)

Theil I.

Titel 1. Von Personen und deren Rechten überhaupt.

§ 37. Rechtskraft des Erkenntnisses auf Todeserklärung. — Vergl. A. L. R. I. 9. § 367., II. 18. §§ 835. ff.; A. G. O. Einl. § 56., I. 16. § 1.

Rechtsgr. 16. — I. Senat. 6. März 1868. (LXX. 139.)

a) Der Tag der Rechtskraft des Todeserklärungs-Erkenntnisses ist als Todestag des Verschollenen anzusehen.

b) Die Rechtskraft eines Todeserklärungs-Urtheils, gegen welches ein Rechtsmittel nicht eingelegt worden, ist auf den Tag der vollendeten Publikation zurückzuziehen.

§ 38. Vermuthung für das Leben bis 70 Jahre und gegen das Leben über 70 Jahre.

Rechtsgr. 17. — II. Senat. 28. November 1867. (LXIX. 163.)

Der § 38. I. 1. des Allg. Landrechts:

„Kommt es darauf an, ob Jemand einen gewissen Erb- oder andern Anfall noch erlebt habe, so wird vermuthet, daß ein Mensch, von dessen Leben oder Tode keine Nachricht zu erhalten ist, nur siebenzig Jahre alt geworden sei",

enthält nicht nur die Vermuthung,

daß Jemand nach dem siebenzigsten Lebensalter nicht mehr gelebt hat,

sondern auch,

daß er bis zum siebenzigsten Lebensjahre gelebt habe.

Titel 2. Von Sachen und deren Rechten überhaupt.

§§ 42. ff. Pertinenzstücke:

A. Pertinenzeigenschaft eines Kellers.

Rechtsgr. 18. — III. Senat. 7. Oktober 1867. (LXVIII. 224.)

Der unter einem Hause befindliche Keller ist nicht unter allen Umständen gesetzlich ein Theil oder Zubehör dieses Hauses.

B. Schulddokument als Zubehör der cedirten Forderung. — Vergl. A. L. R. I. **11.** § 394.

Rechtsgr. 19. — IV. Senat. 28. April 1868. (LXX. 312.)

Das Schulddokument ist als ein Zubehör der cedirten Forderung anzusehen.

§ 107. Siehe Rechtsgrundsatz 107. (A. L. R. I. **11.** §. 78.)
§ 124. Recht zur Sache des bedingungsweise Berechtigten. — Vergl. A. L. R. I. **4.** §§ 101. ff.

Rechtsgr. 20. — IV. Senat. 15. Januar 1867. (LXVII. 34.)

Auch der bedingungsweise Berechtigte hat schon vor Eintritt der Bedingung einen Titel zu dem ihm zugedachten Rechte, mithin, sofern eine Sache Gegenstand dieses Rechts ist, ein Recht zur Sache.

§ 137. Siehe Rechtsgrundsatz 253. (A. L. R. I. **22.** § 18.)

Titel 3. Von Handlungen und den daraus entstehenden Rechten.

§ 4. Siehe Rechtsgrundsatz 53. (A. L. R. I. **6.** § 29.)
§§ 7. ff. Siehe Rechtsgrundsatz 52. (A. L. R. I. **6.** § 1.)
§§ 20. ff. Siehe Rechtsgrundsatz 164. (A. L. R. I. **13.** § 159.)
§ 35. Siehe Rechtsgrundsatz 162. (A. L. R. I. **13.** § 22.)
§§ 40. 41. Siehe Rechtsgrundsatz 150. (A. L. R. I. **12.** § 115.)
§ 47. Siehe Rechtsgrundsatz 738. (Ferien-Ordnung vom 16. April 1850.)

Titel 4. Von Willenerklärungen.

§§ 1—4. Siehe Rechtsgrundsatz 151. (A. L. R. I. **12.** § 124.)
§ 19. Siehe Rechtsgrundsatz 253. (A. L. R. I. **22.** § 18.)
§§ 21. 22. Siehe Rechtsgrundsatz 25. (A. L. R. I. **5.** §§ 10. ff.)

§§ **23.** ff. Siehe Rechtsgrundsatz 158. (A. L. R. I. **12.** § 618.)

§§ **40. 50.** Siehe Rechtsgrundsatz 295. (A. L. R. II. **2.** § 2.)

§ **57.** Siehe Rechtsgrundsätze 22. 151. (A. L. R. I. **4.** §. 65., **12.** § 124.)

§§ **58. 59.** Siehe Rechtsgrundsatz 122. (A. L. R. I. **11.** § 581.)

§ **60.** Siehe Rechtsgrundsatz 384. (Allg. Deutsches Handelsgesetzbuch Art. 279.)

§. **63.** Bekanntmachung des Beschlusses einer Behörde an die Beamten und Kenntnißnahme der Beamten von dem Beschluß durch Beifügung der Namens-Unterschrift und des Wortes: „gelesen." — Vergl. A. L. R. I. **4.** §§ 96. ff., **5.** § 134., **16.** §§ 379—381.

Rechtsgr. **21.** — I. Senat. 7. September 1868. (LXXII. 132.)

Der, von einem Beamten unter der ihm vorgelegten Verfügung der vorgesetzten Behörde, durch welche ihm ein Beschluß derselben lediglich bekannt gemacht wird, unter Beifügung seiner Namensunterschrift geschriebene Vermerk: „gelesen" enthält nicht die ausdrückliche Erklärung, daß er mit dem Beschlusse der Behörde einverstanden sei, beziehungsweise sich demselben unterwerfe, sondern nur die einfache Bescheinigung, von der Verfügung Kenntniß erlangt zu haben.

§§ **65.** ff. Auslegung der Willenserklärung:

A. Ausdrückliche Willenserklärung. — Vergl. §§ 57. ff. dieses Titels.

Rechtsgr. **22.** — II. Senat. 27. Februar 1868. (LXX. 104.)

Eine ausdrückliche Willenserklärung ist nicht blos dann vorhanden, wenn die Absicht des Erklärenden in allen ihren Wirkungen und Folgen mit bestimmten Worten ausgedrückt wird, sondern überhaupt dann, wenn aus dem Inhalte der Erklärung, aus den Worten in ihrem Zusammenhange oder aus anderen deutlichen Zeichen der ernste und gewisse Wille unzweideutig erhellt.

B. Instruktionen und Anweisungen für den Richter in den §§ 65—74. 147. 151. I. **4.** des Allgem. Landrechts.

Rechtsgr. **23.** — IV. Senat. 5. Mai 1868. (LXXI. 158.)

Die §§ 65—74. 147. und 151. I. 4. des Allgem.

Landrechts, betreffend Regeln über die Auslegung von Willenserklärungen, enthalten keine Rechtsgrundsätze, sie sind vielmehr lediglich aus dem Gesichtspunkte bloßer Anweisungen und Instruktionen für den Richter anzusehen.

§§ 84. 85. Verschweigen als civilrechtlicher dolus. — Vergl. A. L. R. I. 5. §§ 326. 331., **II.** §§ 138. 198. 539. 540.

Rechtsgr. **24.** — IV. Senat. 22. September 1868. (LXXI. 337.)

Auch durch Verschweigen kann ein civilrechtlicher Dolus begangen werden.

§§ 90. ff. Siehe Rechtsgrundsatz 21. (A. L. R. I. **2.** § 63.)
§§ 101. ff. Siehe Rechtsgrundsatz 20. (A. L. R. I. **2.** § 124.)
§§ 147. 151. Siehe Rechtsgrundsatz 23. (A. L. R. I. **4.** §§. 65. ff.)

Titel 5. Von Verträgen.

§ 1. Siehe Rechtsgrundsatz 107. (A. L. R. I. **11.** § 78.)

§§ 10. ff. Ankauf eines Grundstückes Seitens des Vormundes und verweigerte Genehmigung Seitens des Vormundschaftsgerichts. — Vergl. A. L. R. I. **4.** §§ 21. 22., **II. 18.** §§ 235. 239. 597 598. 956.

Rechtsgr. **25.** — III. Senat. 8. März 1867. (LXVI. 261.)

Durch die von dem Vormundschaftsgerichte geschehene bedingte Verweigerung der Genehmigung des von dem Vormunde eines Minderjährigen abgeschlossenen Kaufvertrages über ein Grundstück und die Benachrichtigung des Verkäufers von dieser Weigerung durch das Vormundgericht erlangt der Verkäufer nicht das Recht, von dem Vertrage zurückzutreten.

§ 43. Vertrag über die Handlung eines Dritten und daraus herzuleitender Anspruch auf Entschädigung bei unterlassener Bemühung zur Erwirkung der Handlung.

Rechtsgr. **26.** — IV. Senat. 13. Juli 1867. (LXVI. 359.)

Hat derjenige, welcher die Handlung eines Dritten versprochen hat, erklärt, daß er diesen zu der Handlung nicht veranlassen wolle, und bis dahin auch keine Bemühungen zur Bewirkung der Handlung aufgewendet, so ist dem Berechtigten dadurch das Recht erwachsen, den ihm aus dem Unterbleiben der Handlung entstehenden Schaden ersetzt zu verlangen, und geht dieses Recht dadurch nicht wieder verloren, wenn auch der Verpflichtete später den vergeblichen Versuch gemacht haben sollte, den Dritten zur Handlung zu bewegen.

§§ **51**. ff. **68**. Siehe Rechtsgrundsatz 623. (Deklaration vom 29. Mai 1820.)

§ **71**. Unbestimmtheit eines Vertrages über zu leistende Arbeiten; Konventionalstrafe, welche einem solchen Vertrage beigefügt ist. — Vergl. § 310. dieses Titels, A. L. R. I. **11**. § 871.

Rechtsgr. **27**. — IV. Senat. 20. November 1866. (LXVIII. 14.)

Sind in einem Vertrage die zu leistenden Arbeiten nur generisch angegeben und rücksichtlich der Preise besondere Verabredung vorbehalten, so fehlt es dem Vertrage an einer ausreichenden Bestimmtheit. Derselbe ist daher unverbindlich, und findet aus demselben auch die Forderung einer Konventionalstrafe nicht statt.

§§ **74**—**77**. Versicherung bei einer Sterbekasse; Sterbekassengelder als zur Nachlaßmasse des Versicherten gehörig. — Vergl. A. L. R. II. **8**. §§ 1945—1951.

Rechtsgr. **28**. — I. Senat. 17. Juni 1867. (LXVII. 279.)

Nach dem Zwecke der Sterbekasse erfolgt die Versicherung zum Vortheil des eingekauften Mitgliedes selbst für den Fall, daß die Abschließung des Vertrages durch einen Dritten erfolgt.

Die Sterbekassengelder gehören deshalb zum Nachlaß des eingekauften Mitgliedes.

Siehe auch Rechtsgrundsätze 56. 123. (A. L. R. I. **7**. § 32., **11**. § 602.)

§§ **86**. **102**. Siehe Rechtsgrundsatz 323. (A. L. R. II. **8**. § 2068.)

§§ **109**. **116**. Siehe Rechtsgrundsatz 107. (A. L. R. I. **11**. § 78.)

§§ 118. 119. Siehe Rechtsgrundsatz 323. (A. L. R. II. 8. § 2068.)
§§ 120. 121. 125. Begriff einer Punktation und eines Traktates.

Rechtsgr. **29.** — I. Senat. 16. November 1866. (LXV. 137.)

Nur wenn die Parteien in der Punktation selbst die Verabredung von Nebenbedingungen sich ausdrücklich vorbehalten, sinkt dieselbe zu einem Traktat herab, nicht aber in dem Falle, wenn ein derartiger Vorbehalt nur mündlich gemacht ist.

Siehe auch Rechtsgrundsatz 634. (Stempelgesetz vom 7. März 1822 Tarif „Punktation".)

§ 134. Siehe Rechtsgrundsatz 21. (A. L. R. I. 4. § 63.)
§ 140. Siehe Rechtsgrundsatz 163. (A. L. R. I. 13. § 131.)
§ 152. Siehe Rechtsgrundsatz 387. (Allg. Deutsches Handelsgesetzbuch Art. 294.)
§§ 155. ff. Siehe Rechtsgrundsätze 32. 141. (A. L. R. I. 5. § 166., 11. § 869.)
§ 165. Mündlich versprochene Gegenleistung für den Fall der Heirath mit einer bestimmten Person. — Vergl. A. L. R. I. 11. § 1048.
A. Ueberhaupt.

Rechtsgr. **30.** — I. Senat. 16. November 1866. (LXVI. 159.)

Es liegt im Begriff des im § 1048. I. 11. des Allg. Landrechts vorausgesetzten lästigen Vertrages, daß das unter der Bedingung oder zum Zweck einer zu schließenden Ehe Versprochene und die Schließung der Ehe sich als Leistung und Gegenleistung darstellen müssen, sowie im Begriff des im § 165. I. 5. des Allgem. Landrechts vorausgesetzten mündlichen Vertrages, daß das Versprechen der Eingehung der Ehe, als Hauptgegenstand des Vertrages, von der einen Seite und das Versprechen von der anderen Seite als die Vergütung für die Erfüllung dieses Versprechens erscheint. Diese Auffassung liegt auch dem Plenarbeschlusse vom 7. November 1845 zum Grunde.

Inwiefern das Versprechen zu dem Zwecke der zu schließenden Ehe erfolgt und in dieser Richtung der diesfällige Vertrag geschlossen war, ist in jedem einzelnen Falle nach den vorwaltenden Umständen zu ermessen.

B. Mündlicher Parzellirungsvertrag mit demjenigen, welcher die Tochter des Grundstücksbesitzers zu heirathen verspricht und später heirathet. — Vergl. Gesetz vom 24. Juni 1853 § 3.

Rechtsgr. 31. — III. Senat. 2. März 1868. (LXX. 116.)

Der Plenarbeschluß vom 7. November 1845, welcher bestimmt:

daß ein nur wegen Mangels schriftlicher Form unverbindlicher Vertrag, Inhalts dessen die Abtretung eines Grundstücks versprochen ist dem, welcher eine bestimmte Person heirathen würde, wegen dieses Formmangels dann nicht soll angefochten werden können, wenn der Andere die Ehe wirklich vollzogen hat,

ist nicht geeignet, einem nichtigen Parzellirungsvertrag Gültigkeit zu verschaffen.

Siehe auch Rechtsgrundsatz 141. (A. L. R. I. 11. § 869.)

§§ 166—168. Statthaftigkeit eines Abzuges auf eine zu leistende Vergütung überhaupt und namentlich im Falle des § 166 I. 5. des Allg. Landrechts. — Vergl. §§ 155. ff. dieses Titels.

Rechtsgr. 32. — IV. Senat. 26. März 1868. (LXX. 259.)

a) Zur Ausführung eines Abzuges auf eine zu leistende Vergütung ist erforderlich, daß sowohl die Vergütung als auch der darauf zu machende Abzug in bestimmten, ihrer Quantität nach feststehenden fungiblen Sachen besteht.

b) Besteht die Vergütung in Handlungen und Leistungen spezifischer Art, welche von Zeit, Person und andern Umständen abhängen und in ihren einzelnen Leistungen und in ihrem Umfange im Voraus nicht bestimmt werden können, z. B. in der Unterweisung eines Handlungslehrlings und in freier Station und Wäsche für denselben, so mangelt es an den Rechnungsfaktoren, welche erforderlich sind, um an einer Geldsumme oder einem andern Werthgegenstande einen Abzug vornehmen zu können.

Dergleichen Handlungen und Leistungen können unter den Begriff der im § 166. I. 5. des Allgem. Landrechts genannten „Vergütung" nicht subsumirt werden.

c) Der § 166. I. 5. des Allgem. Landrechts enthält eine Vorschrift nur zur Bestimmung, in welchem Umfange derjenige, dem der Rücktritt vom Vertrage zur Last fällt, für seine bereits geleisteten Handlungen die verabredete Vergütung fordern kann; nicht aber verhält er sich über den Anspruch, den der andere Kontrahent für seine Leistungen als Vergütung oder sonst als Entschädigung erheben darf, wofür die §§ 156—160. 163. 167. 168. a. a. O. maaßgebend sind.

§ **172**. Kenntniß der Handschriftzeichen und Unterschrift eines Vertrages durch einen sonst des Schreibens Unkundigen. — Vergl. A. L. R. I. **5**. Anh. § 5. zu § 178.; A. G. O. I. **10**. § 19. Anh. §§ 68—72.

Rechtsgr. **33**. — III. Senat. 21. Februar 1868. (LXXI. 72.)

Derjenige, welcher einen Vertrag unterschrieben hat und Geschriebenes lesen kann, ist als schriftlich verpflichtet anzusehen, und es findet, wenn er auch ein Mehreres nicht, als seinen Namen schreiben kann, die Einrede,

daß die schriftliche Form nicht beobachtet sei,

nicht statt.

§§ **174**. **178**. und Anh. § **5**. zu § **178**., §§ **179**. **184**. Schriftliche Verträge eines der Sprache, worin die Schrift abgefaßt ist, Unkundigen. — Vergl. A. L. R. I. **21**. § 269.

Rechtsgr. **34**. — III. Senat. 2. März 1868. (LXIX. 351.)

Schriftliche Verträge eines der Sprache, worin die Schrift abgefaßt worden, Unkundigen, können auch nicht als mündliche bestehen bleiben, es sei denn, daß das Zu=

standekommen eines dem Schriftstücke entsprechenden mündlichen Vertrages nachgewiesen sei.

Siehe auch Rechtsgrundsätze 33. 151. (A. L. R. I. 5. § 172, 12 § 124.)

§§ 185. ff. Siehe Rechtsgrundsatz 422. (Allgem. Deutsche Wechsel-Ordnung Art. 12.)

§ 188. Wirkung des schriftlichen Anerkenntnisses eines mündlichen Vertrages.

Rechtsgr. **35.** — III. Senat. 21. Juni 1867. (LXVIII. 105.)

Das schriftliche Anerkenntniß eines mündlichen Vertrages erhebt den Vertrag nicht erst von Zeit des Anerkenntnisses ab zu einem gültigen Vertrage, sondern macht denselben von Anfang ab gültig.

§§ 205—208. 218. Verlust der Draufgabe und des Angeldes.

Rechtsgr. **36.** — III. Senat. 17. Mai 1867. (LXVII. 215.)

Daraus, daß die mit der Hauptleistung gleich geeigenschaftete Draufgabe als Angeld anzusehen ist, folgt nicht, daß auch das Angeld, die Abschlags- und Vorleistung, der Draufgabe gleichstehe, und auf diese der § 218. I. 5. des Allgem. Landrechts, nach welchem der Geber die Draufgabe verliert, wenn der Vertrag durch seine Schuld zurückgeht, Anwendung leide.*

§§ 270. 271. Siehe Rechtsgrundsätze 38. 109. 112. 233. 725. 742. (A. L. R. I. 5. § 285., 11. §§ 124. 221., 21. § 270.; Allgem. Deutsches Handelsgesetzbuch Art. 340.; Gesetz vom 2. März 1850 § 2.; Gesetz vom 12. Mai 1851 § 1.)

§§ 285. ff. Interesse wegen Verletzung eines Vertrages:

A. Umwandelung der Obligationen, welche nicht in bedungener Weise zur Erfüllung gelangen können, in Geldobligationen.

Rechtsgr. **37.** — IV. Senat. 17. September 1867. (LXVIII. 157.)

Jede Obligation, wenn sie in bedungener Weise nicht zur Erfüllung gelangen kann, löst sich durch Aestimation der Leistung in eine Geld-Obligation auf.

* Vergl. dagegen Rechtsgrundsätze Bd. 4. No. 55. S. 24.

B. Schätzung des Werthes der Leistung und Einfluß der Mora auf diese Schätzung. — Vergl. §§ 270. ff. dieses Titels, A. L. R. I. 16. §§ 15. ff.

Rechtsgr. 38. — IV. Senat. 17. September 1867. (LXVIII. 158.)

a) Bei nicht zu erzwingender vertragsmäßiger Leistung tritt der Geldwerth an deren Stelle, und zwar ist derjenige Werth in Betracht zu ziehen, den die Leistung zu der Zeit hatte, zu welcher sie nach dem Vertrage hätte geleistet werden sollen.

b) Die unterbliebene Leistung auch in dieser Gestalt kann zwar die durch Verzug entstehenden Verpflichtungen dem Verklagten auflegen, auch, wenn durch besondere, den Verklagten zur Last zu legende Umstände den Klägern noch ein besonderer Schade durch die Nichterfüllung entstanden ist, die Verklagten zum Ersatze desselben verbindlich machen; aber die Abschätzung der vertragsmäßigen Leistung selbst kann dadurch nicht verändert werden, muß vielmehr nach dem Zeitpunkte, wo selbige nach dem Vertrage hätte geschehen müssen, vorgenommen werden.

§§ 292—316. Konventionalstrafe bei Verträgen:
A. Charakter der Konventionalstrafe.

Rechtsgr. 39. — IV. Senat. 25. Oktober 1866. (LXV. 93.)

Die Konventionalstrafe ist nicht nur dazu bestimmt, für den entstehenden Nachtheil Ersatz zu leisten, sondern ihre Funktion ist namentlich in den Fällen, wo sie neben der Leistung selbst auf die Verzögerung der Leistung gesetzt ist, durchgängig auf eine Bestärkung, eine Sicherung der vertraglichen Obliegenheit gerichtet.

B. Konventionalstrafe als selbstständig klagbare Forderung.

Rechtsgr. 40. — IV. Senat. 21. Mai 1867. (LXVII. 220.)

Die Konventionalstrafe ist keine Accession, keine Erweiterung der Obligation aus innen heraus; der Anspruch auf dieselbe beruht auf einem mit dem Hauptvertrage in

Verbindung gesetzten Vertrage, einem pactum adjectum, und auf dieser Grundlage entwickelt sich, namentlich wenn die den Anspruch bedingenden Thatsachen eingetreten sind, eine fällige und vom Fälligkeitstage an selbstständige und klagbare Forderung.

C. Anspruch auf die Konventionalstrafe beim Mangel des Nachweises eines Geld-Interesses überhaupt.

Rechtsgr. 41. — IV. Senat. 25. Oktober 1866. (LXV. 94.)

Derjenige, welcher die Konventionalstrafe beansprucht, hat nur zu beweisen, daß die Bedingung, von welcher sein Recht abhängig ist, eingetreten ist; dagegen steht dem Beanspruchten das Recht zu, wenn das Interesse nach Geldwerth sich beweisen läßt, die Beschränkung, Ermäßigung auf den doppelten Betrag des festgestellten Interesses, zu fordern. Kann er aber einen solchen Beweis nicht führen, kann er das Interesse selbst nicht darlegen, und mithin auch nicht den Betrag desselben, so bleibt es bei dem Vertrage.

D. Annahme der nachherigen Erfüllung ohne Vorbehalt durch einen Bevollmächtigten in ihrer Wirkung auf die Konventionalstrafe; Konventionalstrafe auf ein Thun, welches der Vereinbarung nach unterbleiben soll.

Rechtsgr. 42. — IV. Senat. 21. Mai 1867. (LXVII. 220.)

a) Nimmt nicht der Gläubiger selbst, sondern ein Bevollmächtigter die Erfüllung stillschweigend an, so darf der § 307. I. 5. des Allgem. Landrechts nicht zur Anwendung kommen, sofern nicht angenommen werden kann, daß der Bevollmächtigte ermächtigt gewesen, ein erworbenes Recht aufzugeben.

b) Die Bestimmung des § 307. I. 5. des Allgem. Landrechts findet nicht Anwendung, wo die Strafe verwirkt wird nicht durch ein Unterlassen (Zögern), sondern durch ein Thun, welches der Vereinbarung nach unterbleiben soll und daher verboten ist.

Siehe auch Rechtsgrundsätze 27. 164. (A. L. R. I. 5. § 71., 13. § 159.)

§§ 317. ff. Inhalt der redhibitorischen Klage; Fütterungskosten.

Rechtsgr. 43. — IV. Senat. 10. Januar 1867. (LXVII. 20.)

Nur mit der redhibitorischen Klage ist der Anspruch auf Ersatz derjenigen Kosten, welche von dem Empfänger auf die zurückgegebene Sache nothwendig oder nützlich verwendet worden, also namentlich der Fütterungskosten, geltend zu machen; auch ist mit dieser Klage der Ersatz desjenigen Schadens zu verfolgen, welcher dem Empfänger durch die fehlerhafte Sache selbst — ohne ein besonderes Verschulden des Gebers — verursacht worden ist.

Siehe auch Rechtsgrundsatz 44. (§§ 343. ff. dieses Titels.)

§ 326. Siehe Rechtsgrundsätze 24. 385. (A. L. R. I. 4. § 84.; Allg. Deutsches Handelsgesetzbuch Art. 282.)

§ 327. Siehe Rechtsgrundsätze 398. 655. (Allgem. Deutsches Handelsgesetzbuch Art. 347.; Executions-Verordnung vom 4. März 1834 § 6.)

§ 331. Siehe Rechtsgrundsätze 24. 385. (A. L. R. I. 4. § 84., Allg. Deutsches Handelsgesetzbuch Art. 282.)

§ 337. Siehe Rechtsgrundsatz 70. (A. L. R. I. 7. § 212.)

§§ 343. ff. Zeitfrist zur Geltendmachung des Gewährleistungsanspruchs: A. Ansprüche, welche mit der redhibitorischen Klage geltend zu machen sind. — Vergl. § 317. dieses Titels.

Rechtsgr. 44. — IV. Senat. 10. Januar 1867. (LXVII. 20.)

Der mit der redhibitorischen Klage geltend zu machende Anspruch auf Ersatz derjenigen Kosten, welche von dem Empfänger auf die zurückgegebene Sache nothwendig oder nützlich verwendet worden, also namentlich der Fütterungskosten, sowie die Klage auf Ersatz desjenigen Schadens, welcher dem Empfänger durch die fehlerhafte Sache selbst — ohne ein besonderes Verschulden des Gebers — verursacht worden ist, sind den Verjährungsfristen der §§ 343. 345. I. 5. des Allg. Landrechts unterworfen.

B. Anwendbarkeit des § 344. I. 5 des Allgem. Landrechts auf altentheilsähnliche Reallasten. — Vergl. A. L. R. I. 11. §§ 602. ff.

Rechtsgr. 45. — II. Senat. 24. September 1866. (LXV. 14.)

Ein Intabulat, wonach bestimmten Personen bis zur Zurücklegung eines bestimmten Lebensjahres freie Kost, und bis zu einem weitern Termin, falls sie nicht verheirathet sind, freie Wohnung und Wäsche, und den Frauenspersonen bei ihrer Verheirathung nach ihrer Wahl eine Kuh oder 20 Rthlr., ferner zwei Gebett Betten und zur Hochzeit 10 Rthlr. gewährt werden sollen, enthält eine Reallast, und sind auf dieselbe die §§ 344. 345. I. 5. des Allgem. Landrechts über die Gewährleistungsfristen anwendbar.

§ 369. Verabfolgung der Altentheilspräſtationen außerhalb der Stelle.

Rechtsgr. 46. — II. Senat. 20. November 1866. (LXV. 144.)

Die Vorschrift des § 369. I. 5. des Allgem. Landrechts:

„Ist zwar nicht die Erfüllung des Vertrages, aber doch die darin bestimmte Art der Erfüllung unmöglich, und diese Unmöglichkeit durch die Schuld des Verpflichteten, oder durch einen in dessen Person sich ereigneten Zufall entstanden, so ist der Berechtigte eine andere Erfüllungsart zu wählen befugt",

findet auch auf Alimentationsverträge und insbesondere bei brutaler Behandlung des Berechtigten durch den Verpflichteten Anwendung.

§§ 378. 380. Aufhebung eines Vertrages wegen veränderter Umstände.

Rechtsgr. 47. — IV. Senat. 12. September 1867. (LXVII. 345.)

a) Mit den Worten des § 380. I. 5. des Allgem. Landrechts:

„der ausdrücklich erklärte oder sich von selbst verstehende Zweck", und den Worten des § 378. a. a. O.:

„der ausdrücklich erklärte oder aus der Natur des Geschäfts sich ergebende Endzweck",

ist dasselbe gesagt.

b) In beiden Gesetzesstellen kommt es darauf an, ob der Endzweck bei dem Abschluß des Vertrages ausdrücklich erklärt worden, oder sich aus der Natur des durch den Vertrag gethätigten Geschäfts ergiebt, mithin ob auch der andere Theil von dem bestimmten Endzweck bei dem Abschluß des Vertrages Kenntniß hat.

§ 388. Aufhebung eines schriftlichen Vertrages, dessen Hauptgegenstand Handlungen sind.

Rechtsgr. **48.** — IV. Senat. 28. November 1867. (LXIX. 160.)

Ist bei einem schriftlichen Vertrage, dessen Hauptgegenstand Handlungen sind, der eine Theil von dem Vertrage abgegangen, weil der andere die Erfüllung bisher kontraktlich nicht geleistet hat, so bedarf es der sonst nach § 388. I. 5. des Allgem. Landrechts nothwendigen schriftlichen Aufhebung des Vertrages nicht.

§§ 408. ff. Rücktritt von Verträgen über Handlungen:

A. Beschränkende Auslegung des § 408. I. 5. des Allgem. Landrechts; Nichtanwendbarkeit desselben auf den Sozietätsvertrag, Tragweite der §§ 408—411. I. 5. des Allgem. Landrechts; Gutsüberlassungsverträge nicht als Verträge über Handlungen, Aufhebung des Präjudizes No. 2066. bei denselben. — Vergl. A. L. R. I. **11.** 869—1036., **17.** §§ 269. ff.

Rechtsgr. **49.** — III. Senat. 10. Juli 1868. (LXXI. 313.)

a) Die Bestimmung des § 408. I. 5. des Allgem. Landrechts:

Bei Verträgen, deren Hauptgegenstand Handlungen sind, kann derjenige, welcher behauptet, daß der Andere die Erfüllung bisher nicht kontraktmäßig geleistet habe

oder solchergestalt nicht leisten könne, zwar sofort, auf seine Gefahr, von dem Vertrage wieder abgehen",
ist strikte zu interpretiren.

b) Der § 408. I. 5. des Allgem. Landrechts ist auf den Sozietätsvertrag nicht zu beziehen.

c) Die §§ 408—411. I. 5. des Allgem. Landrechts beziehen sich lediglich auf die im Abschnitt 11. I. 11. des Allgem. Landrechts abgehandelten Verträge über Handlungen.

B. Aufhebung des Präjudizes No. 2066., betreffend die Gutsüberlassungsverträge. — Vergl. A. L. R. I. **11**. § 602.

Rechtsgr. **49a**. — III. Senat. 10. Juli 1868. (LXXI. 314.)

Das Präjudiz des Ober-Tribunals No. 2066.:

„Wenn bei einer Gutsüberlassung neben den übrigen Verpflichtungen des Uebernehmers zu Zahlungen, Gewährungen u. s. w. auch dessen Verpflichtung ausgesprochen ist, den Ueberlasser stets anständig zu behandeln und mit kindlicher Liebe zu verpflegen, so betrifft diese Verpflichtung Handlungen, welche zu den Hauptgegenständen des Vertrages zu rechnen sind, auch findet der § 408. I. 5. des Allg. Landrechts Anwendung",
ist aufgehoben.

§ **435**. Siehe Rechtsgrundsatz 418. (Allg. Deutsche Wechsel-Ordnung Art. 8.)

§ **443**. Solidarische Haftung mehrerer Grundstücke für dieselbe Forderung und daraus entspringende Verpflichtung der Grundstücksbesitzer. — Vergl. A. L. R. I. **16**. § 48.; Hypotheken-Ordnung II. § 159.; Konkurs-Ordnung vom 8. Mai 1855 §§ 56. 395.

Rechtsgr. **50**. — III. Senat. 11. März 1867. (LXVI. 264.)

Die Bestimmung des Präjudizes No. 1649., wonach bei der Existenz mehrerer für ein und dieselbe Forderung solidarisch verpfändeter Grundstücke, sobald der Besitzer des einen derselben gemeinschaftliche Gläubiger befriedigt hat und nun die Besitzer des anderen belangt, die Regel zur Anwendung komme, daß mehrere Korrealverpflichtete unter sich auch ohne besonderen Vertrag zur Befriedigung der Gläubiger einen gemeinschaftlichen Beitrag zu leisten haben, — betrifft lediglich die Solidarhaft der Grundstücke und nur die Verhältnisse der temporären Besitzer als solcher unter einander; dagegen befinden sich die Besitzer von Grundstücken, auf welchen Hypotheken konjunktim haften, in keinem anderen nexus, als in demjenigen, welchen der Besitz ihrer Grundstücke gewährt.

Siehe auch Rechtsgrundsatz 217. (A. L. R. I. **10**. §§ 468. ff.)

Titel 6. Von den Pflichten und Rechten, die aus unerlaubten Handlungen entstehen.

§§ 1. ff. Schaden und Schadensersatz:

A. Maaß der zu gewährenden Entschädigung je nach der Art der Schadenszufügung; Unfähigkeit zur Fortsetzung des Gewerbes. — Vergl. §§ 115--122. dieses Titels.

Rechtsgr. **51**. — I. Senat. 13. Mai 1867. (LXVI. 309.)

Die in den §§ 1—78. I. 6. des Allgem. Landrechts enthaltenen allgemeinen Grundsätze sind auch bei der Anwendung der nur das Maaß der zu gewährenden Entschädigung in den der Art der Schadenszufügung nach unterschiedenen Fällen betreffenden besonderen Vorschriften maaßgebend, sofern und soweit davon in den letztern nicht Ausnahmen statuirt sind.

Eine solche Ausnahme von der allgemeinen Regel der §§ 18. 19. ist in den §§ 115—122., welche von dem Falle handeln, wo ein körperlich Verletzter zur Fortsetzung seines Gewerbes unfähig geworden ist, nicht festgesetzt.

B. Entschädigungspflicht einer Kirche bei Verlegung einer Familiengruft durch Umbau der Kirche. — Vergl. A. L. R. I. **8**. §§ 7. ff., **8**. § 26., **10**. §§ 17. 18., II. **11**. § 184.

Rechtsgr. 52. — I. Senat. 4. Januar 1867. (LXVII. 13.)

Ist bei dem Neubau einer Kirche durch Vergrößerung derselben eine Familiengruft in die neue Kirche gebracht und eben dadurch mittelbar, in Folge des gesetzlichen Verbotes der Beerdigung in der Kirche, die Ausübung des Beerdigungsrechtes gehindert, so liegt hierin keine berechtigte, sondern eine den Berechtigten kränkende Handlung, also eine Schadenszufügung ohne Recht vor, aus der die Entschädigungs-Verbindlichkeit des Beschädigenden folgt.

Siehe auch Rechtsgrundsatz 53. (§ 29 dieses Titels.)

§ 26. Siehe Rechtsgrundsatz 468. (Strafgesetzbuch § 345. No. 9.)

§§ 29—32. Solidarische Entschädigungspflicht des Eigenthümers verschiedener gewerblicher Anlagen, namentlich von Koaksöfen bei Beschädigung der Früchte. — Vergl. A. L. R. Einl. § 93., I. **3.** § 4., **6.** §§ 1. ff.

Rechtsgr. 53. — II. Senat. 26. September 1867. (LXVIII. 189.)

Die Anlage eines Koaksofens, wenn auch an sich erlaubt, schließt doch ein Versehen in sich, sobald dadurch dem Nachbar nach dem gewöhnlichen Laufe der Dinge ein Schaden zugefügt werden kann; es kommen deshalb die §§ 29—32. I. 6. des Allgem. Landrechts bei der Beschädigung durch Mehrere zur Anwendung.

§ 54. Verjährung der Entschädigungsansprüche:

A. Für die bei Anlegung und Verlegung neuer öffentlicher Straßen und Anlegung einer Brücke über öffentliche Ströme zugefügte Beschädigung fremden Eigenthums, im Gegensatz zur Verjährung des Vergütungsanspruches für das abgetretene Eigenthum. — Vergl. A. L. R. II. **15.** §§ 2. ff. 6. 52.; Deklaration vom 31. März 1838 No. 1.

Rechtsgr. 54. — I. Senat. 1. Februar 1867. (LXV. 260.)

a) Hat bei der Anlegung und Verlegung neuer öffentlicher Straßen und Anlegung neuer Brücken über öffentliche Ströme eine Beschädigung fremden Eigenthums stattgefunden, welche nicht unter § 6. II. 15. des Allg. Landrechts fällt, so greift gegen die aus solchem Grunde hergeleitete Entschädigungsklage die im § 54. I. 6. des Allgem. Landrechts vorgeschriebene Klageverjährung von drei Jahren Platz.

b) Durch die Deklaration vom 31. März 1838 No. 1. ist diese Verjährung nur rücksichtlich der Vergütung des zu solchen Anlagen abzutretenden Eigenthums ausgeschlossen.

B. Des Beschädigten gegen den Besitzer der Eisenbahn. — Vergl. Gesetz vom 3. November 1838 § 25.

Rechtsgr. **55.** — I. Senat. 2. Juni 1868. (**LXXII.** 29.)

Gegen den aus § 25. des Gesetzes über die Eisenbahn-Unternehmungen vom 3. November 1838 von dem Beschädigten gegen den Besitzer der Eisenbahn zu erhebenden Entschädigungsanspruch findet der Einwand der dreijährigen Verjährung aus § 54. I. 6. des Allgem. Landrechts statt.

Siehe auch Rechtsgrundsatz 669. 670. (Deklaration vom 31. März 1838.)

§§ 115—122. Siehe Rechtsgrundsatz 51 (§§ 1. ff dieses Titels.)

Titel 7. Von Gewahrsam und Besitz.

§§ 32. **45.** Besitzhandlungen der Kirchenbeamten (Kirchenbedienten) für die Kirche. — Vergl. A. L. R. I. **5.** §§ 75. 76., II. **11.** §§ 556. ff 564. ff.

Rechtsgr. **56.** — I. Senat. 16. Oktober 1868. (**LXXII.** 289.)

Kirchenbeamte (Kirchenbediente) sind für die Kirche Besitzhandlungen auszuüben fähig.

§ 46. Siehe Rechtsgrundsatz 60. (§ 62. dieses Titels.)

§ 54. Bedeutung vom wirklichen Besitz in dieser Gesetzesstelle.

Rechtsgr. 57. — III. Senat. 17. Juni 1867. (LXVII. 278.)

Der im §. 54. I. 7. des Allg. Landrechts gebrauchte Ausdruck: „im wirklichen Besitz" hat nach Unterschied der Fälle vollständigen oder unvollständigen Besitz vor Augen.

§§ 62. ff. 71. Symbolische Uebergabe und constitutum possessorium: A. Erforderniß der symbolischen Uebergabe.

Rechtsgr. 58. — III. Senat. 21. Dezember 1866. (LXV. 230.)

Die symbolische Uebergabe erfordert etwas Anderes, als die bloße genaue Bezeichnung der gegenwärtigen Sache durch Worte und Hinweisung: nämlich Zeichen, welche an der Sache gemacht werden, um sie kenntlich auszuzeichnen, oder mit ihr sachlich in solchem Zusammenhang stehen, daß sie solche kenntliche Auszeichnung zu dem in den §§ 63. 64. I. 7. des Allg. Landrechts gedachten Behufe hinlänglich andeuten.

B. Uebergabe an aufstehenden Früchten durch constitutum possessorium und symbolische Uebergabe.

Rechtsgr. 59. — III. Senat. 21. Dezember 1866. (LXV. 230.)

Eine Uebergabe durch constitutum possessorium ist an aufstehenden Früchten ohne Uebergabe des Grund und Bodens, so lange nicht eine symbolische Uebergabe vorangegangen ist, unmöglich.*

C. Symbolische Uebergabe von Holz auf dem Stamm, namentlich durch Anschlagen mit dem Forsthammer; Unzulässigkeit des constituti possessorii als Uebergabe des Holzes auf dem Stamm. — — Vergl. §§ 46. ff. dieses Titels.

Rechtsgr. 60. — III. Senat. 26. Oktober 1866. (LXV. 99.)

An aufstehenden Bäumen kann durch symbolische Uebergabe, namentlich mittelst Anschlages mit dem Forsthammer, ein selbstständiger Besitz übertragen werden. Ohne eine

* Vergl. dagegen Rechtsgrundsätze Bd. 5. S. 47. No. 104.

derartige oder andere kenntliche Auszeichnung kann der Besitz aufstehender Bäume nur mit dem Besitze von Grund und Boden zugleich übertragen werden, und ist die Erlangung eines selbstständigen Besitzes an aufstehenden Bäumen durch die bloße Willenserklärung des Besitzers des Gutes: daß er nunmehr die Bäume für den andern in seiner Gewahrsam halten wolle, — constitutum possessorium — rechtlich unstatthaft.

§§ 81. 82. 106—108. Einwand der gunstweisen Ausübung gegen ein auf Grund der Verjährung in Anspruch genommenes negatives Recht.

Rechtsgr. **61.** — II. Senat. 16. Oktober 1866. (LXV. 71.)

Demjenigen, welcher gegen ein auf Grund der Verjährung in Anspruch genommenes negatives Recht den Einwand der nur gunstweise geschehenen Ausübung aufstellt, liegt nicht der direkte Beweis, namentlich nicht dahin ob, daß derjenige, welcher das Recht in Anspruch nimmt, ein Anerkenntniß, insonderheit ein rechtsgültiges und bestimmtes Anerkenntniß abgegeben, daß ihm ein Recht nicht zustehe, sondern die Ausübung nur vergünstigungsweise geschehen sei. Vielmehr ist es zur Begründung des Einwandes ausreichend, wenn überhaupt persönliche oder andere Umstände nachgewiesen werden, welche die Voraussetzung begründen, daß die Handlung, für deren Ausübung, als eines Rechtes, der Gegner sich auf die Vermuthung aus § 107. I. 7. des Allg. Landrechts berufen kann, nur vergünstigungsweise gestattet worden sei.

Siehe auch Rechtsgrundsätze 66. 337. (A. L. R. I. 7. §§ 146. ff., II. 11. § 761.

§§ 146. ff. Besitzstörung:

A. Besitzstörung durch Denunziation. — Vergl. A. G. O. I. **31**. § 1.

Rechtsgr. **62.** — III. Senat. 24. April 1868. (LXX. 293.)

Hat die Denunziation den Erfolg gehabt, den Besitzstand zu alteriren, so ist die Besitzstörungsklage zulässig.*

Dies ist namentlich der Fall, wenn auf die wegen Ausübung eine Grundgerechtigkeit angebrachte Denunziation ein Strafmandat erlassen, auf erhobenen Widerspruch und Einwand eines zustehenden Rechts vom Strafrichter das Verfahren suspendirt und der Angeklagte an den Civilrichter zur Durchführung seines Rechts gewiesen ist.

B. Besitzstörung durch einen Polizeibeamten.

Rechtsgr. 63. — III. Senat 23. Oktober 1868. (LXXII. 323.)

a) Wenn ein Beamter der polizeiobrigkeitlichen Gewalt in dieser Eigenschaft ohne eine, auf Beeinträchtigung des klägerischen Besitzes durch dessen Störung oder Beunruhigung gerichtete, eigene Absicht nur im öffentlichen Interesse die fragliche Anordnung traf, so kann in der Vornahme der so angeordneten Handlung eine zur Ungebühr erfolgte Störung des Besitzes nicht gefunden werden.

b) Es erscheint demgemäß für die Frage nach dem Vorhandensein des in Rede stehenden zur Begründung der Possessorienklage wesentlichen Erfordernisses auch unerheblich, falls der Verklagte, sei es, weil er die Handlung irrthümlich als innerhalb seiner Zuständigkeit liegend ansah, sei es, weil er wegen dringender Gefahr im Verzuge sich zu deren Ueberschreitung auf eigene Verantwortlichkeit für berechtigt hielt, seine Amtsbefugniß überschritten haben sollte.

C. Besitzstörung des Pächters durch den Verpächter bei Vornahme vertragsmäßig vorzunehmender Reparaturen an Gebäuden.

Rechtsgr. 64. — III. Senat 2. März 1868. (LXX. 123.)

a) Hat der nach dem Pachtvertrage zur Vornahme von Hauptreparaturen verpflichtete Verpächter demgemäß

* Vergl. dagegen Rechtsgrundsätze Bd. 2. S. 48. No. 124.

eine Reparatur vorgenommen, so kann diese Handlung nicht als eine Besitzstörung angesehen werden, auch wenn durch die Reparatur das bisherige Gebäude kleiner geworden ist.

b) Hat der Verpächter die Reparatur nicht so ausgeführt, wie er es hätte thun sollen, so ist er dadurch dem Pächter im Petitorien-, nicht aber im Possessorienprozeß verantwortlich.

D. Besitzstörung durch Beschränkung der Grundgerechtigkeit im Falle des § 29. I. 22. des Allgem. Landrechts. — Vergl. A. L. R. I. 22. § 29.

Rechtsgr. 65. — III. Senat. 27. März 1868. (LXX. 267.)

Die Umgehung des Rechtsweges und die eigenmächtige Einschränkung der Servitut durch Errichtung eines Hindernisses oder Verlegung der zu ihrer Ausübung erforderlichen Anstalten Seitens des Verpflichteten schließt einen Eingriff in die Rechtssphäre des Berechtigten in sich, welcher mittelst der Besitzstörungsklage gerügt werden kann und eine wirkliche Besitzstörung ist.

E. Begründung der Besitzstörungsklage in Betreff des Nachweises des Besitzes eines negativen Rechts in der Absicht, ein Recht zu erwerben, durch vorgenommene Besitzhandlungen. — Vergl. § 81. dieses Titels.

Rechtsgr. 66. — III. Senat. 4. September 1868. (LXXII. 127.)

Wenn es auch zur Begründung der Besitzstörungsklage der Beibringung eines besonderen Beweises darüber nicht bedarf, daß die Besitzhandlung in der Absicht, ein Recht zu erwerben, vorgenommen worden, so ist hierdurch doch die Erörterung und Entscheidung der Frage nicht ausgeschlossen, ob in dem konkreten Falle jene Vermuthung sich aus den, die Besitzhandlung begleitenden Umständen oder aus der Natur und Beschaffenheit der ersteren selbst widerlegt.

F. Besitzstörende Handlung und Vereinbarung der Parteien rücksichtlich einer solchen Handlung in rechtsverbindlicher Form. — Vergl. A. G. O. I. **31**. § 14.

Rechtsgr. **67**. — III. Senat. 28. Februar 1868. (LXXI. 83.)

a) Eine sonst als Besitzstörung sich darstellende Handlung kann als solche nicht angesehen werden, wenn sie nach einer zwischen den Parteien getroffenen Vereinbarung als eine berechtigte erscheint; es kommt dabei nicht darauf an, ob die Vereinbarung in rechtsverbindlicher Form zu Stande gekommen ist.

b) Der einer solchen Vereinbarung, ohne erklärten Rücktritt von derselben, entgegen ergriffener oder fortgesetzter Besitz hat keinen Anspruch auf Schutz im Possessorienprozesse.

§§ **162**. ff. Begründung der Rückforderungsklage des Besitzers wegen fehlerhafter Entziehung der Gewahrsam. — Vergl. A. L. R. I. **15**. § 2.

Rechtsgr. **68**. — III. Senat. 15. April 1867. (LXXII. 1.)

Zur Begründung der Rückforderungsklage des Besitzers wegen fehlerhafter Entziehung der Gewahrsam der Sache genügt, bis der Verklagte einen Rechtsgrund für seine Wegnahme nachweist, die Thatsache, daß der Verklagte die Sache aus der Gewahrsam des Klägers weggenommen hat.

§§ **169**. ff. Besitz an Forderungsrechten. — Vergl. A. L. R. I. **11**. § 395., **15**. §§ 4. ff. 24. ff., **20**. §§ 117. 281.; Verordnung vom 9. Dezember 1809.

Rechtsgr. **69**. — IV. Senat. 7. Januar 1868. (LXIX. 273.)

Diejenigen persönlichen Forderungsrechte, über welche schriftliche Urkunden — Verbriefungen, Schuldscheine, Wechsel oder ähnliche Dokumente — existiren, von deren Besitz dem Schuldner gegenüber die Ausübung des Rechts bedingt ist, die daher als Träger und Repräsentanten des Forderungsrechts anzusehen sind, an denen ein Sachbesitz möglich und vom Besitze des Forderungsrechts — sei es der vollständige des Cessionars oder der unvollständige des Pfandnehmers — untrennbar ist, können Gegenstand eines dem Eigenthum adäquaten Besitzes — cum animo sibi habendi — sein.

§ **176**. Siehe Rechtsgrundsatz 174. (A. L. R. I. **15**. § 44.)
§§ **179—182**. Siehe Rechtsgrundsatz 337. (A. L. R. II. **11**. § 761.)
§§ **192**. **197**. **200**. Siehe Rechtsgrundsatz 224. (A. L. R. I. **21**. § 29.)
§ **212** Erstattung der Unterhaltungs-, Kur- und Verpflegungskosten des Käufers eines wegen Krankheit dem Verkäufer zurückgegebenen Pferdes. — Vergl. A. L. R. I. **5**. § 337., **11**. § 198.

Rechtsgr. **70**. — IV. Senat. 9. Juli 1867. (LXXII. 3.)

Der Käufer, welcher wegen Krankheit des gekauften Pferdes dasselbe an den Verkäufer zurückgiebt, ist die verwendeten Unterhaltungs-, Kur- und Verpflegungskosten nur dann zu beanspruchen berechtigt, wenn er nachweiset, daß durch diese zur Erhaltung des Pferdes nothwendigen Ausgaben der Vortheil des Verkäufers befördert worden ist.

§ **216**. Verpflichtung des Eigenthümers beweglicher Sachen zur Erstattung der Erhaltungskosten an den vollständigen redlichen Besitzer.

Rechtsgr. **71**. — IV. Senat. 28. Januar 1868. (LXXI. 47.)

Der in dem § 216. I. 7. des Allg. Landrechts ausgedrückte Rechtssatz rücksichtlich der Verpflichtung des Eigenthümers eines Grundstücks zur Erstattung der Erhaltungskosten an den vollständigen redlichen Besitzer ist auch auf bewegliche Sachen anwendbar.

Titel 8. Vom Eigenthume.

§§ **23**. **25**. Siehe Rechtsgrundsätze 251. 337. (A. L. R. I. **22**. § 1., II. **11**. § 761.)
§ **26**. Siehe Rechtsgrundsätze 52. 191. (A. L. R. I. **6**. § 1., **17**. § 10.)
§§ **29** ff. Siehe Rechtsgrundsätze 15. 251. (A. L. R. Einl. § 73., I. **22**. § 1.)

§§ 102. ff. Siehe Rechtsgrundsatz 250. (A. L. R. I. 22. § 1.)

§ 126. Anwendbarkeit des § 126. I. 8. des Allgem. Landrechts auf Schweineställe; Aufmauerung nicht nur der Seitenwände, sondern auch der Sohle der in dem § 126. bezeichneten Gruben und Behältnisse.

Rechtsgr. 72. — II. Senat. 29. September 1868. (LXXII. 223.)

a) Die Vorschrift des § 126. I. 8. des Allg. Landrechts findet auch auf Schweineställe Anwendung.

b) Die Bestimmung des 126. I. 8. des Allg. Landrechts, nach welcher die daselbst gedachten Gruben und Behältnisse von Grund aus aufgemauert werden müssen, bezieht sich nicht nur auf die Seitenwände, sondern auch auf die Sohle.

§§ 133. ff. Siehe Rechtsgrundsatz 83. (A. L. R. I. 9. § 340.)

§§ 137. 138. Vom Licht und von der Aussicht:

A. Vergrößerung der Zahl der Fenster in dem an Stelle eines bereits vorhanden gewesenen Grenzgebäudes neu errichteten Gebäude.

Rechtsgr. 73. — II. Senat. 14. Februar 1867. (LXV. 309.)

a) Ist an Stelle eines an der Nachbargrenze befindlichen alten mit Fenstern schon versehen gewesenen Gebäudes ein neues Gebäude mit einer größern Zahl von Fenstern errichtet worden, so sind die Bestimmungen über den Umfang und die Lage solcher neuen Fenster, welche zum Ersatz für die ältern Fenstern dienen sollen, den vorher bestandenen faktischen Verhältnissen anzupassen und diejenigen von den mehreren Fenstern speziell zu bezeichnen, welche als die den alten Zustand fortsetzende erachtet werden sollen. Eine Auswahl steht den Parteien nicht zu.

b) Ist an Stelle eines alten bereits mit Fenstern versehenen Grenzgebäudes ein neues errichtet, so ist der Nachbar durch die neue Fenster-Anlage unbedingt in eine nachtheiligere Lage versetzt, wenn die Anzahl der neuen Fenster gegenüber der frühern Anlage vermehrt worden sind, nicht aber ohne Weiteres auch dann, wenn die neuen Fenster nur und allein eine weniger erhebliche Veränderung erlitten haben.

B. Beweislast hinsichtlich des streitigen Rechts zur Anlage von Oeffnungen in der unmittelbar an des Nachbars Hof oder Garten stoßenden Wand oder Mauer.

Rechtsgr. 74. — II. Senat. 18. Dezember 1866. (LXVI. 212.)

a) Wenn der § 138. I. 8. des Allgem. Landrechts vorschreibt, in welcher Weise in einer unmittelbar an des Nachbars Hof oder Garten stoßenden Wand oder Mauer Oeffnungen überhaupt nur sollen gemacht werden dürfen, so kann blos dadurch, daß Oeffnungen in einer dieser Vorschrift widersprechenden Weise wirklich angelegt sind, dem klagenden Nachbarn nicht der Beweis aufgebürdet werden, daß der Verklagte zu dieser vorschriftswidrigen Anlage nicht berechtigt gewesen sei; vielmehr genügt die Thatsache, daß die vorhandenen Oeffnungen vorschriftswidrig angelegt sind, zur Begründung der Klage auf Herstellung der gesetzlich vorgeschriebenen Einrichtung derselben.

b) Wenn der Verklagte behauptet, daß er von der im § 138. vorgeschriebenen Beschränkung aus einem besonderen Grunde befreit, daß namentlich das Fenster schon seit rechtsverjährter Zeit vorhanden oder mit Einwilligung des Nachbars angelegt worden sei, so liegt ihm der Beweis dieser seiner Behauptung, nicht aber dem Kläger der Beweis des verneinenden Satzes ob.

Siehe auch Rechtsgrundsatz 590. (Berliner Bau-Ordnung vom 30. November 1641.)

§ 139. Neubau an der Grenze; Beweislast bei der Errichtung eines neuen Gebäudes an Stelle eines abgebrochenen mit Bezug auf § 139. I. 8. des Allgem. Landrechts.

Rechtsgr. 75. — II. Senat. 9. Juni 1868. (LXXI. 205.)

a) Unter dem § 139. I. 8. des Allg. Landrechts ist

auch der Fall begriffen, wenn an Stelle eines bereits früher auf dem Platze gestandenen Gebäudes ein anderes dergestalt errichtet werden soll, daß nicht die bisher bebauten Grenzen innegehalten werden, vielmehr mit Ueberschreitung derselben das Gebäude einen dem Nachbar näheren Platz angewiesen erhält, als es zeither eingenommen hat.

b) Wird das neue Gebäude an Stelle eines abgebrochenen alten Gebäudes errichtet, so hat der Nachbar, welcher eine Rechtsverletzung behauptet, zu beweisen, daß der Neubau die Grenzen des früheren Gebäudes überschreite und die Vorschrift des § 139. I. 8. des Allgem. Landrechts nicht beobachtet sei.

Siehe auch Rechtsgrundsatz 258. (A. L. R. I. **22**. § 43.)

§§ 141. 142. Verjährungsfrist in den §§ 141. 142. I. 8. des Allgem. Landrechts.

Rechtsgr. **76**. — II. Senat. 28. April 1868. (LXXI. 130.)

Die §§ 141. 142. I. 8. des Allgem. Landrechts, — nach welchen, wenn der eine Nachbar in seiner Wand Fenster eröffnet, und der Grenznachbar auf seinem Grundstücke binnen zehn Jahren nicht gegengebaut hat, der letztere in seiner natürlichen Freiheit, näher oder höher zu bauen, eingeschränkt wird, — enthalten eine Verjährungsvorschrift.

§§ 142. 143. Recht auf Licht und Aussicht bei nachbarlichen Gebäuden Himmelsanblick in vertikaler Richtung, nicht in vertikaler Linie.

Rechtsgr. **77**. — II. Senat. 31. Januar 1867. (LXV. 256.)

Dem Plenarbeschluß vom 9. Dezember 1839:

Wenn die Fenster des Nachbarn, vor welchen gebaut werden soll, schon seit 10 Jahren oder länger vorhanden sind, so genügt es, daß der neue Bau drei Werkschuhe zurücktritt, und es dem Nachbar auf irgend eine Weise und in irgend einer Stellung möglich ist, falls seine Behältnisse nur von dieser Seite her Licht haben, aus den ungeöffneten Fenstern des unteren Stockwerks, sonst aber aus den ungeöffneten Fenstern des zweiten Stockwerks in vertikaler Richtung den Himmel zu sehen,

ist nicht genügt, wenn der Anblick des Himmels aus dem ungeöffneten Fenster zwar nicht in vertikaler Richtung, aber doch seitwärts zu ermöglichen ist und der Himmel noch über dem Neubau, nicht blos neben demselben gesehen werden kann.

Der Himmel muß in vertikaler Richtung und nicht nur in vertikaler Linie gesehen werden können.

§§ 149. 151—153. 102. 167—169. Erhaltung der Befriedigungen in der freien Feldflur.

Rechtsgr. 78. — II. Senat. 17. Dezember 1867. (LXIX. 243.)

In dem Präjudiz No. 235. vom 21. April 1837:

„Befriedigungen in der Feldflur sind gestattet, aber deren Erhaltung ist, wenn der Nachbar nicht ein besonderes Recht darauf erworben hat, willkürlich. Scheidungen anderer Grundstücke aber, ohne dabei einen Unterschied zwischen städtischen und ländlichen zu machen, müssen erhalten werden, und zwar, wo nicht die Gesetze etwas Besonderes darüber verordnen, von dem Eigenthümer,

hat durch den zweiten Theil des Satzes nur der Ansicht entgegen getreten werden sollen, daß die Unterhaltungspflicht in Betreff der Befriedigung sich nur auf städtische und nicht auch auf ländliche, außerhalb der freien Feldflur belegene, Grundstücke beziehe. Keineswegs ist aber durch dieses Präjudiz etwas über das Verhältniß von Grundstücken der letztgedachten Art zu der freien Feldflur bestimmt und ausgesprochen, daß der Eigenthümer eines an die freie Feldflur grenzenden Grundstücks eine gegen diese angebrachte Befriedigung zu erhalten und nicht eingehen zu lassen verpflichtet sei.

Titel 9. Von der Erwerbung des Eigenthums überhaupt, und den unmittelbaren Arten derselben insonderheit.

§§ 1-6. Siehe Rechtsgrundsatz 109. (A. L. R. I. **11.** § 124.)

Vierter Abschnitt. Vom Thierfange.

§ 176. Siehe Rechtsgrundsatz 81. (§ 267. dieses Titels.)

Sechster Abschnitt. Von der Erwerbung der An- und Zuwüchse.

§ 225. Begründung des Eigenthumserwerbes durch Alluvion. — Vergl. Dig. **41.** 1. Lex 7. § 1., **43.** 12. Lex 1. § 5.

Rechtsgr. **79.** — II. Senat. 16. Juni 1868. (LXXI. 239.)

a) Erst wenn die Alluvion eine solche Höhe erreicht hat, daß sie ein Theil des anstoßenden Ackers oder Landes des Uferbesitzers wird, begründet sie für den letzteren den Eigenthumserwerb; ob hiernach eine Alluvion für vollendet zu erachten ist, ist eine in jedem einzelnen Falle zu entscheidende Thatfrage.

b) Es ist hiernach die Annahme rechtlich unrichtig, die Alluvion sei schon dann vollendet, wenn der erhöhete Theil des Flußbettes noch andauernd und nach dem natürlichen Wasserlauf mit Wasser bedeckt ist, gesetzt auch, die Wasserhöhe sei gering, lasse das Befischen mit Kähnen nicht zu, und der Untergrund bedecke sich mit Pflanzen, welche nutzbar gemacht würden, sei es Seitens des Fluß- oder Seitens des Ufer-Eigenthümers.

§ 263. Besitznahme von zugelandeten und verlassenen Flußbetten bezüglich der Privatflüsse.

Rechtsgr. 80. — III. Senat. 1. Oktober 1866. (LXV. 26.)

Die Anwendung des § 263. I. 9. des Allg. Landrechts ist nicht auf öffentliche Flüsse beschränkt, sondern auch auf Privatflüsse anwendbar.

§ 267. Eigenthum der Uferbesitzer an geschlossenen Landseen und am Seebett. — Vergl. § 176. dieses Titels.

Rechtsgr. 81. — III. Senat. 21. September 1868. (LXXI. 335.)

Das Eigenthum an geschlossenen Landseen steht den anliegenden Uferbesitzern nach Ausdehnung des Uferbesitzes und bis zur Mitte des Gewässers als Pertinenz des am Ufer liegenden Grundstücks zu, und wird das Eigenthum an dem Seebette den Adjazenten nicht erst in Folge der Trockenlegung des Sees erworben.

§§ 327. ff. 332. Ueberschreitung der Eigenthumsgrenze durch Neubau; selbstständiges Gebäude und Schleusen-Anlage als solches.

Rechtsgr. 82. — II. Senat. 19. Dezember 1867. (LXIX. 261.)

Der § 332. I. 9. des Allg. Landrechts redet von für sich selbst bestehenden, auf fremdem Grunde und Boden errichteten Gebäuden. Dazu kann aber eine Schleusen-Anlage, welche nur theilweise auf fremdem Grunde und Boden, theilweise aber auf dem gemeinschaftlichen Grunde und Boden des den beiderseitigen Uferbesitzern eigenthümlich zugehörigen Privatflusses steht, und welche sich an das auf dem eigenen Boden des Bauenden befindliche Mühlengrundstück anschließt, nicht gerechnet werden.

Siehe auch Rechtsgrundsatz 258. (A. L. R. I. 22. §. 43.)

§§ 340. 341. Abtretung des Eigenthums bei Ueberschreitung der Grenze. — Vergl. A. L. R. I. 8. §§ 133. ff.

Rechtsgr. 83. — II. Senat. 6. November 1866. (LXV. 119.)

Die §§ 340. 341. I. 9. des Allg. Landrechts gestatten unter den daselbst näher angegebenen Umständen nur den Erwerb des Grund und Bodens des Nachbars nach einer billigen Taxe; sie enthalten aber keine Bestimmungen über den Erwerb und die Benutzung der an den Grenzen stehenden Mauern des Nachbars oder einer gemeinschaftlichen Mauer, vielmehr kommen in Beziehung auf letztere die §§ 133. ff. I. 8. des Allgem. Landrechts zur Anwendung.

Achter Abschnitt. Von Erwerbung der Erbschaften.

§§ **350**. ff. Gerichtsstand der Erbschaft. — Vergl. A. L. R. II. **1**. § 495.; A. G. O. I. **2**. §§ 9—15. 121.

Rechtsgr. **84**. — I. Senat. 8. Juni 1866. (LXVI. 43.)

Das Preußische Recht erkennt der Regel nach nur einen Gerichtsstand der Erbschaft an und zwar da, wo der Erblasser zur Zeit seines Ablebens seinen ordentlichen persönlichen Gerichtsstand gehabt hat.

Siehe auch Rechtsgrundsatz 282. (A. L. R. II. **1**. § 495.)

§§ **367**. ff. Siehe Rechtsgrundsätze 16. 86. 211. (A. L. R. I. **1**. § 37., **9**. § 406., **18**. § 506.)

§§ **394**. ff. Siehe Rechtsgrundsatz 86. (§ 406. dieses Titels.)

§§ **398**. **399**. Form der Erbschaftsentsagung. — Vergl. Notariats-Ordnung vom 11. Juli 1845 § 40.)

Rechtsgr. **85**. — I. Senat. 6. März 1868. (LXX. 140.)

Zur Gültigkeit der Erbschafts-Entsagung bei dem Nachlaßrichter genügt nach Preußischem Recht die Einreichung einer Ausfertigung der von einem anderen Richter oder einem Notar über die Entsagung aufgenommene Original-Verhandlung.

§§ **406—410**. Entsagung einer akkrescirenden Erbportion. — Vergl. A. L. R. I. **9**. §§ 367. 394., **12**. § 286.)

Rechtsgr. **86**. — IV. Senat. 9. April 1867. (LXVIII. 60.)

Einem Erben, dessen Erbtheil nach Ablauf der zuständigen Deliberationsfrist vermöge des Akkrescenzrechtes Zuwachs erhält, steht eine anderweite Deliberationsfrist vom Tage der bekannt gewordenen Entsagung eines Miterben nicht zu, und kann er den Zuwachs überhaupt nicht ablehnen.

Dies gilt sowohl für die testamentarische, als auch für die Intestat-Erbfolge.

§ 411. Siehe Rechtsgrundsatz 764. (Gesetz vom 9. Mai 1855 § 5. No 2.)

§§ 420. ff. Verlust der Rechtswohlthat des Inventars für das unter väterlicher Gewalt stehende minderjährige Kind wegen Versäumung der Frist zur Einreichung des Inventars Seitens des Vaters.

Rechtsgr. 87. — I. Senat. 13. Juli 1868. (LXXII. 83.)

Der Vater macht durch Versäumung der Frist zur Einreichung des Inventars von einer seinem minderjährigen Kinde angefallenen, zu dessen nicht freiem Vermögen gehörigen Erbschaft, dasselbe der Rechtswohlthat des Inventars verlustig.

§ 427. Nichterforderniß der Einbringung des Inventars Seitens des Erben bei anderweitigem Vorhandensein eines beweisenden Inventars, z. B. des Konkurs-Inventars. — Vergl. Konkurs-Ordnung vom 8. Mai 1855 §§ 143. 153.

Rechtsgr. 88. — IV. Senat. 28. November 1867. (LXIX. 157.)

Die rechtliche Wirkung der unterlassenen Einbringung eines Inventars Seitens des Erben bleibt dann ausgeschlossen, wenn ein anderweit auf Grund gesetzlicher Bestimmungen vorschriftsmäßig aufgenommenes, formell beweisendes Inventarium vorhanden ist, welches den Umfang des Nachlasses des Erblassers zur Zeit seines Todes erkennbar macht. Für ein solches Inventarium muß dasjenige gelten, welches der Vorschrift des § 153. der Konkurs-Ordnung entsprechend zum Zwecke des über das Vermögens des Erblassers gerichtlich eröffneten Konkurses, während dessen Dauer derselbe gestorben ist, errichtet worden ist.

§ **463**. Verpflichtung des überlebenden im Besitze des Nachlasses verbliebenen Ehegatten, den anderen Erben ein auf Erfordern eidlich zu bestärkendes Inventar zu legen. — Vergl. A. L. R. I. **10**. §§ 436. 437., **17**. §§ 111. ff. 123.; A. G. O. I. **46**. §§ 1. 16—25.

Rechtsgr. **89**. — I. Senat. 3. Mai 1867. (LXVIII. 78.)

Der überlebende, im Besitz des Nachlasses verbliebene Ehegatte, welcher den andern Erben zur Vorlegung eines auf Erfordern eidlich zu bestärkenden Privat-Inventarii verpflichtet ist, hat dieser Verpflichtung durch Vorlegung eines von ihm nachträglich als unrichtig anerkannten Inventars nicht genügt; er ist vielmehr zur Vorlegung eines anderweitigen Inventars verpflichtet.

Neunter Abschnitt. Von der Verjährung.

§§ **516**. ff. Einflußlosigkeit der Zahlungsunfähigkeit des Schuldners auf den Lauf der erlöschenden Verjährung, namentlich rücksichtlich der Kostenforderung der gerichtlichen Salarienkassen.

Rechtsgr. **90**. — IV. Senat. 27. Oktober 1868. (LXXII. 334.)

Die bloße Zahlungsunfähigkeit des Schuldners ist nicht als ein, die Rechtsverfolgung des Gläubigers, namentlich der gerichtlichen Salarienkassen in Betreff ihrer Kostenforderungen, ausschließendes Hinderniß im Sinne der §§ 516. 517. I. 9. des Allg. Landrechts anzusehen.

Siehe auch Rechtsgrundsatz 437. (Allgem. Deutsche Wechsel-Ordnung Art. 77.)

§ **524**. Verjährung unter Eheleuten nach dem Gesetz vom 31. März 1838. — Vergl. § 5 No. 1. dieses Gesetzes.

Rechtsgr. **91**. — IV. Senat. 17. März 1868. (LXX. 223.)

a) Auch die Verjährung aus dem Gesetze vom 31. März 1838 greift während des Bestehens der Ehe Seitens des einen Ehegatten gegenüber dem andern nicht Platz.

b) Der Anfangspunkt der Verjährung ist in diesem Falle auf den letzten Dezember des Todesjahres des Erblassers zu bestimmen.

§§ 535. ff. Verjährung gegen Unmündige und Minderjährige:
A. Unmündige und Minderjährige unter väterlicher Gewalt.

Rechtsgr. 92. — 13. Juli und 3. Oktober 1868. (LXXII. 83., 343.)

Unter dem Ausdrucke: „Unmündige und Minderjährige" in dem § 535. I. 9. des Allgem. Landrechts sind nur diejenigen Personen gemeint, die nicht großjährig sind und nicht unter väterlicher Gewalt stehen.

Daher kann gegen minderjährige, unter väterlicher Gewalt stehende Kinder die Verjährung durch Nichtgebrauch anfangen.

B. Lauf der kurzen Verjährungsfristen gegen Minderjährige und bevormundete Personen. — Vergl. Gesetz vom 31. März 1838.

Rechtsgr. 93. — IV. Senat. 17. März 1868. (LXX. 224.)

Die kurzen Verjährungsfristen, insbesondere wegen der Rückstände vorbedungener Zinsen, können auch gegen Minderjährige und bevormundete Personen zu laufen anfangen.

Siehe auch Rechtsgrundsätze 437. 665. (Allgem. Deutsche Wechsel Ordnung Art. 77.; Gesetz vom 31. März 1838 § 1.)

§ 540. Klageverjährung gegen Wahn- und Blödsinnige, sowie Taubstumme, welche unter väterlicher Gewalt stehen.

Rechtsgr. 94. — I Senat. 13. Juli 1868. (LXXII. 83.)

Der § 540. I. 9. des Allg. Landrechts kommt Wahn- oder Blödsinnigen und Taubstummen, welche noch unter väterlicher Gewalt stehen, nicht zu Statten.

§ 545. Beginn der Verjährung einer auf Kündigung lautenden Forderung.

Rechtsgr. 95. — IV. Senat. 18. Februar 1868. (LXXI. 61.)

Eine Schuldforderung, die auf Kündigung lautet, ist nicht erst von dem Tage an, wo die Kündigung wirklich erfolgt ist, der Verjährung unterworfen, es kommt vielmehr auf den Tag an, wo zuerst die Kündigung mög=

lich war, und mit dem Ablaufe der von diesem Tage an berechneten Kündigungsfrist läuft die Verjährung der Forderung durch Nichtgebrauch.

§ 551. Vorbehalt einer Klage als Klageanmeldung.

Rechtsgr. 96. — IV. Senat. 10. Januar 1867. (LXVII. 21.)

Dem in einer Klage gemachten Vorbehalt:

„Der Kläger behält sich seinen Anspruch auf Schadensersatz in jeder Beziehung vor, der ihm durch das rotzkranke Pferd des Verklagten, außer dem hier geltend gemachten Anspruche, erwachsen ist",

ist nicht die Wirkung einer wirklichen Klageanmeldung rücksichtlich der Verjährung beizulegen.*

Siehe auch Rechtsgrundsatz 580. (Cod. 7. 39. Lex 3.)

§ 562. Unterbrechung der erlöschenden Verjährung durch Anerkenntniß.

Rechtsgr. 97. — I. Senat. 22. Juni 1868. (LXXII. 29.)

Ein Anerkenntniß, durch welches die erlöschende Verjährung unterbrochen werden soll, ist an keine Form gebunden und kann ausdrücklich oder stillschweigend durch Handlungen erklärt werden; es muß aber nicht nur das Moment der Gegenseitigkeit in sich tragen, sondern auch die Anerkennung des fortdauernden Bestehens des Rechts von der Beschaffenheit und in dem Umfange, wie dasselbe vom Berechtigten dem Verpflichteten gegenüber geltend gemacht wird, erkennbar machen.

§ 564. Anerkenntniß des durch Verjährung erloschenen Rechts bezüglich der Verjährung aus Art. 349. des Allg. Deutschen Handelsgesetzbuches.

Rechtsgr. 98. — IV. Senat. 24. September 1868. (LXXII. 210.)

Die Vorschrift des Allg. Landrechts I. 9. § 564., — nach welcher, „wenn die Verjährung bereits vollendet ist, ein Anerkenntniß des erloschenen Rechts die Wirkung nur

* Vergl. dagegen Rechtsgrundsätze Bd. 3. S. 96. No. 258.

insofern aufhebt, als aus diesem Anerkenntnisse nach den Gesetzen ein neuer Rechtsgrund entsteht", — ist durch die Bestimmung des Art. 349. des Allgem. Deutschen Handelsgesetzbuchs, — nach welcher „die Klagen gegen den Verkäufer wegen Mängel der Waare in sechs Monaten nach der Ablieferung an den Käufer verjähren", — für Handelsgeschäfte nicht außer Kraft gesetzt.

§ 568. Siehe Rechtsgrundsatz 437. (Allg. Deutsche Wechsel-Ordnung Art. 77.)

§§ 570. Erlöschung der Klage aus dem Pfandvertrage gegen den Erben nach Vollendung der Verjährung durch Besitz desselben. — Vergl. §§ 614. 617. 620. dieses Titels; Dig. 41. 5. Lex 3.)

Rechtsgr. 99. — III. Senat. 13. März 1868. (LXX. 175.)

Nach vollendeter Verjährung des Erben durch Besitz, und zwar auf den Grund des Erbrechts selbst, findet gegen denselben auch die Klage aus dem Pfandkontrakte auf Rückgabe des Pfandes gegen Bezahlung der Pfandschuld nicht mehr statt.

§ 587. Fortdauernde Gültigkeit dieser Gesetzesstellen; Unzulässigkeit der Erwerbung eines Kirchenstuhls in einer evangelisch-reformirten Kirche Seitens eines der evangelisch-lutherischen Konfession Angehörigen durch Verjährung. — Vergl. A. L. R. II. 11. §§ 676. 677.

Rechtsgr. 100. — I. Senat. 12 Juni 1868. (LXXII. 17.)

a) Der § 587. I. 9. des Allgem. Landrechts:

„Wer wegen Mangels persönlicher Eigenschaften das Eigenthum gewisser Sachen oder Rechte zu erlangen unfähig ist, der kann dieselben auch durch Verjährung nicht erwerben",

hat durch die veränderte Staatsverfassung nicht ausnahmslos seine Bedeutung verloren. Namentlich steht auch jetzt noch dem Erwerbe von Kirchstellen durch Verjährung der Mangel der Konfessionsgemeinschaft entgegen.

b) Es kann daher ein der evangelisch-lutherischen Konfession Angehörender in einer evangelisch-reformirten Kirche einen Kirchenstuhl durch Verjährung nicht erwerben.

§§ **614**. **617**. **620**. Siehe Rechtsgrundsatz 99. (§ 579 dieses Titels.)

§ **660**. Erwerbende Verjährung gegen durch Gesetz, Verträge oder rechtskräftige Erkenntnisse bestimmte Grenzen.

Rechtsgr. **101**. — II. Senat. 19. März 1867. (LXVII. 119.)

Der § 660. I. 9. des Allgem. Landrechts:

„Wenn die Grenzen einer Sache oder eines Rechts durch Gesetze, Verträge oder rechtskräftige Erkenntnisse klar bestimmt sind, so kann die Befugniß, diese Grenzen zu überschreiten, nur durch eine funfzigjährige Präskription erworben werden",

findet auch gegen Rechtsnachfolger desjenigen Anwendung, mit dem der Vertrag geschlossen, oder gegen den das rechtskräftige Erkenntniß ergangen ist.

§ **666**. Siehe Rechtsgrundsatz 254. (A. L. R. I. **22**. § 28.)

Titel 10. Von der mittelbaren Erwerbung des Eigenthums.

§ **1**. Siehe Rechtsgrundsatz 109. (A. L. R. I. **11**. § 124.)

§ **25**. Berechtigung des Erwerbers und eingetragenen Eigenthümers eines Grundstücks zur Anfechtung der durch Willenserklärung seiner Vorbesitzer eingeräumten und ihm vor dem Erwerb des Grundstücks bekannt gewordenen Pfandtitel. — Vergl. A. L. R. I. **10**. §§ 4. 5., **20**. §§ 411. 412. 438. 500., Hypotheken-Ordnung II. § 30.

Rechtsgr. **102**. — III. Senat. 24. Februar 1868. (LXXI. 82.)

Der Erwerber und im Hypothekenbuch eingetragene Eigenthümer eines Grundstücks, welcher vorher von uneingetragenen Pfandtiteln Wissenschaft erlangt hat, die durch Willenserklärungen seiner Vorbesitzer eingeräumt sind, wird hierdurch nicht behindert, gegen jene Pfandansprüche sich seines dinglichen Rechtes als Eigenthümer zu bedienen.

Titel 11. Von den Titeln zur Erwerbung des Eigenthums, welche sich in Verträgen unter Lebendigen gründen.

Erster Abschnitt. Von Kaufs- und Verkaufsgeschäften.

§ 1. Cession eines Rechtes zur Sache im Gegensatz zum Abschluß eines Kaufvertrages. — Vergl. §§ 12. 376. 392. 402. dieses Titels.

Rechtsgr. 103. — III. Senat. 14. Oktober 1867. (LXVIII. 247.)

Hat ein Käufer das ihm auf Grund eines Kaufes zustehende persönliche Recht zur Sache einem Dritten für einen bestimmten Preis mit der Verpflichtung abgetreten, ihm durch Uebergabe das zuvor von ihm selbst zu erwerbende Eigenthum zu übertragen, und hat diese Uebertragung in Wirklichkeit stattgefunden: so sind damit alle Merkmale eines Kaufgeschäftes erbracht, und greift der Einwand der Verletzung über die Hälfte gegen ein solches Geschäft Platz.

Siehe auch Rechtsgrundsatz 109. (§ 124 dieses Titels.)

§§ 4. ff. Einwendungen gegen die Expropriationstaxe; Expropriationsbeschlüsse der Regierungen. — Vergl. Gesetz vom 3. November 1838 § 11.

Rechtsgr. 104. — III. Senat. 25. Januar 1867. (LXVII. 66.)

a) Gegen die im Expropriationsverfahren in Betreff der Eisenbahnen von den Sachverständigen abgegebene, von der Regierung noch nicht festgesetzte Taxe sind beide Theile Einwendungen zu erheben befugt; ist aber die Taxe von der Regierung durch Expropriationsbeschlüsse festgesetzt, so ist die Eisenbahngesellschaft an dieselbe gebunden.

b) Die Expropriationsbeschlüsse der Regierung gehören nicht zu denjenigen Erlassen der Administrativjustiz, welche nach Ablauf bestimmter Fristen zur Einlegung eines Rekurses an die vorgesetze Behörde oder auch zur Berufung auf richterliches Gehör die Kraft rechtkräftiger Erkenntnisse erlangen, und steht dem Nichts entgegen, daß die Regierung selbst ihren Expropriationsbeschluß zurückzunehmen, imgleichen, daß auf geführte Beschwerde der Handels-Minister als vorgesetzte Behörde der Regierung denselben aufzuheben sich bewegen sehen darf.

§§ **8**. ff. Siehe Rechtsgrundsatz 455. (Berggesetz vom 24. Juni 1865 § 135.)

§ **9**. Siehe Rechtsgrundsatz 730. (Gesetz vom 7. März 1850 § 7.)

§ **10**. Siehe Rechtsgrundsatz 166. (A. L. R. **I. 13**. § 262.)

§ **12**. Siehe Rechtsgrundsatz 103. (§ 1. dieses Titels.)

§ **27**. Anspruch des Eigenthümers einer Sache an den Käufer, welcher sie von einem Dritten gekauft hat.

Rechtsgr. **105**. — IV. Senat. 14. Juli 1868. (**LXXII. 100.**)

Der Eigenthümer einer Sache ist nicht berechtigt, von dem Besitzer, welcher sie von einem Dritten gekauft hat, den Kaufpreis einzufordern.

§§ **30**. ff. Uebergang des Genus-Kaufes in einen Spezies-Kauf; Aufhebung eines Vertrages wegen veränderter Umstände.

Rechtsgr. **106**. — IV. Senat. 12. September 1867. (**LXVII. 344.**)

Soll der ursprüngliche Genus-Kauf in einen Kauf über eine individuell bestimmte Sache, d. h. Spezies-Kauf übergehen, so ist die Manifestation des Willens nicht blos des Käufers, sondern auch des Verkäufers, also der beiderseitige, übereinstimmende Wille dahin erforderlich, daß gerade die individuell ausgeschiedenen Sachen, diese Spezies, das Kaufobjekt sein sollen.

§ **37**. Siehe Rechtsgrundsatz 166. (A. L. R. **I. 13**. § 262).

§ **59**. Siehe Rechtsgrundsatz 231. (A. L. R. **I. 21**. § 263.)

§ **76**. Siehe Rechtsgrundsatz 109. (A. L. R. **I. 11**. § 124.)

§§ **78**. ff. Verbindlichkeiten des Verkäufers in Ansehung der Pertinenzstücke:

A. Zeitpunkt des abgeschlossenen Kaufes bei der mündlichen Uebereinkunft und späteren Errichtung des schriftlichen Vertrages. — Vergl. A. L. R. I. 5. §§ 1. 109. 116., 11. §§ 83. ff. 192—194.

Rechtsgr. 107. — III. Senat. 22. November 1867. (LXIX. 133.)

Unter der Zeit des abgeschlossenen Kaufs, deren die §§ 78—87. 192—194. I. 11. des Allg. Landrechts gedenken, ist nicht die Zeit zu verstehen, wo der Abschluß des Vertrages in verbindlicher Weise zu Stande gekommen ist; es kommt vielmehr darauf an, worüber die Kontrahenten mündlich einig geworden sind und worüber sie zur Erfüllung der Form eine schriftliche Urkunde zu errichten sich entschlossen haben.

B. Zertheilung der Hauptsache durch Verkauf in ihrer Wirkung auf das Zubehör, namentlich rücksichtlich der zugehörigen Nutzungsrechte. — Vergl. A. L. R. I. 2. § 107.

Rechtsgr. 108. — II. Senat. 27. Februar 1868. (LXX. 99.)

Verhalten sich zwei unbewegliche Sachen zu einander wie Hauptsache und Zubehör; so geht, wenn ein bestimmter quantitativer Theil der Hauptsache verkauft wird, nicht ipso jure ein verhältnißmäßiger Theil des Zubehörs in das Eigenthum des Käufers über.

Ebensowenig ist dies der Fall, wenn aus dem Eigenthumsrecht auf das Zubehör bestimmte Nutzungsrechte abfließen; es geht vielmehr auch in diesem Falle ein verhältnißmäßiger Theil der Nutzungsrechte auf den Käufer nicht über.

§§ 83. ff. Siehe Rechtsgrundsatz 107. (§ 78. dieses Titels.)
§ 106. Siehe Rechtsgrundsatz 224. (A. L. R. I. 21. § 29.)
§§ 111. 116. Siehe Rechtsgrundsätze 128—138. (§ 827. dieses Titels.)
§§ 124—126. 135. 138. 143. Verbindlichkeit des Verkäufers eines Grundstückes hinsichtlich der Beschaffung des Besitztitels für den Käufer. — Vergl. A. L. R. I. 5. §§ 270. 271., 9. §§ 1—6., 10. § 1., 11. §§ 1. 76. 221:

A. Aeltere Ansicht.

Rechtsgr. 109. — II. Senat. 21. Juni 1866. (LXVIII. 1.)

Die Verbindlichkeit des Verkäufers eines Grundstückes hinsichtlich der Zuschreibung desselben in dem Hypothekenbuche an den Käufer ist zwar eine an sich sehr erhebliche, welche, wenn der Verkäufer ihr nicht genügt, nach Umständen selbst die Aufhebung des Kaufgeschäfts herbeiführen kann; die Erfüllung derselben gehört aber nicht zur Erfüllung des Vertrages in der Hauptsache, sie betrifft vielmehr nur eine, sich aus dem Vertrage ergebende besondere Verbindlichkeit, wegen deren der Käufer, welcher die Uebergabe des Grundstücks angenommen, gegen den Verkäufer, welcher derselben nicht genügt, seine diesfälligen Rechte zwar zu verfolgen, die Erfüllung von seiner Seite aber nur nach Maaßgabe desjenigen Interesse, welches er dabei hat, daß der Verkäufer auch dieser Verbindlichkeit nachkomme, zu verweigern berechtigt ist.

B. Neuere Ansicht.

Rechtsgr. 110. — III. Senat. 7. Oktober 1867. (LXVIII. 232.)

Die Verbindlichkeit des Verkäufers eines Grundstücks in Betreff der Beschaffung des Besitztitels für den Käufer gehört nicht zur bloßen Nebenverpflichtung aus dem Vertrage, vielmehr steht die Beschaffung des Besitztitels der Pflicht des Verkäufers zur Uebergabe gleich.

Siehe auch Rechtsgrundsatz 24. (A. L. R. I. 4. § 84.)

§§ 183. 184. Begriff der Lasten im § 183. I. 11. des Allgem. Landrechts. — Vergl. Hypotheken-Ordnung I. § 49.

Rechtsgr. 111. — III. Senat. 22. Oktober 1866. (LXV. 90.)

Der § 183. I. 11. des Allgem. Landrechts hat nur Lasten vor Augen, die ihrer Natur nach das Grundstück treffen und nicht zunächst persönliche Verpflichtungen eines

Besitzers zum Gegenstand haben; auf diese letztere findet der § 184. a. a. O. Anwendung.

§§ 192. 194. Siehe Rechtsgrundsatz 107. (A. L. R. I. 11. § 78.)

§ 198. Siehe Rechtsgrundsätze 24. 70. 385. 396. (A. L. R. I. 4. § 84., I. 7. § 212.; Allg. Deutsches Handelsgesetzbuch Art. 282. 347.)

§ 221. Zahlung des Kaufpreises Zug um Zug bei theilweiser Lieferung der verkauften Sache, namentlich Getreide. — Vergl. A. L. R. I. 5. § 271., Allg. Deutsches Handelsgesetzbuch Art. 342.

Rechtsgr. **112.** — IV. Senat. 11. Februar 1868. (LXX. 74.)

a) Die Bestimmung des § 221. I. 11. des Allgem. Landrechts,

daß der Käufer „gegen Empfang der Sache" sofort das Kaufgeld zu erlegen schuldig sei,

setzt voraus, daß das ganze dem Käufer vom Verkäufer zu gewährende Objekt des Kaufvertrages gewährt wird.

b) Daher berechtigt eine Theillieferung des verkauften Getreides, z. B. 200 Scheffel von den verkauften 300 Scheffeln, den Verkäufer nicht, den Kaufpreis der 200 Scheffel bei der Uebergabe zu verlangen.

Siehe auch Rechtsgrundsätze 109. 455. (A. L. R. I. 11. § 124., Berggesetz vom 24. Juni 1865 § 135.)

§ 227. Siehe Rechtsgrundsätze 128—138. (§ 827. dieses Titels.)

§ 230. Rücktritt des Verkäufers vom Kaufvertrage wegen unterbliebener Zahlung des Kaufgeldes bei der Uebergabe:

A. Bedingung dieses Rücktrittsrechts und Form der Rücktrittserklärung.

Rechtsgr. **113.** — III. Senat. 23. März 1868. (LXX. 232.)

a) Der § 230. I. 11. des Allg. Landrechts macht die Ausübung der dem Verkäufer beigelegten Befugniß, den Vertrag aufzuheben, nicht von einer ausdrücklichen Offerte der verkauften Sache an den Käufer abhängig.

b) Der § 230. I. 11. des Allg. Landrechts setzt nur voraus, daß dasjenige an Kaufgeld, was kontraktlich bei der Uebergabe baar bezahlt werden sollte, nicht baar bezahlt worden ist.

c) Der im § 230. I. 11. des Allgem. Landrechts dem Verkäufer nachgelassene Rücktritt ist an keine Form gebunden.

B. Nichtanwendbarkeit des § 230. I. 11. des Allgem. Landrechts auf dem Handelskauf. — Vergl. Allgem. Deutsches Handelsgesetzbuch Art. 355. 356.

Rechtsgr. **114**. — IV. Senat. 1. Oktober 1868. (LXXII. 244)

Der § 230. I. 11. des Allg. Landrechts, nach welchem bei nicht erfolgter Zahlung des Kaufgeldes der Verkäufer den Kontrakt nur aufheben kann, sonst aber keine Rechte hat, findet bei Handelsgeschäften keine Anwendung.

§ **342**. Zuschlagsbescheid bei gerichtlichen nothwendigen Verkäufen:

A. In seiner Wirkung als Judikat. — Vergl. A. G. O. Einl. §§ 65. 66., **52**. §§ 22—26.; Subhastations-Verordnung vom 4. März 1834 § 5.

Rechtsgr. **115**. — III. Senat. 27. November 1867. (LXIX. 154.)

Dem Zuschlagsbescheide ist die Wirkung eines Judikats beizulegen, und ist der Adjudikatar, welcher durch den Zuschlag zugleich Eigenthümer geworden ist, in seinem Rechte zu schützen, wenn auch ein Grundstück irrthümlich zur Taxe gezogen sein sollte.

B. Aufstellung einer Suspensivbedingung zur Erlangung des Eigenthums Seitens der Subhastations-Interessenten.

Rechtsgr. **116**. — III. Senat. 8. Juni 1868. (LXXI. 198.)

Die Subhastations-Interessenten sind befugt, eine Suspensivbedingung zur Erlangung des Eigenthums aufzustellen.

§ **347**. Siehe Rechtsgrundsatz 655. (Exekutions-Verordnung vom 4. März 1834 § 6.)

§ **348**. No. **2**. **3**. Siehe Rechtsgrundsatz 657. (Subhastations-Verordnung vom 4. März 1834 § 6.)

Dritter Abschnitt. Von Abtretung der Rechte.

§§ 376. 392. Siehe Rechtsgrundsatz 103. (§ 1 dieses Titels.)

§§ 393—395. Form und Wirkung der Cession:

A. Eigenschaft der Sparkassenbücher als Beweisurkunde oder als bewegliche Sache; Uebereignung eines Sparkassenbuches durch Uebergabe oder Cession. — Vergl. §§ 653. 730. 793. dieses Titels, Reglement vom 12. Dezember 1838 Art. 14.

Rechtsgr. **117.** — IV. Senat. 16. Oktober 1866. (LXV. 78.)

a) Sparkassenbücher charakterisiren sich nur als Beweisurkunde über ein, dem im Buche benannten Gläubiger gegen die Sparkassenverwaltung auf Rückzahlung eines Darlehens zustehendes Forderungsrecht und fallen als solche nicht in die Kategorie körperlicher beweglicher Sachen.

b) Bei derartigen Forderungsrechten genügt die Uebergabe der Beweisurkunde nicht, um dem Empfänger dem Schuldner gegenüber die volle Disposition zu ertheilen; es ist vielmehr dazu noch die Form der Cession erforderlich, welche das Gesetz bei Forderungsrechten im Allgemeinen als Akt der Tradition auffaßt.

B. Eigenthum an dem Gelde, welches der debitor cessus in Folge der Seitens der Gläubiger des Cedenten auf die cedirte Post ausgebrachten Beschlagnahme zum Depositum gezahlt hat. — Vergl. Konkurs-Ordnung vom 8. Mai 1855 § 366.

Rechtsgr. **118.** — IV. Senat. 26. März 1867. (LXVII. 131.)

Wenn auch das Eigenthum der dem Cedenten gegen einen Dritten zustehenden F o r d e r u n g durch den Akt der Cession und deren Annahme Seitens des Cessionars auf diesen übergeht, so kann er doch nicht für den Besitzer desjenigen G e l d e s gelten, welches der debitor cessus in Folge der Seitens der Gläubiger des Cedenten auf die cedirte Forderung ausgebrachten Beschlagnahme nicht an den Cessionar, sondern zum gerichtlichen Depositum eingezahlt und über welches das Gericht, behufs der Vertheilung unter die Gläubiger des Cedenten, ein Prioritätsverfahren angeordnet hat.

Siehe auch Rechtsgrundsätze 19. 69. 187. (A. L. R. I. **2.** § 42., **7.** § 169., **10.** § 313.)

§ **402**. Siehe Rechtsgrundsatz 103. (§ 1. dieses Titels.)

§§ **403**. ff. Siehe Rechtsgrundsatz 452. (Berggesetz vom 24. Juni 1865 § 129.)

§§ **407**. **408**. Siehe Rechtsgrundsatz 239. (A. L. R. I. **21** § 358.)

§§ **409**. **413**. ff. Siehe Rechtsgrundsätze 187. 238. (A. L. R. I. **10**. § 313., **21**. § 350. ff.)

§§ **425**. ff. **440**. **441**. Gewährleistung des Cedenten:

A. Landrechtliche Beschränkung der Gewährleistungspflicht als Verbotsgesetz.

Rechtsgr. **119**. — IV. Senat. 19. Februar 1867. (LXV. 321.)

Die Vorschriften des Allg. Landrechts, nach welchen der Umfang der Gewährleistungspflicht des Cedenten sowohl in Ansehung der Verität als der Bonität der cedirten Forderung auf den Betrag der Cessionsvaluta nebst Schäden und Kosten beschränkt ist, haben zwar insofern den Charakter von Verbotsgesetzen, als sie eine entgegengesetzte vertragsmäßige Vereinbarung nicht gestatten und durch eine solche nicht umgangen werden kann; es trifft dies jedoch nur für solche Cessionsgeschäfte zu, welche nach Preußischen Gesetzen abgeschlossen sind und deren dadurch erzeugte Obligation unter der Herrschaft dieser Gesetze ihren Sitz hat.

B. Selbstschuldnerische Verbürgung des Cedenten über den Betrag der vom Cessionar gezahlten Valuta hinaus für die ganze cedirte Forderung.

Rechtsgr. **120**. — IV. Senat. 26. März 1868. (LXX. 247.)

Die Vereinbarung, nach welcher der Cedent sich dem Cessionar gegenüber verpflichtet, für allen Ausfall am Kapital und Zinsen, welchen die cedirte Forderung bei der Subhastation des verpfändeten Grundstücks erleiden wird, über die gezahlte Cessionsvaluta hinaus als Selbstschuldner zu haften, hat keine Gültigkeit und rechtsverbindliche Kraft.

Vierter Abschnitt. Vom Erbschaftskaufe.

§§ **447. 454—456. 470. 477.** Erbschaftskauf; Vorbehalt einzelner Sachen Seitens des Erbschaftskäufers; Verkauf der Erbschaft in dem Zustande, wie sich solche zur Zeit des Abschlusses des Erbschaftskaufes befindet.

Rechtsgr. **121.** — I. Senat. 13. September 1867. (LXVIII. 136.)

a) Entscheidend für die Eigenschaft des Erbschaftskaufes ist nur, daß das Erbrecht selbst Gegenstand des Vertrages ist.

b) Der Begriff des Erbschaftskaufes wird dadurch allein nicht ausgeschlossen, daß der Verkäufer sich einzelne zum Nachlasse gehörige Sachen reservirt, namentlich dadurch nicht, daß dem verkaufenden Miterben einzelne Gegenstände der Erbschaft, welche er zur Zeit des Abschlusses des Erbschaftskaufes durch partielle Theilung bereits erworben hatte, nach Inhalt des Vertrages verbleiben sollen.

c) Ist in dem Erbschaftskaufvertrage darüber ausdrücklich Bestimmung getroffen, daß der Verkäufer dem Käufer die Erbschaft nicht in dem Stande, wie ihm dieselbe wirklich angefallen sei, sondern nur in dem Zustande, wie sich dieselbe am Tage des Vertragsschlusses befinde, verkaufe, so ist hierdurch die allgemeine gesetzliche Bestimmung des § 477. I. 11. des Allgemeinen Landrechts durch die spezielle des Vertrages abgeändert; diese Abänderung berührt aber nur das Privat-Interesse der Kontrahenten, ohne der rechtlichen Natur des ganzen Vertrages Eintrag zu thun.

§ **488.** Siehe Rechtsgrundsatz 155. (A. L. R. I. **12.** § 466.)

Sechster Abschnitt. Von gewagten Geschäften und ungewissen Erwartungen.

§§ 539. 540. Siehe Rechtsgrundsätze 24. 385. (A. L. R. I. 4. § 84.; Allg. Deutsches Handelsgesetzbuch Art. 282.)

§§ 577. ff. 581. Unverbindlichkeit des Darlehnsvertrages bei Darlehnen zum Spiel. — Vergl. A. L. R. I. 4. §§ 58. 59.

Rechtsgr. 122. — IV. Senat. 12. Februar 1867. (LXV. 305.)

Der § 581. I. 11. des Allgem. Landrechts:

„Gelder, die ausdrücklich zum Spielen oder Wetten oder zur Bezahlung des dabei gemachten Verlustes verlangt und verliehen worden, können nicht gerichtlich eingeklagt werden",

setzt eine ausdrückliche, den Zweck des Darlehns kundgebende Erklärung voraus.

§§ 602. ff. Altentheilsvertrag:

A. Persönliche Verhaftung des vertragsmäßigen Bestellers eines Altentheils für die Altentheilspräſtationen über die Zeit seines Besitzes hinaus. — Vergl. A. L. R. I. 5. §. 75.

Rechtsgr. 123. — I. Senat. 16. September 1867. (LXXI. 1.)

a) Durch die vertragsmäßige Bestellung eines Altentheils wird der Konstituent desselben über die Zeit seines Besitzes des Grundstückes hinaus, auf welchem das Altentheil haftet, nur insofern persönlich verhaftet, als dies in dem Altentheilsvertrage ausdrücklich verabredet ist. Das entgegengesetzte Präjudiz des Ober-Tribunals No. 2665 vom 8. April 1856 ist aufgehoben.

b) Der Testamentserbe, welcher mit dem Vermächtnisse eines Altentheils aus dem Nachlaßgrundstücke beschwert ist, wird durch die Veräußerung dieses Grundstücks unter Auferlegung dieser Reallast von seiner persönlichen Verhaftung für die über die Besitzzeit des neuen Besitzers hinaus rückständig bleibenden Präſtationen nur dann befreit, wenn der Altentheilsberechtigte jenem Vertrage beigetreten ist.

B. Beweis des Lebens des Altsitzers.

Rechtsgr. **124.** — II. Senat. 28. November 1867. (LXIX. 163.)

Der, einem Altentheilsberechtigten bestellter Abwesenheitskurator kann die fällig gewordenen Altentheilspräſtationen nur insofern einklagen, als er nachzuweisen vermag, daß der Altentheilsberechtigte den Eintritt der Fälligkeit erlebt hat.

C. Guts- und Vermögensübertragungsvertrag zwischen Eltern und Kindern.

Rechtsgr. **125.** — III. Senat. 10. Juli 1868. (LXXI. 314.)

Ein gewöhnlicher Guts- oder Vermögensübertragskontrakt zwischen Eltern und Kindern kann durch die in denselben stipulirten Altentheilsleistungen, auch wenn diese nur in zu leistenden Handlungen bestehen, und selbst wenn diese zu leistenden Handlungen das einzige vom Abnehmer versprochene Aequivalent für das übertragene Vermögen wären, nicht in die Klasse des im 8. Abschnitte des 11. Titels abgehandelten Verträge über Handlungen eingereicht werden.

Siehe auch Rechtsgrundsätze 45. 49a. (A. L. R. I. 5. §§ 343. 408. ff.)

§§ 660. ff. Siehe Rechtsgrundsatz 631. (Stempelgesetz vom 7. März 1822, Tarif unter „Leibrente.")

Siebenter Abschnitt. Vom Darlehnsvertrage.

§ 653. Siehe Rechtsgrundsatz 117. (§ 393. dieses Titels.)

§§ 665. 666. Beschränkung des §§ 665. 666. I. 11. des Allg. Landrechts auf das Darlehn; Anspruch des Eigenthümers einer Sache an den Käufer, welcher sie von einem Dritten gekauft hat.

Rechtsgr. **126.** — IV. Senat. 14. Juli 1868. (LXXII. 100.)

Die §§ 665. 666. I. 11. des Allgem. Landrechts, — betreffend die Rechte des Eigenthümers des Geldes, welches ein Dritter zum Darlehn gegeben hat, — dürfen nicht analogisch angewendet werden.

§§ 678. 684. 715—720. Siehe Rechtsgrundsatz 139. (§§ 853. ff. dieses Titels.)

§ 730. Charakter der Inhaberpapiere überhaupt und namentlich gegenüber solchen Papieren, in denen eine bestimmte Person als Gläubiger bezeichnet ist. — Vergl. Gesetz vom 17. Juni 1833 § 1.

Rechtsgr. 127. — IV. Senat. 16. Oktober 1866. (LXV. 77.)

a) Durch die Ausstellung des Inhaberpapieres, dessen charakteristisches Merkmal in der Unbestimmtheit des Gläubigers liegt, wird zunächst nur der einseitige Wille des Schuldners, sich verpflichten zu wollen, erkennbar gemacht, die Feststellung der in dem Papiere individuell nicht bezeichneten Person des Gläubigers aber dem Laufe des Papieres mit der Maaßgabe überlassen, daß erst in dem Momente, in welchem der Inhaber von dem Schuldner die Zahlung fordert, die Unbestimmtheit des Gläubigers ihr Ende erreicht, das Gläubigerrecht sich in der Person des Präsentanten fixirt und dadurch erst die Obligation zum Abschlusse gelangt.

b) Ist dagegen in dem Papiere schon eine bestimmte Person als Gläubiger bezeichnet, die Zahlung aber an jeden Inhaber versprochen, so ist der Inhaber nicht berechtigter Gläubiger, sondern gilt nur als zur Empfangnahme der Zahlung für letzteren ermächtigt und in dieser Eigenschaft dem Schuldner gegenüber durch den Besitz des Papieres legitimirt. Es liegt dann also keine Unbestimmtheit des Gläubigers, sondern nur eine solche des Empfängers vor, und es können Zahlungsversprechen dieser Art nicht unter den rechtlichen Begriff der Inhaberpapiere subsumirt werden.

Siehe auch Rechtsgrundsatz 117. (§ 393. dieses Titels.)

§ 738. Siehe Rechtsgrundsatz 753. (Hypotheken-Novelle vom 24 Mai 1853 § 43.)

§ 793. Siehe Rechtsgrundsatz 117. (§ 393 dieses Titels.)

§§ 827—834. 843—848. Klagbarkeit der Zinsen namentlich der

Verzugszinsen. -- Vergl. A. L. R. I. 11. §§ 111. 116. 227., 12. §§ 328. ff., 16. §§ 64. 65.

A. Anspruch auf Verzugzinsen überhaupt.

Rechtsgr. 128. — III. Senat. 27. Mai 1867. (LXVII. 239.)

Jeder Gläubiger hat das Recht, von seinem zahlungssäumigen Schuldner Zögerungszinsen zu verlangen; was aber die Nachforderung solcher Zinsen nach geschehener Einklagung oder gütlicher Bezahlung der Hauptschuld betrifft, so finden darüber die Vorschriften des eilften Titels über Darlehnszinsen, soweit nicht die Gesetze besondere Bestimmungen enthalten, Anwendung.

B. Selbstständige Einklagung von Verzugszinsen:

a. Aeltere Ansicht.

Rechtsgr. 129. — III. Senat. 27. Mai 1867. (LXVII. 239.)

Der Gläubiger kann die Zögerungszinsen vor Einziehung des fälligen Kapitals einklagen.

b. Neuere Ansicht.

Rechtsgr. 130. — IV. Senat. 10. Dezember 1867. (LXIX. 202.)

Verzugszinsen dürfen formell nicht selbstständig vom Kapital eingeklagt werden.

C. Form der vorbehaltlosen Quittungsleistung.

Rechtsgr. 131. — IV. Senat. 8. Oktober 1867. (LXIX. 29.)

Die Fiktion, welche das Gesetz mit der Ausstellung einer vorbehaltlosen Quittung dahin verbindet, daß die vorbedungenen oder Zögerungszinsen bezahlt oder erlassen seien, setzt eine Quittung im technischen Sinne, also eine schriftliche Erklärung über erfolgte Zahlung des Kapitals und zwar des ganzen Kapitals voraus.

D. Verzugszinsen, welche nicht auf einem Urtheil beruhen.

Rechtsgr. 132. — III. Senat. 27. Mai 1867. (LXVII. 237.)

Verzugszinsen, welche nicht auf einem Urtheil beruhen,

können nach geschehener vorbehaltloser Quittung über das Kapital nicht nachgefordert werden, mag über Bezahlung des Kapitals ein Erkenntniß ergangen sein oder nicht.

E. Verzugszinsen, welche nicht eingeklagt und auf welche nicht erkannt ist, im Gegensatz zu den Verzugszinsen vom Tage des ergangenen Urtheils.

Rechtsgr. 133. — III. Senat. 27. Mai 1867. (LXVII. 238.)

Verzugszinsen, welche bei Einklagung der Hauptforderung nicht mit eingeklagt worden, und auf welche auch der Richter nach § 58. I. 23. der Allg. Gerichts-Ordnung nicht von Amtswegen erkannt hat, können in einem späteren Prozesse nicht mehr nachgefordert werden; dagegen können die vom Tage des ergangenen Urtheils an laufenden Verzugszinsen so lange nachgefordert und eingeklagt werden, als noch nicht über das Kapital selbst ohne Vorbehalt quittirt ist.

F. Verzugzinsen, welche nicht eingeklagt sind, wegen welcher aber ein Vorbehalt gemacht ist.

Rechtsgr. 134. — III. Senat. 27. Mai 1867. (LXVII. 238.)

Verzugszinsen, welche bei Einklagung der Hauptforderung nicht mit eingeklagt sind, können auch dann nicht nachgefordert werden, wenn sie in der Klage vorbehalten sind und der erkennende Richter ausgesprochen hat, daß es bei diesem Vorbehalte zu belassen.

G. Einklagung der vom Tage des rechtskräftigen Erkenntnisses an laufenden Verzugzinsen.

Rechtsgr. 135. — III. Senat. 27. Mai 1867. (LXVII. 238.)

Die Einklagung der vom Tage des rechtskräftig ergangenen definitiven Erkenntnisses an laufenden Verzugszinsen ist so lange gestattet, als noch nicht über das erstrittene Kapital selbst ohne Vorbehalt quittirt ist.

H. Verzugszinsen, welche nach Einklagung des Hauptstuhls entstanden sind, zu deren Zahlung sich der Schuldner besonders verpflichtet hat, und Einklagung derselben nach Cession des Hauptstuhls.

Rechtsgr. 136. — III. Senat. 27. Mai 1867. (LXVII. 238.)

Verzugszinsen, welche nach der Einklagung des Hauptstuhls der Forderung im Vorprozesse entstanden und daher nicht mit eingeklagt sind, zu deren Zahlung sich aber der Schuldner besonders verpflichtet hat, können auch nach Cession des Hauptstuhls an einen Dritten, gleich vorbedungenen Zinsen, so lange eingeklagt werden, als nicht über das Kapital selbst ohne Vorbehalt quittirt ist.

I. Zahlung des Kapitals ohne vorherige Klage, vorbehaltlose Quittung und Einklagung der Verzugszinsen:

a. Aeltere Ansicht.

Rechtsgr. 137. — III. Senat. 27. Mai 1867. (LXVII. 239.)

Wenn ohne voraufgegangene Klage ein Kapital bezahlt und darüber unter Vorbehalt quittirt ist, so können Verzugszinsen besonders eingeklagt werden.

In diesem Falle findet die Nachforderung von Verzugszinsen auch dann statt, wenn der Vorbehalt nur mündlich ausgesprochen ist, oder der Gläubiger zur Ausstellung einer vorbehaltlosen Quittung über das Kapital durch den Schuldner dolose verleitet worden ist.

b. Neuere Ansicht.

Rechtsgr. 138. — IV. Senat. 10. Dezember 1867. (LXIX. 202.)

Verzugszinsen können, sobald über das Kapital ohne Vorbehalt quittirt ist, auch dann nicht nachgefordert werden, wenn eine Klage über das Kapital nicht vorausgegangen ist.

§§ 853—865. Kreditiren des Kaufgeldes für Immobilien. — Vergl. §§ 678. 684. 715—726. dieses Titels, Konklusum der Gesetz-Kommission vom 8. Juli 1788.

Rechtsgr. 139. — III. Senat. 29. April 1867. (LXVIII. 71.)

Das im § 862. I. 11. des Allgem. Landrechts:

„Soweit Jemand unfähig ist, eigentliche Darlehne aufzunehmen, soweit dürfen ihm auch Sachen nicht auf Kredit gegeben werden",

enthaltene Verbot bezieht sich nicht auf den Ankauf von Immobilien, für welche der Kaufpreis ganz oder zum Theil rückständig geblieben ist.

§ 867. Ausstellung eines Schuldscheins und Novation.

Rechtsgr. 140. — V. Senat. 30. April 1867. (LXVII. 158.)

Der § 867. I. 11. des Allgem. Landrechts:

„Es ändert also die Natur des ursprünglichen Geschäfts aus welchem die Zahlungsverbindlichkeit entstanden ist, noch nicht, wenngleich über die schuldige Summe ein Schuldschein als über ein Darlehn ausgestellt worden",

schließt eine gültig vollzogene Novation nicht aus.

Achter Abschnitt. Von Verträgen, wodurch Sachen gegen Handlungen, oder Handlungen gegen Handlungen versprochen werden.

§ 869. Begriff des Vertrages über Handlungen. — Vergl. A. L. R. I. 5. §§ 155. ff. 164. ff.

Rechtsgr. 141. — III. Senat. 16. März 1868. (LXX. 214.)

Verträge über Handlungen setzen solche Handlungen voraus, die ein Kontrahent dem andern oder doch in dessen Interesse leistet.

Siehe auch Rechtsgrundsatz 94. (A. L. R. I. 5. § 408.)

§§ 871. 873. Vergütung für vertragsmäßig geleistete Handlungen beim Vorhandensein einer gesetzlichen Taxe.

Rechtsgr. 142. — IV. Senat. 5. Dezember 1867. (LXIX. 186.)

Die Vorschrift der §§ 871. 873. I. 11. des Allgem. Landrechts, daß, wenn in dem Vertrage über Handlungen die Vergütung gar nicht oder nicht hinlänglich bestimmt worden, dieselbe durch Gutachten der Sachverständigen ermittelt werden solle, kann da, wo in Ermangelung einer Uebereinkunft über die Vergütung eine gesetzliche Taxe vorgeschrieben ist, nicht in Anwendung kommen.

Siehe auch Rechtsgrundsatz 27. (A. L. R. I. 5. § 71.)

§ 874. Beweislast im Falle des § 874. I. 11. des Allg. Landrechts rücksichtlich des Mangels der obligatorischen Absicht bei Leistung einer Handlung.

Rechtsgr. 143. — IV. Senat. 8. September 1868. (LXXII. 141.)

Ist für eine geleistete Handlung eine Vergütung vorher in rechtsverbindlicher Art nicht verabredet, und gehört die Handlung auch nicht zu den gewöhnlichen Nahrungs- und Berufsgeschäften des Handelnden, so muß der Empfänger derselben, wenn er eine Vergütung für dieselbe aus dem Grunde des Mangels obligatorischer Absicht verweigern will, diesen Mangel darthun.

Neunter Abschnitt. Von Schenkungen.

§§ 1040. 1045. Siehe Rechtsgrundsatz 165. (A. L. R. I. 13. § 262.)

§§ 1048. 1063. Schenkung zum Zweck der Eheschließung.

Rechtsgr. 144. — I. Senat. 28. Januar 1867. (LXVII. 70.)

Der § 1048. I. 11. des Allg. Landrechts, lautend:

„Auch wenn ein Fremder unter der Bedingung oder zum Zwecke einer zu schließenden Ehe einem oder dem anderen der künftigen Eheleute etwas in rechtsgültiger Form versprochen hat, ist ein solcher Vertrag einem lästigen gleich zu achten“,

hat nur den Zweck, auszudrücken, daß auch aus einem blos schriftlichen Versprechen die Klage auf Erfüllung wie aus einem lästigen Vertrage stattfinde und nicht der Einwand gemacht werden dürfe, daß das eine bloße Freigebigkeit in sich schließende Versprechen zu seiner

Gültigkeit die gerichtliche Abfassung erfordere, wie § 1063. bezüglich der reinen Schenkungsverträge vorschreibt.

Siehe auch Rechtsgrundsatz 30. (A. L. R. I. **5**. § 165.)

§ **1090**. Widerruf der Schenkung durch einen Dritten Namens des Geschenkgebers. — Vergl. § 1165 dieses Titels; A. L. R. I. **13**. §§ 8—10.

Rechtsgr. **145**. — IV. Senat. 8. November 1866. (LXV. 122.)

a) Die Erklärung des Widerrufes durch einen Dritten Namens des Geschenkgebers muß dem Geschenknehmer die Ueberzeugung zu verschaffen angethan sein, daß der Widerruf wirklich von dem Geschenkgeber ausgehe und gewollt werde; und muß diese Ueberzeugung dem Geschenknehmer noch innerhalb der in dem § 1090. I. 11. des Allgem. Landrechts bestimmten Frist verschafft werden.

b) Ob ein Hergang anzunehmen ist, welcher eine solche Ueberzeugung konstatirt, ist in jedem einzelnen Falle Sache konkreter thatsächlicher Beurtheilung.

§§ **1113**. **1114**. Berechnung des Pflichttheils bei Anfechtung eines Geschenkes des Erblassers wegen Uebermaaßes. — Vergl. A. L. R. II. **2**. § 392.)

Rechtsgr. **146**. — I. Senat. 10. Mai 1867. (LXVII. 203.)

Wenn auch mit Sicherheit anzunehmen ist, daß die Redaktoren des Allgemeinen Landrechts bei den §§ 1113. 1114. I. 11. des Allgem. Landrechts bezweckt haben, dem Pflichttheilsberechtigten durch die Ergänzung des reinen Nachlasses bis zur Hälfte des Geschenkes den gewöhnlichen Pflichttheil, den sie als die Hälfte der Intestatportion betrachtet haben, zu gewähren, so ist es doch nicht statthaft, bei der Berechnung des Pflichttheils von dem Wortinhalt der §§ 1113. 1114. a. a. O. abzugehen.

§ **1165**. Siehe Rechtsgrundsatz 145. (§ 1090 dieses Titels.)

Titel 12. Von den Titeln zur Erwerbung des Eigenthums, welche aus Verordnungen von Todeswegen entstehen.

Erster Abschnitt. Von Testamenten und Kodizillen.

§§ 20. ff. Unzulässigkeit des Beweises, daß ein bevormundeter Wahnsinniger zur Zeit der Testaments-Errichtung in vollem Gebrauche seiner Geisteskräfte gewesen sei, bezüglich der Gültigkeit des Testaments.

Rechtsgr. **147**. — I. Senat. 8. März 1867. (LXVII. 91.)

Ein etwa zu führender Beweis, ein unter Vormundschaft stehender Wahnsinniger sei zur Zeit der Errichtung des Testaments im vollen Gebrauche seiner Geisteskräfte gewesen, ist nicht geeignet, die Ungültigkeit desselben abzuwenden.

Siehe auch Rechtsgrundsatz 158. (§ 618. dieses Titels.)

§§ 100. 101. Siehe Rechtsgrundsatz 149. (§ 113 dieses Titels.)

§ 103. Ueberschreiben eines versiegelt übergebenen Testaments durch den Richter in Abwesenheit des Testators. — Vergl. §§ 115. 116. 139., Anh. § 33. zu § 139. dieses Titels; Gutachten der Gesetz-Kommission vom 13. Februar 1798.

Rechtsgr. **148**. — I. Senat. 7. Oktober 1867. (LXVIII. 226.)

a) Es schadet der Gültigkeit eines dem Gerichte versiegelt übergebenen schriftlichen Testaments nicht, wenn der Richter dasselbe nicht in Gegenwart des Testators überschrieben hat.

b) Der Umstand allein, daß die Namensunterschrift des Testators unter dem Testaments-Annahmeprotokoll weniger deutlich, wie unter dem schriftlichen Testament selbst, und fehlerhaft geschrieben ist, hat die Ungültigkeit des Testaments nicht zur Folge.

§ 104. Siehe Rechtsgrundsatz 150. (§ 115 dieses Titels.)

§ 113. Form der Testamentserrichtung für Personen, welche nur ihren Namen schreiben können. — Vergl. §§ 100. 101. dieses Titels, A. G. O. I. **10**. Anh. §§ 68. und 72. zu § 19.

Rechtsgr. 149. — I. Senat. 7. Oktober 1867. (LXVIII. 226.)

Der § 113. I. 12. des Allgem. Landrechts — nach welchem Blinde, des Lesens und Schreibens unerfahrene, ingleichen solche Personen, welche an den Händen gelähmt oder deren beraubt sind, nur mündlich zu Protokoll testiren können, — findet auf Personen, welche lediglich ihren Namen schreiben können, keine Anwendung.

§§ 115, 116. Mangelnde Handzeichen des an der Unterschrift seines zu gerichtlichem Protokoll erklärten Testaments verhinderten Testators. — Vergl. A. L. R. I. 3. §§ 40. 41., 12. § 104.; A. G. O. II. 2. §§ 45. 46., Kabinets-Order vom 20. Juni 1816.

Rechtsgr. 150. — I. Senat. 24. April 1868. (LXX. 301.)

Das von dem schreibensunfähigen Testator zum gerichtlichen Protokolle erklärte Testament wird dadurch allein nicht ungültig, daß er keine Handzeichen beigefügt hat und in dem Protokolle nicht niedergeschrieben worden, daß der Testator zur Beifügung von Handzeichen nicht im Stande sei, und daß er diese Erklärung vor Zeugen abgegeben habe; es ist vielmehr hinreichend, daß der Testator vor zwei zugezogenen Zeugen die Erklärung abgiebt, daß ihm das Testament vorgelesen worden sei und er dessen Inhalt genehmige.

Siehe auch Rechtsgrundsatz 148. (§ 103. dieses Titels.)

§§ 124. ff. Kenntniß des Testators vom Verhandelten in sprachlicher Beziehung. — Vergl. A. L. R. I. 4. §§ 1—4. 57., 5. § 179.

Rechtsgr. 151. — I. Senat. 22. März 1867. (LXVIII. 41.)

Der Testator muß in sprachlicher Beziehung Kenntniß vom Verhandelten besitzen.

§§ 139. und Anh. § 33. Siehe Rechtsgrundsatz 148. (§ 103. dieses Titels.)

§§ 161. ff. Zurückfallen eines durch Nichtannahme wegfallenden Legats in die Nachlaßmasse in seiner Wirkung auf die Berechnung der außergerichtlich ausgesetzten Legate. — Vergl. §§ 266. 366. dieses Titels.

Rechtsgr. 152. — I. Senat. 14. Oktober 1867. (LVIII. 231.)

Das Zurückfallen des Betrages eines durch Nichtannahme wegfallenden Legats in die Nachlaßmasse erhöht zwar den zwanzigsten Theil derselben, aus welchem die sämmtlichen übrigen Legatare zusammen verhältnißmäßig Befriedigung verlangen können, um $^1/_{20}$ des weggefallenen Legats; es hat dagegen nicht die Folge, daß der zwanzigste Theil so, als wenn das weggefallene Legat wirklich zu entrichten wäre, zu berechnen sei, dagegen der Legatar, welcher das ihm zugedachte Vermächtniß nicht angenommen hat, aus der Zahl der zusammen auf dieses $^1/_{20}$ angewiesenen Legatare ausscheide.

§ 193. und Anh. **§ 35.** Befreiung eines Vormundes von der obervormundschaftlichen Aufsicht in einem vorbehaltenen Kodizille. — Vergl. A. L. R. II. **18.** § 628.; Gutachten der Gesetz-Kommission vom 23. Oktober 1800; Reskript vom 3. November 1800.

Rechtsgr. 153. — I. Senat. 8. Februar 1869. (LXXI. 365.)

Die Befreiung des ernannten Vormundes von der vormundschaftlichen Aufsicht innerhalb der gesetzlichen Grenzen kann auch in einem, den Bestimmungen des § 35. des Anhangs zum Allgem. Landrechte entsprechenden Kodizille verordnet werden.

§ 206. Siehe Rechtsgrundsatz 152. (§ 161. dieses Titels.)

§ 286. Siehe Rechtsgrundsatz 86. (A. L. R. I. **9.** § 409.)

§ 290. Art und Höhe der dem Legatar durch den Erben zu leistenden Sicherheitsbestellung. — Vergl. A. L. R. I. **14.** § 187.

Rechtsgr. 154. — I. Senat. 23. März 1868. (LXXI. 91.)

Enthält die letztwillige Verordnung keine Bestimmung über die Art der dem Legatar nach § 290. I. 12. des Allg. Landrechts von dem Erben zu gewährenden Sicherheitsbestellung, so greifen die allgemeinen Vorschriften des § 187. I. 14. des Allgem. Landrechts Platz.

§§ 328. ff. Siehe Rechtsgrundsätze 128—138. (A. L. R. I. **11.** § 827.)

§ **366**. Siehe Rechtsgrundsatz 152. (§ 161 dieses Titels.)

§§ **466**. ff. Widerspruchsrecht des Fideikommissars gegen den auf Theilung der Erbschaft gerichteten Antrag des Fiduziars. — Vergl. A. L. R. I. **11**. § 488., **17**. §§ 82. 115. ff., **22**. §§ 23—25.

Rechtsgr. **155**. — I. Senat. 19. Oktober 1866. (LXV. 84.)

Dem Fideikommissar steht ein Widerspruchsrecht gegen den auf Theilung der Erbschaft gerichteten Antrag des Fiduziars nicht zu.

§ **467**. Rechte des Fideikommissars dem Fiduziar oder dessen Erben gegenüber, namentlich bei einem Geldfideikommiß mit der Bestimmung in id quod supererit.

Rechtsgr. **156**. — I. Senat. 5. Oktober 1866. (LXV. 41.)

Der Fideikommissarius hat kein dingliches Recht an der Erbschaft, sondern nur einen Titel dazu, nämlich ein persönliches Forderungsrecht an den Fiduziarius oder dessen Erben; dies gilt namentlich auch bei einem fideicommissum in id quod supererit, zumal wenn der Gegenstand des Fideikommisses in einer Geldsumme besteht. Die Restitutionsforderung des Fideikommissars ist demnach kein Vindikations-, sondern ein obligatorischer Anspruch.

§§ **557**. **558**. Befugniß des Testamentsexekutors, einzelne Geschäfte durch einen Anderen ausrichten zu lassen. — Vergl. A. L. R. I. **13**. §§ 37. 38. 46, **14**. § 122.

Rechtsgr. **157**. — I. Senat. 22. Mai 1868. (LXXI. 182.)

Der mit der Verwaltung eines ganzen Nachlasses betrauter Testamentsvollzieher ist einzelne Geschäfte durch einen Andern ausrichten zu lassen befugt.

§ **603**. Siehe Rechtsgrundsatz 295. (A. L. R. II. **2**. § 2.)

Zweiter Abschnitt. Von Erbverträgen.

§ **618**. Anfechtung eines Erbvertrages wegen Blödsinns des einen Kontrahenten. — Vergl. A. L. R. I. **4**. §§ 23. ff., **12**. §§ 20. ff.

Rechtsgr. 158. — I. Senat. 8. März 1867. (LXVII. 91.)

Das Präjudiz No. 1991. vom 27. März 1848:

„Der Einwand, daß der Testator zur Zeit der Errichtung seines letzten Willens blödsinnig gewesen sei, findet, wenn er auch nachher unter Vormundschaft gesetzt worden ist, gegen ein gerichtliches Testament nicht statt, bei dessen Aufnahme der Richter sich überzeugt hat, daß der Testator seines Verstandes mächtig sei",

findet auf Erbverträge keine Anwendung, für letztere schlagen vielmehr die Verschriften von Verträgen unter Lebenden ein.

§ 627. Charakter des Witthums und Leibgedinges, namentlich im Verhältniß zur letztwilligen Verordnung und zum Vermächtniß. — Vergl. A. L. R. II. 1. §§ 456. ff.

Rechtsgr. 159. — I. Senat. 11. November 1867. (LXIX. 61.)

Wenn auch das in den Ehepakten bestimmte Witthum und Leibgeding seiner Natur nach erst mit dem Tode des Ehemannes in Erfüllung tritt und insofern dessen Stipulation die Natur einer vertragsmäßigen Anordnung auf den Todesfall annimmt; so folgt daraus doch nicht, daß dasselbe nothwendig als eine letztwillige Verordnung oder als ein Vermächtniß unter die Bestimmungen des § 27. I. 12. des Allgem. Landrechts fallen muß.

Titel 13. Von Erwerbung des Eigenthums der Sachen und Rechte durch einen Dritten.

Erster Abschnitt. Von Vollmachtsaufträgen.

§§ 8—10. Siehe Rechtsgrundsatz 145. (A. L. R. I. 11. § 1090.)

§ 9. Verpflichtung des mündlich Bevollmächtigten zur Schadloshaltung des Dritten als lediglich subsidiäre Verpflichtung.

Rechtsgr. 160. — IV. Senat. 15. Mai 1866. (LXVI. 39.)

Der § 9. I. 13. des Allgem. Landrechts stellt lediglich

eine subsidiäre Verpflichtung des mündlich Bevollmächtigten zur Schadloshaltung des Dritten auch für den Fall auf, daß der Dritte wegen des Nichtvorhandenseins einer schriftlichen Vollmacht gegen den Machtgeber nicht klagen kann; die Anwendung dieser Vorschrift fällt fort, wenn, des Mangels der schriftlichen Vollmacht ungeachtet, der Dritte den Machtgeber, sei es wegen hinzutretender Genehmigung oder aus sonstigen Gründen, auf Erfüllung des mit dem Bevollmächtigten eingegangenen Vertrages hat in Anspruch nehmen können.

§ 21. Kollision des Vortheils des Machtgebers mit dem Vortheile des Bevollmächtigten.

Rechtsgr. 161. — IV. Senat. 7. Juli 1868. (LXXII. 46.)

Die Bestimmung des § 21. I. 13. des Allgem. Landrechts:

„Sobald der Vortheil des Machtgebers mit dem Vortheile des Bevollmächtigten in Widerspruch kommt, darf dieser den Auftrag weder annehmen noch behalten",

beruht darauf, daß der Mandatar die Persönlichkeit des Mandanten bei dem Geschäftsabschlusse repräsentirt.

§ 22. Uebernahme der Vermittelung eines Kaufgeschäfts für den Verkäufer und Käufer als unerlaubte Handlung. — Vergl. A. L. R. I. 3. § 35.

Rechtsgr. 163. — IV. Senat. 30. April 1868. (LXX. 331.)

Derjenige, welcher die Vermittelung eines Kaufgeschäftes für den Verkäufer übernommen hat, darf nicht zugleich einen Vermittelungsauftrag vom Käufer annehmen; und wenn er dies dennoch thut, so begeht er eine unerlaubte Handlung, weshalb er aus dem Auftrage keinen Vortheil für sich herleiten darf.

§§ 37. 38. 46. Siehe Rechtsgrundsatz 157. (A. L. R. I. 12. § 557.)

§ 65. Siehe Rechtsgrundsatz 444. (Allgem. Deutsche Wechsel-Ordnung Art. 83.)

§ 131. Wirkung des von dem mündlich Bevollmächtigten geschehenen Verkaufs der ihm anvertrauten beweglichen Sache, dem Vollmachtgeber gegenüber. — Vergl. A. L. R. I. 5. § 146.

Rechtsgr. 163. — III. Senat. 11. Dezember 1868. (LXXI. 360.)

a) Zur Anwendbarkeit des § 131. I. 13. des Allgem. Landrechts, — betreffend die Berechtigung des zum Verkaufe einer ihm anvertrauten beweglichen Sache Beauftragten zum Empfange des Kaufgeldes — genügt ein mündlicher Auftrag.

b) Derjenige, welcher seine bewegliche Sache einem Anderen in Gewahrsam giebt, muß, wenn dieser dieselbe seinem mündlichen Auftrage gemäß veräußert und übergiebt, dies gegen sich gelten lassen.

c) Der § 131. a. a. O. entbindet zwar nicht von der für das Kaufgeschäft selbst erforderlichen Form. Doch kommt hier in gleicher Weise, als wenn der Eigenthümer selbst dasselbe schließt, der § 146. I. 5. des Allg. Landrechts zu Hülfe.

§§ 142. 146. Siehe Rechtsgrundsatz 422. (Allgem. Deutsche Wechsel-Ordnung Art. 12.)

§ 159. Vertragsmäßiger Verzicht auf die Widerruflichkeit einer Vollmacht; Konventionalstrafe des Vollmachtgebers für den Fall des Widerrufs. — Vergl. A. L. R. I. 3. §§ 26. ff., 5. §§ 292. ff.

Rechtsgr. 164. — IV. Senat. 5. November 1867. (LXIX. 46.)

a) Aus § 159. I. 13. des Allg. Landrechts ist nicht zu folgern:

„daß ein Vollmachtsgeber nicht unter gewissen Umständen resp. auf eine gewisse kontraktmäßig zwischen ihm und dem Bevollmächtigten vereinbarte Zeit hinaus seiner Befugniß zum Widerrufe sich begeben resp. auf denselben verzichten dürfe."

b) Der Machtgeber kann sich für den Fall seines ein=

seitigen Rücktritts von dem Vollmachtsvertrage einer dem Bevollmächtigten zu zahlenden Konventionalstrafe zum Zweck der Entschädigung desselben wegen unzeitigen Rücktritts unterwerfen.

Zweiter Abschnitt. Von Uebermachung fremder Geschäfte ohne vorhergegangenen Auftrag.

§§ **228**. ff. Siehe Rechtsgrundsätze 179. 298. (A. L. R. I. **10**. § 30., II. **2**. § 126.)

Dritter Abschnitt. Von nützlichen Verwendungen.

§§ **262**. ff. Klagen aus der nützlichen Verwendung:

A. Begründung des Anspruches aus der nützlichen Verwendung rücksichtlich der Absicht, den Beanspruchten zu verpflichten. — Vergl. A. L. R. I. **11**. §§ 1040. 1045.

Rechtsgr. **165**. — IV. Senat. 1. Oktober 1867. (LXVII. 364.)

Wenn auch die Klage aus der nützlichen Verwendung der Regel nach schon durch die bloße Thatsache der Verwendung und die dadurch zum Schaden des Verwendenden bewirkte Bereicherung des Beanspruchten begründet wird und es, um die damit verfolgte Rückgabe des Verwendeten oder die Erstattung desselben von Seiten des Bereicherten zu begründen, keineswegs stets und in allen Fällen darauf ankömmt: daß der Verwendende schon bei der Aufwendung die Absicht hatte, den Bereicherten damit aus der nützlichen Verwendung zu verpflichten, wie sich schon daraus ergiebt: daß die Bereicherung im einzelnen Falle ja selbst ohne Vorwissen des Verwendenden und ohne jede Konkurrenz desselben erfolgt und bewirkt worden sein kann; so darf doch andererseits der Versionskläger nicht die entgegengesetzte Absicht gehabt haben.

B. Aenderung der Absicht, wohlthätig zu sein, und Versionsklage. — Vergl. A. L. R. I. **11**. §§ 10. 37. ff.

Rechtsgr. 166. — IV. Senat. 13. Dezember 1866. (LXV. 194.)

Beruhte die Verwendung zu der Zeit, als sie stattfand, auf der Absicht, wohlthätig zu sein, so kann der Verwendende dadurch, daß er später seiner früheren Absicht eine dieser entgegengesetzte substituiren will, sich ein geeignetes Fundament zu einer Versionsklage nicht schaffen.

Siehe auch Rechtsgrundsatz 179. (A. L. R. I. 10. § 30.)

§ 268. Siehe Rechtsgrundsatz 298. (A. L. R. II. 2. § 126.)

Titel 14. Von Erhaltung des Eigenthums und der Rechte.

Erster Abschnitt. Vom Verwahrungsvertrage.

§§ 35—37. Frachtvertrag und Verwahrungsvertrag. — Vergl. Allg. Deutsches Handelsgesetzbuch Art. 390.

Rechtsgr. 167. — IV. Senat. 14. Mai 1867. (LXVI. 313.)

Die Vorschriften der §§ 35—37. I. 14. des Allgem. Landrechts, betreffend die Verpflichtung des Verwahrers zur Benachrichtigung des Niederlegers von der Beschädigung oder dem Verluste der niedergelegten Sache binnen drei Tagen, finden auf den Frachtvertrag keine Anwendung.

Siehe auch Rechtsgrundsatz 295. (A. L. R. II. 2. § 2.)

Zweiter Abschnitt. Von der Verwaltung fremder Sachen und Güter.

§ 109. Begriff des Verwaltungsvertrages.

Rechtsgr. 168. — III. Senat. 17. Januar 1868. (LXIX. 315.)

Die aus § 109. I. 14. des Allg. Landrechts zu folgernde Anvertrauung der zu verwaltenden Sache an den Verwalter ist ein wesentliches Erforderniß des Verwaltungsvertrages, in dessen Ermangelung das Geschäft in ein bloßes Mandat oder Dienstmiethe übergeht.

§ **122**. Siehe Rechtsgrundsatz 157. (A. L. R. I. **12**. § 557.)

Dritter Abschnitt. Von Kautionen und Bürgschaften.

§ **178**. Siehe Rechtsgrundsatz 169. (§ 197. dieses Titels.)
§ **187**. Siehe Rechtsgrundsatz 154. (A. L. R. I. **12**. § 290.)
§§ **197**. ff. Erwerbung des Hypothekenrechts bei Eintragung einer Kaution für Forderungen aus einem stattgehabten oder noch fortgehenden Verkehr. — Vergl. A. L. R. I. **14**. § 178., **20**. § 4.

Rechtsgr. **169**. — III. Senat. 29. April 1867. (LXVII. 151.)

Wenn ein Schuldner für diejenigen Forderungen, welche seinem Gläubiger aus einem zwischen ihnen stattgehabten oder auch noch fortgehenden Verkehr zustehen oder noch erwachsen werden, in einer Kautions-Urkunde bis zu einem bestimmten Betrage eine hypothekarische Kaution bestellt und diese in das Hypothekenbuch eingetragen wird, so wird dem Gläubiger das Hypothekenrecht für den später nachzuweisenden Betrag seiner betreffenden Forderung bis zur Höhe der bestellten Kaution schon durch die Eintragung der Kaution erworben. Es bedarf daher, wenn später die Forderung durch ein rechtskräftiges Erkenntniß festgestellt und der Schuldner zu deren Zahlung verurtheilt wird, nicht erst der Umschreibung der Kaution in eine Hypothek für den innerhalb der Kautionssumme ausgewonnenen Betrag oder einer neuen Eintragung des in dem Judikate liegenden neuen Titels zur Hypothek.

§ **300**. Recht des Gläubigers, bei Eröffnung des Konkurses über das Vermögen des Hauptschuldners sich an den Bürgen und die von demselben bestellte Kaution zu halten.

Rechtsgr. **170**. — III. Senat. 3. Juli 1868. (LXXII. 38.)

Das durch die Konkurseröffnung über das Vermögen des Hauptschuldners dem Gläubiger erwachsene Recht, sich sofort an den Bürgen zu halten, dauert bis zur wirklichen Befriedigung aus dem Vermögen des Hauptschuldners und Kridars fort.

§ 320. Selbstschuldnerische Bürgschaft auf eine gewisse Zeit.

Rechtsgr. 171. — IV. Senat. 16. Januar 1868. (LXX. 20.)

Die Vorschrift des § 320. I. 14. des Allgem. Landrechts:

„Hat Jemand eine Bürgschaft nur auf eine gewisse bestimmte Zeit für ein Darlehn übernommen; so erlischt dieselbe, wenn der Gläubiger den Hauptschuldner nicht spätestens am dritten Tage nach Ablauf dieser Zeit belangt, oder die Klage nicht fortgesetzt hat",

setzt voraus, daß der Gläubiger den Hauptschuldner vor dem Bürgen in Anspruch zu nehmen überhaupt verpflichtet ist, und greift bei selbstschuldnerischen Bürgschaften nicht Platz.

§§ 331. 332. Verzicht des Gläubigers auf die vom Hauptschuldner bestellte Sicherheit ohne Genehmigung des Bürgen.

Rechtsgr. 172. — III. Senat. 3. Juli 1868. (LXXII. 38.)

Die Vorschriften der §§ 331. 332. I. 14. des Allg. Landrechts:

daß der Gläubiger während der Bürgschaft der ihm noch außer selbiger von dem Hauptschuldner bestellten Sicherheit ohne Genehmigung des Bürgen sich nicht begeben darf, und daß, wenn er es dennoch thut, er seines Rechtes an den Bürgen verlustig wird,

ist nur auf die schon vor der Bürgschafts-Erklärung vom Hauptschuldner bestellte anderweite Sicherheit anwendbar.

§ 339. Cession der Rechte des Gläubigers aus der Bürgschaft und der Forderung an den Hauptschuldner.

Rechtsgr. 173. — IV. Senat. 18. Dezember 1866. (LXV. 229.)

Aus § 339. I. 14. des Allgem. Landrechts folgt, daß dem Cessionar der Rechte des Gläubigers aus der Bürgschaft auch die Forderung an den Hauptschuldner abgetreten werden muß.

Titel 15. Von Verfolgung des Eigenthums.

§ **2**. Siehe Rechtsgrundsatz 68. (A. L. R. I. 7. §§ 162 ff.)
§§ **4**. ff. Siehe Rechtsgrundsatz 69. (A. L. R. I. 7. § 169.)
§§ **18**. **19**. Anh. § **40**. Siehe Rechtsgrundsatz 174. (§ 44 dieses Titels.)
§§ **24**. ff. Siehe Rechtsgrundsatz 69. (A. L. R. I. 7. § 169.)
§ **44**. Legitimationsattest der Verkäufer von Pferden auf Märkten. — Vergl. A. L. R. I. 7. § 176., **15**. §§ 18. 19., Verordnung vom 13. Februar 1843.

Rechtsgr. **174**. — IV. Senat. 3. März 1868. (LXX. 125.)

In Ansehung der auf Märkten in den früheren sechs östlichen Provinzen der Preußischen Monarchie gekauften Pferde ist die Bestimmung des § 44. I. 15. des Allgem. Landrechts durch die Verordnung vom 13. Februar 1843, betreffend die Legitimations-Atteste bei Veräußerungen von Pferden in den östlichen Provinzen der Monarchie, aufgehoben.

§ **47**. Charakter der Inhaberpapiere überhaupt und namentlich gegenüber solchen Papieren, in denen eine bestimmte Person als Gläubiger bezeichnet ist. — Vergl. Verordnung vom 17. Juni 1833 § 1. (Gesetz-Sammlung S. 75.)

Rechtsgr. **175**. — IV. Senat. 16. Oktober 1866. (LXV. 77.)

a) Durch die Ausstellung des Inhaberpapiers, dessen charakteristisches Merkmal in der Unbestimmtheit des Gläubigers liegt, wird zunächst nur der einseitige Wille des Schuldners, sich verpflichten zu wollen, erkennbar gemacht, die Feststellung der in dem Papiere individuell nicht bezeichneten Person des Gläubigers aber dem Laufe des Papieres mit der Maaßgabe überlassen, daß erst in dem Momente, da der Inhaber von dem Schuldner die Zahlung fordert, die Unbestimmtheit des Gläubigers ihr Ende erreicht, das Gläubigerrecht sich in der Person des Präsentanten fixirt und dadurch erst die Obligation zum Abschlusse gelangt.

b) Ist dagegen in dem Papiere schon eine bestimmte

Person als Gläubiger bezeichnet, die Zahlung aber an jeden Inhaber versprochen, so ist der Inhaber nicht berechtigter Gläubiger, sondern gilt nur als zur Empfangnahme der Zahlung für letzteren ermächtigt und in dieser Eigenschaft dem Schuldner gegenüber durch den Besitz des Papieres legitimirt. Es liegt dann also keine Unbestimmtheit des Gläubigers, sondern nur eine solche des Empfängers vor, und es können Zahlungsversprechen dieser Art nicht unter den rechtlichen Begriff der Inhaberpapiere subsumirt werden.

§§ 50. 51. Siehe Rechtsgrundsatz 692. (Gesetz vom 4. Mai 1843 § 3.)

Titel 16. Von den Arten, wie Rechte und Verbindlichkeiten aufhören.

Erster Abschnitt. Von Erfüllung der Verbindlichkeiten überhaupt.

§§ 15. ff. Siehe Rechtsgrundsatz 38. (A. L. R. I. 5. § 285.)

§§ 16. ff. Klageanstrengung vor Verfall des Wechsels, Nichterfüllung der Wechselverpflichtung bei Verfall; Klagezurücknahme und Verzugszinsen. — Vergl. §§ 64. ff. dieses Titels; Allg. Deutsche Wechsel-Ordnung Art. 40.; A. G. O. I. 7. § 48. c. d.

Rechtsgr. **176.** — IV. Senat. 3. November 1868. (LXXII. 354.)

Der Wechselverklagte, welcher durch Anstellung der Klage sich nicht bewogen findet, seine Verpflichtung zu erfüllen, kann nicht beanspruchen, daß die Klage für zu früh angestellt, oder der Zinsanspruch für unbegründet erachtet werde, weil am Fälligkeitstermin eine Aufforderung zur Zahlung unter Vorlegung des Wechsels nicht stattgefunden habe.

§ 26. Hinderung des Käufers durch einen in seiner Person sich ereignenden Zufall, persönlich ein Grundstück zu übernehmen und die Zahlung zu leisten, in seinen Folgen auf den Verzug.

Rechtsgr. 177. — III. Senat. 23. März 1868. (LXX. 232.)

Ist der Käufer durch einen in seiner Person sich ereignenden Zufall an der persönlichen Uebernahme des von ihm erkauften Grundstücks und zur persönlichen Leistung der hierbei zu machenden Anzahlung verhindert, so hat er behufs Vermeidung der Folgen des Verzuges die ihm obliegende Verpflichtung durch einen Bevollmächtigten nachzukommen.

Zweiter Abschnitt. Von der Zahlung.

§§ 28. ff. Zahlungen durch Wechsel im Handels- und Geschäftsverkehr. — Vergl. Dig. 46. 3. Lex 52.

Rechtsgr. 178. — IV. Senat. 17. September 1867. (LXVIII. 151.)

Im Handels- und Geschäftsverkehr erfolgt die Entgegennahme von Tratten und deren Weiterbegebung unter der Voraussetzung, daß demnächst am Verfalltage von dem Acceptanten die Zahlung der in dem Wechsel verschriebenen Summe geleistet wird, und daß in Folge dessen die von den Indossataren an die Indossanten gezahlten Begebungsvaluten definitiv in den Händen der letztern verbleiben.

Insofern als diese Voraussetzung wirklich eintritt, ist allerdings, wenn die von dem Gläubiger über den Betrag seiner Forderung ausgestellten und vom Schuldner acceptirten Tratten dem Ersteren behufs der Weiterbegebung hingegeben worden, so anzusehen, daß der Gläubiger durch den Empfang der Weiterbegebungs-Valuta Befriedigung wegen seiner Forderung erlangt und daß eine Tilgung der letzteren durch Zahlung Seitens des Schuldners stattgefunden hat. Hat dagegen der Schuldner als Acceptant am Verfalltage keine Zahlung geleistet, und ist dadurch der Gläubiger als Aussteller und Indossant in die Nothwendigkeit versetzt worden, die Tratten im Regreßwege wieder einzulösen und die empfangene Begebungs-Valuta wieder herauszahlen, dann kann von einer durch Zahlung eingetretene Tilgung seiner Forderung weiter keine Rede sein.

§ **30**. Verhaftung des unberechtigten Empfängers einer Zahlung dem angeblichen Gläubiger gegenüber. — Vergl. A. L. R. I. **13**. §§ 228. 229. 262. ff.

Rechtsgr. **179**. — IV. Senat. 25. Juni 1868. (LXX. 343.)

Dem Eigenthümer einer Forderung steht gegen denjenigen, der sie ohne Recht von dem Schuldner eingezogen hat, ein Anspruch auf Ersatz des erhobenen Betrages nicht zu.

§§ **43**—**45**. Siehe Rechtsgrundsatz 186. (§ 300 dieses Titels.)

§ **46**. Siehe Rechtsgrundsatz 452. (Berggesetz vom 24. Juni 1865 § 129.)

§ **48**. Siehe Rechtsgrundsatz 50. (A. L. R. I. **5**. § 443.)

§§ **64**. **65**. Siehe Rechtsgrundsätze 128—138. 176. (A. L. R. I. **11**. § 827., **16**. §§ 16 ff.)

§ **66**. Siehe Rechtsgrundsatz 292. (A. L. R. II. **1**. § 766.)

§ **86**. Rechtliche Natur der Verpflichtung zur Quittungsleistung. — Vergl. A. L. R. I. **20**. §§ 520 ff.

Rechtsgr. **180**. — III. Senat. 23. März 1868. (LXX. 229.)

Das Recht eines Schuldners, von dem bezahlten Gläubiger ein Bekenntniß der empfangenen Zahlung in geeigneter Form zu fordern, ist nicht als eine Obligation zu betrachten, wonach der bezahlte Gläubiger etwas zu leisten habe, es ist eine Zahlung auch anderweit zu erweisen; es ist vielmehr eine Folge der Zahlung, daß der Gläubiger das Schuld-Instrument zurückgebe, die Quittung, wenn sie behufs der Löschung nöthig, in formeller Weise ertheile.

§§ **98**. **99**. Vermuthung der Tilgung einer Forderung aus der Zurückgabe des Schuldinstruments an den Schuldner.

Rechtsgr. **181**. — IV. Senat. 7. Juli 1868. (LXXII. 50.)

Die nach den §§ 98. 99. I. 16. des Allg. Landrechts aus der Zurückgabe des Schuldinstruments begründete Vermuthung, beziehungsweise Wahrscheinlichkeit der Tilgung der Schuld tritt nur dann ein, wenn das zurückgegebene oder in dem Besitz des Schuldners befindliche Instrument von dem Schuldner einseitig über die Schuld ausgestellt ist.

§§ **104**. ff. Siehe Rechtsgrundsatz 186. (§ 300. dieses Titels.)

§ **106**. Gegenbeweis gegen eine Quittung nach Ablauf des in dem § 106. I. 16. des Allg. Landrechts bestimmten dreimonatlichen Zeitraumes.

Rechtsgr. **182**. — IV. Senat. 16. Januar 1868. (LXXI. 26.)

Der § 106. I. 16. des Allg. Landrechts schreibt zwar, wenn der Gegenbeweis nach dreimonatlicher Frist seit der Ausstellung resp. Aushändigung der Quittung geführt werden soll, eine Erschwerung desselben für den Beweisführer vor, insofern der Quittungs-Inhaber eher zum Reinigungseide, als der Aussteller resp. dessen Rechtsnachfolger zum Erfüllungseide gelassen werden soll; es ist aber durch diese Vorschrift nicht unbedingt untersagt, den letzteren doch zum Erfüllungseide zu gestatten.

Siehe auch Rechtsgrundsatz 295. (A. L. R. II. **2**. § 2.)

§§ **113**. **114**. **149**. Siehe Rechtsgrundsatz 186. (§ 300. dieses Titels.)
§§ **160**. **165**. **207**. Siehe Rechtsgrundsatz 781. (Gesetz vom 24. Mai 1861 § 11.)

Dritter Abschnitt. Von der Deposition.

§§ **213**. ff. Siehe Rechtsgrundsatz 505. (A. G. O. I. **29**. § 81.)

Fünfter Abschnitt. Von Anweisungen.

§§ **259**. ff. Siehe Rechtsgrundsatz 183. (§ 274. dieses Titels.)

§ 274. Rechtliche Natur und Wirkung der einfachen Anweisung; Befriedigung der Gläubiger des Anweisenden aus der angewiesenen Forderung. — Vergl. §§ 259. ff. dieses Titels.

Rechtsgr. 183. — III. Senat 8. Oktober 1866. (LXV. 46.)

a) So lange der Angewiesene für seine eigene Rechnung die Forderung des Anweisenden nicht eingezogen hat und daher Eigenthümer des eingezogenen Geldes nicht geworden ist, sind die Gläubiger des Anweisenden berechtigt, die Forderung zum Gegenstand ihrer Befriedigung im Wege der Exekution zu machen.

b) Dies gilt namentlich auch für den Fall, daß der Assignat die Anweisung angenommen, der Angewiesene aber diesen nicht ausdrücklich zu seinem Schuldner statt des Anweisenden angenommen hat.

§ 283. Siehe Rechtsgrundsatz 388. (Allg. Deutsches Handelsgesetzbuch Art. 300.)

§ 292. Anweisung auf eine Schuld des Assignaten an den Anweisenden.

Rechtsgr. 184. — IV. Senat 5. März 1868. (LXX. 135.)

a) Ist die Anweisung ausdrücklich als auf eine Schuld des Assignaten an den Anweisenden gerichtet und angenommen worden, so giebt die in der Anweisung bezeichnete Forderung das Maaß und Ziel für die Verpflichtung des Assignaten an, und erwirbt der Angewiesene auch nur insofern ein Recht gegen den Assignaten, als diesem aus der Berichtigung der übernommenen Schuld zugleich eine Befreiung von dem in der Anweisung bezeichneten Schuldverhältniß entsteht.

b) Ist die Annahme der Anweisung auf eine Forderung geschehen, welche für den Anweisenden erst entstehen soll, und kommt dieselbe durch einen Zufall nicht zur Entstehung, so kann gegen den Assignaten aus seiner Annahme=Erklärung vom Assignatar eine Forderung nicht geltend gemacht werden.

§ 299. Regreßverbindlichkeit des Ausstellers einer Anweisung. — Vergl. § 283 dieses Titels.

Rechtsgr. 185. — IV. Senat. 23. Oktober 1866. (LXVI. 131.)

Das Allg. Landrecht (§§ 283. 299. I. 16.) kennt eine Regreßverbindlichkeit des Ausstellers einer Anweisung im Sinne des Königlich Sächsischen Gesetzes vom 7. Juni 1849.

Sechster Abschnitt. Von der Kompensation.

§§ 300—302. Verabredete Kompensation. — Vergl. §§ 43—45. 104—106. 113. 114. 149. dieses Titels.

Rechtsgr. 186. — III. Senat. 6. Mai 1867. (LXVIII. 84.)

Wenngleich die gesetzliche Kompensation nur zwischen gegenseitigen Forderungen derselben Interessenten stattfindet, so kann doch der Gläubiger mit seinem Schuldner, dessen Forderung an einen Dritten er berichtigen will, verabreden, daß derselbe hierauf seine Schuld an ihn abrechne und diese insoweit durch gegenseitige Anrechnung zwischen ihnen Beiden getilgt werde, also durch Kompensation seiner, des Gläubigers, Forderung an den Schuldner mit dessen Forderung an den Dritten. Eine solche verabredete Kompensation hat ebenso wie eine durch das Gesetz eintretende mit der Zahlung gleiche Wirkung.

§ 313. Stellung des Cessionars dem Cedenten und dem Schuldner gegenüber, namentlich bei Gegenforderungen des letzteren. — Vergl. A. L. R. I. 11. §§ 393. 409. 413.

Rechtsgr. 187. — IV. Senat. 26. November 1867. (LXIX. 150.)

Der § 313. I. 16. des Allgem. Landrechts trägt dem doppelten Standpunkt, welchen der Cessionar dem Cedenten und dem Schuldner gegenüber einnimmt, Rechnung, wonach sich die Cession zwar dem Cedenten gegenüber als ein sofort wirksamer Veräußerungs-Akt darstellt, zu dessen Gültigkeit es der Einwilligung des Schuldners nicht bedarf, wonach aber der Cessionar im Verhältniß zum Schuldner kein neues selbstständiges Recht, sondern nur das Recht des Cedenten mit allen daran haftenden Beschränkungen geltend zu machen hat und daher Allem, was auf die ursprüngliche Obligation hemmend oder zerstörend einwirkte, sich unterwerfen muß, also auch dem Kompensationsrechte des Schuldners mit seiner Rückwirkung dergestalt, daß es nur auf die Koexistenz der beiderseitigen Forderungen vor der Cession, nicht aber darauf ankommt, daß vor derselben der Schuldner von seinem Rechte zur Abrechnung Gebrauch machte.

§§ 321—323. Pachtgelderforderung für ein von dem Gemeinschuldner vor der Konkurseröffnung verpachtetes Grundstück bezüglich der Zeit während des Konkurses; Kompensation mit einer Schuld des Gemeinschuldners. — Vergl. A. L. R. I. **21**. § 418.; Konkurs-Ordnung §§ 4 18. 42. No. 3., § 96. No. 3., § 97. No. 1.

Rechtsgr. **188**. — III. Senat. 18. September 1868. (LXXI. 329.)

a) Die Pachtgelderforderung für ein dem Gemeinschuldner gehöriges, vor der Konkurseröffnung verpachtetes Grundstück ist bezüglich der Zeit nach der Konkurseröffnung nicht als eine Forderung, welche zwischen dem Kridar und dem Pächter schon vor dem Konkurse bestanden hat, zu erachten.

b) Daher kann der Pächter seinen erst nach der Konkurseröffnung fällig gewordenen Pachtzins nicht gegen eine ihm an den Gemeinschuldner, z. B. aus einer gegebenen Kaution, zustehende Forderung kompensiren.

Siebenter Abschnitt Von Entsagung der Rechte.

§§ 370—381. Siehe Rechtsgrundsatz 21. (A. L. R. I. **4** § 63.)

§ 392. Zurücknahme eines gegen ein Civil-Erkenntniß eingelegten Rechtsmittels. — Vergl. A. G. O. I. **14**. § 26., **16**. § 1., **23**. § 20.

Rechtsgr. **189**. — I. Senat. 15. Juni 1868. (LXXI. 220.)

Die ausdrückliche Zurücknahme eines Rechtsmittels hat dieselbe Bedeutung, als die Erklärung, sich bei dem ergangenen Erkenntnisse beruhigen zu wollen, und wird mit der bei Gericht eingegangenen Erklärung der Rücknahme des Rechtsmittels das Erkenntniß rechtskräftig.

Achter Abschnitt. Von Vergleichen.

§§ 436. 437. Siehe Rechtsgrundsatz 89. (A. L. R. I. **9**. § 463.)

Neunter Abschnitt. Von Aufhebung der Rechte und Verbindlichkeiten durch deren Umschaffung.

§§ 450. ff. Ausstellung eines neuen Wechsels an die Stelle eines laufenden, etwa verloren gegangenen, beschädigten oder zerstörten Wechsels ohne Aenderung der alten Wechsel-Obligation.

Rechtsgr. **190**. — IV. Senat. 26. März 1868. (LXX. 254.)

Wird an Stelle eines laufenden Wechsels, etwa weil dieser vorloren gegangen, beschädigt oder zerstört ist, ein anderer Wechsel desselben Inhalts von dem Interessenten gefertigt und mit denselben Unterschriften versehen, so hat dies nur die Ausstellung einer neuen Urkunde über die frühere Verbindlichkeit zur Folge, es bleibt die alte Wechsel-Obligation bestehen und es tritt keine neue an ihre Stelle. Derselbe Fall tritt ein, wenn ein verfallener Wechsel nach Vereinbarung der Interessenten durch einen neuen Wechsel ersetzt wird, welcher sich von ersterem nur durch ein anderes Ausstellungsdatum und einen späteren Verfalltag unterscheidet.

Titel 17. Vom gemeinschaftlichen Eigenthume.

Erster Abschnitt. Vom gemeinschaftlichen Eigenthume überhaupt.

§ 2. Siehe Rechtsgrundsätze 191. 319. (§ 4. dieses Titels; A. L. R. II. 6. § 72.)

§§ 4. ff. 10. Rechte eines jeden Theilnehmers an der gemeinschaftlichen Sache:

A. Gebrauch des Miteigenthümers an der gemeinschaftlichen Sache. — Vergl. A. L. R. I. 8. § 26., 17. §§ 2. 44.

Rechtsgr. **101**. — II. Senat. 28. April 1868. (**LXX**. 328.)

Der Gebrauch des Miteigenthümers an der gemeinschaftlichen Sache findet darin seine Grenze, daß derselbe überhaupt dem Miteigenthümer nicht schädlich werde.

B. Legitimation des einzelnen Miteigenthümers zur Negatorienklage.

Rechtsgr. **102**. — II. Senat. 27. Februar 1868. (**LXX**. 98.)

Jeder einzelne Miteigenthümer ist zur Anstellung einer Negatorienklage legitimirt.

§§ 12. ff. Siehe Rechtsgrundsatz 450. (Berggesetz vom 24. Juni 1865 §§ 114. ff.)

§§ 23. 24. 40. 42. Ernennung des Administrators einer gemeinschaftlichen Sache durch den Richter.

Rechtsgr. **103**. — I. Senat. 22. Mai 1868. (**LXXI**. 183.)

Ist beim Streit über die Auswahl der zum gemeinschaftlichen Administrator zu bestellenden Person eine bestimmte Person als geeignet nicht bezeichnet resp. in Vorschlag gebracht, so kann der Klageantrag dahin genommen werden: sich gefallen zu lassen, daß die zum gemeinschaftlichen Administrator zu bestellende Person vom Richter nach dessen Ermessen ausgewählt, beziehungsweise ernannt werde.

§ 44. Siehe Rechtsgrundsatz 191. (A. L. R. I. **17**. § 4.)

§ 75. Siehe Rechtsgrundsatz 197. (A. L. R. I. **17**. § 111.)

§ 82. Siehe Rechtsgrundsatz 155. (A. L. R. I. 12. § 466.)

§§ 87. ff. Theilung der gemeinschaftlichen Sache:

A. Erfordernisse eines Theilungsvertrages.

Rechtsgr. 104. — II. Senat. 27. September 1866. (LXV. 16.)

Zu den Erfordernissen eines vollständigen Theilungsvertrages zwischen Miteigenthümern gehört nicht nur die Bestimmung, wie getheilt werden soll, sondern es müssen auch die einzelnen Theile festgestellt und überwiesen werden.

B. Unnöthigkeit des vorgängigen Versuches einer gütlichen Einigung über die Naturaltheilung in Betreff der Befugniß der Miteigenthümer, die Subhastation zum Zweck der Theilung nachzusuchen. — Vergl. Subhastations-Verordnung vom 4. März 1834 § 2. No. 3.

Rechtsgr. 105. — III. Senat. 1. Oktober 1866. (LXVI. 106.)

Die Befugniß der Miteigenthümer, die Subhastation zum Zweck der Theilung nachzusuchen, ist nicht durch den Nachweis bedingt, daß eine gütliche Einigung über die Naturaltheilung, über die Legung und Würdigung der Theile vergeblich versucht ist.

C. Auseinandersetzung des überlebenden Ehegatten mit den Kindern; Ausnahmen von der Befugniß der Miteigenthümer zu dem Antrag auf öffentlichen Verkauf der zum gemeinschaftlichen Vermögen gehörigen Gegenstände, insbesondere mit Rücksicht auf die Münsterische eheliche Gütergemeinschaft. — Vergl. Münsterische Polizei-Ordnung vom 18. Januar 1592 Kap. 7. §§ 1. 5. 25. 26.; Subhastations-Verordnung vom 4. März 1834 § 2.

Rechtsgr. 106. — I. Senat. 25. Februar 1867. (LXVII. 84.)

a) Die Bestimmungen der §§ 87—90. I. 17. des Allg. Landrechts und des § 2. der Subhastations-Verordnung vom 4. März 1834, wonach die Miteigenthümer befugt sind, zum Zweck der Theilung auf den öffentlichen Verkauf der zum gemeinschaftlichen Vermögen gehörigen Gegenstände anzutragen, bleiben insofern ausgeschlossen, als entweder das Provinzialrecht, oder, in dessen Ermangelung, das Allgemeine Landrecht für die Auseinandersetzung des überlebenden Ehegatten mit seinen Kindern besondere Vorschriften enthalten.

b) Eine solche Vorschrift ist durch Kap. VII. §§ 1. 5. 25. 26. der Münsterischen Polizei-Ordnung vom 18. Januar 1592 gegeben.

§§ 111. ff. Begriff der Theilung des gemeinschaftlichen Eigenthums. — Vergl. § 75. dieses Titels.

Rechtsgr. **197.** — I. Senat. 6. Januar 1868. (LXX. 1.)

Die im § 111. I. 17. des Allg. Landrechts erwähnte Theilung eines gemeinschaftlichen Eigenthums bedeutet die definitive Auseinandersetzung der Miteigenthümer, durch welche die bisher bestandene Gemeinschaft aufgehoben wird.

Siehe auch Rechtsgrundsatz 89. (A. L. R. I. 9. § 463.)

Zweiter Abschnitt. Vom gemeinschaftlichen Eigenthume der Miterben.

§§ 115. ff. Nichtberechtigung eines Miterben, von den übrigen Miterben Anerkennung seines Miteigenthums zu einer bestimmten Quote an einem zum ungetheilten Nachlasse gehörigen Grundstücke zu verlangen.

Rechtsgr. **198.** — I. Senat. 20. September 1867. (LXVIII. 179.)

Vor erfolgter Nachlaßtheilung kann ein Miterbe die Anerkennung seines Miteigenthums zu einer bestimmten Quote an einem zu dem ungetheilten Nachlasse gehörigen Grundstücke Seitens der übrigen Miterben nicht verlangen.

Siehe auch Rechtsgrundsätze 155. (A. L. R. I. 12. § 466.)

§ 123. Siehe Rechtsgrundsatz 89. (A. L. R. I. 9. § 463.)

§§ 127. Rechte und Pflichten der Miterben in Ansehung der Erbschaftsschulden und Lasten:

A. Haftung der mehreren Miterben den Erbschaftsgläubigern gegenüber vor erfolgter Nachlaßtheilung.

Rechtsgr. 199. — IV. Senat. 15. September 1868. (LXXII. 175.)

Mehrere Miterben, namentlich auch diejenigen, die für Erben ohne Vorbehalt zu achten sind, letztere mögen mit Erben, welche die Erbschaft mit der Rechtswohlthat des Inventars angetreten haben, konkurriren oder nicht, haften den Erbschaftsgläubigern vor der Erbschaftstheilung nicht solidarisch, sondern nur nach Verhältniß ihres Erbantheils.

B. Klage der Erbschaftsgläubiger vor der Erbschaftstheilung bei dem Gerichte der Erbschaft, oder im persönlichen Gerichtsstande der Erben.

Rechtsgr. 200. — IV. Senat. 15. September 1868. (LXXII. 175.)

Vor der Erbschaftstheilung muß der Erbschaftsgläubiger die sämmtlichen Erben, auch wenn sie auf die Erbschaft verzichten, oder derselben sich verlustig gemacht haben, gemeinschaftlich bei dem Gerichtsstande der Erbschaft belangen, sobald er eine Befriedigung aus dem Nachlasse verlangt. Wenn er aber von dem Nachlasse abstrahiren und das ihm ebenfalls verhaftete eigene Vermögen der unbedingten Miterben in Anspruch nehmen will, so kann er zwar die Erben ohne Vorbehalt auch einzeln vor erfolgter Theilung belangen, jedoch nur auf ihren Erbtheil und in ihrem persönlichen Gerichtsstande.

C. Unterschied der Klage eines Miterben als Gläubiger der Nachlaßmasse und eines sonstigen Gläubigers. — Vergl. A. G. O. I. 40. § 16.

Rechtsgr. 201. — I. Senat. 12. Juni 1868. (LXXI. 214.)

Der Unterschied zwischen dem Anspruch des Gläubigers als Miterben und eines sonstigen Gläubigers der Nachlaßmasse besteht darin, daß letzterer Zahlung beantragen kann, während beim ersteren der Antrag auf Anerkennung der Forderung die Pflicht zur Berichtigung derselben aus der Nachlaßmasse von selbst in sich begreift.

D. Klage auf Ertheilung einer Quittung gegen einen einzelnen der mehreren Miterben des bezahlten Gläubigers. — Vergl. A. L. R. I. 20. §§ 520. ff.

Rechtsgr. 202. — III. Senat. 23. März 1868. (LXX. 229.)

Der Schuldner, welcher die Tilgung einer Schuld behauptet und Quittungsleistung verlangt, kann seinen Anspruch gegen jeden weigernden Miterben im besonderen Prozeß zur Geltung bringen.

Dritter Abschnitt. Von Gemeinschaften, welche durch Vertrag entstehen.

§§ 169. ff. Siehe Rechtsgrundsätze 315. 742. (A. L. R. II. 6. § 2.; Gesetz vom 12. Mai 1851 § 18.)

§§ 210—218. ff. Siehe Rechtsgrundsatz 369. (Allg. Deutsches Handelsgesetzbuch Art. 98.)

§§ 260. ff. Siehe Rechtsgrundsatz 49. (A. L. R. I. 5. § 408.)

Vierter Abschnitt. Von Gemeinheitstheilungen.

§§ 311. ff. Eigenthum an einem bei einer Gemeinheitstheilung ausgewiesenen Privatweg und Recht zur Benutzung desselben.

Rechtsgr. 203. — II. Senat. 8. Oktober 1868. (LXXII. 258.)

Ein bei einer Gemeinheitstheilung ausgewiesener Privatweg, für welchen derjenige, dessen Grundstücke dadurch durchschnitten werden, durch Land abgefunden ist, bleibt, in Ermangelung anderweiter Festsetzungen, gemeinschaftliches Eigenthum der Interessenten, und das Recht zur Benutzung desselben ist ein Zubehör jedes einzelnen der betheiligten Grundstücke.

§§ 362. ff. 372. 377—382. Theilung des streitigen Stückes durch Ziehung eines Grenzzuges bei der Grenzregulirungsklage. — Vergl. A. G. O. I. 42. §§ 1. ff. 30.

Rechtsgr. 204. — II. Senat. 24. September 1867. (LXVIII. 185.)

Ist bei der Grenzregulirungsklage das streitige Stück zwischen beiden Nachbarn gleich zu theilen, so ist in Ausführung der Theilung der Grenzzug selbst positiv festzustellen.

Titel 18. Vom getheilten Eigenthum.

Erster Abschnitt. Vom Lehne.

§§ **192**. **193**. Austhuung einzelner Theile des Lehns in Erbzins oder Erbpacht:

A. Anwendbarkeit der §§ 192. 193. I. 18. des Allg. Landrechts auf Fideikommisse. — Vergl. Edikt vom 9. Oktober 1807 § 5.; Kabinets-Order vom 28. Juli 1842.

Rechtsgr. **205**. — II. Senat. 6. November 1866. (LXVI. 152.)

Die Grundsätze der §§ 192. 193. I. 18. des Allgem. Landrechts — betreffend die Austhuung einzelner Theile oder eines Stückes des Lehns auf Erbzins, Erbpacht oder sonst zur Kultur — finden auch auf Fideikommisse Anwendung.

B. Vererbpachtung eines Theils des Fideikommißguts ohne Zuziehung der Agnaten. — Vergl. Edikt vom 9. Oktober 1807; Gesetz vom 15. Februar 1840 §§ 15. 16.; Kabinets-Order vom 28. Juli 1842; Ablösungsgesetz vom 2. März 1850 § 2. No. 2.

Rechtsgr. **206**. — II. Senat. 6. November 1866. (LXVI. 152.)

Nur den § 5. des Edikts vom 9. Oktober 1807, nicht die bezüglichen Vorschriften des Allg. Landrechts hat die Allerhöchste Kabinets-Order vom 28. Juli 1842 suspendirt; diese letzteren sind mithin wieder in Kraft getreten, und es war die Vererbpachtung eines Theils des Fideikommißgutes ohne Zuziehung der Agnaten wieder zulässig, wenn sie ohne Verminderung oder Veränderung der Substanz geschehen konnte.

§§ **288**. ff. Verfügungen über das Lehen und Veräußerungen:

A. Begriff der nachtheiligen Verfügungen in den §§ 288. ff. I. **19**. des A. L. R.

Rechtsgr. 207. — I. Senat. 10. Januar 1868. (LXIX. 282.)

Unter den vom Lehnsbesitzer (Vasallen) „über das Lehn getroffenen Verfügungen“ im § 288. I. 18. des Allg. Landrechts, sowie unter den im Abschnitte (a. von den Rechten der Agnaten überhaupt) gedachten „nachtheiligen Verfügungen resp. Dispositionen des Lehnsbesitzers“ sind auch Veräußerungen des Lehns zu verstehen.

B. Recht der nicht eingetragenen Agnaten, die Veräußerung des Lehnguts Seitens des Besitzers an einen anderen Agnaten den Erben des Erwerbers gegenüber anzufechten.

Rechtsgr. 208. — I. Senat. 10. Januar 1868. (LXIX. 283.)

Agnaten sind die, von dem Besitzer eines Lehngutes zu einer Zeit, wo in dessen Hypothekenbuch ihr Recht an demselben nicht eingetragen gewesen ist, an einen andern Agnaten geschehene Veräußerung dieses Lehngutes den Erben des Erwerbers desselben gegenüber anzufechten befugt.

§ 291. Bedeutung des „Dritten“ in dieser Gesetzesstelle.

Rechtsgr. 209. — I. Senat. 10. Januar 1868. (LXIX. 282.)

Im § 291. I. 18. des Allgem. Landrechts:

„Doch können Verfügungen über Grundstücke ꝛc., welche im Hypothekenbuche eingetragen sind, nur von solchen Agnaten und Mitbelehnten angefochten werden, welche ihr Recht an dem Lehne zu der Zeit, da die streitige Verfügung eingetragen wurde, im Hypothekenbuche hatten bereits vermerken lassen. — Agnaten und Mitbelehnte also, deren Recht zu der Zeit, da die streitige Verfügung über das Lehn vermerkt wurde, dem Dritten, welcher die Verhandlung mit dem Lehnsbesitzer vornahm, daraus nicht bekannt sein konnte, sind nicht befugt, auch wenn die Lehnsfolge demnächst auf sie gelangt, von diesem Rechte zum Nachtheile des Dritten Gebrauch zu machen“, ist unter „dem Dritten“ nur ein Fremder, d. h. eine Person, welche nicht mit zu den Agnaten oder Mitbelehnten (Gesammthändern) besteht, zu verstehen.

§§ **360**. ff. Lehnsfolgefähigkeit in der Kurmark Brandenburg. — Vergl. v. Scholz und Hermensdorff Provinzialrecht der Kurmark Brandenburg, Motive Bd. 1. S. 153.

Rechtsgr. **210**. — I. Senat. 22. November 1867. (**LXIX**. 135.)

In Betreff der Lehnsfolgefähigkeit gelten in der Kurmark Brandenburg die Bestimmungen des Allgem. Landrechts mit der Ausnahme, daß durch nachfolgende Ehe legitimirte Kinder in Lehne nicht succediren können.

Siehe auch Rechtsgrundsatz 9. (A. L. R. Einl. § 23.)

§ **506**. Erwerbung der Lehnserbschaft. — Vergl. A. L. R. I. **9**. §§ 367. 368.; Feud. Lib. **II**. **1**. § 1., **II**. **33**. pr.

Rechtsgr. **211**. — I. Senat. 12. Oktober 1868. (**LXXII**. 262.)

Sowohl nach Longobardischem Lehnrecht, als nach den Grundsätzen des Allg. Landrechts wird die Lehnserbschaft lediglich und zugleich mit dem Anfall derselben erworben, ohne daß es einer besonderen Besitzergreifung bedarf.

Zweiter Abschnitt. Von Erbzinsgütern.

§§ **698**—**703**. Siehe Rechtsgrundsatz 230. (A. L. R. I. **22**. § 199.)

Titel 19. Von dinglichen und persönlichen Rechten auf fremdes Eigenthum überhaupt.

§§ **4**. **5**. Siehe Rechtsgrundsatz 102. (A. L. R. I. **10**. § 25.)

§ **8**. Persönliche Verpflichtung zur Gewährung einer Grundgerechtigkeit. — Vergl. A. L. R. I. **22**. § 26.

Rechtsgr. **212**. — II. Senat. 12. November 1867. (**LXIX**. 93.)

Der § 8. I. 19. des Allgem. Landrechts:

„Ist aber der Besitzer der Sache (auf welche einem Andern ein Recht eingeräumt worden) nicht zugleich persönlich verpflichtet; so dauert seine Verpflichtung nur so lange, als er sich in dem Besitze der verpflichteten Sache befindet",

findet auch auf Grundgerechtigkeiten Anwendung.

§ 14. Siehe Rechtsgrundsatz 337. (A. L. R. II. **11.** § 761.)

§§ 17. 18. Siehe Rechtsgrundsatz 52. (A. L. R. I. **6.** §§ 1. ff.)

§ 20. Siehe Rechtsgrundsatz 255. (A. L. R. I. **22.** § 29.)

Titel 20. Von dem Rechte auf die Substanz einer fremden Sache.

Erster Abschnitt. Vom Rechte des Unterpfandes.

§ 4. Siehe Rechtsgrundsatz 169. (A. L. R. I. **14.** § 197.)

§ 13. Siehe Rechtsgrundsatz 525. (A. G. O. I. **29.** § 71.)

§§ 22 23. Siehe Rechtsgrundsatz 428. (Allgem. Deutsche Wechsel-Ordnung Art. 25.)

§ 117. Siehe Rechtsgrundsatz 69. (A. L. R. I. **7.** § 169.)

§§ 250—252. Verjährung des Annehmers eines Vermögensinbegriffes gegen den Verpfänder.

Rechtsgr. **213.** — III. Senat. 13. März 1868. (**LXX.** 175.)

Die §§ 251. 252. I. 20. des Allgem. Landrechts kommen auch dem Annehmer eines Vermögens-Inbegriffes zu statten.

§ 281. Siehe Rechtsgrundsatz 69. (A. L. R. I. **7.** § 169.)

§ 302. Verpfändung von Stromschiffen durch symbolische Uebergabe. — Vergl. Konkurs-Ordnung § 403.; Reskript vom 16. Dezember 1837.

Rechtsgr. **214.** — IV. Senat. 13. November 1866. (**LXVI.** 157.)

Zur Gültigkeit der Verpfändung von Stromschiffen durch symbolische Uebergabe ist die Beibringung eines Beilbriefes nicht erforderlich, es genügt vielmehr die Verzeichnung der Verpfändung auf dem Kaufbriefe oder dem Certifikate.

§§ 411. 412. Zeitpunkt des Beginns der Wirksamkeit eines zur Eintragung angemeldeten Hypothekenrechts, namentlich bei Ausbruch des Konkurses über das Vermögen des Schuldners vor erfolgter Eintragung der Forderung. — Vergl. § 436 dieses Titels; Konkurs-Ordnung §§ 10. ff.; Hypothekenordnung II. §§ 18. 30. 168.

Rechtsgr. **215**. — III. Senat. 16. November 1866. (LXVI. 164.)

a) Bei Bestimmung des Zeitpunktes des Erwerbes eines hypothekarischen Rechts ist nicht lediglich der Akt der Eintragung entscheidend, vielmehr ist auf den Zeitpunkt zurückzugehen, wo der Eintragungsberechtigte Alles gethan hat, was ihm gesetzlich oblag; war demnach das Eintragungsgesuch begründet, so hatte auch die Erwerbung des dinglichen Rechts begonnen, und der auf Grund des Gesetzes erlassene Befehl zur Eintragung und die Eintragung selbst sind auf jenen Zeitpunkt der Präsentation des Gesuches zurück zu beziehen.

b) Hierin ist auch durch § 10. der Konkurs-Ordnung Nichts geändert.

Siehe auch Rechtsgrundsatz 102. (A. L. R. I. **10**. § 25.)

§ **423**. Siehe Rechtsgrundsätze 751. 752. (Hypotheken-Novelle vom 24. Mai 1853 § 14. No. 1., § 15.)

§ **425**. Siehe Rechtsgrundsatz 753. (Hypotheken-Novelle vom 24. Mai 1853 § 43.)

§ **433**. Siehe Rechtsgrundsatz 218. (§ 502. dieses Titels.)

§ **436**. Siehe Rechtsgrundsatz 215. (§ 411. dieses Titels.)

§ **438**. Siehe Rechtsgrundsatz 102. (A. L. R. I. **10**. § 25.)

§§ **441**. **442**. Wirkung der richterlichen Verfügung, durch welche dem Besitzer des Grundstückes zu Gunsten seines Hypothekengläubigers Schranken in der Disposition gestellt werden, dem Dritten gegenüber, welcher mit dem Besitzer einen Vertrag geschlossen hat; Charakter und Gerichtsstand der Klage auf Aufrechterhaltung dieser richterlichen Verfügung. — Vergl. A. G. O. I. **2**. § 111.

Rechtsgr. **216**. — III. Senat. 26. Oktober 1866. (LXV. 98.)

a) Den Schranken, welche dem Besitzer eines Grundstücks zum Schutze einer bestehenden Hypothek gesetzt werden können, muß sich auch der Dritte unterwerfen, welcher mit dem Besitzer einen die Hypothek gefährdenden

Vertrag geschlossen hat und in Ausführung desselben die Sicherheit des Hypothekengläubigers zu schmälern im Begriff ist.

b) Die auf Aufrechterhaltung der nach § 442. I. 20. des Allgem. Landrechts erlassenen, die Disposition des Besitzers eines Grundstücks zu Gunsten eines Hypothekengläubigers einschränkenden richterlichen Verfügung gerichtete Klage des letztern ist die zwar noch nicht positiv auf Befriedigung, sondern die negativ auf Verhinderung nachtheiliger Dispositionen gehende Hypothekenklage.

Siehe auch Rechtsgrundsatz 479. (A. G. O. I. 2. § 111.)

§§ 451. 452. Siehe Rechtsgrundsatz 218. (§ 502. dieses Titels.)

§ 468. Löschung der Ingrossate auf dem mitverpfändeten Grundstücke nach Einzahlung der Kaufgelder des einen subhastirten Grundstücks. — Vergl. A. L. R. I. 5. §§ 443. ff.; Hypotheken-Ordnung II. § 159., Konkurs-Ordnung §§ 56. 395.

Rechtsgr. **217**. — III. Senat. 11. März 1867. (LXVI. 265.)

Das Präjudiz No. 202., nach welchem

die nach geschehener Einzahlung des Kaufgeldes erfolgte Löschung der Ingrossate in Beziehung auf solche Parzellen, welche von dem adjudizirten Grundstücke früher veräußert, jedoch davon nicht abgeschrieben waren und in dem Adjudikationsbescheide nicht mitverkauft worden, als ungehörig diese Parzellen von dem Realrechte der Hypothekengläubiger nicht befreit,

darf analogisch auch bezüglich der Korrealhaft der konjunktim verpfändeten Grundstücke angewendet werden.

§ 500. Siehe Rechtsgrundsatz 102. (A. L. R. I. 10. § 25.)

§§ 502. 503. Herstellung eines ordnungsmäßigen Zustandes des Hypothekenbuches bei erfolgter ordnungswidriger Eintragung oder Löschung einer Hypothekenpost. — Vergl. §§ 433. 451. 452. dieses Titels.

Rechtsgr. **218**. — III. Senat. 25. Mai 1867. (LXV. 364.)

Hat durch ein Versehen des Hypothekenrichters eine Eintragung oder Löschung einer Hypothek zu Unrecht stattgefunden, so ist es zulässig, denjenigen rechtlichen Zustand, wie er eigentlich hätte sein sollen und bei ordnungsmäßigem Verfahren des Hypothekenrichters gewesen sein würde, soweit dies unbeschadet der wohlerworbenen Rechte des auf den öffentlichen Glauben des Hypothekenbuches vertrauenden Dritten geschehen kann, herbeizuführen, und kann derjenige Gläubiger, welcher sich mit dem Schaden des Andern bereichern würde, dem nicht widersprechen.

Siehe auch Rechtsgrundsatz 525. (A. G. O. I. **29**. § 81.)

§§ **520**. ff. Löschung der Hypotheken:

A. Erlöschung solcher dinglichen Lasten, welche ohne Eintragung den dinglichen Charakter haben.

Rechtsgr. **219**. — III. Senat. 11. September 1868. (LXXII. 170.)

Die §§ 520. 524. I. 20. des Allg. Landrechts reden nur von Erlöschung der Hypotheken, nicht aber von der Erlöschung solcher dinglichen Lasten, welche ohne Eintragung den dinglichen Charakter haben.

B. Rechtskräftige Abweisung mit dem Antrage auf Löschungsbewilligung einer Hypothekenforderung wegen geleisteter Zahlung und Einwand der rechtskräftig entschiedenen Sache auf Grund dessen bei Einklagung der Hypothekenforderung. — Vergl. A. G. O. Einl. §§ 65. 66., I. **16**. § 1.

Rechtsgr. **220**. — III. Senat. 17. Dezember 1866. (LXV. 227.)

Ist in einem Vorprozesse der Kläger mit dem auf bestimmte Zahlungen gegründeten Antrage, den Verklagten zur Bewirkung der Löschung einer in dem Hypothekenbuch eingetragenen Schuld zu verurtheilen, rechtskräftig abgewiesen, so kann in dem auf Zahlung dieser Schuld später angestrengten Prozeß auf Grund derselben Thatsachen der Zahlungseinwand nicht erhoben werden, vielmehr steht dann der Einwand der rechtskräftig entschiedenen Sache entgegen.

Siehe auch Rechtsgrundsätze 180. 202. (A. L. R. I. **16**. § 86., **17**. § 127.)

Dritter Abschnitt. Vom Vorkaufs-, Näher- und Wiederkaufsrechte.

§§ 575. 631. Siehe Rechtsgrundsatz 456. (Berggesetz vom 24. Juni 1865 § 135.)

§ 632. Ausübung des Rückforderungsrechtes Seitens des Vorkaufsberechtigten.

Rechtsgr. **221.** — I. Senat. 19. Juni 1868. (LXXI. 252.)

Der § 632. I. 20. des Allg. Landrechts setzt voraus, daß der Vorkaufsberechtigte nicht sein Vorkaufsrecht, sondern das daraus folgende Rückforderungsrecht gegen den Dritten ausübt.

Titel 21. Von dem Rechte zum Gebrauche oder Nutzung fremden Eigenthums.

§ 2. Bedeutung von „wirklichem Besitz" in dieser Gesetzesstelle.

Rechtsgr. **222.** — III. Senat. 17. Juni 1867. (LXVII. 278.)

Der § 2. I. 21. des Allgem. Landrechts, welcher vom „wirklichen Besitze der zu gebrauchenden oder zu nutzenden" fremden Sache redet, handelt nur vom unvollständigen Besitz.

Erster Abschnitt. Vom Nießbrauche.

§§ 22. ff. Siehe Rechtsgrundsatz 230. (§ 199. dieses Titels.)

§ 25. Siehe Rechtsgrundsatz 225. (§ 30. dieses Titels.)

§ 29. Zinsen, welche dem Nießbraucher zustehen:

A. Begriff von Zinsen in dieser Gesetzesstelle.

Rechtsgr. **223.** — I. Senat. 27. Mai 1867. (LXVIII. 92.)

Unter den „Zinsen" in dem § 29. I. 21. des Allgem. Landrechts sind nicht Zinsen ausstehender Kapitalien, sondern eine Art beständiger, periodisch wiederkehrender Abgaben und Leistungen gemeint.

B. Ansprüche des Nießbrauchers auf Kapitalzinsen. — Vergl. A. L. R. I. **7.** §§ 192. 197. 200., **11.** § 106., **21.** §§ 170. 171.

Rechtsgr. 224. — I. Senat. 27. Mai 1867. (LXVIII. 92.)

Der Nießbraucher erlangt ein Recht auf die seit Beginn seines Nießbrauches, nicht aber auf die seit dem letzten Fälligkeitstermin bis zu diesem Zeitpunkt laufenden Kapitalszinsen; diese werden vielmehr nach Verhältniß der Zeit getheilt.

§§ 30. 39. Gewinnung des Torfes als gewöhnliche und ungewöhnliche Nutzungsweise. — Vergl. A. L. R. I. 21. § 25., II. 16. § 73.

Rechtsgr. 225. — III. Senat. 21. Dezember 1866. (LXV. 234.)

Ob der Torfgewinn Seitens des Nießbrauchers eine gewöhnliche oder ungewöhnliche Nutzungsweise in sich schließt, ist nach dem jedesmaligen konkreten Fall zu entscheiden.

§§ 70. ff. Haftbarkeit des Nießbrauches:

A. Im Allgemeinen.

Rechtsgr. 226. — IV. Senat. 12. November 1867. (LXIX. 98.)

Die §§ 70. ff. 75. ff. I. 21. des Allgem. Landrechts lassen die Frage, inwieweit der Nießbraucher für Verpflichtungen, welche aus der Sache vor dem Beginn seines Nießbrauches zu erfüllen waren, aufzukommen habe, unberührt; sie betreffen ausschließlich das Rechtsverhältniß zwischen ihm und dem Eigenthümer der Sache.

B. Haftbarkeit des Nießbrauchers für reale Verpflichtung der Sache.

Rechtsgr. 227. — IV. Senat. 12. November 1867. (LXIX. 99.)

Abgesehen von dem besonderen Falle des § 71. I. 21. des Allgem. Landrechts, nach welchem der Nießbraucher „einer ganzen Verlassenschaft" auch die persönlichen Schulden des Erblassers verzinsen muß, treffen den Nießbraucher nur reale Verpflichtungen der Sache.

C. Verpflichtung des Nießbrauchers zur Zahlung von Verzugszinsen für die auf einer Sache haftenden Schulden, insbesondere des Nießbrauchers einer ganzen Verlassenschaft.

Rechtsgr. 228. — IV. Senat. 4. April 1867. (LXVI. 289.)

Die Verpflichtung des Nießbrauchers, Zinsen der auf der Sache haftenden Schulden, und die Verpflichtung des Nießbrauchers einer ganzen Verlassenschaft, auch die Zinsen der persönlichen Schulden des Erblassers zu berichtigen, umfaßt nur die vorbedungenen Zinsen; Verzugszinsen dagegen, welche wegen des Verzuges des Erben gefordert werden, ist der Nießbraucher zu entrichten nicht schuldig.

§ 110. Sequestration eines Nießbrauchsguts als Exekutionsmittel gegen den Nießbraucher. — Vergl. A. G. O. I. 24. §§ 110. ff.

Rechtsgr. 229. — III. Senat. 26. Juni 1868. (LXXI. 271.)

Die Sequestration eines Nießbrauchsgutes ist ein zulässiges Exekutionsmittel gegen den Nießbraucher behufs Beitreibung einer Geldschuld desselben.

Siehe auch Rechtsgrundsatz 293. (A. L. R. II. 1. § 798.)

§§ 170. 171. Siehe Rechtsgrundsatz 224. (§ 29. dieses Titels.)

Zweiter Abschnitt. Von der Erbpacht.

§§ 199. 201. Dismembrationsbefugniß des früheren Erbpächters. — Vergl. A. L. R. I. 18. §§ 698–703., 21. § 22.; Kultur-Edikt vom 14. September 1811; Verfassungs-Urkunde vom 5. Dezember 1848 Art. 140. und vom 31. Januar 1850 Art. 42.; Gesetz vom 2. März 1850 § 3. No. 2.

Rechtsgr. 230. — III. Senat. 27. September 1867. (LXVIII. 202.)

Der frühere Erbpächter ist in der Dismembrationsbefugniß seines Grundstückes gesetzlich nicht mehr beschränkt, und sind auch die demselben in dem Erbpachtsvertrage gestellten desfallsigen Schranken für fortgefallen zu erachten.

Dritter Abschnitt. Von dem eingeschränkten Gebrauchs- und Nutzungsrechte fremder Sachen.

§ 263. Einwand der Verletzung über die Hälfte beim Pachtvertrage, nach dem Gemeinen und dem Allg. Landrecht. — Vergl. Dig. **10**. 2. Lex. 22. § 3., Lex. 23.; A. L. R. I. **11**. § 59.

Rechtsgr. **231**. — III. Senat. 4. September 1868. (LXXII. 130.)

Das Gemeine Recht ebenso, wie das Allgem. Landrecht, gestattet dem Pächter den Einwand der Verletzung über die Hälfte nicht.

§ **269**. Begriff des „Jahr" im § 269. I. 21. des Allgem. Landrechts.

Rechtsgr. **232**. — III. Senat. 11. Februar 1867. (LXV. 295.)

Unter dem in dem § 269. I. 21. des Allgem. Landrechts bestimmten „Jahr" ist ein Jahr der mündlich verabredeten Kontraktszeit und nicht ein unbedingt vor der Uebergabe der Miethslokalien zu datirendes Jahr zu verstehen. Wer die verabredete Kontraktszeit zu beweisen habe, darüber verbreitet sich diese Gesetzesstelle nicht.

Siehe auch Rechtsgrundsatz 34. (A. L. R. I. **5**. § 174.)

§§ **270**. ff. Vornahme baulicher Veränderungen in der vermietheten Sache Seitens des Vermiethers; Anspruch des Miethers auf Beseitigung jener Veränderungen im Gegensatz zur Aufhebung des Vertrages. — Vergl. A. L. R. Einl. § 89., I. **5**. § 270., **21**. §§ 283. 285.

Rechtsgr. **233**. — III. Senat. 2. Oktober 1868. (LXXII. 254.)

Hat der Vermiether bauliche Veränderungen, welche den berechtigten Gebrauch des Miethers schmälern, vorgenommen, so kann der letztere auf Beseitigung jener Veränderungen und auf Gewährung der kontraktlichen Tüchtigkeit des Miethsobjekts, in einem Worte auf Erfüllung des Miethsvertrages im Wege des Prozesses dringen. Der Vermiether kann dem Miether auf den Weg der Aufhebung des Vertrages nicht verweisen.

§ **273**. Rechte des Pächters und Miethers, falls ihm die verpachtete Sache nicht im brauchbaren Zustande übergeben wird; Betrag der Schadensersatzforderung.

Rechtsgr. **234.** — **III.** Senat. 17. Januar 1868. (**LXXI.** 29.)

a) Wenn die verpachtete oder vermiethete Sache dem Pächter oder Miether nicht im brauchbaren Stande überliefert wird und derselbe von dem Rechte des Rücktritts nicht Gebrauch machen will, so ist sein Anspruch auf Ersatz des aus der kontraktwidrigen Beschaffenheit der Sache ihm entstandenen Nachtheils nicht davon abhängig, daß er den Verpächter oder Vermiether zur Instandsetzung gerichtlich anhalte. Vielmehr kann, auch ohne solche Klage auf Instandsetzung und ohne Rücktrittserklärung, jener Schaden gegen den Verpächter oder Vermiether besonders eingeklagt werden.

b) Der Anspruch auf Ersatz des dem Pächter oder Miether entstandenen Nachtheils ist nicht auf den Betrag der Kosten beschränkt, welche eine Instandsetzung oder Hebung des Mangels verursacht haben würde.

§§ 283. 285. Siehe Rechtsgrundsatz 233. (§§ 270. ff. dieses Titels.)
§ 314. Siehe Rechtsgrundsatz 247. (A. L. R. I. **21**. § 401.)
§§ 342. 343. Kündigung sechs Monate vor Ablauf des Wirthschaftsjahres:

A. Anwendbarkeit des § 343. I. 21. des Allgem. Landrechts auf die Pachtung einzelner Ackerstücke.

Rechtsgr. **235.** — **III.** Senat. 21. Januar 1867. (**LXVI.** 223.)

Der § 343. I. 21. des Allgem. Landrechts ist nicht nothwendig auf ganze Acker- und Landgüter zu beschränken, sondern auch auf einzelne Ackerstücke anwendbar.

B. Kündigung der Fischereipacht nach dem Tode des Pächters.

Rechtsgr. **236.** — **III.** Senat. 21. Januar 1867. (**LXVI.** 223.)

Wenn der Pächter einer Fischerei im Laufe des Wirthschaftsjahres stirbt, so kann seinen Erben die Pacht erst zum Ablauf des nächsten Wirthschaftsjahres gekündigt werden.

Siehe auch Rechtsgrundsatz 504. (Konkurs-Ordnung vom 8. Mai 1855 § 18.)

§ **344**. Siehe Rechtsgrundsätze 242. 243. (§§ 366. ff. dieses Titels.)

§§ **350**. ff. **357**. Wechsel in der Person des Eigenthümers des verpachteten Grundstücks:

A. Wirkung des Zuschlagsbescheides auf den mit dem Vorbesitzer des Erstehers abgeschlossenen Pachtvertrag und die Fälligkeit der demselben bestellten Kaution. — Vergl. § 358. dieses Titels.

Rechtsgr. **237**. — III. Senat. 2. Oktober 1868. (LXXII. 247.)

Ohne hinzutretende Kündigung des Pachtvertrages durch den Adjudikatar wird durch die Adjudikation der zwischen dem Vorbesitzer des Erstehers und dem Pächter abgeschlossene Pachtvertrag nicht aufgehoben und die dem Verpächter gestellte Kaution nicht fällig.

B. Verpflichtung des Pächters zur Zahlung des Pachtzinses beim Wechsel des Eigenthums an dem Pachtgut. — Vergl. A. L. R. I. **11**. §§ 413. ff., **21**. § **358**.

Rechtsgr. **238**. — III. Senat. 19. Oktober 1868. (LXXII. 301.)

a) Um den Pächter zu verpflichten, seine Verbindlichkeiten aus dem Pachtvertrage dem neuen Eigenthümer gegenüber zu erfüllen, insbesondere den Pachtzins an diesen zu entrichten, genügt es, wenn er weiß, daß das Eigenthum des Pachtgrundstücks auf den neuen Erwerber übergegangen ist.

b) Die Vorschriften der §§ 413. ff. I. 11. des Allg. Landrechts über die Benachrichtigung des debitor cessus von der Cession lassen sich auf die Succession des Käufers, beziehungsweise Erstehers in das Pachtverhältniß nicht anwenden.

§ **358**. Rechte und Pflichten des Pächters und Miethers beim freiwilligen Verkauf der verpachteten oder vermietheten Sache. — Vergl. A. L. R. I. **11**. §§ 407. 408.:

A. Fortbestand dieser Rechte und Pflichten.

Rechtsgr. **239**. — III. Senat. 9. November 1866. (LXIX. 6.)

Unter den Rechten und Pflichten des Pächters, die nach § 358. I. 21. des Allgem. Landrechts unverändert stehen bleiben, sind nur diejenigen zu verstehen, welche aus dem zwischen dem Verpächter und Pächter bestehenden Pachtvertrage hervorgehen, nicht aber solche persönliche Rechte, welche ganz außerhalb des Bereiches dieses Verhältnisses liegen und also den Käufer gar nicht tangiren.

B. Kompensationsbefugniß des Pächters gegen den Käufer oder Verpächter.

Rechtsgr. **240.** — III. Senat. 9. November 1866. (LXIX. 6.)

Der Käufer hat, bei freiwilligem Kauf eines verpachteten Grundstücks, den Pachtvertrag für die noch übrige Dauer desselben zu erfüllen und dafür seinerseits die vertragsmäßigen Pachtgelder, die für ihn als Eigenthümer in die Stelle der Früchte treten, zu beziehen, die Kompensation von Gegenforderungen aus der Zeit vor dem Kauf sich also nur insoweit gefallen zu fallen, als der Pachtkontrakt dies dem Pächter gestattet; er tritt nicht so unbedingt in die Verbindlichkeit des Verpächters als Successor ein, daß er für die Nichterfüllung des Pachtvertrages aus früherer Zeit die Erstattungsverbindlichkeit seines Verkäufers übernehmen müßte.

C. Ueberweisung eines noch nicht fälligen Pachtzinses auf die Rechte des Käufers des Pachtgrundstücks. — Vergl. A. L. R. Einl. § 101; Gesetz vom 4. Juli 1822 § 1.

Rechtsgr. **241.** — IV. Senat. 15. September 1868. (LXXII. 182.)

Der Käufer eines verpachteten Grundstückes, dessen noch nicht fälliger Pachtzins einem Gläubiger des Verkäufers im Wege der Exekution zur eigenen Einziehung überwiesen ist, muß diese Ueberweisung gegen sich gelten lassen.

Siehe auch Rechtsgrundsätze 237. 238. (§§ 350. ff. dieses Titels.)

§§ 366—368. 371. 373. Kündigung Seitens des Erben des Verpächters oder Vermiethers. — Vergl. § 344. dieses Titels.

A. Frist zur Ausübung des Rücktritts oder Kündigungsrechts bei dem Tode des Pächters oder Miethers.

Rechtsgr. 242. — III. Senat. 16. November 1866. (LXVI. 169.)

Das bei dem Tode des Pächters oder Miethers dem Verpächter oder Vermiether gestattete Rücktritts- oder Kündigungsrecht ist an die, in den §§ 366—368. 371. I. 21. des Allgem. Landrechts bestimmten Fristen dergestalt gebunden, daß es in späterer Zeit nicht mehr ausgeübt werden darf.

B. Verpflichtung der ausdrücklichen Kündigung Seitens der Erben des Miethers in diesem Falle.

Rechtsgr. 243. — III. Senat. 16. November 1866. (LXVI. 169.)

Die Erben eines Miethers, welche nach § 371. I. 21. des Allgem. Landrechts nur noch ein halbes Jahr lang von dem Ablaufe desjenigen Quartals, in welchem der Tod erfolgt ist, an den Vertrag gebunden sind, haben, wenn sie von dem ihnen zustehenden Rücktrittsrecht Gebrauch machen wollen, in der im § 344. a. a. O. vorgeschriebenen Frist den Vertrag zu kündigen.

§§. 376. 377. Aufhebung eines Miethsvertrages durch eine Veränderung in der Person oder den Umständen des Miethers.

Rechtsgr. 244. — III. Senat. 27. März 1868. (LXIX. 365.)

Die §§ 376. 377. I. 21. des Allg. Landrechts sind dahin zu verstehen, daß der Miether im Falle einer nicht freiwilligen Veränderung in seiner Person oder in seinen Umständen, die ihn hindert, von der Miethswohnung ferner Gebrauch zu machen, vom Vertrage abzugehen berechtigt, aber verpflichtet ist, entweder vom Ablauf des Quartals ab, in welchem die Aufkündigung erfolgt ist, eine halbjährige Miethe zu vergüten oder einen annehmlichen Untermiether zu stellen.

Geschieht dies letztere, so tritt der Untermiether in die Stelle des Hauptmiethers; der letztere wird von seinen

Verpflichtungen aus dem Miethsvertrage frei und ist für den eingetretenen Untermiether nicht verhaftet.

§ 387. Entsetzung des Miethers wegen Mißbrauchs der gemietheten Wohnung durch Haltung einer Wirthschaft mit feilen Dirnen.

Rechtsgr. 245. — III. Senat. 26. Februar 1866. (LXVI. 1.)

Die Benutzung der von dem Miether für sich und seine Familie gemietheten Wohnung zur Haltung einer Wirthschaft mit feilen Dirnen enthält einen den Vermiether zur Entsetzung des Miethers berechtigen Mißbrauch der Wohnung.

§§ 401. ff. 407. Schriftliche Form der Pachtverträge:

A. Ueber einzelne Aecker oder andere Pertinenzstücke eines Landguts.

Rechtsgr. 246. — III. Senat. 20. September 1867. (LXVII. 356.)

Bei Pachtverträgen über einzelne Aecker oder andere Pertinenzstücke eines Landguts ist, auch wenn das jährliche Pachtgeld die Summe von 50 Rthlrn. nicht übersteigt, schriftliche Form erforderlich.*

B. Ueber einen abgesonderten Gutstheil. — Vergl. § 314. dieses Titels.

Rechtsgr. 247. — III. Senat. 24. April 1868. (LXX. 307.)

Ist ein zum selbstständigen Betriebe der Landwirthschaft abgesonderter Gutstheil, der dem Begriffe eines Landguts entspricht, Gegenstand des Pachtvertrages, so muß der Pachtvertrag gerichtlich oder notariell abgeschlossen werden, falls das jährliche Pachtgeld die Summe von 50 Rthlrn. übersteigt.

§ 414. Nichtbestehende Verpflichtung des Pächters zur Entrichtung der Ablösungsrenten.

Rechtsgr. 248. — III. Senat. 26. November 1868. (LXV. 157.)

Die zur Rentenbank zu zahlende Rente, welche keine

* Vergl. dagegen Rechtsgrundsätze Bd. 4. No. 441. S. 176.

Staatssteuer ist, sondern nur das Vorrecht der Staatssteuer hat, ist zu den fortlaufenden Prästationen zu zählen, die der Pächter, in Ermangelung einer entgegengesetzten Verabredung, nicht zu tragen hat.

§ **418**. Siehe Rechtsgrundsatz 188. (A. L. R. **I. 16**. § 321.)

§§ **420**. **421**. Anspruch des Verpächters eines Gutes an den Pächter auf fernere Abführung einer gesetzlich aufgehobenen Reallast, namentlich der dem Betrage nach geänderten Grundsteuer; Verpachtung nach einem Anschlage und in Pausch und Bogen.

Rechtsgr. **249**. — **III**. Senat. 14. Juni 1867. (**LXVII**. 273.)

a) Der Grundsatz, daß der Verpächter das periculum wegen des nach errichtetem Pachtvertrage durch Zufall oder Gesetz herbeigeführten Ausfalles oder Schmälerung des Nutzungsrechts tragen und dieser dem Pächter den Ausfall vergüten muß, ist auch umgekehrt dahin anzuwenden, daß dem Verpächter auch das commodum nicht vorenthalten werden darf.

b) Der Unterschied, ob in Pausch und Bogen oder nach einem Anschlage verpachtet ist, äußert seinen Einfluß nur bezüglich der Berechnung der Entschädigung.

Titel 22. Von Gerechtigkeiten der Grundstücke gegen einander.

§§ **1**. ff. Gesetzliche Einschränkungen:

A. Klage auf Gewährung eines Nothweges und Antrag bei dieser Klage; Nothlage des Eigenthümers eines Grundstücks durch willkürliche Handlungen, Unbrauchbarkeit des Grundstücks in Folge dessen. — Vergl. A. L. R. **I. 8**. §§ 102. ff.

Rechtsgr. **250**. — **II**. Senat. 5. Mai 1868. (**LXXI**. 146.)

a) Derjenige, welcher von seinen Grenznachbaren die Gewährung eines Nothweges verlangt, kann seinen Antrag dahin nehmen, die Verklagten zu verurtheilen, ihm einen Weg über ihr angrenzendes Grundstück zu bewilligen; es ist nicht erforderlich, daß zum Gegenstand des Klageantrages ein individuell bestimmter Weg prätendirt wird, vielmehr genügt zur Substanziirung des Antrages die Bezeichnung eines dem Bedürfniß abhelfenden Terrains.

b) Hat der Kläger in seinem Klageantrage den Wegekörper in bestimmter Länge, Breite und Richtung angegeben und ergiebt sich ein anderer Weg als minder beschwerend für die Grenznachbaren, so ist nicht die Abweisung des Klägers auszusprechen, vielmehr ist ihm der dem Bedürfniß entsprechende Weg zuzusprechen.

c) Der Eigenthümer, welcher sich durch willkürliche Handlungen in eine Nothlage gebracht hat, kann von dem Nachbar solche Einschränkungen des Eigenthums nicht verlangen, ohne welche sein Grundstück ganz oder zum Theil unbrauchbar sein würde.

B. Gesetzliche Einschränkungen des Eigenthums; analoge Anwendung der in den Gesetzen für bestimmte Fälle vorgeschriebenen Einschränkungen des Eigenthums, Begriff des Hammerschlagsrechts und des Leiterrechts. — Vergl. A. L. R. I. 8. §§ 23. 25. 29- 32., 22. §§ 9. 11.

Rechtsgr. 251. — II. Senat. 19. November 1868. (LXXI. 351.)

a) Gesetzliche Einschränkungen des Eigenthums sind nur in den Fällen anzuerkennen, in welchen gesetzliche Vorschriften existiren, welche eine bestimmte Beschränkung des Eigenthums aussprechen.

Die in den Gesetzen für gewisse Fälle vorgeschriebenen Einschränkungen des Eigenthums können nicht wegen Gleichheit des Grundes (nach Analogie) auf andere Fälle ausgedehnt werden.

b) Das Hammerschlagsrecht besteht in der Befugniß des Nachbars, Grundstücke zu dem Zwecke betreten zu dürfen, um das eigene Gebäude auszubessern.

c) Das Leiterrecht begreift die Berechtigung in sich,

zu gleichem Zwecke auf des Nachbars Grund und Boden Leitern oder Baugerüste aufzustellen.

d) Weder das Hammerschlagsrecht noch das Leiterrecht haben im Allgem. Landrecht Anerkennung gefunden.

Siehe auch Rechtsgrundsatz 252. (§ 13. dieses Titels.)

§§ 9. ff. Siehe Rechtsgrundsatz 251. (§§ 1. ff. dieses Titels.)

§ 13. Erwerbung der Grundgerechtigkeiten durch Verjährung. — Vergl. §§ 1. ff. dieses Titels.

Rechtsgr. **252**. — II. Senat. 2. und 28. Mai 1866. (LXVII. 247.)

Bei Grundgerechtigkeiten sind die von dem vorhergehenden Besitzer, welcher die Verjährung begonnen, und vom nachfolgenden Besitzer, welcher dieselbe durch Ausübung des beanspruchten Rechts fortgesetzt hat, vorgenommenen Besitzhandlungen, insoweit es sich davon handelt, ob die Ausübung während des ganzen zur Verjährung erforderlichen Zeitraums stattgefunden hat, zusammenzurechnen.

Dies gilt auch für das Gemeine Recht.

Siehe auch Rechtsgrundsatz 698. (Gewerbe-Ordnung vom 1. Januar 1845 § 1.)

§ 18. und Anhang § 58. Bestimmung des Umfanges und der Grenzen einer in das Hypothekenbuch eingetragenen Grundgerechtigkeit bei Uebergang des berechtigten Grundstücks auf einen neuen Erwerber; Verpflichtung des neuen Erwerbers des dienenden Grundstücks in gleichem Falle. — Vergl. A. L. R. I. 2. § 137., 4. § 19.

Rechtsgr. **253**. — II. Senat. 19. März 1867. (LXVII. 113.)

a) Der Umfang und die Grenzen einer im Hypothekenbuch eingetragenen Grundgerechtigkeit ist, wenn nach deren Eintragung das berechtigte Grundstück auf einen neuen Erwerber übergeht, nach Maaßgabe des Titels der Grundgerechtigkeit, nicht nach Maaßgabe des in das Hypothekenbuch eingetragenen Vermerks, zu bestimmen.

b) Der neue Erwerber des dienenden Grundstücks

ist in gleichem Falle nach dem Inhalte des Titels der Grundgerechtigkeit, nicht nach dem davon abweichenden Inhalte des Hypothekenvermerks, verpflichtet.

§§ 23—25. Siehe Rechtsgrundsatz 155. (A. L. R. I. **12**. § 466.)

§ 26. Siehe Rechtsgrundsatz 212. (A. L. R. I. **19**. § 8.)

§ 28. Ausdehnung einer durch Verjährung und durch Erkenntniß zugesprochenen Wegegerechtigkeit. — Vergl. A. L. R. I. **9**. § 666., **22**. §§ 78. 79.; A. G. O. Einl. §§ 65. 66.

Rechtsgr. **254**. — II. Senat. 12. März 1868. (LXXI. 86.)

a) Die Anwendung des Grundsatzes:

„Bei einer durch Verjährung erworbenen Wegegerechtigkeit ist der Berechtigte auf die in den §§ 78. 79. I. 22. des Allgem. Landrechts vorgeschriebene Breite des Weges nur insoweit Anspruch zu machen berechtigt, als der Weg diese Breite während der Verjährungsperiode gehabt hat",

muß in denjenigen Fällen ausgeschlossen bleiben, in welchen eine mittelst der Verjährung erworbene Wegegerechtigkeit dem Berechtigten bereits durch richterliche Entscheidung ohne Beschränkung zu einem bestimmten Zwecke zuerkannt ist.

b) In einem solchen Falle ist für die beiderseitigen Rechte und Verbindlichkeiten in Ansehung der Wegegerechtigkeit lediglich das ergangene Urtheil in seinen dispositiven Worten maaßgebend.

§ 29. Einschränkung einer Grundgerechtigkeit auf einen bestimmten Theil des belasteten Grundstücks:

A. Umfang und Schranken einer Grundgerechtigkeit. — Vergl. A. L. R. I. **19**. § 20.

Rechtsgr. **255**. — I. Senat. 20. Dezember 1866. (LXVI. 214.)

Der § 29. I. 22. des Allgem. Landrechts bezieht sich nicht blos auf indeterminirte Rechte, deren Verleihung eine das ganze Grundstück umfassende bereits faktisch gewordene Ausübung in sich schließt, sondern auch auf die Modifikationen von bereits in anerkannter Wirksamkeit bestehenden Rechten.

B. Beschränkung der Grundgerechtigkeit auf Antrag des Belasteten.

Rechtsgr. 256. — III. Senat. 27. März 1868. (LXX. 267.)

Der Besitzer des mit einer Grundgerechtigkeit belasteten Grundstücks kann die im Gesetze nachgelassene Einschränkung derselben ohne Zustimmung des Besitzers des berechtigten Grundstücks nicht eigenmächtig anordnen; vielmehr ist derselbe verpflichtet, die richterliche Entscheidung über die Zulässigkeit der von ihm verlangten Einschränkung, in welche sich der andere Theil nicht fügen will, nachzusuchen und zu dem Ende nachzuweisen, daß die Voraussetzungen, an welche der § 29. I. 22. des Allgem. Landrechts die Zulässigkeit derselben knüpft, vorliegen.

Siehe auch Rechtsgrundsatz 65. (A. L. R. I. 7. §§ 146. ff.)

§§ 30. ff. 37. ff. Siehe Rechtsgrundsatz 320. (A. L. R. II. 7. § 37.)

§§ 43. 44. Erlöschen der Grundgerechtigkeiten durch stillschweigende Einwilligung:

A. Erlöschen einer Grundgerechtigkeit durch Errichtung von Anstalten und Einrichtungen, welche die Ausübung unmöglich machen; Vollendung der Anstalten oder Einrichtungen.

Rechtsgr. 257. — II. Senat. 19. März 1867. (LXIX. 10.)

Die Anwendung des § 43. I. 22. des Allgem. Landrechts setzt voraus, daß Anstalten, welche die Ausübung einer Grundgerechtigkeit unmöglich machen, wenigstens im Wesentlichen vollendet sind; so lange dies nicht der Fall ist, steht dem Berechtigten die Befugniß zu, sein Untersagungsrecht geltend zu machen.

B. Neubau an der Grenze. — Vergl. A. L. R. I. 8. § 139., 9. § 332.

Rechtsgr. 258. — Ferien-Senat. 10. August 1864. (LXIX. 1.)

Aus den Worten des § 43. I. 22. des Allg. Landrechts: „wenn der Berechtigte wissentlich geschehen läßt, daß Anstalten und Einrichtungen getroffen werden, welche die Ausübung seines Rechts geradezu unmöglich machen", ist nicht zu entnehmen, daß die Anstalten und Einrichtungen bis zur Vollendung gediehen sein müssen; es genügen Anstalten, die im Entstehen begriffen sind, die getroffen werden, die der Berechtigte geschehen läßt, wenn sie nur geeignet sind, dem Berechtigten die Ausübung seines Rechts unmöglich zu machen.

Dieser Grundsatz gilt insbesondere auch bei einem Neubau an der Grenze.

C. Bei Kaufverträgen nach den Rechten der Stadt Frankfurt a. M.

Rechtsgr. **259.** — V. Senat. 17. Dezember 1867. (LXIX. 248.)

Konnte es unter den obwaltenden Umständen der Wahrnehmung des Käufers eines städtischen Grundstücks nicht entgehen, daß das neuzuerbauende Gebäude des Nachbars näher an der Grenze gestellt werde, als die gesetzliche Entfernung beträgt, und daß der Verkäufer deshalb keinen Einwand erheben wolle; so ist, wenn in dem demnächst abgeschlossenen Kaufvertrage wegen jener Entfernung keine Verabredungen getroffen werden, anzunehmen, daß der Käufer das Grundstück in dem Zustande zu kaufen beabsichtigte, in welchem sich dasselbe bei Ausführung des Baues befand, dessen Richtung ihm bekannt war.

D. Zeitpunkt des Widerspruchs der Berechtigten überhaupt.

Rechtsgr. **260.** — II. Senat. 19. März 1867. (LXIX. 10.)

Der § 43. I. 22. des Allgem. Landrechts schließt ein tempus modicum für den verletzten Servitutar nicht aus.

E. Rechtzeitigkeit des Widerspruchs namentlich mit Rücksicht auf die Kenntniß von der dem Berechtigten beeinträchtigenden Veränderung, überhaupt und beim Neubau an der Grenze.

Rechtsgr. 261. — II. Senat. 15. und 22. Oktober 1867. (LXVIII. 304.)

a) Bei Beantwortung der Frage, ob der Berechtigte gegen die neuen Anlagen und Einrichtungen im Nachbar-Grundstück rechtzeitig Widerspruch eingelegt habe, ist die Wissenschaft von dem Nachtheil der neuen Anlage entscheidend; wodurch aber der Berechtigte diese Wissenschaft erlangt, ob durch eine ausdrückliche Erklärung seines Nachbars, oder durch eine den Willen desselben beurkundende Handlung, ist unerheblich.

b) Hat der Besitzer des belasteten Grundstücks den Berechtigten von der vorzunehmenden Anlage vor deren Einrichtung oder während derselben dergestalt unterrichtet, daß ihm die Unmöglichkeit, sein Recht ferner auszuüben, nicht verborgen bleibt oder bleiben kann, so muß der Berechtigte seinen Einspruch schon bei Beginn der Ausführung der Anlage einlegen.

c) Hat dagegen der Berechtigte seine Kenntniß von der sein Recht beeinträchtigenden Veränderung lediglich durch die Thatsache erlangt, daß in dem belasteten Grundstück eine neue Anstalt oder Einrichtung getroffen wird, so ist der Berechtigte erst dann zum Widerspruch genöthigt, wenn die Anlage oder Einrichtung soweit vorgeschritten ist, daß daraus von dem Berechtigten entnommen werden kann, bei dem Fortbestehen dieser Anlage werde die Ausübung seines Rechts unmöglich sein.

§§ 65. 66. Fahrgerechtigkeit mit Einschluß der Befugniß zum Gehen und Reiten.

Rechtsgr. 262. — II. Senat. 14. Januar 1868. (LXX. 15.)

Die Fahrgerechtigkeit schließt die Befugniß zum Gehen und Reiten in sich.

§ 71. Begriff der „neuen Anlagen" im § 71. I. 22. des Allgem. Landrechts; Beweislast.

Rechtsgr. 263. — II. Senat. 21. und 28. November 1867. (LXIX. 167.)

a) Ob in dem Falle, wenn der Besitzer des berechtigten Gutes dasselbe durch Hinzu-Erwerb von Pertinenzien vergrößert, hierin eine „neue Anlage" im Sinne der §§ 8. und 71. I. 22. des Allg. Landrechts enthalten sei, muß nach den jedesmaligen besonderen Umständen beurtheilt werden.

b) Dem Eigenthümer des belasteten Grundstückes liegt, wenn er behauptet, daß durch den Hinzu-Erwerb von Pertinenzstücken eine neue Anlage im Sinne der §§ 8. und 71. I. 22. des Allgem. Landrechts bewirkt sei, und wenn er hieraus einen Einwand gegen die Wegebenutzung herleitet, der diesfällige Beweis ob.

§§ 78. 79. Siehe Rechtsgrundsatz 254. (A. L. R. I. 22. § 28.)

§ 91. Fremdes Vieh im Sinne dieser Gesetzesstelle.

Rechtsgr. 264. — II. Senat. 28. April 1868. (LXX. 317.)

Fremdes Vieh im Sinne des § 91. I. 22. des Allg. Landrechts ist solches, welches außer Beziehung zu dem berechtigten Gute steht und aus dessen Fütterungsmitteln nicht überwintert wird.

§§ 146. ff. Behütung und Bepfirchung von Ländereien in der Provinz Hessen.

Rechtsgr. 265. — Ober-Appellationsgericht, I. Senat. 30. Oktober 1867. (LXXI. 6.)

Aus dem Recht der ausschließlichen Behütung eines Bezirkes kann nicht ohne Weiteres auch das Recht, einen Andern von der Bepfirchung von Ländereien innerhalb dieses Bezirks zu hindern, gefolgert werden.

§ 150. Begriff des Wortes „Gutsherrschaft" in dieser Gesetzesstelle.

Rechtsgr. 266. — II. Senat. 28. April 1868. (LXX. 322.)

Unter dem Worte: „Gutsherrschaft" in dem § 150. I. 22. des Allgem. Landrechts ist der Berechtigte zu verstehen.

§ 228. Siehe Rechtsgrundsatz 691. (Verordnung vom 5. März 1843.)

Titel 23. Von Zwangs- und Banngerechtigkeiten.

§§ 1. ff. Begriff eines Zwangs- und Bannrechts.

Rechtsgr. 267. — II. Senat. 17. April 1866. (LXVI. 19.)

Das Unterscheidende zwischen dem Zwangsrechte als der Befugniß, den ihm unterworfenen Personen die Anschaffung oder Zubereitung gewisser Bedürfnisse bei jedem Andern, als dem Berechtigten, zu untersagen, und zwischen dem Bannrechte besteht darin, daß das letztere ein allgemeines, auf alle Einwohner eines gewissen Bezirkes oder auf gewisse Klassen derselben sich beziehendes, Verhältniß begründet, so daß schon mit dem Aufenthalte in diesem Bezirke, ohne besondere Verbindlichmachung, die Verpflichtung verknüpft ist, gewisse Handlungen zum Vortheile des Berechtigten wiederkehrend zu thun oder zu unterlassen.

Theil II.

Titel 1. Von der Ehe.

Erster Abschnitt. Von den Erfordernissen einer gültigen Ehe.

§§ 30. 31. Mißheirathen und ungleiche Ehen, nach dem Gemeinen Deutschen und Sächsischen Recht. — Vergl. § 940. dieses Titels.

Rechtsgr. 268. — I. Senat. 22. November 1867. (LXIX. 136.)

Weder das Gemeine Deutsche, noch das Sächsische Recht kennt in der Sphäre der Personen des niedern Adels Mißheirathen, beziehungsweise den Begriff von ungleichen Ehen.

Zweiter Abschnitt. Von Ehegelöbnissen.

§§ 75. ff. Form der Ehegelöbnisse:

A. Verlobung nach jüdischen Ritualgesetzen.

Rechtsgr. 269. — I. Senat. 22. Juni 1868. (LXXI. 263.)

Den jüdischen Ritualgesetzen ist eine Verlobung, welche zur Eingehung der Ehe verbindlich macht, unbekannt, und entbehrt ein bloßes Eheversprechen, wenn es nur auf mündlicher Verabredung beruht, jeder verbindlichen Kraft.

Siehe auch Rechtsgrundsatz 716. (Gesetz vom 23. Juli 1847 § 1.)

B. Im Herzogthum Westphalen.

Rechtsgr. 270. — I. Senat. 19. Oktober 1866. (LXVI. 128.)

Im Herzogthum Westphalen genügt zur Abschließung eines Ehegelöbnisses die mündliche Form.

§ 99. Klage auf Schließung einer Ehe, nach Kanonischem und Gemeinem Recht.

Rechtsgr. 271. — I. Senat. 19. Oktober 1866. (LXVI. 128.)

Nach Gemeinem und namentlich nach Kanonischem Recht begründet das gültige Ehegelöbniß eine Klage auf Erfüllung desselben durch Schließung der Ehe, und es ist, nach der gemeinrechtlichen Praxis, das Urtheil auf Vollziehung der Ehe zu richten, wenngleich ein hierauf gerichteter Zwang durch Zwangstrauung nicht zulässig erscheint, vielmehr bei der Nichtbefolgung eines solchen Erkenntnisses dem klagenden Theil nur ein Antrag auf Entschädigung oder Leistung des Interesse stattfindet.

Vierter Abschnitt. Von den Rechten und Pflichten der Eheleute in Beziehung auf ihre Personen.

§§ 185. 186. Siehe Rechtsgrundsatz 311. (A. L. R. II. 3. §§ 14. ff.)

§ 188. Injurienklage des Ehemannes wegen Beleidigung seiner Ehefrau und Widerklage gegen den klagenden Ehemann wegen einer ihm gegen den Verklagten zur Last fallenden Ehrverletzung. — Vergl. A. G. O. I. 1. §§ 16 ff.; Strafgesetzbuch §§ 50. ff. 162.

Rechtsgr. 272. — Senat für Strafsachen, I. Abth. 6. Dezember 1867. (LXIX. 189.)

Wird im Injurienprozeß die Bestrafung des Verklagten wegen einer der Ehefrau des Klägers zugefügten Beleidigung verlangt, so ist der Verklagte eine Widerklage darauf zu gründen befugt, daß der klagende Ehemann sich selbst einer Ehrverletzung gegen den Verklagten schuldig gemacht habe, — vorausgesetzt jedoch, daß der Kläger auf Grund des § 162. des Strafgesetzbuches wegen der ihm in der Person seiner Ehefrau zugefügten Beleidigung den Strafantrag gestellt hat.

Ist dagegen der Kläger nur als Vertreter seiner Ehefrau aufgetreten, so ist der Widerklageantrag nicht statthaft.

§ 196. Siehe Rechtsgrundsatz 413. (Allgem. Deutsche Wechsel-Ordnung Art. 1.)

§ 198. Nothwendigkeit der gerichtlichen Vollziehung von Verträgen der Ehefrau zum Vortheil des Ehemannes.

Rechtsgr. **273.** — IV. Senat. 28. April 1868. (LXX. 312.)

a) Zur Anwendung des § 198. II. 1. des Allg. Landrechts genügt nicht, daß der Ehemann durch den Akt, welchen die Frau vornimmt, überhaupt einen Vortheil erhält, sondern es muß auch eine „Verpflichtung" der Frau für den Mann oder dessen Vortheil Gegenstand des Vertrages sein; es muß im Wesentlichen das Materielle einer Intercession vorliegen.

b) Der § 198. II. 1. des Allg. Landrechts findet auf den Fall keine Anwendung, in welchem die Ehefrau, sei es auch, um den Ehemann zu liberiren, ein Aktivum dem Gläubiger des Mannes cedirt.

Fünfter Abschnitt. Von den Rechten und Pflichten der Eheleute, in Beziehung auf ihr Vermögen.

§§ 205. ff. Siehe Rechtsgrundsatz 313. (A. L. R. II. 8. § 14.)

§ 211. Eigener Erwerb der Ehefrau bei getrennten Gütern.

Rechtsgr. 274. — III. Senat 23. November 1866. (LXVI. 190.)

Es genügt nicht, daß die in getrennten Gütern lebende Ehefrau, welche einen Erwerb als ihr Eigenthum in Anspruch nimmt, nachweist, daß sie das lästige Geschäft, wodurch Sachen erworben worden, Kaufgeschäft u. s. w. abgeschlossen hat; sondern sie hat aufzuklären, daß das Geschäft für sie und in Bezug auf ihr Vermögen ein lästiges gewesen ist.

§§ 230. 231. Siehe Rechtsgrundsatz 412. (Allgem. Deutsche Wechsel-Ordnung Art. 1.)

§ 318. Siehe Rechtsgrundsatz 313. (A. L. R. II. 3. § 15.)

Sechster Abschnitt. Von der Gemeinschaft der Güter unter Eheleuten.

§§ 350. ff. Verlegung des Wohnsitzes der Eheleute:

A. Aus einem Ort mit beschränkter Gütergemeinschaft an einen Ort mit ausgedehnter Gütergemeinschaft; Wissenschaft des Dritten von dem ersten Wohnsitz der Eheleute.

Rechtsgr. 275. — I. Senat 16. März 1868. (LXX. 193.)

a) Die Bestimmung des Allgem. Landrechts II. 1. § 352., — nach welchem, wenn Eheleute ihren Wohnsitz von einem Orte, wo keine Gütergemeinschaft obwaltet, an einen anderen Ort, wo dieselbe stattfindet, verlegt haben, alle von ihnen an diesem Orte vorgenommenen Handlungen, in Beziehung auf einen Dritten, nach den Regeln der Gütergemeinschaft beurtheilt werden müssen, — muß auch auf den Fall Anwendung finden, wenn eine andere, ihrem Gegenstande nach beschränktere Gütergemeinschaft an dem früheren Wohnorte gegolten hat.

b) Wenn auch dem Dritten, der es weiß, welchem anderen Güterrecht sich die Eheleute in ihrem ersten Wohnsitz unterworfen haben, die Vorschrift des § 352. II. 1. des Allg. Landrechts nicht zu statten kommen kann, so ist diese Wissenschaft und solchergestalt eine mala fides nicht daraus allein zu folgern, daß der Dritte wußte, an welchem Orte die Eheleute ihren ersten Wohnsitz genommen haben.

B. Verlegung des Wohnsitzes der Eheleute vom ersten gütergemeinschaftlichen Wohnsitz an einen Ort, wo keine Gütergemeinschaft gilt; Kenntniß des Dritten von der Gütergemeinschaft.

Rechtsgr. 276. — III. Senat. 6. April 1868. (LXXI. 106.)

Haben die Eheleute ihren ersten Wohnsitz, woselbst Gütergemeinschaft galt, verlegt, so steht dem Dritten, welchem die Wissenschaft von dem Fortbestande der ehelichen Gütergemeinschaft an dem neuen Wohnorte der Eheleute, wo **keine** Gütergemeinschaft gilt, nicht nachgewiesen werden kann, und der nach den Gesetzen dieses Ortes mit dem Ehemanne allein über Grundstücke kontrahirt, die **nicht** unter der Herrschaft der die eheliche Gütergemeinschaft sanktionirenden Gesetze liegen, das gütergemeinschaftliche Verhältniß der Eheleute und die dadurch bedingte Dispositionsfähigkeit des Ehemannes nicht entgegen, so daß die Ehefrau dem nicht wissenden, in gutem Glauben handelnden **Dritten** gegenüber einen solchen Vertrag wegen Mangels ihrer Einwilligung nicht anfechten darf. Hat dagegen der Dritte, der in solchem Falle mit dem Ehemanne allein kontrahirt, das güterrechtliche Verhältniß gekannt, so wird ihm diese Wissenschaft als mala fides angerechnet und der Veräußerungsvertrag ist für die Ehefrau unverbindlich.

§§ 360. ff. Mißbrauch der Verfügungsbefugniß der gütergemeinschaftlichen Eheleute hinsichtlich der Auflösung der Gemeinschaft. — Vergl. Gesetz vom 16. April 1860.

Rechtsgr. 277. — III. Senat. 4. Februar 1867. (LXVII. 74.)

Die Verfügungsbefugniß der in der Gütergemeinschaft lebenden Eheleute darf nicht dazu gemißbraucht werden, die Gütergemeinschaft aufzulösen.

Dieser Grundsatz hat durch das Gesetz vom 16. April 1860, betreffend die ehelichen Güterrechte in der Provinz Westphalen, keine Aenderung erlitten.

Siehe auch Rechtsgrundsatz 598. (Pommersche Bauern-Ordnung vom 30. Dezember 1764.)

§ 378. Einseitige Bestellung des Vorkaufsrechts für ein gütergemeinschaftliches Grundstück Seitens des Ehemannes.

Rechtsgr. **278.** — **III.** Senat. 11. Mai 1868. (**LXXI.** 167.)

Der Ehemann bedarf zur Bestellung des Vorkaufsrechts an dem zur ehelichen Gütergemeinschaft gehörigen Grundstücke der Genehmigung der Ehefrau.

§ 389. Siehe Rechtsgrundsatz 313. (A. L. R. II. **3.** § 15.)

§§ 392. ff. Güterabsonderung:

A. Eigenschaft des Rechtes des einen Ehegatten, binnen zwei Jahren nach Eingehung der Ehe auf Absonderung des Vermögens anzutragen, wenn der andere Ehegatte mehr Schulden als Vermögen in die Gemeinschaft gebracht hat.

Rechtsgr. **278a.** — **III.** Senat. 10. Juli 1868. (**LXXII.** 59.)

Es gehört zum freien Eigenthum des solventen Ehegatten, zu seinen Vermögensrechten gegenüber dem insolventen Ehegatten und dessen vorehelichen Gläubigern:

daß er binnen zwei Jahren nach Eingehung der Ehe auf die in den §§ 392—394. II. 1. des Allg. Landrechts gedachte Absonderung seines Vermögens antragen kann.

Dieser materielle Bestand seines Vermögens geht daher durch seinen Tod aktiv auf seine Erben, durch des insolventen Ehegatten Tod passiv auf dessen Erben über, und bleiben in beiden Fällen die vorehelichen Gläubiger des letzteren in ihrem Verhältnisse zum Vermögen des solventen Ehegatten gerade so stehen, wie sie vor dem eingetretenen Todesfalle standen. Daß der überlebende Ehemann zuweilen zu den Erben des verstorbenen gehören mag, ändert das rechtliche Verhältniß der beiderseitigen Vermögensmassen zu einander nicht.

B. Wirkung der Güterabsonderung bei bestehender Gütergemeinschaft, nach den Grundsätzen des Allgem. Landrechts und nach Lübischem Recht. — Vergl. Revidirtes Lübisches Recht Buch 1. Tit. 5. Art. 1. 5—9. 11.

Rechtsgr. 279. — III. Senat. 25. Februar 1867. (LXV. 344.)

a) Die gemäß § 392. II. 1. des Allgem. Landrechts erfolgte und gehörig bekannt gemachte Güterabsonderung steht nicht blos den vorehelichen, sondern auch denjenigen Gläubigern des überschuldeten Ehegatten entgegen, deren Forderung nach der Bekanntmachung der Absonderung ihren Ursprung genommen haben.

b) Die in dem § 392. II. 1. des Allgem. Landrechts angeordnete Rechtswohlthat der Zurücktretung aus der ehelichen Gütergemeinschaft kommt an Orten, wo Lübisches Recht gilt, nur der unbeerbten Ehefrau, und zwar mit der im Lübischen Statut Buch 1. Tit. 5. Art. 11. enthaltenen Maaßgabe zu Statten.

Die Sonderung hat den Gläubigern gegenüber keine rechtlichen Folgen, sobald die Ehe durch die Geburt eines Kindes beerbt wird.

§§ 422—424. 427. 428. Ausschließung und Aufhebung der ehelichen Gütergemeinschaft:

A. Kenntniß von der Aufhebung und Ausschließung der ehelichen Gütergemeinschaft. — Vergl. Gesetz vom 20. März 1837; Einführungsgesetz zum Allgem. Deutschen Handelsgesetzbuch Art. 20.

Rechtsgr. 280. — II. Senat. 30. Januar 1868. (LXX. 36.)

Der im § 428. II. 1. des Allgem. Landrechts enthaltene Grundsatz, daß derjenige, dem die Aufhebung der ehelichen Gütergemeinschaft anderweit bekannt war, sich mit der in den Gesetzen vorgeschriebenen, jedoch unterlassenen Bekanntmachung nicht schützen kann, ist ein all=

gemeiner und ebensowohl bei der Ausschließung, als bei der Aufhebung der Gütergemeinschaft anwendbar.

B. Unterbliebener Vermerk der Ausschließung derselben im Hypothekenbuch bei einer Exekutionsvollstreckung in das Grundstück; unterbliebene öffentliche Bekanntmachung der Ausschließung der Gütergemeinschaft, Unkenntniß des Klägers von der Ausschließung, Erfahren derselben im Laufe des Prozesses und Einwand der mangelnden Passivlegitimation Seitens des allein verklagten Ehemannes.

Rechtsgr. **281**. — II. Senat. 30. Januar 1868. (LXX. 36.)

a) Die Vorschrift des § 424. II. 1. des Allg. Landrechts bezieht sich nur auf Rechtsgeschäfte, welche mit dritten Personen in Ansehung des betreffenden Grundstücks eingegangen sind, nicht aber auf andere Dritte, welche sich etwa im Wege der Exekution an das betreffende Grundstück, bei welchem die Ausschließung der Gütergemeinschaft nicht vermerkt ist, halten wollen.

b) Ist die vorgeschriebene öffentliche Bekanntmachung der Gütergemeinschaft unterblieben, und hat der Kläger, ohne von der Ausschließung der Gütergemeinschaft Kenntniß zu haben, gegen den Ehemann allein eine Klage auf Anerkennung eines dinglichen Rechts an einem zum Eingebrachten der Ehefrau gehörigen Grundstück angestrengt, aber im Laufe des Verfahrens Kenntniß von der Ausschließung der Gütergemeinschaft erlangt, so wird der gute Glaube des Klägers dergestalt beseitigt, daß der Einwand der mangelnden Passivlegitimation von dem verklagten Ehemanne mit Erfolg entgegengesetzt werden kann.

Siebenter Abschnitt. Von Trennung der Ehe durch den Tod.

§§ **456**. ff. Siehe Rechtsgrundsatz 159. (A. L. R. 1. **12**. § 627.)

§§ **495**. **496**. Erbfolge der Ehegatten beim Mangel von Verträgen oder letztwilligen Verordnungen nach dem letzten persönlichen Gerichtsstand des Verstorbenen. — Vergl. A. L. R. I. **9**. §§ 350. ff.; A. G. O. I. **2**. §§ 9—15. 121.

Rechtsgr. 282. — I. Senat. 8. Juni 1866. (LXVI. 43.)

a) Richtet sich grundsätzlich die Intestat-Erbfolge nach den Gesetzen des Gerichtsstandes der Erbschaft, ohne Unterschied, ob der Erblasser bei Lebzeiten einen doppelten persönlichen Wohnsitz resp. Gerichtsstand gehabt hat, so kann die Regel des § 495. II. 1. des Allgem. Landrechts, wonach für die Erbfolge der Ehegatten beim Mangel von Verträgen oder letztwilligen Verordnungen die Statuten oder Provinzialgesetze des letzten persönlichen Gerichtsstandes des Verstorbenen entscheidend sein sollen, auch nur so verstanden werden, daß unter dem letzten persönlichen Gerichtsstande derjenige gemeint ist, welcher gesetzlich als Gerichtsstand der Erbschaft des Verstorbenen gilt.

b) Wenn der § 496. II. 1. des Allgem. Landrechts dem überlebenden Ehegatten ausnahmsweise das Recht der Wahl gestattet, entweder nach den Gesetzen des letzten persönlichen Gerichtsstandes des Verstorbenen, oder nach den Gesetzen desjenigen Orts, wo die Eheleute zur Zeit der vollzogenen Heirath ihren ersten Wohnsitz genommen haben, zu erben, so muß nach dem für die Regel des § 495. a. a. O. geltenden Grundsatze auch für diese Ausnahmebestimmung angenommen werden, daß der letzte persönliche Gerichtsstand mit dem Gerichtsstand der Erbschaft zusammentrifft.

Siehe auch Rechtsgrundsatz 84. (A. L. R. I. 9. § 350.)

§§ 634. ff. Charakter der communio bonorum prorogata.

Rechtsgr. 283. — III. Senat. 26. November 1866. (LXV. 156.)

Die communio bonorum prorogata hat denselben rechtlichen Charakter, wie die unter den Eheleuten selbst bestehende eheliche Gütergemeinschaft; dem entsprechend behält der überlebende Ehemann die Verfügungsrechte, die ihm in der ehelichen Gütergemeinschaft zustanden; ist die Ehefrau die überlebende, so gehen die Verfügungsrechte des Mannes auf sie über.

Siehe auch Rechtsgrundsätze 596. 600. (Dorf-Ordnung vom 7. Februar 1755 § 29.; Pommersche Bauer-Ordnung vom 30. Dezember 1764 Tit. 4. § 2.)

Achter Abschnitt. Von Trennung der Ehe durch richterlichen Ausspruch.

§§ 668. Siehe Rechtsgrundsatz 353. (A. L. R. II. **18.** § 231.)

§ 669. Siehe Rechtsgrundsätze 285a. 353. (§ 704. dieses Titels, A. L. R. II. **18.** § 231.)

§§ 670. 671. Entkräftung der von der Ehefrau wegen Ehebruches angestellten Ehescheidungsklage durch den Einwand des Ehemannes, daß auch die Ehefrau die Ehe gebrochen habe.

Rechtsgr. **284.** — I. Senat. 3. April 1868. (**LXX.** 285.)

Der Ehemann, welcher nicht geschieden sein will, kann der von der Ehefrau auf seinen Ehebruch gestützten Ehescheidungsklage den Einwand, daß die Ehefrau selbst die Ehe gebrochen habe, mit Erfolg entgegensetzen.

§ 698. Siehe Rechtsgrundsatz 353. (A. L. R. II. **18.** § 231.)

§ 699. Lebens- oder gesundheitsgefährliche Mißhandlung als Ehescheidungsgrund.

Rechtsgr. **285.** — I. Senat. 16. November 1868. (**LXXI.** 345.)

Wenn es auch zur Anwendung des § 699. II. 1. des Allgem. Landrechts nicht erforderlich ist, daß die Mißhandlung bleibende Folgen gehabt, oder für die Gesundheit des verletzten Ehegatten wirklich schon erhebliche Nachtheile herbeigeführt habe, so muß doch die objektive Schwere der Verletzung irgendwie festgestellt sein; dazu reicht die Betrachtung, daß Schläge, die mit einem harten Instrumente, wie ein Besenstiel, auf den Kopf eines Menschen geführt werden, dessen Gesundheit zu gefährden geeignet erscheinen, allein nicht aus.

§§ 701. 702. 704. Ehescheidung wegen grober Verbrechen eines Ehegatten und Beurtheilung nach den bestehenden Lebensverhältnissen der Eheleute. — Vergl. § 669. dieses Titels.

Rechtsgr. **285a**. — I. Senat. 26. Oktober 1868. (LXXII. 327.)

Bei Entscheidung der Frage, ob der Fall des § 704. II. 1. des Allgem. Landrechts vorliege:

„Grobe Verbrechen gegen Andere, wegen welcher ein Ehegatte harte und schmähliche Zuchthaus- oder Festungsstrafe nach Urtheil und Recht erlitten hat, berechtigen den unschuldigen Theil, die Scheidung zu suchen",

ist eine richtige Würdigung der faktisch bestehenden Lebensverhältnisse nicht ausgeschlossen.

§ **716**. Siehe Rechtsgrundsatz 353. (A. L. R. II. **18**. § 231.)

§§ **717**. **718**. a und b. Verhältniß des § 717. zu den §§ 718a. und 718b. II. 1. des Allgem. Landrechts.

Rechtsgr. **286**. — I. Senat. 23. Oktober 1868. (LXXII. 320.)

Die §§ 718a. und 718b. II. 1. des Allg. Landrechts bilden den Gegensatz zu dem § 717. daselbst, die Ausnahme von der darin enthaltenen Regel, daß wegen behaupteter Abneigung die Ehescheidungsklage nicht zuläßig sein soll.

§ **720**. Verzeihung der beleidigten Ehegatten:

A. Form der Verzeihung einer Beleidigung, welche Ehescheidungsgrund war.

Rechtsgr. **287**. — I. Senat. 15. Oktober 1866. (LXV. 59.)

Die im § 720. II. 1. des Allg. Landrechts gedachte ausdrückliche Verzeihung der Beleidigung ist an keine weitere Form gebunden.

B. Verzeihung des Verbrechens, wegen dessen der eine Ehegatte eine Zuchthausstrafe verbüßt.

Rechtsgr. **288**. — I. Senat. 15. Oktober 1866. (LXV. 59.)

Indem der unschuldige Ehegatte dem schuldigen das Verbrechen verzeiht, weshalb er die Strafe verbüßt, verzeiht er ihm im Sinne des § 720. II. 1. des Allgem.

Landrechts die Beleidigung, welche ihn zur Ehescheidungsklage berechtigen würde.

§§ 743. 744. Form der Vermögens-Auseinandersetzung geschiedener Eheleute; Feststellung der Abfindung des unschuldigen Ehegatten nach getrennter Ehe. — Vergl. §§ 766. 783. 811. dieses Titels.

Rechtsgr. **289.** — IV. Senat 26. März 1867. (LXVII. 127.)

a) Für die im § 743. II. 1. des Allgem. Landrechts vorgeschriebene Auseinandersetzung der gewesenen Eheleute wegen ihrer Vermögens nach getrennter Ehe ist ein besonderes Verfahren nicht angeordnet und kann dieselbe mit Uebereinstimmung beider Eheleute auch formlos und thatsächlich ausgeführt werden.

b) Durch die im § 743. II. 1. des Allg. Landrechts vorgeschriebene Auseinandersetzung der geschiedenen Eheleute wegen ihres Vermögens wird die dem unschuldigen Ehegatten zugesprochene Abfindung aus dem Vermögen des andern nicht betroffen und deren Ermittelung nicht bezweckt; für diese Abfindung bedarf es überhaupt einer besonderen Auseinandersetzung nicht.

§§ 745—750. Bestimmung der Schuldfrage im Ehescheidungsprozeß.

Rechtsgr. **290.** — I. Senat. 27. Januar 1868. (LXVIII. 363.)

Bei Bestimmung der Schuldfrage kommt es nicht auf die Zahl, sondern auf die Art und den Entstehungsgrund der wechselseitige Ehevergehungen an, und es kann, wenn beiden Theile sich solcher unmittelbaren Pflichtverletzungen schuldig gemacht haben, welche der § 748. II. 1. des Allg. Landrechts als gleich schwere bezeichnet, nicht davon die Rede sein, daß diese gleiche Schuld beider Ehegatten unberücksichtigt bleiben und im gesetzlichen Sinne der eine Theil für unschuldig oder weniger schuldig, der andere Theil aber für überwiegend schuldig angesehen werden könne, wenn letzterer sich auch noch in anderer, vom Gesetze als eine nicht minder schwere Pflichtverletzung erachteten, Weise vergangen hat.

§§ **755**. ff. Sondergut gütergemeinschaftlicher Eheleute und Rücknahme desselben nach erfolgter Ehescheidung — Vergl. §§ 811. 812. dieses Titels.

Rechtsgr. **291**. — I. Senat. 11. März 1867. (LXVI. 271.)

Bei der Vermögensauseinandersetzung geschiedener Eheleute, welche in Gütergemeinschaft gelebt haben, bildet die Sondergutsqualität die Ausnahme, und ist eine Zurücknahme der eingebrachten oder während der Ehe erlangten Vermögensstücke nur dann statthaft, wenn eine Illation während der Ehe oder eine lukrative Erwerbsart durch Erbschaft, Vermächtniß, Geschenke, oder durch bloße Glücksfälle dargethan ist.

§ **766**. Verzinsung der Ehescheidungsstrafe. — Vergl. A. L. R. I. **16**. § 66.

Rechtsgr. **292**. — I. Senat. 27. Mai 1867. (LXVIII. 92.)

Die Frage, von wann ab die Ehescheidungsstrafe zu verzinsen sei, kann in jedem einzelnen Falle von den besonderen Umständen abhängig sein.

Siehe auch Rechtsgrundsatz 289. (§ 743. dieses Titels.)

§ **783**. Siehe Rechtsgrundsatz 289. (§ 743. dieses Titels.)

§§ **798**. **799**. Nichtberechtigung des unschuldigen Ehegatten auf Abfindung aus den Nießbrauchsraten des schuldigen Theils. — Vergl. A. L. R. I. **21**. § 110.

Rechtsgr. **293**. — I. Senat. 27. Mai 1867. (LXVIII. 91.)

Dem unschuldigen Ehegatten steht ein Recht auf Abfindung aus dem, dem für den schuldigen Theil erkannten anderen Ehegatten gebührenden lebenslänglichen Nießbrauche an einer Erbschaft, selbst wenn letzterer die Rechte eines Fiduziar-Erben hat, nicht zu; er kann deshalb auch nicht als Abfindung von den Nießbrauchs-Revenüen eine

Rate des kapitalisirten Betrages derselben oder jeder einzelnen Zahlung beanspruchen.

§§ **811**. ff. Siehe Rechtsgrundsätze 289. 291. (§§ 743. 755. dieses Titels.)

Zehnter Abschnitt. Von den rechtlichen Folgen gesetzwidrig geschlossener Ehen.

§ **940**. Siehe Rechtsgrundsatz 268. (§ 30. dieses Titels.)

Eilfter Abschnitt. Von den rechtlichen Folgen des unehelichen Beischlafes.

§§ **1062**. **1063**. **1083**. Siehe Rechtsgrundsatz 759. (Gesetz vom 24. April 1854 § 10.)

Titel 2. Von den wechselseitigen Rechten und Pflichten der Eltern und Kinder.

Erster Abschnitt. Von ehelichen Kindern.

§ **2**. Gegenbeweis gegen die gesetzliche Vermuthung "pater est, quem nuptiae demonstrant." — Vergl. Publikationspatent vom 5. Februar 1794 § 7.; Dig. **1**. 5. Lex 12., **2**. 4. Lex 5., **38**. 16. Lex 3. §§ 9. 11. 12.

A. Suspension dieser Gesetzesstelle in der Mark Brandenburg.

Rechtsgr. **294**. — I. Senat. 15. November 1867. (LXIX. 114.)

Der § 2. II. 2. des Allg. Landrechts gehört zu denjenigen Vorschriften, welche in der Mark Brandenburg auf Grund des § 7. des Publikations-Patents vom 5. Februar 1794 zur Zeit noch suspendirt, also überhaupt nicht anwendbar sind.

B. Begriff des überzeugenden Nachweises in dieser Gesetzesstelle. — Vergl. A. L. R. I. **4**. §§ 49. 50., **12**. § 603., **14**. § 37., **16**. § 106., II. **8**. §§ 1503. 1513., **11**. § 868., **15**. § 203.; A. G. O. I. **13**. §§ 9. 10. 24. 25.; Dig. **1**. 6. Lex 6., **12**. 2. Lex 3. § 1. Lex 34. pr.

Rechtsgr. 205. — I. Senat. 15. November 1867. (LXIX. 114.)

Unter dem „überzeugenden“ Nachweise, welchen der § 2. II. 2. des Allgem. Landrechts dafür erfordert, daß der Ehemann der Ehefrau in dem Zwischenraum vom 302. bis zum 210. Tage vor der Geburt des Kindes nicht ehelich beigewohnt habe, ist ein, seinem materiellen Inhalte nach, kräftiger, d. h. der Beweis solcher streng konkludenter Thatsachen gemeint, welche geeignet sind, dem Richter die Ueberzeugung zu verschaffen, daß der Ehemann der Mutter des Kindes innerhalb dessen Konzeptionszeit ehelich nicht beigewohnt habe.

Unter dem in dem § 2. II. 2. des Allg. Landrechts dem klagenden Ehemann zur Pflicht gemachten „überzeugenden“ Nachweise ist nicht ein nach den §§ 9. 10. I. 13. der Allgem. Gerichts-Ordnung vollständig geführter Beweis zu verstehen, vielmehr findet die Ergänzung eines unvollständigen Beweises durch Auferlegung eines nothwendigen Eides statt.

Das Präjudiz des I. Senats No. 1125. vom 11. April 1842 kann nicht festgehalten werden.

§§ 6. ff. Vertretung des Kindes, dessen eheliche Geburt angefochten wird, durch seine Mutter.

Rechtsgr. 206. — I. Senat. 6. März 1868. (LXX. 153.)

Die Mutter als solche ist im Illegitimitätsprozesse ihr Kind zu vertreten prozessualisch nicht befugt.

§§ 19. 20. Suspension dieser Gesetzesstelle in der Mark Brandenburg. — Vergl. Publikationspatent vom 4. Februar 1794 § 7.; Dig. 1. 5. Lex 12., 2. 4. Lex 5., 38. 16. Lex 3. §§ 9. 11. 12.

Rechtsgr. 207. — I. Senat. 15. November 1867. (LXIX. 114.)

Die §§ 19. 20. II. 2. des Allg. Landrechts gehören zu denjenigen Vorschriften, welche in der Mark Brandenburg auf Grund des § 7. des Publikations-Patents vom

5. Februar 1794 zur Zeit noch suspendirt, also überhaupt nicht anwendbar sind.

Zweiter Abschnitt. Von den Rechten und Pflichten der Eltern und der aus einer Ehe zur rechten-Hand erzeugten Kinder, so lange die letzten unter väterlicher Gewalt stehen.

§§ 63. 64. Siehe Rechtsgrundsatz 313. (A. L. R. II. 3. §§ 14. 15.)
§§ 86. ff. Siehe Rechtsgrundsatz 298. (§ 126. dieses Titels.)
§§ 105. ff. Siehe Rechtsgrundsatz 311. (A. L. R. II. 3. §§ 14 ff.)
§ 123. Siehe Rechtsgrundsatz 299. (§ 165. dieses Titels.)
§§ 126. 127. 129. Verwendung in den Nutzen des Vaters für ein außerhalb des väterlichen Hauses lebendes Kind. — Vergl. A. L. R. I. 13. §§ 228. ff. 268., II. 2. §§ 86. ff. 91.

Rechtsgr. **298.** — IV. Senat. 11. Juni 1868. (LXXI. 209.)

Wenn auch der § 129. II. 2. des Allg. Landrechts: „Nur das, was Jemand einem außerhalb des väterlichen Hauses lebenden Kinde zu den nothwendigsten und dringendsten Bedürfnissen des Lebens giebt, soll in allen Fällen als in den Nutzen des Vaters verwendet angesehen werden",

nicht die Fälle ausschließt, in denen ein unter väterlicher Gewalt stehendes Kind — von besonderen Erziehungs- oder Berufszwecken abgesehen — durch Mißhandlungen oder durch sonstige dem Vater zur Last zu legende Vernachlässigung seiner väterlichen Pflichten genöthigt wird, das väterliche Haus ohne Einwilligung des Vaters zu verlassen und seinen Aufenthalt respektive Lebensunterhalt bei fremden Leuten außerhalb zu suchen; so muß doch, dergleichen Fälle ausgenommen, die Genehmigung des Vaters in die Entfernung des Kindes und die Verpflegung desselben außerhalb des väterlichen Hauses bei fremden Personen dazu kommen, um den Vater aus der nützlichen Verwendung, beziehungsweise aus der Geschäfts-Uebernehmung ohne Auftrag zur Erstattung der zu den nothwendigsten und dringendsten Bedürfnissen des Kindes bezüglich seiner Verpflegung verwendeten Kosten zu verpflichten.

§ **125**. Siehe Rechtsgrundsatz 299. (§ 166. dieses Titels.)
§ **131**. Siehe Rechtsgrundsatz 299. (§ 166. dieses Titels.)

Dritter Abschnitt. Von dem eigenthümlichen Vermögen der Kinder.

§§ **147**. ff. Siehe Rechtsgrundsatz 300. (§ 168. dieses Titels.)
§§ **165**. **166**. Haftung großjähriger Hauskinder aus lästigen Verträgen bei fehlendem Konsense des Vaters. — Vergl. §§ 125. 131. dieses Titels.

Rechtsgr. **299**. — IV. Senat. 30. April 1868. (LXX. 331.)

Großjährige Hauskinder haften aus lästigen Verträgen bei fehlendem Konsense des Vaters nur unter der Voraussetzung, daß die Verträge sich auf das freie Vermögen beziehen, und nur mit demjenigen Gegenstande oder Betrage des letzteren, in Betreff dessen sie dem Gläubiger gemäß § 166. II. 2. des Allgem. Landrechts Sicherheit bestellt haben.

§§ **168**. ff. Haftbarkeit des Hauskindes aus den von dem Vater bezüglich des nicht freien Vermögens geschlossenen Verträgen. — Vergl. §§ 147. ff. dieses Titels.

Rechtsgr. **300**. — III. Senat. 8. April 1867. (LXVII. 143.)

Der Vater verpflichtet durch die auf Grund der väterlichen Gewalt bezüglich des Vermögens des Hauskindes getroffenen Verfügungen nicht das Kind persönlich, dergestalt, daß es mit seiner Person für die übernommenen Verbindlichkeiten haftet; vielmehr wird das Kind nur in Bezug auf das der väterlichen Gewalt unterworfene Vermögen verpflichtet.

§ **171**. Belastung eines von dem Vater für sein minderjähriges Kind angekauften Grundstückes mit rückständigen Kaufgeldern.

Rechtsgr. 301. — III. Senat. 8. April 1867. (LXVII. 144.)

Ein Vater, welcher für sein minderjähriges Kind Grundstücke ankauft und in dem Kaufkontrakte für rückständig bleibendes Kaufgeld mit den angekauften Grundstücken Hypothek bestellt, bedarf hierzu der Einwilligung des vormundschaftlichen Gerichtes nicht.

§ 202. Siehe Rechtsgrundsatz 311. (A. L. R. II. 3. §§ 14 ff.)

Vierter Abschnitt. Von Aufhebung der väterlichen Gewalt.

§§ 210. ff. Beweislast hinsichtlich der Aufhebung oder Fortdauer der väterlichen Gewalt. — Vergl. A. G. O. Einl. § 16., I. 13. § 28.

Rechtsgr. 302. — IV. Senat. 26. September 1867. (LXVIII. 193.)

Ein allgemeiner Rechtsgrundsatz dahin, daß dem Kläger, welcher behauptet, daß der Verklagte der väterlichen Gewalt entlassen sei, die Beweislast obliege, kann nicht anerkannt werden; es kommt hierbei immer auf die Lage der einzelnen Sache an.

Namentlich kann die ganze Lebensstellung eines großjährigen Menschen, dessen Vater noch lebt, das Aufhören der väterlichen Gewalt in sich schließen und deshalb den Verklagten beweispflichtig in Betreff deren Fortdauer machen.

§ 212. Aufhebung der väterlichen Gewalt durch Uebernahme des Amtes eines vereideten Stellvertreters der polizeiobrigkeitlichen Gewalt.

Rechtsgr. 303. — IV. Senat. 5. Februar 1867. (LXV. 281.)

Durch die Uebernahme des Amtes eines vereideten Stellvertreters des Inhabers der polizeiobrigkeitlichen Gewalt ist ein großjähriger Sohn als aus der väterlichen Gewalt entlassen anzusehen.

§ 219. Siehe Rechtsgrundsatz 8. (A. L. R. Einl. § 23.)

§§ 232. ff. Ausstattung:

A. Baare Summen und Gegenstände, die erst nach der Hochzeit gegeben sind, als Ausstattung; Mitberechnung der Reisekosten bei den Ausstattungskosten.

Rechtsgr. 304. — I. Senat. 16. Oktober 1868. (LXXII. 280.)

a) Auch baar gezahlte Summen und Gegenstände, die nach der Hochzeit gegeben worden sind, können als Ausstattung gelten und zum Zweck derselben gewährt sein.

b) Sind Reisen zum Zweck der Ausstattung unternommen, so sind auch die zu solchen Reisen verwendeten Beträge den Ausstattungskosten beizuzählen.

B. Beurtheilung des Vaters über den Umfang der zu gewährenden Ausstattung.

Rechtsgr. 305. — I. Senat. 16. Oktober 1868. (LXXII. 280.)

Der Regel nach kann der Vater darin nicht eingeschränkt werden, was er zur Ausstattung eines Kindes für erforderlich erachtet und inwieweit er dazu das seiner Verwaltung und Disposition unterworfene Vermögen des Kindes verwenden will oder zu verwenden für nothwendig erachtet.

C. Größe der Ausstattung einer Tochter nach den Vermögensverhältnissen der Eltern und den Verhältnissen, in welche sie durch die Heirath tritt.

Rechtsgr. 306. — I. Senat. 16. Oktober 1868. (LXXII. 280.)

Der Umfang der Ausstattung einer heirathenden Tochter richtet sich nicht allein nach ihren seitherigen Lebensbedürfnissen und der Vermögenslage der Eltern, sondern wesentlich auch nach den Verhältnissen, in welche sie durch ihre Verheirathung tritt.

D. Klageweise Geltendmachung der gesetzlichen Ausstattungsverbindlichkeit des Vaters Seitens des Kindes.

Rechtsgr. 307. — I. Senat. 16. November 1866. (LXVI. 159.)

Der Anspruch, welcher sich auf die **gesetzliche** Verbindlichkeit des Vaters gründet, sein Kind auszustatten, ist zur Entscheidung im Rechtswege nicht geeignet.

§§ 251. Siehe Rechtsgrundsätze 310. 311. (A. L. R. II. 3. §§ 14. ff.)

Fünfter Abschnitt. Von der Erbfolge der Kinder und anderer Verwandten in absteigender Linie.

§ 392. Berechnung des Pflichttheils eines Kindes überhaupt und namentlich mit Rücksicht auf Erb- und Eheverträge der Eltern.

Rechtsgr. 297a. — I. Senat. 21. Juni 1867. (LXVI. 338.)

a) Bei Berechnung des gesetzlichen Erbtheils behufs Feststellung des Pflichttheils eines Kindes sind alle, die gesetzliche Erbfolge ausschließenden und beschränkenden Verfügungen für den Todesfall unberücksichtigt zu lassen, ohne weitere Erörterung, ob eine oder die andere derselben den Pflichttheilserben zum Vortheil gereichen würde.

Zu solchen diese gesetzliche Erbfolge abändernden Verfügungen gehören auch die Erb- oder Eheverträge der Eheleute, sofern dem überlebenden Ehegatten für den Todesfall des andern Ehegatten gewisse Rechte und Vortheile eingeräumt werden.

b) Ist der überlebende Ehegatte durch einen Erbvertrag abgefunden, so ist er von der Theilnahme an der Erbschaft nicht ausgeschlossen, es wird in dem Falle des § 392. II. 2. des Allgem. Landrechts bei Ermittelung des gesetzlichen Erbtheils der Kinder der Erbvertrag als nicht vorhanden angesehen und der überlebende Ehegatte als gesetzlicher Erbe mitgezählt.

Siehe auch Rechtsgrundsatz 146. (A. L. R. I. 11. § 1113.)

Achter Abschnitt. Von den Kindern aus einer Ehe zur linken Hand.

§§ 562—564. Siehe Rechtsgrundsatz 311. (A. L. R. II. 3. §§ 14. ff.)

Neunter Abschnitt. Von den aus unehelichem Beischlafe erzeugten Kindern.

§ 612. Unehelich geborene Kinder und uneheliche Kinder. — Vergl.

§§ 647. 651. 652. dieses Titels; Gesetz vom 24. April 1854 §§ 12. bis 15. 18.

Rechtsgr. 307b. — I. Senat. 15. Oktober 1866. (LXVI. 114.)

Der Ausdruck „unehelich gebornes Kind" im § 612. II. 2. des Allg. Landrechts und im § 14. des Gesetzes vom 24. April 1854 ist gleichbedeutend mit dem Ausdruck „uneheliches Kind" in den §§ 647. 651. 652. II. 2. des Allgem. Landrechts und in den §§ 12. 13. 15. 18. des Gesetzes vom 24. April 1854, und sind unter unehelichen Kindern auch in der Ehe geborene, erst durch richterlichen Ausspruch für illegitim, unehelich, erklärte Kinder zu verstehen.

Siehe auch Rechtsgrundsätze 311. 542. (A. L. R. II. 3. § 14.; Konkurs-Ordnung § 197.)

§ 622. Unabhängigkeit des Rechtes des Vaters eines unehelichen Kindes, dasselbe selbst zu erziehen, von dem Vorbeweise der Mutter gegenüber, daß er die Erziehung und Verpflegung zu besorgen im Stande sei.

Rechtsgr. 307c. — I. Senat. 18. Januar 1867. (LXVI. 216.)

Die Ausübung der dem außerehelichen Vater eines Kindes zustehenden Befugniß, das Kind nach zurückgelegtem vierten Jahre in eigene Verpflegung und Erziehung zu nehmen, kann nicht dadurch bedingt und davon abhängig gemacht werden, daß er der Mutter des Kindes zuvor die Ueberzeugung gewähre, daß er wirklich im Stande sei, die Erziehung und Verpflegung des Kindes zu besorgen.

§§ **626. 633.** Siehe Rechtsgrundsatz 542. (Konkurs-Ordnung § 197.)

§§ **647. 651. 652.** Siehe Rechtsgrundsatz 307b. (§ 612. dieses Titels.)

Zehnter Abschnitt. Von der Annahme an Kindesstatt.

§§ **681. 691. 712. 716.** Siehe Rechtsgrundsatz 311. (A. L. R. II. 3. § 14.)

Titel 3. Von den Rechten und Pflichten der übrigen Mitglieder einer Familie.

§§ 14. ff. Alimentationsverbindlichkeit der Verwandten:

A. Voraussetzung der Alimentationsverbindlichkeit für hülfsbedürftige Verwandte. — Vergl. A. L. R. II. 10. § 1.; Armenpflegegesetz vom 31. Dezember 1842. §§ 1. 9.

Rechtsgr. 308. — I. Senat. 13. März 1868. (LXX. 182.)

Die Verbindlichkeit zur Unterhaltung eines hülfsbedürftigen Verwandten tritt nur dann ein, wenn der durch das Gesetz subsidiarisch Verpflichtete während der Zeit des Bedürfnisses zu dessen Befriedigung Kräfte oder Vermögen besaß. War er in diesem Zeitraum unvermögend, so kann eine spätere Verbesserung seiner Verhältnisse ihm nicht die Verbindlichkeit auferlegen, die von einem Dritten inzwischen hergegebenen Kosten des Unterhalts seines verarmten Verwandten nachträglich aus eigenen Mitteln zu erstatten.

B. Bedeutung von subsidiarisch verpflichteten Verwandten.

Rechtsgr. 309. — I. Senat. 13. März 1868. (LXX. 183.)

Im Allgemeinen ist Jeder, welcher die Sorge für einen Verarmten gesetzlich zu übernehmen verbunden ist, als subsidiarisch verpflichtet anzusehen, weil die nächste Pflicht dazu dem angeblich Verarmten selbst obliegt, jedem Dritten gegenüber, der den Unterhalt übernimmt, ist der Verarmte der Haupt-, der ihm zunächst stehende Verwandte aber der subsidiarisch Verpflichtete; nur in diesem Sinn ist dieser Ausdruck in dem vorstehenden Grundsatze (Präjudiz No. 308.) gebraucht.

C. Klage der hülfsbedürftigen Eltern gegen ihre Kinder auf Alimentation. — Vergl. A. L. R. II. 2. §§ 251. ff.

Rechtsgr. 310. — I. Senat. 19. Oktober 1868. (LXXII. 294.)

Durch das Präjudiz No. 1202.:

Das durch Blutsfreundschaft begründete Recht auf Alimente, auch das der Eltern gegen ihre Kinder, muß, wenn mehre gleich nahe verpflichtete Verwandte vorhanden sind, gegen Alle in einem gemeinschaftlichen Verfahren geltend gemacht werden. Die Klage gegen Einen unter ihnen in solidum, mit Freilassung seines Regresses gegen die Uebrigen, ist als unstatthaft zurückzuweisen;

ist nicht generell ausgesprochen, daß beim Vorhandensein mehrer Kinder unter allen Umständen und in allen Fällen die Klage gegen alle Kinder gemeinschaftlich gerichtet werden müsse, und daß in keinem Falle eine nicht gegen alle Kinder gerichtete Klage unstatthaft sei.

Es sind vielmehr jedesmal die besonderen Verhältnisse zu berücksichtigen.

D. Verbindlichkeit des nächsten alimentationspflichtigen Verwandten zur Erstattung der Verpflegungskosten aus einer Zeit, während welcher derselbe unvermögend war. — Vergl. A. L. R. II. 1. §§ 185. 186., 2. §§ 105. ff. 202. 251. 562—564. 612. ff. 681. 691. 712. 716.; Armenpflegegesetz vom 31. Dezember 1842 § 1.

Rechtsgr. 311. — I Senat. 8. Februar 1867. (LXV. 289.)

In dem Unvermögen des sonst zunächst alimentationspflichtigen Verwandten liegt nicht ein blos dilatorischer Einwand, ein beneficium competentiae, vielmehr befreit eigenes Unvermögen eines Verwandten von der gesetzlich obliegenden Verpflichtung und geht dann dieselbe auf die nächsten vermögenden Verwandten, schließlich aber auf den Armenverband über, dergestalt, daß während der Dauer des Unvermögens überhaupt keine Verpflichtung existirt, solche vielmehr erst beginnt mit dem Eintritt der gesetzlichen Voraussetzungen, dem Erwerbe hinlänglichen Vermögens oder ausreichender Arbeitskräfte.

E. Alimentationsverbindlichkeit der Geschwister.

Rechtsgr. 313. — I. Senat. 8. November 1867. (LXIX. 49.)

a) Aus § 15. II. 3. des Allgem. Landrechts:

„Auch Geschwister ersten Grades müssen ihren Geschwistern, die sich selbst zu ernähren ganz unfähig sind, den nöthigen Unterhalt reichen",

ist zwar zu folgern, daß die Geschwister an erster Stelle nur verpflichtet sind, arme Geschwister in natura zu verpflegen und nur erst, wenn dieses aus dem einen oder dem anderen Grunde nicht angänglich ist, zur Zahlung baarer Alimentengelder anzuhalten sind; indessen ist dieses Wahlrecht der verpflichteten Geschwister kein absolutes. Es kommt vielmehr auf die im vorliegenden Falle obwaltenden Umstände an, ob nicht der zu Verpflegende sogleich Zahlung einer Geldsumme im Wege der prozessualischen Klage zu fordern berechtigt ist.

F. Verpflichtung einer Ehefrau zur Unterstützung hülfsbedürftiger Verwandten. — Vergl. A. L. R. II. 1. §§ 205. ff. 318. 389. ff., 2. § 63.

Rechtsgr. 313. — I. Senat. 8. November 1867. (LXIX. 50.)

a) Den dazu berechtigten Verwandten einer Ehefrau muß, unter den gesetzlichen Voraussetzungen, Unterhalt aus deren Vermögen auch in dem Falle gewährt werden, wenn ihre Hülfsbedürftigkeit erst während der Ehe der Verpflichteten eintritt.

b) Es macht keinen Unterschied, ob das Vermögen bei obwaltender Gütergemeinschaft in gütergemeinschaftlichem, oder bei einer Dotal-Ehe in Eingebrachtem besteht.

Titel 4. Von gemeinschaftlichen Familienrechten.

Dritter Abschnitt. Von beständigen Familienfideikommissen.

§§ 40. 50. Widmung von vollkommenen Lehnen und allodifizirten Lehnen zu Fideikommissen, nach Gemeinem Recht.

Rechtsgr. 314. — I. Senat 26. November 1866. (LXVI. 197.)

Nach Gemeinem Recht können nicht nur Allodialgüter, sondern auch Lehne, und zwar sowohl vollkommene als auch allodifizirte Lehne, zu Fideikommissen gewidmet werden, dergestalt, daß, soweit die Stiftung nichts Anderes bestimmt, die bisherige Lehns- oder Allodialnatur fortwirkt, z. B. wenn die Stiftung nichts über die Succession ordnet, dann bald die Lehns-, bald die Allodialfolge eintritt.

Im Allgemeinen gilt dabei die Regel, daß die Belegung eines Lehns mit Fideikommiß-Eigenschaft den Lehnscharakter nur insoweit ändert, als jene wesentliche Natur des Fideikommisses, oder sonst eine besondere Anordnung des Stifters es mit sich bringt.

Titel 6. Von Gesellschaften überhaupt, und von Korporationen und Gemeinen insonderheit.

§§ 2. 11. Konsumvereine als erlaubte Privatgesellschaften. — Vergl. A. L. R. I. 17. §§ 9. ff.; Gesetze vom 27. März 1867 und 4. Juli 1868.

Rechtsgr. 315. — IV. Senat 4. Februar 1868. (LXX. 57.)

Die Konsumvereine sind zu den erlaubten Gesellschaften der §§ 2. 11. ff. II. 6. des Allgem. Landrechts zu zählen.

Siehe auch Rechtsgrundsatz 729. (Gesetz vom 7. März 1850 § 1.)

§§ 13. ff. Eigenthumserwerb einer erlaubten Privatgesellschaft.

Rechtsgr. 316. — III. Senat. 8. November 1867. (LXVIII. 341.)

Eine erlaubte Privatgesellschaft, d. h. die Gesammtheit der jedesmaligen Mitglieder, kann Besitz und Eigenthum erwerben, den Verjährungsbesitz beginnen und durch Akquisitiv-Verjährung Eigenthum erwerben.

§§ 25. 20. Siehe Rechtsgrundsatz 729. (Gesetz vom 7. März 1850 § 1.)

§§ 41. ff. Aeußere und innere Rechte einer Gesellschaft. — Vergl. §§ 81. ff. dieses Titels.

Rechtsgr. **317.** — III. Senat. 10. September 1866. (LXVI. 71.)

Unter den äußern Rechten einer Gesellschaft im Gegensatz zu den innern sind deren Rechte und Verbindlichkeiten gegen Andere zu verstehen.

§ 46. Siehe Rechtsgrundsatz 319. (§ 72. dieses Titels.)

§§ 65. 66. Bedeutung von „Anlagen" als Steuern und Abgaben. — Vergl. A. L. R. **II. 14.** § 78.; Städte-Ordnung vom 17. März 1831 § 122.; Verordnung vom 9. April 1846 § 1.; Anweisung zum Gesetz vom 21. März 1861 §§ 14. ff.; Verordnung vom 4. Juli 1863.

Rechtsgr. **318.** — II. Senat. 22. Oktober 1867. (LXVIII. 312.)

In der Sprache der Gesetzgebung bekundet das Wort „Anlage" nicht blos eine mit den Sinnen wahrzunehmende Anstalt; vielmehr werden unter „Anlagen" auch Steuern und Abgaben verstanden.

§ 72. Theilnahmerecht des Neuanbauers an den Nutzungen der Gemeindegründe als Korporationsvermögen. — Vergl. A. L. R. **I. 17.** § 2., **II. 6.** § 49.; Deklaration vom 26. Juli 1847 § 3.; Gesetz vom 14. April 1856 § 2.

Rechtsgr. **319.** — II. Senat. 24. März 1868. (LXX. 240.)

Das Theilnahmerecht eines Neuanbauers an den Nutzungen der Gemeindegründe als Korporationsvermögen kann jetzt aus der Natur des gemeinschaftlichen Eigenthums nicht mehr hergeleitet werden, dasselbe ist vielmehr jetzt im Verwaltungswege durch ein Statut festzusetzen.

§§ 81. ff. Siehe Rechtsgrundsatz 317. (§§ 41. ff. dieses Titels.)

§§ 177. 179. 189. 192. ff. Siehe Rechtsgrundsatz 329. (A. L. R. II. **11.** § 808.)

Titel 7. Vom Bauerstande.

§ 24. Siehe Rechtsgrundsatz 729. (Gesetz vom 7. März 1850 § 1.)

§ 37. Verpflichtung der Stadtgemeinden zur Unterhaltung der außerhalb des Weichbildes belegenen öffentlichen Wege und Straßen. — Vergl. A. L. R. I. 22. §§ 30. ff. 37. ff.; Städte-Ordnung vom 30. Mai 1853 §§ 4. 56.

Rechtsgr. 320. — II. Senat. 28. September 1867. (LXIX. 25.)

Die innerhalb des Weichbildes einer Stadt belegenen öffentlichen Wege und Straßen müssen, abgesehen von Verträgen oder anderen auf speziellem Rechtstitel beruhenden Rechtsgründen, von der Stadtgemeinde erhalten werden, und tritt hierin auch dann keine Ausnahme ein, wenn der Wegekörper, auf welchem der Weg läuft, nicht der Stadtgemeinde, sondern einem Andern eigenthümlich gehört.

§§ 46. 56—71. Siehe Rechtsgrundsatz 733. (Gesetz vom 7. März 1850 § 9.)

§ 79. Fähigkeit der zur amtlichen Funktion berufenen Mitglieder eines Dorfgerichts, namentlich rücksichtlich ihrer sprachlichen Kenntniß. — Vergl. A. G. O. I. 10. §§ 124. 126. 127. 131., II. 1. § 1., 2. §§ 33. 34.; Instruktion für Dorfgerichte vom 11. Mai 1854 §§ 8. ff. 19.

Rechtsgr. 321. — I. Senat. 22. März 1867. (LXVIII. 41.)

Jede der zur amtlichen Funktion bei Handlungen der freiwilligen Gerichtsbarkeit und Aufnahme von Testamenten Seitens eines Dorfgerichts berufenen Personen hat an ihrem Theile zur Beglaubigung beizutragen, und fehlt an den Fundamenten der Beglaubigung etwas Wesentliches, wenn die eine oder die andere der fungirenden Personen den Akt ihrerseits nicht beglaubigt oder zu beglaubigen außer Stande ist.

Dies gilt namentlich, wenn eine der amtlich fungirenden Personen der Sprache, in welcher die Verhandlung aufgenommen worden, nicht mächtig ist.

Titel 8. Vom Bürgerstande.

Siebenter Abschnitt. Von Kaufleuten.

§§ 569. 597. Prüfung der Beweistüchtigkeit der Handlungsbücher von Amtswegen. — Vergl. Deklaration vom 6. April 1839 Art. 3. No. 1.; Allgem. Deutsches Handelsgesetzbuch Art. 34.

Rechtsgr. **322.** — IV. Senat. 30. April 1868. (LXXI. 136.)

Der Richter ist auch ohne ausdrückliche Rüge des Produkten, der kein Kaufmann ist, die Nichtinnehaltung der Jahresfrist der Beweiskraft der Handlungsbücher des Produzenten entgegenzusetzen befugt, ohne sich einen Verstoß nach Art. 3. No. 1. der Deklaration vom 6. April 1839 schuldig zu machen.

§ 638. Siehe Rechtsgrundsatz 369. (Allgem. Deutsches Handelsgesetzbuch Art. 98.)

§ 637. Siehe Rechtsgrundsatz 371. (Allgem. Deutsches Handelsgesetzbuch Art. 123.)

Eilfter Abschnitt. Von Rhedern, Schiffern und Befrachtern.

§§ 1503. 1518. Siehe Rechtsgrundsatz 295. (A. L. R. II. 2. § 2.)

Dreizehnter Abschnitt. Von Versicherungen.

§§ 1945—1951. Siehe Rechtsgrundsatz 28. (A. L. R. I. 5. § 74.)

§ 2068. Perfektion des Versicherungsvertrages. — Vergl. A. L. R. I. 5. §§ 86. 102. 118. 119.

Rechtsgr. **323.** — IV. Senat. 3. Dezember 1867. (LXIX. 179.)

In der Bestimmung des § 2068. II. 8. des Allgem. Landrechts:

„Ist keine besondere schriftliche Verabredung vorhergegangen, so wird der Kontrakt in Ansehung eines jeden Versicherers für geschlossen erachtet, sobald derselbe den Versicherungsbrief oder die Police unterzeichnet hat“,

ist vorausgesetzt, daß der Vertragsabschluß demnächst durch Bekanntmachung der Annahme zur Versicherung an den

Antragsteller zu Stande gekommen ist, indem, wenn solches der Fall, von dem Augenblick an, wo die Police unterschrieben worden, die Verpflichtungen des Versicherers auf Grund der Police als eingetreten anzusehen sind.

Titel 10. Von den Rechten und Pflichten der Diener des Staats.

§§ 68. 69. Vereidigung der Beamten als Erforderniß der Beamteneigenschaft. — Vergl. Kabinets-Order vom 11. August 1832 No. 1. u. 2.

Rechtsgr. 324. — I. Senat. 20. Januar 1868. (LXXI. 31.)

Die Vereidigung eines Beamten ist kein unbedingt wesentliches Erforderniß der Beamteneigenschaft; vielmehr ist die Uebertragung und Uebernahme eines Amtes allein schon entscheidend.

Siehe auch Rechtsgrundsatz 747. (Gesetz vom 21. Juli 1852 § 1.)

§ 88. Anzuwendende „genaueste Aufmerksamkeit" der Beamten bei Führung ihres Amtes und Haftung für ein geringes Versehen.

Rechtsgr. 325. — I. Senat. 16. März 1868. (LXX. 188.)

In der Bestimmung des § 88. II. 10. des Allgem. Landrechts:

„Wer ein Amt übernimmt, muß auf die pflichtmäßige Führung desselben die genaueste Aufmerksamkeit verwenden",

entsprechen die Worte „genaueste Aufmerksamkeit" dem Begriff eines „geringen Versehens."*

Titel 11. Von den Rechten und Pflichten der Kirchen und geistlichen Gesellschaften.

Zweiter Abschnitt. Von den Mitgliedern der Kirchengesellschaften.

§ 96. Begriff der persönlichen Lasten und Pflichten des gemeinen Bürgers im § 96. II. 11. des Allgem. Landrechts.

* Vergl. dagegen Rechtsgrundsätze Bd. 2. No. 656. S. 243.

Rechtsgr. 326. — I. Senat. 8. Oktober 1866. (LXV. 50.)

Unter den „persönlichen Lasten und Pflichten des gemeinen Bürgers“, von denen der § 96. II. 11. des Allgem. Landrechts redet, sind nur die persönlichen Gemeinde-Abgaben und Dienste zu verstehen, von welchen die neueren Gesetze die Geistlichen auch fernerweit soweit befreit lassen, als sie diese Befreiung in einem gewissen Zeitpunkte genossen haben.

§ 110. Siehe Rechtsgrundsatz 335. (§ 739. dieses Titels.)

Vierter Abschnitt. Von den Gütern und dem Vermögen der Kirchengesellschaften.

§ 183. Siehe Rechtsgrundsatz 336. (§ 761. dieses Titels.)
§ 184. Siehe Rechtsgrundsatz 52. (A. L. R. I. 6. § 1.)
§§ 180. 190. Siehe Rechtsgrundsätze 336. 337. (§ 761. dieses Titels.)

Fünfter Abschnitt. Von Parochien.

§§ 237. ff. Siehe Rechtsgrundsätze 327. 328. (§ 308. dieses Titels.
§ 201. Siehe Rechtsgrundsätze 327. 328. (§ 308. dieses Titels.)
§§ 234. 205. 278—280. Siehe Rechtsgrundsatz 335. (§ 720. dieses Titels.)
§ 308. Aufhebung der Parochie:
A. Begriff der Parochialrechte. — Vergl. §§ 237. ff. 261. 857. dieses Titels.

Rechtsgr. 327. — I. Senat. 7. Januar 1867. (LXVII. 16.)

a) Der § 308. II. 11. des Allgemeinen Landrechts stellt Parochial- und Vermögensrecht nicht zu einander in einen Gegensatz, so daß das eine das andere ausschließen würde.

b) Unter den „etwaigen Parochialrechten“ der vakanten Kirche sind diejenigen zu verstehen, welche aus der Parochialverbindung und dem dadurch begründeten Subjektionsverhältniß der Eingepfarrten fließen. Die Beschränkung „etwaige“ bezieht sich darauf, daß nicht alle Kirchen mit Parochialrechten versehen sind.

B. Zehnt als Parochialrecht. — Vergl. §§ 237. ff. 261. 857. dieses Titels.

Rechtsgr. 328. — I. Senat. 7. Januar 1867. (LXVII. 16.)

Zu den Parochialrechten gehört auch der Zehnt, welcher in einer Abgabe von Früchten besteht, die auf der zur Parochie gehörigen Feldmark erzeugt werden, und welcher zur ursprünglichen Bestimmung hat, zum Unterhalt des Pfarrers zu dienen.

C. Parochialrechte einer supprimirten Kirche. — Vergl. A. L. R. II. 6. §§ 177. 179. 189. 192. ff.; Gesetz vom 13. Mai 1833 § 3.

Rechtsgr. 329. — I. Senat. 7. Januar 1867. (LXVII. 16.)

Der § 308. II. 11. des Allgem. Landrechts drückt nur aus, daß das betreffende Recht nicht mehr als ein Parochialrecht der supprimirten Kirche bestehe, nicht aber auch, daß die entsprechende Verbindlichkeit der Eingepfarrten gänzlich untergegangen sei; in dieser Beziehung kommt es vielmehr darauf an, ob das Recht seiner Natur und Beschaffenheit nach ein solches ist, daß es anderweite Verfügung darüber durch landesherrliche Verfügung, die in Folge einer Suppression einer Kirche vorbehalten ist, zuläßt.

Siebenter Abschnitt. Von weltlichen Kirchenbedienten.

§§ 556. ff. 564. ff. Siehe Rechtsgrundsatz 56. (A. L. R. I. 7. § 32.)

Achter Abschnitt. Von Kirchenpatronen.

§§ 568. ff. Trennung der Rechte von den Lasten des Patronats. — Vergl. §§ 580. 582. 585—597. 610. ff. dieses Titels; Kabinets-Order vom 9. Januar 1812 und 30. August 1812; Gesetz vom 8. Mai 1837 § 6.

Rechtsgr. 330. — I. Senat 21. Oktober 1867. (LXVIII. 295.)

Die Rechte des Patronats können von den Pflichten desselben getrennt werden.

§§ 580. ff. Absonderung des Patronatsrechts:
A. Begriff des geistlichen Obern im § 580.

Rechtsgr. 331. — I. Senat 21. Oktober 1867. (LXVIII. 295.)

Unter den geistlichen Obern, ohne deren ausdrückliche Einwilligung das Patronat von dem Gute, auf welchem es bisher gehaftet hat, nicht abgesondert werden kann, sind bei katholischen Kirchen die Bischöfe zu verstehen, nicht aber das geistliche Departement, das Kultus-Ministerium.

B. Fortbestehen des Patronatsrechts bei Stückveräußerungen (Parzellirungen.) — Vergl. § 610. dieses Titels.

Rechtsgr. 332. — I. Senat 30. Oktober 1868. (LXXII. 348.)

Bei Stückveräußerungen bleibt das Patronatrecht an den Trennstücken haften, und ist der Vorbehalt des Patronats bei Veräußerungen und demnächstiger Parzellirung der Kirche gegenüber, beim Mangel der Einwilligung aller Interessenten, nicht präjudizirlich; womit jedoch dem Abkommen unter den Kontrahenten des Veräußerungsvertrages selbst die Gültigkeit nicht abgesprochen ist.

Siehe auch Rechtsgrundsatz 330. (§ 568. dieses Titels.)

§§ 582. 585–597. 610. ff. Siehe Rechtsgrundsätze 330. 331. 332. (§§ 568. 580. ff. dieses Titels.)

Neunter Abschnitt. Von der Verwaltung der Güter und des Vermögens der Pfarrkirchen.

§ 676. Siehe Rechtsgrundsatz 100. (A. L. R. I. 9. § 587.)
§ 677. Vermiethung eines Kirchenstuhls.

Rechtsgr. 333. — I. Senat 12 Juni 1868. (LXXII. 17.)

Die in dem § 677. II. 11. des Allgem. Landrechts

gestattete Vermiethung von Kirchenstellen „an Fremde" setzt voraus, daß die letzteren der Konfession der Eingepfarrten angehören.

§ 710. Ununterbrochene Gewohnheiten im Sinne dieser Gesetzesstelle. — Vergl. A. L. R. Publikationspatent vom 5. Februar 1794 §§ 4. 7., II. 11. §§ 720. 731.

Rechtsgr. 334. — I. Senat. 11. September 1868. (LXXII. 150.)

Unter den in dem § 710. II. 11. des Allgem. Landrechts erwähnten „ununterbrochenen Gewohnheiten" sind nicht lediglich örtliche Observanzen in nur einzelnen besonderen Parochien, sondern auch allgemeine Gewohnheiten für ganze Distrikte zu verstehen.

Siehe auch Rechtsgrundsatz 777. (Gesetz vom 16. Februar 1857 Art. 11.)

§§ 720. 721. 731–780. Beitragspflicht des in verschiedenen Parochien mit Grundstücken Angesessenen zu den Parochiallasten des Kirchspiels, woselbst er eingepfarrt ist. — Vergl. §§ 110. 264. 265. 278–280. dieses Titels.

Rechtsgr. 335. — I. Senat. 8. März 1867. (LXVI. 255.)

Derjenige, welcher in verschiedenen Parochien mit Grundstücken angesessen, jedoch nur in einem Kirchspiel eingepfarrt ist, hat zu den Parochiallasten, welche auf dem persönlichen Verhältniß als Eingepfarrter beruhen, nur nach Verhältniß derjenigen Grundstücke beizutragen, welche in der Parochie liegen, in welcher er eingepfarrt ist.

Siehe auch Rechtsgrundsatz 334. (§ 710. dieses Titels.)

§ 761. Unterhaltung und Benutzung eines Kirchhofes:
A. Eigenschaft der zur Unterhaltung eines Begräbnißplatzes als einer gemeinen Last verpflichteten einzelnen Mitglieder eines Ortes als Korporation. — Vergl. §§ 183. 190. dieses Titels.

Rechtsgr. 336. — I. Senat. 5. November 1866. (LXV. 110.)

Die einzelnen Mitglieder und beziehungsweise Einwohner eines Ortes oder einer Parochie, welche die Kosten für Unterhaltung eines Begräbnißplatzes als „gemeine Last" aufzubringen haben, bilden auch in ihrer Gesammtheit keine Korporation, ihre Mitgliedschaft als Einzelner ist dem Wechsel unterworfen und ihr Interesse macht sich daher auch nur für jeden einzelnen Fall der Repartition der zur Zeit erforderlichen Kosten geltend, indem es sich dann fragt, ob der Einzelne bei der Repartition überbürdet ist oder mit Ueberbürdung durch Freilassung Anderer bedroht wird.

B. Verstattung der Benutzung eines Kirchhofes zur Beerdigung und Besitz eines Rechtes dazu. — Vergl. A. L. R. I. 7. §§. 81. 82. 107. 179—182., 8. § 23., 10. § 14., II. 11. § 189.

Rechtsgr. 337. — I. Senat. 5. November 1866. (LXV. 111.)

In der bloßen Verstattung der Benutzung eines Kirchhofes zur Beerdigung kann ohne Weiteres und ohne sonstige Grundlagen der Besitz eines Rechts nicht blos auf die einzelne Grabstelle, sondern auf den ganzen Kirchhof, wie § 761. II. 11. des Allgem. Landrechts vor Augen hat, nicht gefunden werden.

Eilfter Abschnitt. Vom Zehnten und anderen Pfarrabgaben.

§ 857. Siehe Rechtsgrundsätze 327. 328. (§ 808. dieses Titels.)
§ 868. Siehe Rechtsgrundsatz 295. (A. L. R. II. 2. § 2.)

Achtzehnter Abschnitt. Von Mönchen und Ordensleuten.

§§ 1199. 1200. Zeitweiliges und dauerndes Klostergelübde. — Vergl. Extra decret. Grat. 3. 35. cap. 2. 4. 6.

Rechtsgr. 338. — IV. Senat. 11. Dezember 1866. (LXV. 181.)

Die §§ 1199. und 1200. II. 11. des Allgem. Landrechts, — nach welchem Mönche und Nonnen nach abgelegtem Klostergelübde in Ansehung aller weltlichen Geschäfte als verstorben angesehen werden und unfähig sind, Eigenthum oder andere Rechte zu erwerben, zu besitzen und zu verfügen, — sind auf ein zeitweiliges Klostergelübde nicht anwendbar, setzen vielmehr ein dauerndes Klostergelübde voraus.

Titel 12. Von niederen und höheren Schulen.

§§ 12. ff. Gemeinde-Schulen:
A. Schulgemeinde als Korporation.

Rechtsgr. 338a. — I. Senat. 8. Oktober 1866. (LXV. 50.)

Eine durch die kompetente Staatsbehörde für den öffentlichen Elementarunterricht eingerichtete, mit einem Vorstande versehene Schulsozietät oder Schulgemeinde hat die Eigenschaft einer Korporation.

B. Beiträge zur Unterhaltung einer Elementarschule als Kommunal-Abgaben.

Rechtsgr. 338b. — I. Senat. 8. Oktober 1866. (LXV. 50.)

Die zur Unterhaltung einer Elementarschule ausgeschriebenen Beiträge können nicht als Kommunal-Abgabe angesehen werden, wenn nicht etwa in der betreffenden Gemeinde durch einen förmlichen, von der Staatsbehörde genehmigten Gemeindebeschluß die Unterhaltung der Schule als eine Last der Gemeinde übernommen worden ist.

§§ 22. 29. Bestallung und Unterhalt des Schullehrers:
A. Begriff des Wortes „Hausvater" im § 29. dieses Titels.

Rechtsgr. 338c. — I. Senat. 8. Oktober 1866. (LXV. 49.)

Mit „Hausvater" im § 29. II. 12. des Allgem. Landrechts ist nicht unbedingt ein verheiratheter Mann bezeichnet, vielmehr sind unter den Hausvätern die selbstständigen Einwohner und Mitglieder der Schulgemeinde zu verstehen und deshalb die katholischen Geistlichen nicht ausgeschlossen.

B. Gutsherrliche Befugniß zur Anstellung des Lehrers und Beitragspflicht zum Unterhalt des angestellten Lehrers.

Rechtsgr. 328d. — I. Senat. 9. November 1866. (LXV. 123.)

Aus der gutsherrlichen Befugniß zur Anstellung des Lehrers folgt nicht die Verpflichtung des Gutsherrn, zum Unterhalte des von ihm gestellten Lehrers beizusteuern.

§ 31. Begriff von „Besitzung und Nahrung" in dieser Gesetzesstelle

Rechtsgr. 328e. — I. Senat. 8. Oktober 1866. (LXV. 49.)

Die Worte „Besitzung und Nahrung" in dem § 31. II. 12. des Allg. Landrechts bezeichnen nicht ausschließlich das aus einem Grundeigenthum oder dem Betrieb eines Gewerbes gewonnene Einkommen, sondern überhaupt das Vermögen eines Menschen.

§§ 34. ff. Schulgebäude:

A. Stellung des Gutsbesitzers zur Schulgemeinde; Gutsbesitzer als Hausvater im Sinne des § 34. II. 12. des Allgem. Landrechts.

Rechtsgr. 330. — I. Senat. 3. Mai 1867. (LXVII. 192.)

Der Gutsbesitzer des Schulortes, als solcher, auch wenn er an dem Orte wohnt, steht außerhalb der von den Ortseingepfarrten gebildeten Schulgemeinde und befindet sich zu dieser im Gegensatz.

Er gehört deshalb nicht zu den Hausvätern im Sinne des § 34. II. 12. des Allgem. Landrechts und hat bei Schulbauten nicht mehr zu leisten, als ihm in dem § 36. a. a. O. aufgelegt ist.

B. Verpflichtung des Gutes, wo sich die Schule befindet, zur unentgeltlichen Hergabe der auf dem Gute gewachsenen und gewonnenen Materialien.

Rechtsgr. 330a. — I. Senat. 15. Oktober 1866. (LXV. 66.)

Nach § 36. II. 12. des Allgem. Landrechts:

„Bei Bauen und Reparaturen der Schulgebäude müssen . . . . . die Gutsherrschaften auf dem Lande die auf dem Gute . . . . ., wo sich die Schule befindet, gewachsenen oder gewonnenen Materialien, soweit selbige hinreichend vorhanden und zum Baue nothwendig sind, unentgeltlich verabfolgen",

kommt es nur darauf an, ob das Gut, auf welchem sich die Schule befindet, thatsächlich ein für sich bestehendes, selbstständiges, in sich abgegrenztes Gut ist; und ist es gleichgültig, ob es in rechtlicher Beziehung mit noch anderen Gütern zu einem Ganzen, zu einer Herrschaft, verbunden worden.

Siehe auch Rechtsgrundsatz 715. (Gesetz No. 2742. vom 21. Juli 1846 §§ 2—6.)

Titel 14. Von den Staatseinkünften und fiskalischen Rechten.

§§ **4—8**. Siehe Rechtsgrundsatz 342. (§§ 78. ff. dieses Titels.)
§§ **78**. ff. Gerichtskosten:

A. Gerichtskosten als öffentliche Abgaben. — Vergl. A. L. R. II. **17**. § 125.; Gesetz vom 10. Mai 1851.

Rechtsgr. **340**. — I. Senat. 6. Dezember 1867. (LXIX. 192.)

Gerichtskosten gehören zu den Einkünften des Staates oder zu den öffentlichen Anlagen, d. h. Abgaben im Sinne des § 78. II. 14. des Allgem. Landrechts.

B. Verpflichtung der Einwohner des Staats zur Zahlung der Gerichtskosten. — Vergl. A. L. R. II. **17**. § 125.; Gesetz vom 10. Mai 1851.

Rechtsgr. **341**. — I. Senat. 6. Dezember 1867. (LXIX. 192.)

Gerichtskosten sind von jedem Einwohner des Staats zu entrichten, bei dem diejenigen thatsächlichen und rechtlichen Voraussetzungen eintreten, von denen das betreffende Gesetz die Zahlung derselben abhängig macht.

C. Unzulässigkeit des Rechtsweges in Betreff der Frage, ob derjenige, welcher wegen Hoch- oder Landesverraths in Untersuchung sich befand, demnächst aber freigesprochen ist, die Kosten der Beschlagnahme seines Vermögens zu erstatten habe. — Vergl. §§ 4—8.

dieses Titels; Gesetz vom 10. Mai 1851 § 13.; Gesetz vom 24. Mai 1861 §§ 9. 10.

Rechtsgr. **342**. — I. Senat. 6. Dezember 1867. (LXIX. 192.)

Ueber die Frage, ob derjenige, welcher wegen Hochverraths oder Landesverraths zur Untersuchung gezogen worden, demnächst aber freigesprochen ist, die durch die Beschlagnahme seines Vermögens dem Justiz-Fiskus entstandenen Kosten zu erstatten habe, ist der Rechtsweg nicht zulässig.

Siehe auch Rechtsgrundsatz 318. (A. L. R. II. **6**. § 65.)

Titel 15. Von den Rechten und Regalien des Staates in Ansehung der Landstraßen, Ströme, Häfen und Meeresufer.

Erster Abschnitt. Von Land- und Heerstraßen.

§ **1**. Siehe Rechtsgrundsatz 343. (§ 4. dieses Titels.)

§§ **2**. ff. Siehe Rechtsgrundsatz 54. (A. L. R. I. **6**. § 54.)

§ **4**. Unzulässigkeit des Rechtsweges bezüglich der Umlegung einer von einem Chausseebau-Aktienverein dem staatlich genehmigten Anschlage gemäß angelegten Brücke. — Vergl. §§ 1. 8. 17. dieses Titels; A. G. O. Einl. § 1.; Gesetz vom 11. Mai 1842 § 1.

Rechtsgr. **343**. — III. Senat. 18. März 1867. (LXVII. 108.)

Ueber die Frage, ob eine, von einem Chausseebau-Aktienverein dem vom Staate genehmigten Anschlage entsprechend angelegte Brücke umzulegen sei, ist der Rechtsweg ausgeschlossen.

Siehe auch Rechtsgrundsatz 722. (§ 5. No. 1. des Gesetzes vom 31. März 1838.)

§ **6**. Siehe Rechtsgrundsatz 54. (A. L. R. I. **6**. § 54.)

§§ **8**. **17**. Siehe Rechtsgrundsatz 343. (§ 4. dieses Titels.)

Zweiter Abschnitt. Von Strömen, Häfen und Meeresufern.

§ **52**. Siehe Rechtsgrundsatz 54. (A. L. R. I. **6**. § 54.)

§ **69**. Einfluß des Verkaufes einer Parzelle, auf welche dem Verkäufer ein Bergbaurecht zusteht, an eine Eisenbahn- oder Chausseebauverwaltung auf das Bergbaurecht. — Vergl. Schlesische Bergordnung vom 5. Juni 1769 Kap. 1. § 2.; Chaussee-Reglement für die Grafschaft Mark vom 31. Mai 1769 § 14; Eisenbahngesetz vom 3. November 1838 § 15.

Rechtsgr. **344**. — **III.** Senat. 18. Oktober 1867. (**LXVIII.** 280.)

Dadurch, daß eine Parzelle zum Zweck einer anzulegenden Chaussee oder Eisenbahn an die Chaussee- oder Eisenbahnverwaltung verkauft und durch die Verwendung außer Verkehr getreten, ist das Bergbaurecht unter der Parzelle nicht untergegangen.

Vierter Abschnitt. Vom Postregal.

§ **203**. Siehe Rechtsgrundsatz 295. (A. L. R. **II. 2**. § 2.)

Fünfter Abschnitt. Von der Mühlengerechtigkeit.

§ **246**. Grundgerechtigkeit des zum Betriebe einer bereits vorhandenen Mühle erforderlichen Betriebswassers.

Rechtsgr. **345**. — **II.** Senat. 11. Februar 1868. (**LXXI.** 56.)

Das im § 246. II. 15. des Allgem. Landrechts begründete Recht schon vorhandener Mühlen, daß ihnen das bisherige Betriebswasser von Jemandem, durch dessen Grundstück dasselbe fließt, nicht entzogen wird, ist als eine gesetzliche Beschränkung des Eigenthümers oder vollständigen Besitzers über dieses Grundstück, mithin als Grundgerechtigkeit aufzufassen, und muß gegen den Eigenthümer oder vollständigen Besitzer des Grundstücks verfolgt werden. Damit ist aber in keiner Weise ausgeschlossen, daß, wenn der Fall vorkommen sollte, daß Jemand, ohne Eigenthümer oder vollständiger Besitzer eines Grundstücks zu sein, einer Mühle ihr Betriebswasser entzieht, nicht auch gegen diesen auf Beseitigung der Störung geklagt werden könnte.

Titel 16. Von den Rechten des Staates auf herrenlose Güter und Sachen.

Vierter Abschnitt. Vom Bergwerksregal.

§ 73. Siehe Rechtsgrundsatz 225. (A. L. R. I. 21. § 30.)
§ 82. Siehe Rechtsgrundsatz 15. (A. L. R. Einl. §§ 73. ff.)
§§ 100. ff. Distriktsverleihung:
A. Begriff derselben.

Rechtsgr. 346. — III. Senat. 23. März 1866. (LXVI. 5.)

Das Wesen einer Distriktsverleihung besteht hauptsächlich darin, daß das dadurch verliehene Recht, ohne Rücksicht auf die gesetzlichen Bestimmungen über die Größe der zu verleihenden Felder, einen bestimmten Distrikt oder ein bestimmtes Revier umfaßt.

B. Mangelhafte Begrenzung des verliehenen Distrikts überhaupt und namentlich rücksichtlich eines in Folge von einem Dritten gemachten Fundes.

Rechtsgr. 347. — III. Senat. 23. März 1866. (LXVI. 5.)

Eine mangelhafte Begrenzung des verliehenen Distrikts schließt den Begriff einer Distriktsverleihung nicht aus, charakterisirt vielmehr nur die Beleihung als eine in Beziehung auf die Angabe ihrer Grenzen mangelhafte und kann niemals Veranlassung sein, das Recht des Beliehenen innerhalb der aus der Beleihung erkennbaren Grenzen einem Muther gegenüber, der sich auf einen eine lange Reihe von Jahren nachher gemachten Fund gründet, für rechtsungültig zu erachten.

C. Befugniß der Bergverwaltung zu Bezirksverleihungen.

Rechtsgr. 348. — III. Senat. 23. März 1866. (LXVI. 5.)

Die Ermächtigung der mit der Bergverwaltung betrauten Behörde zur Ertheilung von Bezirksverleihungen braucht nicht gerade durch Gesetz ausgesprochen zu sein, es muß für genügend erachtet werden, wenn nur nachgewiesen oder doch anzunehmen ist, daß eine derartige Beleihung mit Bewilligung des Inhabers des Bergwerks erlassen ist; ob dies der Fall ist, unterliegt der Beurtheilung in jedem einzelnen Falle.

§ 116b. Entschädigungsverpflichtung des Bergbautreibenden dem Grundeigenthümer gegenüber bei neuen Anlagen desselben.

Rechtsgr. **340.** — III. Senat. 22. November 1867. (LXIX. 145.)

Der § 116b. II. 16. des Allg. Landrechts setzt voraus, daß zur Zeit der neuen Anlage ein Bergbau schon in solcher Weise getrieben worden, daß eine weitere Ausdehnung desselben bis zu der neuen Anlage vernünftigerweise vorausgesehen werden konnte, was dahin aufgefaßt werden muß, daß bei derjenigen Aufmerksamkeit, welche allgemein erwartet werden kann, der Unternehmer der neuen Anlage im Stande sein muß, die durch die Fortsetzung des Bergbaues seiner Anlage drohende Gefahr vorauszusehen, daß er vernünftigerweise, d. h. bei Anwendung der nöthigen Vorsicht und Ueberlegung, die Gefahr nicht ignoriren kann.

§§ 125. ff. 154. Aufforderung an den Grundeigenthümer zur Ausübung des Mitbaurechts.

Rechtsgr. **350.** — III. Senat. 28. September 1868. (LXXII. 214.)

a) Die Aufforderung zur Erklärung über das Mitbaurecht muß dann erfolgen, wenn die Projektion der Fundgrube erfolgt und von der Bergbehörde genehmigt ist.

b) Die Aufforderung muß an denjenigen ergehen, welcher zur gedachten Zeit Eigenthümer des Fundgrubenterrains ist.

§ 208. Siehe Rechtsgrundsatz 742. (Gesetz vom 12. Mai 1851 § 18.)

§ 292. Haftung des Gewerken für Grubenschulden.

Rechtsgr. 331. — IV. Senat. 24. April 1866. (LXVI. 23.)

Die Vorschrift des § 292. II. 16. des Allgem. Landrechts:

„Grubenschulden können von Gewerken, deren Bergwerks-Eigenthum aufgehoben ist, durch persönliche Klage nicht zurückgefordert werden“,

ist auf den Fall, in welchem das Bergwerks-Eigenthum durch Kaduzirung wegen unterlassener Zahlung der Zubuße aufgehoben ist, zu beschränken, so daß die Fälle, in welchen auf andere Weise das Bergwerks-Eigenthum verloren gehen kann, für den gedachten Paragraphen außer Betracht bleiben müssen.

§§ 423. ff. Vom Staate angelegte und betriebene Erbstollen. — Vergl. Schlesische Bergordnung vom 5. Juni 1769 Kap. 1.

Rechtsgr. 353. — III. Senat. 13. September 1867. (LXVIII. 141.)

Bei einem für den Staat angelegten und betriebenen Erbstollen kommt es nicht auf eine förmliche Muthung und Beleihung an, es genügt vielmehr, wenn die Thatsache, daß der Stollen für Rechnung des Fiskus getrieben und für denselben mit den Rechten eines Erbstöllners in Anspruch genommen wird, durch einen Akt der kompetenten Bergbehörde gehörig festgestellt ist.

Titel 17. Von den Rechten und Pflichten des Staats zum besondern Schutze seiner Unterthanen.

Erster Abschnitt. Von der Gerichtsbarkeit

§ 125. Siehe Rechtsgrundsätze 340. 341. (A. L. R. II. 14. § 78.)

Titel 18. Von Vormundschaften und Kuratelen.

§ 2. Siehe Rechtsgrundsatz 353. (§ 231. dieses Titels.)

Dritter Abschnitt. Von den Personen, welche das Amt eines Vormundes zu übernehmen schuldig und dazu fähig sind.

§ 173. Siehe Rechtsgrundsatz 536. (Konkurs-Ordnung § 80.)
§ 211. Siehe Rechtsgrundsatz 353. (§ 231. dieses Titels.)

Fünfter Abschnitt. Von den Rechten und Pflichten der Vormünder überhaupt.

§§ 231. 232. Befugniß eines Vormundes, seine Pflegebefohlenen zu vertreten, überhaupt; Befugniß eines Vormundes oder Kurators einer für wahnsinnig erklärten Ehefrau, die Trennung der Ehe seiner Pflegebefohlenen zu beantragen. — Vergl. A. L. R. II. 1. §§ 658. 669. 698. 716., 18. §§ 2. 211.

Rechtsgr. 353. — I. Senat. 30. September 1867. (LXVIII. 211.)

Bei Prüfung der Legitimation eines Vormundes, seine Pflegebefohlenen zu vertreten, kommt es auf die Lage des konkreten Falles ganz wesentlich an, und es kann daher unter Umständen auch der Vormund oder Kurator einer für wahnsinnig erklärten Ehefrau legitimirt sein, aus gesetzlichen Ehescheidungsgründen die Trennung der Ehe seiner Pflegebefohlenen zu beantragen.

§§ 235. 239. Siehe Rechtsgrundsatz 25. (A. L. R. I. 5. § 10.)

Siebenter Abschnitt. Von der Vorsorge für das Vermögen der Pflegebefohlenen.

§§ 422. ff. Siehe Rechtsgrundsatz 536. (Konkurs-Ordnung § 80.)
§§ 507. 508. Siehe Rechtsgrundsatz 25. (A. L. R. I. 5. § 10.)
§ 628. Siehe Rechtsgrundsatz 153. (A. L. R. I. 12. § 163).
§ 690. Siehe Rechtsgrundsatz 536. (Konkurs-Ordnung § 80.)

Achter Abschnitt. Von Aufhebung der Vormundschaften.

§ 811. Siehe Rechtsgrundsatz 8. (A. L. R. Einl. § 23.)
§§ 835. ff. Siehe Rechtsgrundsatz 16. (A. L. R. I. 1. § 37.)
§ 950. Siehe Rechtsgrundsatz 25. (A. L. R. I. 5. § 10.)

Titel 19. Von Armenanstalten und andern milden Stiftungen.

§ 1. Siehe Rechtsgrundsatz 308. (A. L. R. II. **3.** § 14.)

§§ 50. ff. **56. 57.** Erbrecht der Armen-Anstalten in den Nachlaß der von ihnen verpflegten Personen. — Vergl. Reskript vom 2. Juli 1801.

Rechtsgr. **354.** — I. Senat. 30. Oktober 1868. (LXXII. 338.)

a) Zur Begründung des Erbrechts der Armenanstalten in den Nachlaß der von ihnen verpflegten Personen genügt nicht, daß der Verstorbene zur unentgeltlichen Verpflegung aufgenommen, und daß die Intention der Anstalt auf die unentgeltliche Verpflegung gerichtet gewesen; sondern es muß der Aufgenommene in der unentgeltlichen Verpflegung auch verstorben sein.

b) Die Vorschriften der §§ 56. 57. II. 19. des Allg. Landrechts finden nur unter eben der Voraussetzung, wie die §§ 50. 51., Anwendung, daß nämlich die Verpflegung des Aufgenommenen eine unentgeltliche gewesen ist.

Einführungsgesetz zum Allgemeinen Deutschen Handelsgesetzbuch vom 24. Juni 1864.

(Gesetz-Sammlung S. 449.)

Titel 1. Bestimmungen, die Ergänzung des Allg. Deutschen Handelsgesetzbuches und die Abänderung bisheriger Gesetze betreffend.

I. Abschnitt. Bestimmungen für alle Landestheile der Monarchie.

Art. **12.** Siehe Rechtsgrundsatz 379. (Allg. Deutsches Handelsgesetzbuch Art. 225.)

II. Abschnitt. Bestimmungen für die Landestheile, in welchen das Allgem. Landrecht und die Allgem. Gerichts-Ordnung Gesetzeskraft haben.

Art. 20. Siehe Rechtsgrundsatz 280. (A. L. R. II. 1. § 422.)
Art. 33. Siehe Rechtsgrundsatz 372. (Allgem. Deutsches Handelsgesetzbuch Art. 123.)

III. Abschnitt. Bestimmungen für die Landestheile, in welchen das Gemeine Recht gilt.

Art. 30. Siehe Rechtsgrundsatz 371. (Allgem. Deutsches Handelsgesetzbuch Art. 123.)

IV Abschnitt. Bestimmungen für den Bezirk des Appellations-Gerichtshofes zu Köln.

Art. 47. Vertragsbestimmung über Ausschließung der Handelsgerichte bei Streitigkeiten in Handelssachen. — Vergl. Allgem. Deutsches Handelsgesetzbuch Art. 271. No. 3.; Cod. Nap. Art. 6. 1133. 1134; Cod. de proc. Art. 59.; Dekret vom 16. und 24. August 1790 Tit. 4. Art. 4. 5.

Rechtsgr. 355. — V. Senat. 24. April 1866. (LXVI. 28.)

Eine Vertragsbestimmung, nach welcher über künftig unter den Parteien entstehende Handelsstreitigkeiten nicht die dazu gesetzlich bestimmten Handelsgerichte, sondern immer nur die Civilgerichte entscheiden sollen, ist unwirksam.

Allgemeines Deutsches Handelsgesetzbuch.

Allgemeine Bestimmungen.

Art. 1. Siehe Rechtsgrundsatz 414. (Allg. Deutsche Wechsel-Ordnung Art. 4. No. 2.)
Art. 2. Siehe Rechtsgrundsatz 414. (Allg. Deutsche Wechsel-Ordnung Art. 4. No. 2.)

Erstes Buch. Vom Handelsstande.

Erster Titel. Von Kaufleuten.

Art. 4. 10. Kaufleute:

A. Schank- und Speisewirthe als Kaufleute.

Rechtsgr. 356. — IV. Senat. 21. März 1867. (LXVI. 284.)

Schank- und Speisewirthe, welche die zu diesem Zweck angeschafften Speisen und Getränke über die Straße verkaufen, oder den ihr Lokal besuchenden Gästen gegen Bezahlung überlassen, gehören zu den Kaufleuten.

B. Eigenthümer eines Stromschiffsgefäßes als Kaufmann. — Vergl. Allg. Deutsches Handelsgesetzbuch Art. 272. 390.

Rechtsgr. 357. — IV. Senat. 3. März 1868. (LXX. 131.)

Der Eigenthümer eines zum gewerbsmäßigen Transport von Gütern dienenden Stromschiffes ist als Kaufmann anzusehen.

Dritter Titel. Von den Handelsfirmen.

Art. 15. 23. Uebergang der Firma und der Schulden eines übernommenen Geschäfts. — Vergl. Art. 111. 113.

A. Haftung des in ein bestehendes Geschäft Eintretenden und des Alleinübernehmers einer bestehenden Handlung für die bereits vorhandenen Schulden.

Rechtsgr. 358. — IV. Senat. 2. Juli 1868. (LXX. 352.)

Derjenige, welcher in ein bestehendes Handelsgeschäft, sei es eines Einzelnkaufmanns, sei es einer Handelsgesellschaft, eintritt, sowie derjenige, welcher ein bestehendes Handelsgeschäft mit Ausscheidung des bisherigen Inhabers allein und ganz übernimmt und unter der alten Firma fortführt, wird hierdurch ohne Weiteres auch für die vorhandenen Schulden verhaftet, dergestalt, daß die Gläubiger der Handlung berechtigt sind, von dem neuen Erwerber ohne Weiteres Zahlung zu verlangen, gleichviel, was in dem zwischen dem Veräußerer und dem neuen Erwerber abgeschlossenen Vertrage in Betreff der Uebernahme der Schulden etwa besonders stipulirt worden ist.

B. Die Handlungsfirma als Handlungs- und insbesondere Wechselschuldnerin ohne Rücksicht auf den Uebergang der Handlung und Firma auf einen neuen Inhaber.

Rechtsgr. 359. — IV. Senat. 19. November 1868. (LXXI. 348.)

a) Der Uebernehmer einer Handlung und deren Firma wird aus der bloßen Thatsache dieser Uebernahme für die Schulden der Firma auch dann ebenso, als wenn er sie selbst kontrahirt hätte, verhaftet, wenn in dem Uebernahme-Vertrage ausdrücklich verabredet ist, daß die Forderungen und Schulden der Handlung nicht mit übergehen sollten.

b) Daher muß auch die auf den Namen der Firma eingegangene Wechselverbindlichkeit von dem neuen Inhaber der Handlung als auf ihn übergegangen anerkannt werden.

Vierter Titel. Von den Handelsbüchern.

Art. 34. Siehe Rechtsgrundsatz 322. (A. L. R. II. 8. § 569.)

Fünfter Titel. Von den Prokuristen und Handlungsbevollmächtigten.

Art. 42. Siehe Rechtsgrundsatz 362. (Allg. Deutsches Handelsgesetzbuch Art. 47.)

Art 43. Rechtsverbindlichkeit des vom Prokuristen gegen die ihm ertheilte und dem Dritten bekannte Instruktion und Auftrag abgeschlossenen Geschäfte. — Vergl. Allgem. Deutsches Handelsgesetzbuch Art. 46.

Rechtsgr. 360. — IV. Senat. 14. November 1867. (LXVIII. 348.)

Selbst wenn der Dritte bei Schließung des Vertrages mit dem Prokuristen wußte, daß der letztere gegen die ihm ertheilte Instruktion oder Auftrag handle, ist der Vertrag für den Prinzipal verbindlich.

Rücksichtlich der Wirkung des dolus des Dritten kommt es auf die Lage des Einzelfalles an.

Art. 44. Siehe Rechtsgrundsatz 422. (Allg. Deutsche Wechsel-Ordnung Art. 12.)

Art. 40. Siehe Rechtsgrundsatz 360. (Allg. Deutsches Handelsgesetzbuch Art. 43.)

Art. 47. Handlungsbevollmächtigte:

A. Begriff eines Handelsbevollmächtigten im Sinne des Handelsgesetzbuches; Befugniß desselben zur selbstständigen Führung von Prozessen. — Vergl. A. G. O. I. 3. §§ 22. 25. 29.; Verordnung vom 1. Juni 1833 § 26.; Verordnung vom 21. Juli 1846 §§ 1. 39.

Rechtsgr. 301. — IV. Senat. 12. September 1867. (LXVIII. 132.)

a) Der Begriff eines Handels-Bevollmächtigten im Sinne des Handelsgesetzbuchs erfordert, daß der Prinzipal in der Bestellung resp. Vollmacht die bestimmte Person entweder mit dem Betriebe seines ganzen Handelsgewerbes, oder mit der Führung einer bestimmten Art von Geschäften, oder einzelner Geschäfte in seinem Handelsgewerbe betraut hat.

b) Nur ein in vorstehender Art bestellter Handelsbevollmächtigter erscheint zur selbstständigen Prozeßführung für den Prinzipal ermächtigt, wenn ihm eine solche Befugniß besonders ertheilt ist; eine lediglich die Ernennung zum Handelsbevollmächtigten mit der Ermächtigung zur Prozeßführung enthaltende Vollmacht ist allein nicht ausreichend, um die Person als einen Handelsbevollmächtigten erscheinen zu lassen und sie zur selbstständigen Führung von Prozessen zuzulassen.

B. Umfang der Befugnisse eines Handlungsbevollmächtigten. — Vergl. Allg. Deutsches Handelsgesetzbuch Art. 42. 49.

Rechtsgr. 233. — IV. Senat 2. Juli 1868. (LXX. 357.)

Für den Umfang der Befugnisse des Handlungsbevollmächtigten ist nicht die spezielle, durch die individuellen Verhältnisse des Prinzipals bedingte Weise, wie dieser sein Handelsgewerbe betreibt, namentlich nicht der Umfang, welchen er demselben zu geben in seinem Interesse findet, maaßgebend; vielmehr kommt es nur darauf an, welche Geschäfte im Handelsgewerbe derselben Gattung—genus—abgeschlossen zu werden pflegen.

C. Umfang der Handlungsvollmacht für ein einzelnes Geschäft. — Vergl. Allg. Deutsches Handelsgesetzbuch Art. 58. Abs. 2.

Rechtsgr. 303. — IV. Senat. 25. Februar 1868. (LXIX. 344.)

Die Wirkung der Vollmacht eines Handlungsbevollmächtigten für ein einzelnes Geschäft beschränkt sich nicht auf den ersten Abschluß, sondern muß nach der Natur der Sache auch auf die später gepflogenen Unterhandlungen die Ausgleichung von Schwierigkeiten, welche sich bei der Ausführung des Vertrages ergeben, bezogen werden.

Art. 48. Siehe Rechtsgrundsatz 422. (Allg. Deutsche Wechsel-Ordnung Art. 12.)

Art. 49. Siehe Rechtsgrundsatz 362. (Allg. Deutsches Handelsgesetzbuch Art. 47.)

Art. 52. Siehe Rechtsgrundsatz 407. (Allg. Deutsches Handelsgesetzbuch Art. 393.)

Sechster Titel. Von den Handlungsgehülfen.

Art. 57. Handlungspersonal:

A. Festsetzung des Gehalts des Handlungspersonals.

Rechtsgr. 234. — IV. Senat. 3. März 1868. (LXX. 131.)

Der Ortsgebrauch oder das Ermessen des Richters ist, bei dem Mangel einer Uebereinkunft, maaßgebend, um den Gehaltsanspruch des Handlungspersonals in seinem ganzen Umfange, namentlich auch rücksichtlich der Zeitdauer, festzusetzen.

B. Engagementsverträge mit Handlungslehrlingen und Handlungsdienern als Handelsgeschäfte. — Vergl. Allg. Deutsches Handelsgesetzbuch Art. 273. 277. 317.

Rechtsgr. **365**. — IV. Senat. 26. März 1868. (**LXX**. 260.)

Engagementsverträge der Handlungslehrlinge stehen in derselben Kategorie, wie die der Handlungsdiener; beide Arten von Personen gehören zu den Handlungsgehülfen; die mit ihnen geschlossenen Engagementsverträge sind Handelsgeschäfte, und ist ihre Gültigkeit von der Schriftform nicht abhängig.

Art. **58**. Der Führer eines Stromschiffes als Handlungs- oder Gewerbegehülfe, nicht Gesinde des Eigenthümers.

Rechtsgr. **366**. — IV. Senat. 3. März 1868. (**LXX**. 131.)

Der selbstständige Führer eines Stromschiffes ist als Handlungs- oder Gewerbegehülfe des Eigenthümers, und nicht als zu dessen Gesinde gehörig anzusehen.

Siehe auch Rechtsgrundsatz 363. (Allg. Deutsches Handelsgesetzbuch Art. 47.)

Siebenter Titel. Von den Handelsmäklern als Sensalen.

Art. **69**. No. **1**. Haftung des Handlungsmäklers als Selbstkontrahent nach Berliner Börsen-Usance.

Rechtsgr. **367**. — IV. Senat. 23. Mai 1867. (**LXVII**. 225.)

Die Usance an der Berliner Börse,

daß schriftliche vom Käufer oder Verkäufer und dem Handelsmäkler unterzeichnete Reverse des Inhalts:

Nach allen hiesigen Usancen kaufte (verkaufte) ich

dato durch Sie .... Ctr. Roggen auf Lieferung per ..... à ....

die Stelle der Schlußscheine vertreten; daß der vereidete Mäkler, falls er in dergleichen Schlußscheinen nicht eine andere Person als Kontrahenten bezeichnet, trotz des für ihn nach Art. 69. zu 1. des Allgemeinen Deutschen Handelsgesetzbuchs bestehenden Verbots selbst als Kontrahent betrachtet wird; daß dergleichen Reverse für den betreffenden Kontrahenten, sobald derselbe nicht rechtzeitig dem anderen Theile seinen Kommittenten nennt, die Selbsthaftung begründen; und daß, wenn bei derartigen Kauf- resp. Verkaufsgeschäften vor Eröffnung des Lieferungstermins unter denselben Parteien auf dasselbe Quantum und zu demselben Termine das entgegengesetzte Geschäft auch zu einem niederen Preise abgeschlossen wird, usancemäßig die Lieferung der Waare zu unterbleiben pflegt, die Kaufpreise, soweit sie sich decken, gegen einander aufgehoben werden, und nur die Differenz vergütet wird,

ist trotz des Art. 69. No. 1. des Allg. Deutschen Handelsgesetzbuches anzuerkennen.

Zweites Buch. Von den Handelsgesellschaften.

Erster Titel. Von der offenen Handelsgesellschaft.

Erster Abschnitt. Von der Errichtung der Gesellschaft.

Art. **85.** ff. Unanwendbarkeit der Bestimmungen des Allgem. Deutschen Handelsgesetzbuchs über die offene Handelsgesellschaft auf die Vereinigung zu einzelnen Handelsgeschäften auf gemeinschaftliche Rechnung. — Vergl. Allg. Deutsches Handelsgesetzbuch Art. 266. ff.

Rechtsgr. **368.** — IV. Senat. 2. April 1867. (LXVII. 135.)

Die Anwendung der im zweiten Buch des Allgem. Deutschen Handelsgesetzbuches enthaltenen allgemeinen

Vorschriften auf eine Vereinigung zu einzelnen Handelsgeschäften für gemeinschaftliche Rechnung ist nicht statthaft.

Zweiter Abschnitt. Von dem Rechtsverhältniß der Gesellschaften unter einander.

Art. **98**. Siehe Rechtsgrundsatz 373. (Allg. Deutsches Handelsgesetzbuch Art. 123.)

Art. **99**. Einwilligung der Handelsgesellschafter in die Abtretung der Rechte eines Gesellschaftsmitgliedes an einen Dritten überhaupt, und namentlich Wirkung einer im Voraus und allgemein ertheilten Einwilligung. — Vergl. A. L. R. I. **17**. §§ 216—218., II. **8**. § 638.)

Rechtsgr. **369**. — IV. Senat. 21. Mai 1867. (LXVI. 316.)

a) Hat ein Handelsgesellschafter allein, ohne den Nachweis der ausdrücklichen Einwilligung der übrigen Handelsgesellschafter, seinen Gesellschaftsantheil an einen Dritten abgetreten, so erwirbt dieser dadurch keinen unmittelbaren Anspruch auf die Mitgliedschaft an der Handelsgesellschaft.

b) Es ist jedoch statthaft, daß die Gesellschafter eine solche ausdrückliche Einwilligung mit der Wirkung der Herstellung eines unmittelbaren Rechtsverhältnisses zwischen einem spätern Mitgliedschafts- und Sozietätsantheils-Erwerber und den übrigen Gesellschaftern im Voraus und allgemein erklären.

Dritter Abschnitt. Von dem Rechtsverhältniß der Gesellschaft zu dritten Personen.

Art. **110**. Siehe Rechtsgrundsatz 370. (Allg. Deutsches Handelsgesetzbuch Art. 112.)

Art. **111**. Siehe Rechtsgrundsätze 358. 359. (Allg. Deutsches Handelsgesetzbuch Art. 15.)

Art. **112**. Unterzeichnung eines Wechsels durch einen Gesellschafter mit der Firma unter Beifügung eines die Geschäftsbranche enthaltenden Zusatzes. — Vergl. Allgem. Deutsches Handelsgesetzbuch Art. 110., Allgem. Deutsche Wechsel-Ordnung Art. 21.

Rechtsgr. 370. — IV. Senat. 2. Juli 1868. (LXX. 361.)

Ist von einem offenen Handelsgesellschafter der Unterschrift der Firma auf einen Wechsel nur die nähere Bezeichnung der Geschäftsbranche beigefügt, z. B. der Firma:

„J. Robrecht, Kraffert & Komp.",

der Beisatz: „Berliner Armee- und Luxus-Waffenfabrik von J. Robrecht, Kraffert & Komp.", so haften sämmtliche Gesellschafter wechselmäßig.

Siehe auch Rechtsgrundsätze 371. 402 (Allgem. Deutsches Handelsgesetzbuch Art. 123. 393.)

Art. 113. Siehe Rechtsgrundsätze 358. 359 (Allg. Deutsches Handelsgesetzbuch Art. 15.)

Art. 122. Siehe Rechtsgrundsatz 371. (Allg. Deutsches Handelsgesetzbuch Art. 123.)

Vierter Abschnitt. Von der Auflösung der Gesellschaft und dem Austreten einzelner Gesellschafter aus derselben.

Art. 123. Eröffnung des Konkurses über das Privatvermögen eines Gesellschafters als Auflösungsgrund:

A. Zahlungseinstellung eines einzelnen Handelsgesellschafters nicht als Beweis der Vermögensunzulänglichkeit der Handelsgesellschaft und nicht als gesetzlicher Grund der Konkurs-Eröffnung über das Gesellschaftsvermögen. — Vergl. A. L. R. II. 8. § 667.; Einführungsgesetz zum Allgem. Deutschen Handelsgesetzbuch Art. 36.; Allgem. Deutsches Handelsgesetzbuch Art. 112. 122.; A. G. O. I. 50. §§ 289—292.; Konkurs-Ordnung §§ 36. 287. 291.

Rechtsgr. 371. — IV. Senat. 18. Juni 1867. (LXVI. 334.)

a) Die Zahlungseinstellung eines einzelnen Handelsgesellschafters beweist nicht die Vermögensunzulänglichkeit der Gesellschaft selbst und macht die Eröffnung des Konkurses über das Gesellschaftsvermögen prinzipiell gesetzlich nicht nothwendig.

b) Die selbst während des Bestehens der offenen Handelsgesellschaft über das Vermögen eines einzelnen Gesellschafters erfolgte Konkurseröffnung hat an sich keineswegs die Einleitung des Konkurses über das Gesellschaftsvermögen zur rechtlichen Folge.

B. Nothwendige Folge der Liquidation einer offenen Handelsgesellschaft nach Auflösung derselben durch die Eröffnung des Konkurses über das Vermögen eines Gesellschafters. — Vergl. Einführungsgesetz zum Allg. Deutschen Handelsgesetzbuch Art. 33.; Allg. Deutsches Handelsgesetzbuch Art. 133. 258.

Rechtsgr. 372. — IV. Senat. 24. Oktober 1867. (LXVIII. 318.)

Ist durch die Eröffnung des Konkurses über das Vermögen eines Handelsgesellschafters die Handelsgesellschaft aufgelöst, so muß, abgesondert von dem eingeleiteten Konkursverfahren, die Liquidation der Handelsgesellschaft stattfinden.

C. Liquidation der Vorschüsse des Handelsgesellschafters im Konkurse über das Privatvermögen eines Mitgesellschafters. — Vergl. Allg. Deutsches Handelsgesetzbuch Art. 93. 133.; Konkurs-Ordnung §§ 286. ff.

Rechtsgr. 373. — IV. Senat. 24. Oktober 1867. (LXVIII. 318.)

Ist durch die Eröffnung des Konkurses über das Vermögen eines Handelsgesellschafters die Handelsgesellschaft aufgelöst, so müssen die übrigen Gesellschafter, bevor sie als Liquidanten im Konkurse auftreten können, die Liquidation der bestandenen Handelsgesellschaft herbeiführen und hierbei sowohl ihre Einlagen, als die geleisteten Vorschüsse zur Geltung bringen.

Fünfter Abschnitt. Von der Liquidation der Gesellschaft.

Art. 133. Siehe Rechtsgrundsätze 372. 373. (Allg. Deutsches Handelsgesetzbuch Art. 123.)

Dritter Titel. Von der Aktiengesellschaft.

Erster Abschnitt. Allgemeine Grundsätze.

§§ 207. ff. Aktiengesellschaft:

A. Gültigkeit der Bestimmungen des Allgem. Deutschen Handelsgesetzbuches auf die vor Einführung desselben bestandenen Aktiengesellschaften.

Rechtsgr. 374. — IV. Senat. 29. September 1868. (LXXII. 229.)

Das Allgem. Deutsche Handelsgesetzbuch hat sowohl auf die zur Zeit der Einführung desselben bestandenen, als die erst nachher gegründeten Aktiengesellschaften, sofern von deren Wirksamkeit nach außenhin die Rede ist, Gültigkeit.

B. Begriff und Wesen der Aktiengesellschaft.

Rechtsgr. 375. — IV. Senat. 29. September 1868. (LXXII. 228.)

Das Wesen der Aktiengesellschaft besteht darin, daß der einzelne Sozius bei der Administration der Gesellschaft als physische Person verschwindet; daß das Kapital, welches zum Zwecke der Gesellschaft zusammengebracht wird, in einzelne, der Summe nach bestimmte Antheile vertheilt, nach diesen der Antheil am Gewinne berechnet, deren Uebertragbarkeit, sei es auf jeden, sei es auf einen genannten Inhaber, zulässig ist, wobei aber der Inhaber, außer dem Stimmrecht in den Generalversammlungen, keinen Akt der Thätigkeit bei der Verwaltung der Gesellschaft auszuüben hat, diese vielmehr lediglich durch den gewählten Vorstand besorgt wird.

C. Juristische Persönlichkeit als Aktiengesellschaften.

Rechtsgr. 376. — IV. Senat. 29. September 1868. (LXXII. 228.)

Die Aktiengesellschaften, namentlich auch die des Allg. Deutschen Handelsgesetzbuches, erlangen durch die staatliche Genehmigung die Rechte einer juristischen Person.

Art. 208. Landesherrlich bestätigte Statuten einer Aktiengesellschaft als privatrechtliche Vertragsnormen für den bürgerlichen Verkehr, nicht als Gesetz. — Vergl. Allg. Deutsches Handelsgesetzbuch Art. 249.; Gesetze vom 9. November 1843 § 1. und vom 15. Februar 1864 § 2.

Rechtsgr. 377. — IV. Senat. 31. März 1868. (LXX. 275.)

Die landesherrliche Bestätigung der Statuten einer Aktiengesellschaft ist ein Erforderniß und eine Bedingung für die Existenz und das Inslebentreten der Gesellschaft als Aktiengesellschaft; die Erfüllung einer solchen nur das Landespolizei-Interesse angehenden Bedingung ändert aber nicht den privatrechtlichen Charakter der Gesellschaft und giebt nicht den die Vertragsbestimmungen enthaltenden Statuten die Eigenschaft eines Gesetzes, beläßt es vielmehr bei ihrer Wirkung als privatrechtlicher Vertragsnormen für den bürgerlichen Verkehr, und bei Anwendung auf Vertragsverhältnisse mit dritten Personen können die Statuten nur auf die Bedeutung eines Vertrages Anspruch machen.

Siehe auch Rechtsgrundsatz 2. (A. L. R. Publikations-Patent vom 5. Februar 1794 § 2.)

Zweiter Abschnitt. Rechtsverhältniß der Aktionäre.

§§ 214. 215. Gegenstand der Mehrheitsbeschlüsse der Generalversammlung einer Aktiengesellschaft; Beschluß der Verlängerung der Gesellschaftsdauer.

Rechtsgr. 378. — IV. Senat. 29. September 1868. (LXXII. 229.)

Abgesehen von den in dem Art. 215. des Allgem. Deutschen Handelsgesetzbuchs angegebenen Ausnahmen, hat sich der einzelne Aktionär einer Aktiengesellschaft den Mehrheitsbeschlüssen der Generalversammlung der Aktionäre zu unterwerfen, und gehört namentlich die bloße Verlängerung der Gesellschaftsdauer nicht zu den Gegenständen, worüber Stimmeneinhelligkeit nothwendig ist.

Art. 225. Befugniß des Verwaltungsrathes einer Aktiengesellschaft zur Einsicht der Bücher und Schriften der Gesellschaft. — Vergl. Einführungsgesetz zum Allg. Deutschen Handelsgesetzbuch Art. 12.; Gesetze vom 9. November 1843 §§ 19—27. und vom 15. Februar 1864 § 2.

Rechtsgr. 379. — IV. Senat. 30. April 1867. (LXVII. 173.)

Nicht dem einzelnen Mitgliede des Verwaltungsrathes

einer Aktiengesellschaft, sondern nur dem Verwaltungsrath in seiner Gesammtheit steht das Recht zu, die Bücher und Schriften der Gesellschaft jeder Zeit einzusehen.

Fünfter Abschnitt. Schlußbestimmungen.

Art. **249**. Siehe Rechtsgrundsatz 377. (Allg. Deutsches Handelsgesetzbuch Art. 208.)

Drittes Buch. Von der stillen Gesellschaft und von der Vereinigung zu einzelnen Handelsgesellschaften für gemeinschaftliche Rechnung.

Erster Titel. Von der stillen Gesellschaft.

Art. **258**. Siehe Rechtsgrundsatz 372. (Allg. Deutsches Handelsgesetzbuch Art. 123.)

Zweiter Titel. Von der Vereinigung zu einzelnen Handelsgeschäften für gemeinschaftliche Rechnung.

Art. **266**. ff. Siehe Rechtsgrundsatz 368. (Allgem. Deutsches Handelsgesetzbuch Art. 85. ff.)

Viertes Buch. Von den Handelsgeschäften.

Erster Titel. Von den Handelsgeschäften im Allgemeinen.

Erster Abschnitt. Begriff der Handelsgeschäfte.

Art. **271**. No. **3**. Siehe Rechtsgrundsatz 355. (Einführungsgesetz zum Allgem. Deutschen Handelsgesetzbuch Art. 47.)

Art. **272**. Siehe Rechtsgrundsatz 357. (Allgem. Deutsches Handelsgesetzbuch Art. 4.)

Art. **273**. Die einzelnen Geschäfte eines Kaufmanns im Handelsgewerbe als Handelsgeschäfte. — Vergl. Allgem. Deutsches Handelsgesetzbuch Art. 274. Abs. 1.

A. Ueberhaupt.

Rechtsgr. 380. — V. Senat. 26. Februar 1867. (LXVI. 234.)

Die Bestimmung des Art. 273. Abs. 1. des Allgem. Deutschen Handelsgesetzbuchs:

„Alle einzelnen Geschäfte eines Kaufmanns, welche zum Betriebe seines Handelsgewerbes gehören, sind als Handelsgeschäfte anzusehen",

umfaßt nicht blos Geschäfte, welche einen unmittelbaren Güterumsatz zum Gegenstande haben, sondern auch Geschäfte, durch welche die zu dem Umsatze erforderliche Betriebsthätigkeit selbst vermittelt wird.

B. Feststellung, ob eine von einem Kaufmann angeschaffte bewegliche Sache zur unmittelbaren Benutzung bei dem Betriebe seines Gewerbes bestimmt ist.

Rechtsgr. 381. — IV. Senat. 18. Juni 1868. (LXXII. 26.)

Ob eine von einem Kaufmann angeschaffte bewegliche Sache zur unmittelbaren oder zur mittelbaren Benutzung bei dem Betriebe seines Gewerbes bestimmt ist, gehört dem thatsächlichen Gebiete an, und von diesem Standpunkt aus ist sie in jedem konkreten Falle zu beurtheilen.

Siehe auch Rechtsgrundsatz 365. (Allgem. Deutsches Handelsgesetzbuch Art. 57.)

Art. 274. Verträge eines Kaufmanns als zum Handelsgeschäft gehörig

A. Gegenbeweis.

Rechtsgr. 382. — IV. Senat. 17. Januar 1867. (LXVII. 38.)

a) Der von einem Kaufmann geschlossenen Vertrag ist so lange als zum Betriebe seines Handelsgewerbes gehörig zu betrachten, als nicht der das Gegentheil Behauptende durch die bei dem speziellen Falle vorwaltenden Umstände oder in anderer Weise nachweist, daß der Vertrag zu dem Handelsgewerbe des Kaufmanns in keiner Beziehung gestanden habe.

b) Die Worte „gelten im Zweifel" im Art. 274.

Abs. 1. des Allg. Deutschen Handelsgesetzbuchs bezwecken nur, demjenigen Kontrahenten, welcher, der gesetzlichen Vermuthung entgegen, behauptet, daß der von dem Kaufmann geschlossene Vertrag **nicht** zum Betriebe seines Handelsgewerbes gehöre, den Gegenbeweis offen zu lassen, also der Annahme, daß es sich um eine praesumtio juris et de jure handle, vorzubeugen.

B. Bürgschaft eines Kaufmanns als Handelsgeschäft. — Vergl. Allg. Deutsches Handelsgesetzbuch Art. 281.

Rechtsgr. **383**. — IV. Senat. 17. Januar 1867. (**LXVII**. 38.)

Die von einem Kaufmann geleistete Bürgschaft ist bis zum Gegenbeweis für ein der Schriftform nicht bedürfendes Handelsgeschäft zu erachten.

Siehe auch Rechtsgrundsatz 380. (Allg. Deutsches Handelsgesetzbuch Art. 273.)

Art. **277**. Siehe Rechtsgrundsätze 365. 389. (Allg. Deutsches Handelsgesetzbuch Art. 57. 317.)

Zweiter Abschnitt. Allgemeine Bestimmungen über Handelsgeschäfte.

Art. **279**. Feststellung der rechtlichen Wirkung eines Stillschweigens als Handelsgewohnheit. — Vergl. A. L. R. I. **4**. § 60.

Rechtsgr. **384**. — IV. Senat. 9. Juli 1867. (**LXVII**. 329.)

Die Feststellung der rechtlichen Wirkung eines Stillschweigens nach Maaßgabe der Verschiedenheit der obwaltenden Verhältnisse bildet keinen Gegenstand für Handelsgewohnheiten.

Art. **281**. Siehe Rechtsgrundsatz 383. (Allg. Deutsches Handelsgesetzbuch Art. 274.)

Art. **282**. Verletzung der Aufrichtigkeit in dem Handelsgeschäft eines Kaufmanns (der bona fides im Handelsverkehr). — Vergl. A. L. R. I. **4**. §§ 84. 85., **5**. §§ 326. 331., **11**. §§ 198. 539. 540.

Rechtsgr. 385. — IV. Senat. 22. September 1868. (LXXI. 337.)

a) Auch durch Verschweigen kann ein civilrechtlicher dolus begangen werden.

b) Die Frage aber, ob in dem kontraktlichen Verhalten der Kontrahenten ein civilrechtlicher dolus liege, ist nach den jedesmaligen Umständen, namentlich aber auch mit Berücksichtigung der besonderen Pflichten, welche die Eigenschaften der Personen als Kaufleute mit sich bringen, zu entscheiden.

Siehe auch Rechtsgrundsatz 473. (A. G. O. Einl. § 16.)

Art. 291. Novation durch Aufnahme einer Forderung in das Kontokurrent. — Vergl. Cod. Napoléon Art. 1271.

Rechtsgr. 386. — V. Senat. 15. September 1868. (LXXII. 188.)

a) Die bloße Aufnahme eines Postens in das Kontokurrent berechtigt an und für sich noch nicht zu der Annahme, daß die Kontrahenten eine Novation in Beziehung auf denselben beabsichtigt haben.

b) Haben unter den Parteien nicht nur in kürzeren Zwischenräumen, z. B. halbjährlich, wiederholte Abrechnungen und Abschlüsse, sondern auch die jedesmalige definitive Ausgleichung der verschiedenen Kontokurrentposten, sowie die gegenseitige Genehmigung dieser Ausgleichung stattgefunden, und ist je nach dem Resultate der stattgehabten Gesammtberechnung ein, an die Stelle der alten tretende neue selbstständige zinstragende Forderung aufgestellt worden, so liegt eine Novation im Sinne des Art. 1271. des Bürgerlichen Gesetzbuches vor.

Art. 294. Anerkennung einer Berechnung über die gegenseitigen Forderungen, welche einen Saldo vorträgt, als Verpflichtungsgrund. — Vergl. A. L. R. I. 5. § 152.

Rechtsgr. 387. — IV. Senat. 26. September 1867. (LXVII. 358.)

a) Durch die unter einer Berechnung über die gegenseitigen Forderungen, welche für einen Theil einen Saldo vorträgt, befindliche Erklärung des Schuldners:

daß er nach der heutigen Abrechnung, von deren Richtigkeit er sich überzeugt habe, den Saldo verschulde, welchen er sammt Zinsen zu bezahlen verspreche,

wird eine civilrechtliche Schuldverschreibung konstituirt.

b) Will der Erklärende die Unwirksamkeit dieser Verbindlichkeit behaupten oder darthun, so reicht dazu die Behauptung nicht aus, daß die eine oder andere der anerkannten Forderungsposten in thatsächlicher Beziehung unrichtig seien, vielmehr ist darzuthun, daß der Wille des Erklärenden in Ansehung dieser Forderungen beeinflußt sei, daß eine anerkennende Willenserklärung hinsichtlich dieser nicht habe abgegeben werden sollen.

Daneben fällt jedoch derjenige Theil der Willenserklärung, der durch den Irrthum nicht berührt wird, nicht zusammen, vielmehr behält derselbe Bestand.

Art. **300**. Regreßverbindlichkeit des Ausstellers einer Anweisung. — Vergl. A. L. R. I. **16**. §§ 283. 299.; Gesetz vom 7. Juni 1849.

Rechtsgr. **388**. — IV. Senat. 23. Oktober 1866. (LXVI. 131.)

Das Allgem. Deutsche Handelsgesetzbuch (Art. 300. ff.) kennt keine Regreßverbindlichkeit des Ausstellers einer Anweisung im Sinne des Königlich Sächsischen Gesetzes vom 7. Juni 1849.

Art. **303**. Siehe Rechtsgrundsatz 411. (Allg. Deutsches Handelsgesetzbuch Art. 414.)

Dritter Abschnitt. Abschließung der Handelsgeschäfte.

Art. **317**. Rechtsverbindlichkeit der mündlichen Vollmacht eines Nichtkaufmanns bei erfolgtem Abschluß von Handelsgeschäften, welche innerhalb der durch die mündliche Vollmacht ertheilten Befugnisse liegen. — Vergl. Allg. Deutsches Handelsgesetzbuch Art. 277.

Rechtsgr. 389. — IV. Senat. 4. Februar 1868. (LXX. 64.)

Eine von einem Nichtkaufmann mündlich ertheilte Vollmacht muß auch zu Gunsten desjenigen, mit welchem der Mandatar auf Grund des Auftrages kontrahirt hat, für formell rechtsgültig erachtet werden, sofern dieser Kontrahent ein Kaufmann und Gegenstand des Kontrakts ein Handelsgeschäft ist, und sofern der Machtgeber nach der Natur und dem Umfange des dem Bevollmächtigten ertheilten Mandats vorauszusetzen hatte, daß dasselbe auch zum Abschlusse von Handelsgeschäften Veranlassung geben werde.

Siehe auch Rechtsgrundsatz 365. (Allg. Deutsches Handelsgesetzbuch Art. 57.)

Zweiter Titel. Vom Kauf.

Art. 337. ff. Siehe Rechtsgrundsatz 405. (Allgem. Deutsches Handelsgesetzbuch Art. 376.)

Art. 340. Kauf nach Probe:

A. Abänderung der gesetzlichen Gewährleistungspflicht des Verkäufers beim Kauf nach Probe durch Handelsgebrauch.

Rechtsgr. 390. — IV. Senat. 30. Juni 1868. (LXIX. 323.)

Beim Kauf nach Probe kann die vom Gesetze geregelte Gewährleistung durch etwaige abweichende Handelsgebräuche nicht beseitigt werden.

B. Beweislast über die Probewidrigkeit.

Rechtsgr. 391. — IV. Senat. 30. Juni 1868. (LXIX. 324.)

Der Käufer hat für die von ihm behauptete Probewidrigkeit der empfangenen Waare die Beweislast zu übernehmen.

Art. 342. Siehe Rechtsgrundsatz 112. (A. L. R. I. 11. § 221.)

Art. 344. Siehe Rechtsgrundsatz 406. (Allgem. Deutsches Handelsgesetzbuch Art. 386.)

Art. 347. Distanzeverkauf:

A. Rechtzeitigkeit der Rügeanzeige.

Rechtsgr. 302. — IV. Senat. 5. Mai 1868. (LXXI. 154.)

Die Entscheidung der Frage, ob die Anzeige rechtzeitig geschah, ist nicht in das freie Ermessen des Richters gestellt, sondern die Anzeige ist unbedingt ohne Verzug nach der Wahrnehmung des Mangels angeordnet.

B. Rügefrist des Käufers hinsichtlich der Mängel der an ihn abgelieferten Waare.

Rechtsgr. 303. — IV. Senat. 21. Januar 1868. (LXXI. 36.)

Bei der Rügefrist des Art. 347. des Allg. Deutschen Handelsgesetzbuchs kommt es nicht auf die wirkliche Annahme der Waare Seitens des Käufers, sondern auf den Zeitpunkt seiner Verpflichtung zur Annahme an, und hängt diese Verpflichtung von der Rechtzeitigkeit der Lieferung Seitens des Verkäufers ab.

C. Untersuchung der Waare, soweit dies nach dem ordnungsmäßigen Geschäftsgange thunlich ist, und Anzeige nach dem ordnungsmäßigen Geschäftsgange.

Rechtsgr. 304. — IV. Senat. 5. Mai 1868. (LXXI. 154.)

In dem Art. 347. des Allgem. Deutschen Handelsgesetzbuchs sind die Worte:

„soweit dies nach dem ordnungsmäßigen Geschäftsgange thunlich ist",

nur auf die Verpflichtung des Käufers zur Untersuchung der Waare, nicht auf die Anzeige ihrer Mängel zu beziehen.

D. Unterlassen der Rügeanzeige; Unmöglichkeit der Benachrichtigung des Verkäufers.

Rechtsgr. 305. — IV. Senat. 5. Mai 1868. (LXXI. 153.)

Ohne den Nachweis der absoluten Unmöglichkeit, daß die Anzeige an den Verkäufer gelange, darf der Käufer, welcher bei einem Distanzkaufe die Waare als nicht vertragsmäßig oder gesetzmäßig rügen will, die seinerseits zur Anzeige nöthigen Handlungen nicht unterlassen.

E. Rechte des Käufers beim Mangel einer vorbedungenen Eigenschaft und inzwischen erfolgten Verbrauch der Waare. — Vergl. A. L. R. I. 5. §§ 329. ff., II. § 198.

Rechtsgr. 396. — IV. Senat. 30. Januar 1868. (LXIX. 324.)

Das Allgem. Deutsche Handelsgesetzbuch enthält keine Bestimmung darüber, welche materiellen Rechte dem Kaufmann aus dem Grunde der Nichtempfangbarkeit der Waare nach gemachter Anzeige zustehen, und greifen in dieser Beziehung die §§ 329. ff. I. 5. und § 198. I. 11. des Allgem. Landrechts Platz; namentlich hat beim Mangel einer vorbedungenen Eigenschaft der Käufer, auch wenn er inzwischen die Waare verbraucht hat, das Recht, Vergütung für den Minderwerth zu verlangen.

F. Beschränkung der Ansprüche und Einreden des Käufers auf die in der sofortigen Anzeige gerügten Fehler, nach Handelsrecht.

Rechtsgr. 397. — IV. Senat. 19. September 1867. (LXVII. 351.)

Daß der Käufer zur Begründung seines Anspruches, beziehungsweise seiner Einreden, nur auf solche thatsächliche Umstände, die er in der nach Art. 347. des Allgem. Deutschen Handelsgesetzbuches erforderlichen Anzeige aufgeführt hat, sich berufen könne, ist weder in gedachtem Artikel vorgeschrieben, noch aus dem Sinne der Vorschrift zu folgern.

G. Abänderung an einer von einem andern Ort übersandten Waare als Genehmigung derselben; Erforderniß der unveränderten Rückgewähr. — Vergl. A. L. R. I. 5. § 327.

Rechtsgr. 398. — IV. Senat. 11. Dezember 1866. (LXV. 185.)

Für den Fall des Art. 347. des Allgem. Deutschen Handelsgesetzbuches enthält keineswegs jede bei einer übersandten Waare bewirkte Abänderung eine Genehmigung derselben, und ist die Rückgewähr der Sache in dem Stande, in welchem sie empfangen wurde, keineswegs als unerläßlich vorausgesetzt.

H. Verjährung des Gewährsmängel-Anspruches.

Rechtsgr. **399**. — IV. Senat. 21. Januar 1868. (LXXI. 36.)

Hinsichtlich der Verjährung des Gewährsmängel-Anspruchs des Käufers der Waare nehmen die Art. 347. 349. des Allgem. Deutschen Handelsgesetzbuchs nur auf die Zeit der Ablieferung der Waare Bezug, und ist die Ablieferung nicht identisch mit der Thatsache des Empfanges.

Siehe auch Rechtsgrundsatz 400. (Allg. Deutsches Handelsgesetzbuch Art. 349.)

Art. **349**. Wahrung der Rechte des Käufers aus der Mangelhaftigkeit der von einem andern Orte übersendeten Waare bei rechtzeitiger Rüge des Mangels. — Vergl. Art. 347.

Rechtsgr. **400**. — IV. Senat. 30. Januar 1868. (LXIX. 324.)

Ist die Mangelhaftigkeit einer von einem andern Orte übersendeten Waare vom Käufer rechtzeitig gerügt, so ist die Geltendmachung des Einwandes an keine Frist gebunden und geht nicht durch Verabsäumung der gerichtlichen Verfolgung binnen sechs Monaten verloren.

Art. **353**. Siehe Rechtsgrundsatz 403. (Allg. Deutsches Handelsgesetzbuch Art. 357. Abs. 2.)

Art. **354**. **355**. Rücktritt des Käufers oder Verkäufers vom Vertrage wegen Verzuges des andern Kontrahenten und Klage auf Erfüllung, nach Handelsrecht und Gemeinem Recht. — Vergl. Dig. **45**. 1. Lex 35. § 2.; Cod. **4**. 38. Lex 8. 9., **4**. 44. Lex 14., **4**. 45. Lex 2.

Rechtsgr. **401**. — V. Senat. 25. Mai 1867. (LXVI. 327.)

a) Die in den Art. 354. 355. des Allg. Deutschen Handelsgesetzbuches für den Handelsverkehr bestimmte

Regel, daß dem Käufer und Verkäufer beim Verzuge des andern Kontrahenten die Wahl zwischen der Erfüllungsklage und dem Rücktritt gewährt worden ist, bleibt für andere Rechtsverhältnisse die Ausnahme.

b) Für diese bleibt die Klage auf Erfüllung die Regel, bei deren Aufrechthaltung es so lange bewendet, bis bewiesen wird, daß die Erfüllung zu einer bestimmten Zeit in der ausdrücklichen oder stillschweigenden Absicht der Parteien lag, oder in Folge des Verzuges auf der einen Seite für die andere jedes Interesse, auf die Erfüllung zu bestehen, aufgehört hat, — Verhältnisse, für deren Würdigung die Gesetze auf das richterliche Ermessen im konkreten Falle hinweisen.

Siehe auch Rechtsgrundsätze 114. 402. (A. L. R. I. **11**. § 230.; Allg Deutsches Handelsgesetzbuch Art. 357.)

Art. **356**. Siehe Rechtsgrundsatz 114. (A. L. R. I. **11**. § 230.)

Art. **357**. Bestimmung im Schlußzettel, daß bei erfolgter Zahlungseinstellung eines der Kontrahenten der festgesetzte Lieferungstermin für beide Theile augenblicklich abgelaufen sein solle, in seiner Gültigkeit den Konkursgesetzen gegenüber. — Vergl. Allg. Deutsches Handelsgesetzbuch Art. 354.; Cod. de com. Art. 448.; Konkurs-Ordnung vom 8. Mai 1855 § 17.; Gesetz vom 9. Mai 1859 Art. 442.

Rechtsgr. **402**. — V. Senat. 7. Mai 1867. (LXVIII. 86.)

Die Bestimmung in einem Schlußschein:

„Wenn einer der beiden Kontrahenten unfähig werden sollte, seine Verbindlichkeiten zu erfüllen, sei es durch Zahlungseinstellung, oder indem er gerichtlich oder außergerichtlich Zahlungsfrist nachsucht, so soll der vorstehende festgesetzte Lieferungstermin für beide Theile augenblicklich abgelaufen oder der Erfüllungstag sofort eingetreten sein, und muß er sich unwiderruflich der Preisbestimmung unterwerfen, welche sich an dem Tage, an welchem sich seine Unfähigkeit oder Insolvenz erwiesen, oder solche bekannt geworden ist, durch die Durchschnittsnotirung der vereideten Mäkler für den betreffenden Termin ergiebt. Sollte im Falle des Falliments der Tag der Zahlungseinstellung gerichtlich antedatirt werden, so ist nicht dieser, sondern der Tag des Bekanntwerdens der Suspension resp. der Tag der Konkurseröffnung für die Rechtsfolge vorstehender Bestimmung maaßgebend",

enthält eine den Gesetzen zuwiderlaufende, das gemeinsame Loos der Fallimentgläubiger beeinträchtigende Bevorzugung eines Einzelnen.

Art. 357. Abs. 2. Marktpreis im Sinne des Art. 357. Abs. 2. des Allgem. Deutschen Handelsgesetzbuchs. — Vergl. Allgem. Deutsches Handelsgesetzbuch Art. 353.

Rechtsgr. 403. — IV. Senat. 30. April 1868. (LXXI. 139.)

Ein Detailmarktpreis, welcher sich nach den verschiedenen Marktplätzen einer Stadt, besonders im kleineren Verkehr mit den Produzenten, bezahlten Preisen regulirt, ist nicht genügend, um, namentlich bei Regulirung eines Engrosgeschäfts, dem Begriff des Marktpreises im Sinne des Art. 357. Abs. 2. des Allgem. Deutschen Handelsgesetzbuches zu entsprechen.

Dritter Titel. Vom Kommissionsgeschäft.

Art. 361. Klage des Kommittenten gegen den Kommissionär auf Rechnungslegung oder auf die Forderung selbst.

Rechtsgr. 404. — IV. Senat. 30. April 1867. (LXVII. 167.)

Die Vorschrift des Art. 361. des Allgem. Deutschen Handelsgesetzbuches, daß der Kommissionär verpflichtet ist, dem Kommittenten über das Geschäft Rechenschaft zu geben und ihm dasjenige zu leisten, was er aus dem Geschäft zu fordern hat, hindert den Kommittenten nicht, diese Leistung einzuklagen, falls ihre Höhe ohne Rechnungslegung sich ermitteln läßt.

Art. 376. Verschiedenheit des vom kaufmännischen Kommissionär als Selbstkontrahenten konstituirten Proper- und des gewöhnlichen Kaufs- resp. Verkaufsgeschäftes. — Vergl. Allg. Deutsches Handelsgesetzbuch Art. 337.

Rechtsgr. 405. — IV. Senat. 23. Mai 1867. (LXVII. 225.)

Wenn auch das durch den Eintritt des Kommissionärs als Selbstkontrahent konstituirte Proper- und das gewöhnliche Kauf-, resp. Verkaufsgeschäft sich in Betreff ihres Abschlusses nach verschiedenen Zeitmomenten regeln, so wird durch diese nur die Entstehung des Vertragsverhältnisses berührende rein formelle Differenz eine materielle begriffliche Verschiedenheit beider Verträge nicht begründet und ebensowenig durch den Umstand, daß dem als Selbstkontrahenten eintretenden Kommissionär der Anspruch auf die übliche Provision und die Befugniß zur Liquidation der bei dem Kommissionsgeschäfte sonst regelmäßig vorkommenden Unkosten verbleiben soll.

Vierter Titel. Vom Speditionsgeschäft.

Art. 379. 380. 383. 385. 386. Klagerecht des Waarenempfängers gegen den Spediteur. — Vergl. Allgem. Deutsches Handelsgesetzbuch Art. 344. 390. 405.

Rechtsgr. 406. — IV. Senat. 15. Mai 1866. (LXV. 10.)

Das im Art. 386. des Allgem. Deutschen Handelsgesetzbuches bezeichnete Klagerecht ist auch dem Waaren-Empfänger einzuräumen, der wegen Zusendung der Waare mit dem Spediteur nicht unmittelbar kontrahirt hat.

Fünfter Titel. Vom Frachtgeschäft.

Erster Abschnitt. Vom Frachtgeschäft überhaupt.

Art. 390. Siehe Rechtsgrundsätze 167. 357. 406. (A. L. R. I. 14. § 35.; Allgem. Deutsches Handelsgesetzbuch Art. 4. 379.)

Art. 393. Haftung des Absenders von Gütern, welche einer steueramtlichen Behandlung unterliegen, für die den Frachtführer wegen Unrichtigkeit der Begleitscheine treffenden Strafen und Schäden. — Vergl. Allg. Deutsches Handelsgesetzbuch Art. 52. 112.

Rechtsgr. 407. — IV. Senat. 4. April 1867. (LXVII. 140.)

Der Absender von Gütern, welche einer steueramtlichen Behandlung unterliegen, kann sich der Verpflichtung, dem Frachtführer für alle Strafen und Schäden zu haften, welche denselben wegen Unrichtigkeit der Begleitpapiere treffen, nicht dadurch befreien, daß ein Gesellschafter oder Gehülfe die Unrichtigkeit des Frachtbriefes verschuldet habe.

Art. **394**. Unmöglichkeit der Fortsetzung der Reise durch Untergang der Transportmittel.

Rechtsgr. 408. — IV. Senat. 20. Februar 1868. (LXXI. 67.)

Der Art. 394. des Allgem. Deutschen Handelsgesetzbuchs findet auf den Fall, daß die Fortsetzung der Reise durch den Untergang der Transportmittel unmöglich geworden ist, keine Anwendung.

Art. **395**. Siehe Rechtsgrundsatz 411. (Allg. Deutsches Handelsgesetzbuch Art. 414.)

Art. **405**. Siehe Rechtsgrundsatz 406. (Allg. Deutsches Handelsgesetzbuch Art 379.)

Art. **406. 409. 412**. Persönliche Haftbarkeit des Empfängers des Frachtguts. — Vergl. Allg. Deutsches Handelsgesetzbuch Art. 414.

Rechtsgr. 409. — IV. Senat. 28. Januar 1868. (LXXI. 44.)

Die Art. 406. 409. 412. des Allg. Deutschen Handelsgesetzbuches statuiren kein persönliches Recht gegen den Empfänger des Frachtgutes außer nach Maaßgabe des Frachtbriefes.

Art. **409**. Nichtbegründeter Anspruch des Frachtführers auf Distanzfracht bei zufälliger Verhinderung der Vollendung des Transports, nach Gemeinem Rechte. — Vergl. Dig. **14**. 2. Lex 2. pr., **19**. 2. Lex 9. §§ 1. 4., Lex 11. § 3., Lex 13. § 1., Lex 15. § 6., Lex 19. §§ 6. 7., Lex 25. § 7., Lex 30. 33.

Rechtsgr. 410. — V. Senat. 5. März 1867. (LXVI. 246.)

a) Nach dem Gemeinen Rechte beschränkt sich die Verpflichtung des Frachtführers nicht darauf, zu dem Zwecke des Transportes für ein gewisses Zeit- und Raumverhältniß den Gebrauch seiner Geräthe zu gewähren oder seine Dienste zu leisten, sondern das Wesen derselben besteht in der Hervorbringung des untheilbaren Resultates der Ueberbringung eines Gegenstandes von einem Orte zu einem bestimmten anderen.

b) Der Unternehmer des Transports einer Sache kann daher, wenn er, nachdem er den Transport bis zu einem gewissen Punkte bewerkstelligt hat, an der Vollendung des Transports durch einen Zufall gehindert wird, einen dem Verhältnisse des zurückgelegten Weges entsprechenden Betrag des bedungenen Frachtlohnes nicht beanspruchen.

Art. 414. 415. Gegenbeweis gegen den Inhalt des Ladescheins rücksichtlich der daselbst vom Frachtführer anerkannten Beschaffenheit des Frachtguts. — Vergl. Allg. Deutsches Handelsgesetzbuch Art. 303. 395.

Rechtsgr. 411. — IV. Senat. 19. September 1867. (LXVIII. 174.)

Neben dem Ladeschein sind auch die gesetzlichen Vorschriften über den vom Frachtführer zu leistenden Schadensersatz in Betracht zu ziehen, und ist der Frachtführer, ungeachtet eines in dem Ladeschein enthaltenen Bekenntnisses über den unversehrten Empfang des Frachtgutes, zu einem Gegenbeweise zu verstatten.

Siehe auch Rechtsgrundsatz 409. (Allg. Deutsches Handelsgesetzbuch Art. 406.)

Gesetz wegen Einführung der Allgemeinen Deutschen Wechsel-Ordnung in Preußen vom 15. Februar 1850.

(Gesetz-Sammlung S. 53.)

§ 6. Siehe Rechtsgrundsätze 442. 443. (Allg. Deutsche Wechsel-Ordnung Art. 82.)

Allgemeine Deutsche Wechsel-Ordnung.

Erster Abschnitt. Von der Wechselfähigkeit.

Art. 1. 2. Wechselfähigkeit der Ehefrauen:

A. Aktive Wechselfähigkeit derselben. — A. L. R. II. 1. §§ 230. 231.

Rechtsgr. 412. — IV. Senat. 19. Mai 1868. (LXXI. 179.)

a) Die aktive Wechselfähigkeit der Ehefrauen ist von der Einwilligung des Ehemannes unabhängig.

b) Daher ist der von einer Ehefrau gezogene und dem Bezogenen acceptirte Wechsel rechtsgültig, und derselbe verliert durch seine Begebung mittelst Giro Seitens der Ehefrau seine Gültigkeit nicht.

B. Form der Einwilligung des Ehemannes in die Seitens der Ehefrau erfolgte Acceptirung eines von ihm auf dieselbe gezogenen Wechsels. — Vergl. A. A. R. II. 1. § 196.

Rechtsgr. 413. — IV. Senat. 30. Juni 1868. (LXXI. 292.)

Es braucht nicht unmittelbar erkennbar zu sein, ob in den auf dem Wechsel selbst enthaltenen Erklärungen und Unterschriften die Einwilligung des Ehemannes in die Seitens der Ehefrau erfolgte Acceptirung eines von ihm auf dieselbe gezogenen Wechsels zu finden ist; es darf dies vielmehr auch durch Schlußfolgerungen festgestellt werden.

Siehe auch Rechtsgrundsatz 416. (Allgem. Deutsche Wechsel-Ordnung Art. 4. No. 3.)

Zweiter Abschnitt. Von gezogenen Wechseln.

I. Erfordernisse eines gezogenen Wechsels.

Art. 4. No. 2. Angabe der Geldsumme im Wechsel:

A. Bildung eines Handelsgebrauches gegen die Bestimmungen der Allgem. Deutschen Wechsel-Ordnung. — Vergl. Allgem. Deutsches Handelsgesetzbuch Art. 1. 2.

Rechtsgr. 414. — IV. Senat. 17. Dezember 1867. (LXIX. 255.)

Eine die positive Vorschrift des Art. 4. No. 2. der Allgem. Deutschen Wechsel-Ordnung derogirende Observanz kann sich nicht bilden.

B. Angabe der zu zahlenden Summe in einem Wechsel mit: „49 Rthlrn. 29. Sgr. 9 Pf. Preußisch Kourant oder Werth" (Werthwechsel). — Vergl. Allgem. Deutsche Wechsel-Ordnung Art. 37.

Rechtsgr. 415. — IV. Senat. 17. Dezember 1867. (LXIX. 255.)

Lautet in einer sich als Wechsel bezeichnenden Urkunde die Angabe der zu zahlenden Geldsumme dahin:

„49 Rthlr. 29 Sgr. 11 Pf. Preußisch Kourant oder Werth",

so mangelt es an der Bestimmtheit, was eigentlich auf den Wechsel geleistet werden soll, und ist der Urkunde dadurch die Wechselkraft entzogen.

— No. 3. Ausstellung eines Wechsels zu Gunsten eines Hauptzollamtes — Vergl. Allgem. Deutsche Wechsel-Ordnung Art. 2. No. 2.

Rechtsgr. 416. — IV. Senat. 3. November 1868. (LXXII. 354.)

Ein Wechsel kann auch zu Gunsten eines Haupt-Zoll-Amts ausgestellt werden.

— No. 5. Siehe Rechtsgrundsatz 419. (Allg. Deutsche Wechsel-Ordnung Art. 8.)

— No. 7. Wechselziehung auf mehrere Personen. — Vergl. Art. 81.

Rechtsgr. 417. — IV. Senat. 3. November 1868. (LXXII. 354.)

Es ist zulässig, einen Wechsel auf mehrere Personen zu ziehen.

II. Verpflichtungen des Ausstellers.

Art. 8. Rechtsgrund und Ausschließung dieser Verpflichtung:

A. Verpflichtungen des Acceptanten und Trassanten eines Wechsels. — Vergl. A. L. R. I. 5. § 435.; Allgem. Deutsche Wechsel-Ordnung Art. 23.

Rechtsgr. 418. — IV. Senat. 14. Januar 1868. (LXXI. 24.)

Die auf verschiedenem Rechtsgrunde beruhenden Verpflichtungen des Acceptanten und Trassanten eines Wechsels sind nicht als gemeinsame anzusehen, wenn auch möglicher Weise der Umfang der Verpflichtungen gleich groß ist.

B. Befugniß des Ausstellers eines an eigene Order gezogenen Wechsels zur Beifügung eines ihn von seiner wechselmäßigen Regreßpflicht befreienden Vermerkes. — Vergl. Allg. Deutsche Wechsel-Ordnung Art. 4. No. 5., Art. 14. 81.

Rechtsgr. 419. — IV. Senat. 30. Januar 1868. (LXVIII. 365.)

Der Aussteller eines an eigene Order gezogenen Wechsels wird von seiner wechselmäßigen Regreßpflicht als Aussteller durch die seiner Unterschrift beigefügte Bemerkung „ohne Gewährleistung“ oder einen gleichbedeutenden Vorbehalt befreit.*

Siehe auch Rechtsgrundsatz 425. (Allgem. Deutsche Wechsel-Ordnung Art. 18.)

III. Indossament.

Art. 9. Indossement und zu Grunde liegendes Geschäft. — Vergl. Allg. Deutsche Wechsel-Ordnung Art. 10. 17.

Rechtsgr. 420. — IV. Senat. 12. Februar 1867. (LXV. 302.)

Das Indossament gestattet keinen Schluß auf das ihm vorangegangene civilrechtliche Begebungsgeschäft.

Siehe auch Rechtsgrundsätze 425. 442. 443. (Allg. Deutsche Wechsel-Ordnung Art. 18. 82.)

Art. 10. Zeitpunkt der Entstehung der Wechselforderung der Indossatare dem Acceptanten gegenüber. — Vergl. Allg. Deutsche Wechsel-Ordnung Art. 21. 30.; Konkurs-Ordnung §§ 100. ff.; Gesetz vom 9. Mai 1855 § 9.

Rechtsgr. 421. — IV. Senat. 14. Januar 1868. (LXX. 16.)

Die Verpflichtung des Acceptanten, dem Wechselnehmer und den ferner durch Indossament hinzutretenden Wechsel-

* Vergl. dagegen Rechtsgrundsätze Bd. 5. S. 308. No. 708.

nehmern bei Verfall die Wechselsumme zu zahlen, und die ihr gegenüber stehende Wechselforderung des Wechselnehmers entsteht für diejenigen Wechselnehmer, an welche der Wechsel bereits begeben war, als das Accept gegeben wurde, gleichzeitig; für diejenigen, welchen die Tratte später begeben wurde, mit dem vollzogenen Indossament.

Siehe auch Rechtsgrundsätze 420. 442. 443. (Allg. Deutsche Wechsel-Ordnung Art. 9. 82.)

Art. **12**. Blankogiro eines Wechsels durch Stellvertreter. — Vergl. A. L. R. I. 5. §§ 185—189., 13. §§ 142—146.; Allg. Deutsches Handelsgesetzbuch Art. 44. 48.; Allgem. Deutsche Wechsel-Ordnung Art. 95.

Rechtsgr. **422**. — IV. Senat. 24. November 1868. (LXXI. 358.)

Das Blankogiro eines Wechsels muß von dem Träger des Namens eigenhändig auf den Wechsel gesetzt werden. Ein Bevollmächtigter muß seinen Namen mit einem das Vollmachtsverhältniß ausdrückenden Zusatze unter dem Blankogiro mit dem Namen des Machtgebers setzen.

Art. **14**. Das Indossament als Vertrag nach Weiterbegebung des Wechsels.

Rechtsgr. **423**. — IV. Senat. 9. Juli 1868. (LXXI. 303.)

Das Indossament als Vertrag besteht weiter und bleibt für die Parteien bindend, auch nachdem der Wechsel in andere Hände übergegangen ist; die Rückkehr des Wechsels zu einem Indossanten hat nur die Wirkung, daß die thatsächlichen Voraussetzungen in Erfüllung gehen, unter denen der Vormann sich durch sein Indossament zu einer vertragsmäßigen Leistung verpflichtet hatte.

Siehe auch Rechtsgrundsatz 419. (Allgem. Deutsche Wechsel-Ordnung Art. 8.)

Art. **16**. Alin. **2**. Legitimation aus einem nach der Protesterhebung Mangels Zahlung durch Blankogiro erworbenen Wechsels; Person des Autors des Wechselklägers.

Rechtsgr. 424. — IV. Senat. 11. Juli 1868. (LXX. 365.)

Wenn der Wechselkläger, welcher den Wechsel nach der Protesterhebung Mangels Zahlung erworben hat, seine Legitimation auf ein Blankogiro stützt, so gilt der Blankogirant als sein Autor, ohne Rücksicht darauf, ob er den Wechsel von einem Dritten erworben hat.

Art. **17**. Siehe Rechtsgrundsatz 420. (Allg. Deutsche Wechsel-Ordnung Art. 9.)

IV. Präsentation zur Annahme.

Art. **18**. Nichtbegründete Vermuthung für die Zeit der Acceptirung eines Wechsels. Beweislast bei der Anfechtungsklage. — Vergl. Allgem. Deutsche Wechsel-Ordnung Art. 8. 9. 19. 21.; A. G. O. I. 13. § 28.; Gesetz vom 9. Mai 1855 § 9.

Rechtsgr. 425. — IV. Senat. 24. April 1866. (LXVI. 26.)

a) Dafür, daß die Annahme eines Wechsels am Tage der Ausstellung erfolgt sei, spricht keine Rechtsvermuthung.

b) Daher hat derjenige, welcher auf Grund einer von dem Acceptanten nicht beizutreiben gewesenen Wechselforderung einen von demselben mit einem Dritten abgeschlossenen Kaufvertrag anfechten will, sich einer besonderen Beweisführung darüber zu unterziehen, daß die Annahme des Wechsels vor dem Tage des Abschlusses des Kaufvertrages erfolgt ist.

Art. **19**. Verpflichtung aus dem Accept von einer Präsentationsfrist abhängig.

Rechtsgr. 426. — IV. Senat. 3. November 1868. (LXXII. 353.)

Die Wechselkontrahenten sind befugt, die Verpflichtung aus dem Accept von der Innehaltung einer im Wechsel bestimmten Präsentationsfrist abhängig zu machen.

Siehe auch Rechtsgrundsätze 425. 427. (Allgem. Deutsche Wechsel-Ordnung Art. 18. 20.)

Art. **20**. Undatirtes Accept eines bestimmte Zeit nach Sicht zahlbaren Wechsels. — Vergl. Allgem. Deutsche Wechsel-Ordnung Art. 19. 22.

Rechtsgr. 427. — IV. Senat. 17. Dezember 1867. (LXVIII. 357.)

Ist ein, eine bestimmte Zeit nach Sicht zahlbarer Wechsel vom Bezogenen ohne Datirung acceptirt, demnächst Mangels Zahlung Protest erhoben und der Wechsel-Inhaber im Wechselprozeß zur Zeit abgewiesen; so kann der Formmangel der Protest-Erhebung innerhalb der Präsentationsfrist durch Levirung neuer Proteste behoben und auf diese veränderte Sachlage eine neue Klage gestützt werden.

V. Annahme (Acceptation).

Art. **21**. Siehe Rechtsgrundsätze 370. 421. 425. (Allgem. Deutsches Handelsgesetzbuch Art. 112.; Allgem. Deutsche Wechsel-Ordnung Art. 10. 18.)

Art. **22**. Siehe Rechtsgrundsatz 427. (Allg. Deutsche Wechsel-Ordnung Art. 20.)

Art. **23**. Siehe Rechtsgrundsatz 418. (Allg. Deutsche Wechsel-Ordnung Art. 8.)

VI. Regreß auf Sicherstellung.

1. Wegen nicht erhaltener Annahme.

Art. **25**. Wechselregreß auf Sicherstellung wegen nicht erhaltener Annahme und wegen Unsicherheit des Acceptanten. — Vergl. Allgem. Deutsche Wechsel-Ordnung Art. 29.; A. L. R. I. **20**. §§ 22. 23.

Rechtsgr. **428**. — IV. Senat. 5. November 1867. (LXVIII. 336.)

Hat der Wechselnehmer von dem Wechselaussteller sich für die prompte Zahlung der Wechselsumme nebst Zinsen Spesen und Kosten hypothekarische Sicherheit bestellen lassen, so kann derselbe eine anderweite Sicherstellung auf den Grund der Art. 25. und 29. der Allgem. Deutschen Wechsel-Ordnung nicht beanspruchen. Nur, wenn durch Zuthun des Verklagten Zufälle, oder durch erst hinterher offenbar gewordene Mängel der Sache, der Werth derselben so gemindert wäre, daß sie die bedungene Sicherheit nicht mehr vollständig gewährte, könnte der Kläger bessere Sicherheit fordern.

2. Wegen Unsicherheit des Acceptanten.

Art. 29. Siehe Rechtsgrundsatz 428. (Allg. Deutsche Wechsel-Ordnung Art. 25.)

VII. Erfüllung der Wechselverbindlichkeit.

1. Zahlungstag.

Art. 30. Siehe Rechtsgrundsatz 421. (Allg. Deutsche Wechsel-Ordnung Art. 10.)

Art. 31. Einklagung eines zur Zahlung nicht präsentirten Sichtwechsels.

Rechtsgr. 420. — IV. Senat. 2. Juli 1867. (LXVII. 320.)

Bei den auf Sicht gestellten Wechseln wird der Mangel der Präsentation des Wechsels zur Zahlung nicht durch die Anstellung der Wechselklage und deren Insinuation ersetzt.

2. Zahlung.

Art. 36. Legitimation des Wechsel-Inhabers zur Klage aus einem Wechsel, welcher als letzten Vermerk ein Blanko-Indossament des Klägers enthält. — Vergl. Allg. Deutsche Wechsel-Ordnung Art. 55.

Rechtsgr. 430. — IV. Senat. 2. Juli 1867. (LXVI. 342.)

Der Umstand, daß auf dem eingeklagten Wechsel als letzter Vermerk ein Blanko-Indossament des Klägers sich befindet, steht seiner Legitimation zur Einklagung des Wechsels nicht entgegen.

Siehe auch Rechtsgrundsätze 442. 443. (Allgem. Deutsche Wechsel-Ordnung Art. 82.)

Art. 37. Siehe Rechtsgrundsatz 415. (Allg. Deutsche Wechsel-Ordnung Art. 4. No. 2.)

Art. 40. Siehe Rechtsgrundsatz 176. (A. L. R. I. 10. § 16.)

VIII. Regreß Mangels Zahlung.

Art. 41. Vornahme wechselrechtlicher Handlungen, namentlich Ausbringung des Wechselprotestes:

A. Lediglich durch den Berechtigten. — Vergl. Allg. Deutsche Wechsel-Ordnung Art. 88. No. 2., Art. 98. No. 6., Art. 99.

Rechtsgr. 431. — IV. Senat. 5. Dezember 1867. (LXVIII. 352.)

Wechselrechtliche Handlungen, zu denen auch die Ausbringung von Wechselprotesten gehört, können mit rechtlicher Wirkung nur von dem hierzu Berechtigten vorgenommen werden.

B. Präjudizirung des Wechsels wegen Erhebung des Protestes Mangels Zahlung auf Antrag eines nicht im Wechselverbande stehenden Dritten. — Vergl. Allgem. Deutsche Wechsel-Ordnung Art. 88. No. 2.

Rechtsgr. 432. — IV. Senat. 9. Mai 1867. (LXVII. 197.)

a) Der Wechsel-Protest-Erheber muß entweder zu dem den Regreßanspruch erhebenden Wechsel-Inhaber in irgend einer wechselrechtlichen Beziehung stehen, oder sich mit dem Wechsel selbst im Verbande befinden.

Fehlt es an dieser Voraussetzung, so ist der Wechsel präjudizirt und läßt sich daher dem erhobenen Proteste irgend eine wechselrechtliche Wirkung und Bedeutung nicht beilegen.

b) Soll ein Dritter, welcher sich bisher gar nicht im Wechselverbande befunden hat, berechtigt werden, eine wechselrechtliche Handlung mit dem Wechsel vorzunehmen, so muß der Wechsel eine solche Form erhalten, daß dies möglich ist. Es müssen also entweder die auf dem Wechsel befindlichen Indossamente des Einlösenden und seiner Nachmänner wirklich durchstrichen und so die voranstehenden Blanko-Indossamente wieder zur Geltung gebracht werden, oder es muß wenigstens in der Quittung des letzten Wechsel-Inhabers ersichtlich gemacht sein, daß der betreffende Blanko-Indossatar derjenige gewesen ist, welcher den Wechsel eingelöst hat.

C. Frist zur Erhebung des Wechselprotestes Mangels Zahlung am zweiten Werktage nach dem Zahlungstage. — Vergl. Allg. Deutsche Wechsel-Ordnung Art. 92.

Rechtsgr. 433. — IV. Senat. 13. Juli 1867. (LXVI. 350.)

Zur Erhebung des Wechselprotestes Mangels Zahlung sind außer dem Zahlungstage noch zwei weitere Protesttage gegeben, welche jedoch beide Werktage sein müssen. Der Sonntag oder allgemeine Feiertag scheidet daher aus der Frist zur Erhebung dieses Protestes nicht blos dann, wenn er auf den spätesten zweiten dafür zulässigen Tag, sondern auch dann aus, wenn er mit dem ersten Tage nach dem Tage, an welchem die Zahlung gefordert werden konnte, zusammenfällt.*

Art. 51. Regreß des Indossatars überhaupt und namentlich in seiner gleichzeitigen Eigenschaft als Ehrenzahler. — Vergl. Allgem. Deutsche Wechsel-Ordnung Art. 63.

Rechtsgr. 434. — IV. Senat. 9. Juli 1868. (LXXI. 303.)

Für den Regreß nehmenden Indossatar ist es gleichgültig, unter welcher Form, ob durch Ehrenzahlung oder wie sonst, der Wechsel an ihn zurückgelangt ist, und können seine Rechte als Ehrenzahler sowie als Indossatar, wenn er beide Eigenschaften in seiner Person vereinigt, neben einander bestehen, ohne sich gegenseitig aufzuheben oder zu beschränken.

Siehe auch Rechtsgrundsatz 436. (Allgem. Deutsche Wechsel-Ordnung Art. 63.)

Art. 55. Legitimation des Wechselklägers auf Grund eines auf dem Wechsel befindlichen Blankogiro. — Vergl. Allg. Deutsche Wechsel-Ordnung Art. 88. No. 2.

Rechtsgr. 435. — IV. Senat. 9. Mai 1867. (LXVII. 197.)

Der den Wechsel im Regreßwege einlösende Indossant ist, selbst wenn die Indossamente seiner Nachmänner und sein eigenes nicht durchstrichen worden, auf Grund des in seinen Händen befindlichen eingelösten Wechsels und des

* Vergl. die hiermit beseitigte entgegenstehende Ansicht Rechtsgrundsätze Bd. 5. S. 314. No. 721.

Blankogiros seines unmittelbaren Vormannes legitimirt, den Wechsel gegen die vorstehenden Wechselschuldner einzuklagen, vorausgesetzt, daß es an einem gehörig levirten Protest nicht fehlt.

Siehe auch Rechtsgrundsatz 480. (Allgem. Deutsche Wechsel-Ordnung Art. 36.)

IX. Intervention.

2. Ehrenzahlung.

Art. **63**. Wirkung der Ehrenzahlung und des Indossaments. — Vergl. Art. 51. 81.)

Rechtsgr. **436**. — IV. Senat. 9. Juli 1868. (LXXI. 303.)

Der Art. 63. der Allgem. Deutschen Wechsel-Ordnung bestimmt nur die Wirkungen der Ehrenzahlung, läßt hiervon die Wirkungen des Indossaments unberührt, und spricht durchaus nicht für den Fall, daß der Ehrenzahler zugleich Indossant ist, dem auf ihn lautenden Indossament die sonst gesetzliche Wirkung ab.

Siehe auch Rechtsgrundsatz 434. (Allgem. Deutsche Wechsel-Ordnung Art. 51.)

XI. Abhanden gekommene Wechsel.

Art. **73**. Siehe Rechtsgrundsätze 445. 446. (Allgem. Deutsche Wechsel-Ordnung Art. 83.)

XIII. Wechselverjährung.

Art. **77**. Beginn und Lauf der Wechselverjährung bei der Abrede der Wechselkontrahenten, daß die Erhebung des Wechselanspruches nur bei Eintritt einer bestimmten Bedingung statthaft sein solle. — Vergl. A. L. R. I. **9**. §§ 516. ff. 535. ff. 568.

Rechtsgr. **437**. — IV. Senat. 20. Oktober 1868. (LXXII. 311.)

Durch die Uebereinkunft der Wechselkontrahenten, daß die Geltendmachung des Wechselanspruches gegen Aussteller und Acceptanten von dem Eintritt einer Bedingung abhängig sein solle, wird der Beginn und der Lauf der

Wechselverjährung dem Wechselnehmer gegenüber nicht gehindert.

Art. 78. 79. Verjährung der Regreßansprüche des Inhabers und des Indossanten gegen den Aussteller und die übrigen Vormänner:

A. Prolongation des Wechsels Seitens des Ausstellers in ihrem Einfluß auf den Lauf der Wechselverjährung.

Rechtsgr. 438. — IV. Senat. 12. März 1867. (LXVII. 103.)

Der von dem Aussteller eines gezogenen Wechsels nach Verfall, jedoch innerhalb der Verjährungsfrist auf den Wechsel gesetzte Vermerk:

„prolongirt bis ...... und hafte ohne Protest als Selbstschuldner",

ist nicht geeignet, die Uebernahme einer Verlängerung der ursprünglichen, durch die Ausstellung übernommenen wechselrechtlichen Verbindlichkeit zu konstatiren und den Einwand der Verjährung zu beseitigen; es wird dadurch vielmehr nur die Eingehung einer andersartigen, nicht dem Wechselrecht, sondern dem gemeinen Civilrecht angehörigen Verbindlichkeit einer Intercession ausgedrückt.

B. Verjährung der Regreßansprüche gegen den Aussteller einer im Königreich Sachsen ausgestellten kaufmännischen Anweisung, nach Preußischem Recht. — Vergl. Sächsisches Gesetz vom 7. Juni 1849.

Rechtsgr. 439. — IV. Senat. 23. Oktober 1868. (LXVI. 132.)

Die durch das Königlich Sächsische Gesetz vom 7. Juni 1849, betreffend die kaufmännischen Anweisungen, bestimmte Gleichstellung der kaufmännischen Anweisungen mit dem Wechsel bedingt auch die Anwendung der für Preußen gültigen Verjährung aus den Art. 78. 79. der Allgem. Deutschen Wechsel-Ordnung.

XIV. Klagerecht des Wechselgläubigers.

Art. 81. Wirkung der Zahlung Seitens Eines Wechselverpflichteten auf die Verpflichtung der übrigen Schuldner aus dem Wechsel.

Rechtsgr. 440. — IV. Senat. 27. Juni 1867. (LXVI. 346.)

Die von Einem der Indossanten bewirkte Tilgung seiner Wechselverpflichtung kommt nur diesem Indossanten, nicht aber als solche auch den andern Wechselverpflichteten, namentlich nicht dem Aussteller des Wechsels zu statten.

Siehe auch Rechtsgrundsätze 417. 419. 436. 443. 537. (Allg. Deutsche Wechsel-Ordnung Art. 4. No. 7., Art. 8. 63. 82.; Konkurs-Ordnung vom 8. Mai 1855 § 87.)

Art. 82. Einreden im Wechselprozeß:

A. Wechselmäßige Verpflichtung desjenigen, welcher ein mit seinem Accept versehenes Wechselformular einem Anderen mit der Ermächtigung übergiebt, dasselbe durch seine Unterschrift als Aussteller zu vollziehen; Beweislast des Acceptanten dem Aussteller eines solchen Wechsels gegenüber.

Rechtsgr. 441. — IV. Senat. 23. Mai 1867. (LXVI. 321.)

a) Wird von der in der Rechtsprechung des Ober-Tribunals vielfach zur Geltung gebrachten Ausnahme ausgegangen,

daß derjenige, welcher ein mit seinem Accept versehenes, im Uebrigen aber der Unterschrift des Ausstellers noch entbehrendes Wechselformular einem Andern mit der Ermächtigung, dasselbe durch seine Unterschrift als Aussteller zu vollziehen, übergiebt, zwar diesem, nicht aber jedem Dritten gestattet, durch eine solche Unterschrift zu ihm in das Verhältniß als Aussteller des Wechsels zu treten, daß daher ein Dritter, welcher ohne oder gegen den Willen des Acceptanten das mit dem Accept versehene Wechselformular unterschreibt, Rechte gegen denselben aus dem Wechsel nicht herleiten kann, sich vielmehr eines rechtswidrigen Gebrauches schuldig macht,

so ist anzuerkennen, daß es dem verklagten Acceptanten als Exzipienten — gegenüber einem solchen Aussteller — obliegt, thatsächlich näher zu substanziiren und zu beweisen, daß der klagende Aussteller sich ohne oder gegen seinen, des Acceptanten, Willen als Aussteller unterschrieben, daß er sich mithin durch eine unbefugte oder der getroffenen Verabredung zuwiderlaufende Ausfüllung eines rechtswidrigen Gebrauches schuldig gemacht habe.

b) Es ist auch anzuerkennen, daß die mit der Aushändigung des Blanko=Accepts ausdrücklich oder stillschweigend ertheilte Ermächtigung sich auf die Person des ersten Empfängers zur Ausfüllung des Wechselformulars beschränken oder aber für diesen eine allgemeinere, zur Abgabe an einen von diesem gewählten Dritten sein kann.

B. Einrede des Inkasso-Indossaments gegenüber dem klagenden Indossatar und des dolus des Indossanten, im Wechselprozeß. — Vergl. Einführungsgesetz vom 6. März 1850 § 6.; Allg. Deutsche Wechsel-Ordnung Art. 9. 10. 36.

Rechtsgr. **442**. — IV. Senat. 15. Oktober 1867. (LXVIII. 258.)

a) Enthält das seiner Form nach eigentliche Indossament keinen Ausdruck des Inkasso=Mandats, so gilt der Indossatar, auch wenn derselbe mit dem Indossanten wirklich nur ein Indossament zum Inkasso verabredet hat, dem Wechselschuldner gegenüber dennoch als eigentlicher Indossatar.

Der Wechselschuldner ist daher **nicht** befugt, dem Wechselkläger, wenn derselbe einer bösen Absicht bei dem Empfange des Wechsels nicht überführt werden kann, solche Einwendungen entgegen zu setzen, welche er dem Indossanten selbst hätte entgegen setzen können.

b) Es ist demnach einem solchen Indossatar gegenüber auch der Einwand, der Indossant habe ihm das Indossament zum Inkasso nur deshalb ertheilt, um dem Wechselschuldner seine Einreden abzuschneiden, unzulässig, Falls eine Betheiligung des Indossatars bei Ausführung dieses dolus des Indossanten, oder eine Kenntniß von demselben bei Annahme des ihm girirten Wechsels nicht behauptet werden kann.

C. Einreden des Inkasso-Indossaments und des dolus des Indossanten gegenüber dem klagenden Blanko-Indossatar, im Wechselprozeß. Eintritt des Indossanten in den Prozeß. — Vergl. Einführungsgesetz vom 15. Februar 1850 § 6.; Allgem. Deutsche Wechsel-Ordnung Art. 9. 10. 36. 81.

Rechtsgr. **443.** — IV. Senat. 19. März 1868. (LXIX. 360.)

a) Der Einwand des Wechselverklagten, daß trotz des auf dem Wechsel befindlichen, formell vollgültigen, uneingeschränkten Indossaments der Kläger nur Inkasso-Mandatar des Indossanten sei, steht nur dann dem Verklagten unmittelbar gegen den Kläger zu und ist daher nur dann im Wechselprozeß zulässig, wenn er mit dem Einwande des dolus verbunden ist.

b) Wenn der Wechselverklagte nicht zugleich einen dolus des Klägers bei Erwerbung des Wechsels behauptet, so kann der Indossant und Inkasso-Mandant des Klägers nicht von Amtswegen in den Prozeß hineingezogen und als in den Prozeß eingetretener dominus litis behandelt, beziehungsweise der Kläger nicht lediglich auf die mit dem Adzitaten ausschließlich fortgeführten Verhandlungen mit seiner Wechselklage abgewiesen werden.

Art. 83. Bereicherungsklage:

A. Klagerecht des Inhabers eines verjährten oder präjudizirten Wechsels gegen einen Indossanten aus dem Auftrage. — Vergl. A. L. R. I. 13. § 65.

Rechtsgr. **444.** — IV. Senat. 17. Oktober 1867. (LXVIII. 267.)

Aus Art. 83. der Allgem. Deutschen Wechsel-Ordnung folgt nicht, daß mit dem Wegfall der Bereicherungsklage gegen den Indossanten auch das Fundament des Auftrages nicht Platz greifen könne.

B. Anstellung der Bereicherungsklage aus einem verloren gegangenen Wechsel. — Vergl. Allgem. Deutsche Wechsel-Ordnung Art. 73.

Rechtsgr. **445.** — IV. Senat. 9. April 1867. (LXVI. 298.)

Zur Begründung der durch Art. 83. der Allgem.

Deutschen Wechsel-Ordnung dem Inhaber eines präjudizirten gezogenen Wechsels gegebenen Bereicherungsklage ist die Vorlegung des Originalwechsels oder, falls derselbe verloren gegangen, die Beibringung eines Amortisations-Urtheils oder der sonstige Beweis seiner Vernichtung erforderlich.

C. Feststellung des Betrages der Bereicherung des Trassanten eines Wechsels dessen Inhaber gegenüber. — Vergl. Allgem. Deutsche Wechsel-Ordnung Art. 73.

Rechtsgr. 446. — IV. Senat. 9. April 1867. (LXVI. 298.)

Ist nachgewiesen, daß der Indossant des Wechsels dem Bezogenen keine oder nicht genügende Deckung gewährt, seinerseits aber bei der Ausstellung oder Begebung des Wechsels Valuta erhalten hat, so bildet die Differenz dieses erhaltenen und dem Bezogenen nicht gegebenen Betrages das Maaß des sich als eine wirkliche Bereicherung darstellenden und dem Trassanten nach dem materiellen Rechte nicht gebührenden Gewinnes.

Die Differenz aber zwischen der von dem Inhaber seinem Vormanne gegebenen und der von ihm durch den Bezogenen gar nicht oder in minderm Betrage erhaltenen Wechselsumme stellt den Schaden dar, den der Inhaber erlitten hat, und zu dessen Ersatz ihm der Aussteller auf Höhe seiner Bereicherung verhaftet ist.

XV. Ausländische Gesetzgebung.

Art. 86. Regreßanspruch des Indossatars gegen den inländischen Indossanten aus einem im Inlande ertheilten Indossament bei unterbliebener Protest-Erhebung gegen den im Auslande wohnhaften Acceptanten; Umfang der Anwendung der Gesetze des Inlandes.

Rechtsgr. 447. — IV. Senat. 5. März 1867. (LXVI. 252.)

Bei Prüfung des zwischen den inländischen Parteien aus dem im Inlande ertheilten Indossament streitig gewordenen Regreßanspruches und namentlich in Betreff der Frage, ob zur Begründung des letztern die Aufnahme eines Protestes nothwendig gewesen ist, sind lediglich die inländischen Gesetze für entscheidend zu erachten.

XVI. Protest.

Art. 88. No. 2. Siehe Rechtsgrundsätze 431. 432. 435. (Allg. Deutsche Wechsel-Ordnung Art. 41. 55.)

XVII. Ort und Zeit für die Präsentation und andere im Wechselverkehr vorkommende Handlungen.

Art. 92. Siehe Rechtsgrundsatz 433. (Allg. Deutsche Wechsel-Ordnung Art. 41.)

XVIII. Mangelhafte Unterschriften.

Art. 95. Siehe Rechtsgrundsatz 422. (Allg. Deutsche Wechsel-Ordnung Art. 12.)

Dritter Abschnitt. Von eignen Wechseln.

Art. 98. No. 6. Art. 99. Siehe Rechtsgrundsatz 431. (Allg. Deutsche Wechsel-Ordnung Art. 41.)

Berggesetz vom 24. Juni 1865.

(Gesetz-Sammlung S. 705.)

Dritter Titel. Von dem Bergwerkseigenthum.

Erster Abschnitt. Von dem Bergwerks-Eigenthum im Allgemeinen.

§ 54. Siehe Rechtsgrundsatz 454. (§§ 135. ff. dieses Gesetzes.)

Vierter Titel. Von den Rechtsverhältnissen der betheiligten eines Bergwerks.

§§ **94. 111.** Siehe Rechtsgrundsatz 740. (Gesetz vom 12. Mai 1851 § 1.)

§§ **112. 113.** Gewerkenversammlungen:

A. Inhalt der Postinsinuationsscheine zu den Einladungen zu Gewerkenversammlungen.

Rechtsgr. **448.** — III. Senat. 7. Februar 1868. (LXXI. 52.)

Das Berggesetz vom 24. Juni 1865 verlangt nicht, daß Postinsinuationsscheine zu den Einladungen zu den Gewerkenversammlungen der Mitbetheiligten eines Bergwerks die Angabe des zu verhandelnden Gegenstandes und das im § 113. a. a. O. angegebene Präjudiz enthalten.

B. Beweiskraft des vom Repräsentanten einer Gewerkschaft über die Generalversammlung aufgenommenen Protokolls. — Vergl. Berggesetz §§ 119. 122.

Rechtsgr. **449.** — III. Senat. 7. Februar 1868. (LXXI. 52.)

Der Inhalt des von dem Repräsentanten einer Gewerkschaft über die Generalversammlung aufgenommenen Protokolls ist von jedem Gewerken bis zum Beweise des Gegentheils anzuerkennen.

§§ **114. 116.** Gegenstand und Wirkung eines richterlichen Erkenntnisses gegen einen Gewerkschaftsbeschluß auf Aenderung des Grubenbetriebs. — Vergl. A. L. R. I. **17.** §§ 12. ff.; Gesetz vom 12. Mai 1851 § 8.

Rechtsgr. **450.** — III. Senat. 6. März 1868. (LXIX. 356.)

Wird innerhalb der im § 115. des Berggesetzes vom 24. Juni 1865 gestellten Frist der Rechtsweg gegen einen Gewerkschaftsbeschluß auf Aenderung des Grubenbetriebs beschritten, und rechtskräftig auf Aufhebung des Beschlusses erkannt, so wird die Ausführung desselben gesetzlich beseitigt und es bleibt alsdann bei derjenigen Sachlage, wie sie vor Fassung des Beschlusses bestand. Die Thätigkeit des Richters ist daher lediglich auf eine negative beschränkt, er kann entscheiden, daß ein Beschluß nicht ferner ausgeführt werden darf, wodurch also von selbst die frühere Sachlage unverändert bleibt; er kann aber nicht auf das Verlangen eines den Beschluß Anfechtenden eingehen, eine Aenderung der früheren Sachlage eintreten zu lassen; und der Sinn dieser Bestimmungen geht also dahin, die Minorität gegen die Majorität insoweit zu schützen, daß sie nicht durch Beschlüsse der letzteren zu kostspieligen gewagten Unternehmungen gezwungen werde.

§ 119. Siehe Rechtsgrundsatz 449. (Berggesetz § 112.)
§ 120. Siehe Rechtsgrundsatz 451. (Berggesetz § 129.)
§ 122. Siehe Rechtsgrundsatz 449. (Berggesetz § 112.)
§ 129. Zubuße:

A. Begriff der Zubuße. — Vergl. § 120. dieses Gesetzes.

Rechtsgr. **451.** — III. Senat. 13. Juli 1868. (LXXII. 77.)

Unter Zubuße sind diejenigen Geldbeiträge zu verstehen, welche die Miteigenthümer eines Bergwerks nach Verhältniß ihrer Antheile zum Bau und zur Erhaltung der Grube, die noch keine oder doch nicht hinlängliche Erträge zur Bestreitung der erforderlichen Kosten abwirft, entrichten.

B. Zahlung der ausgeschriebenen Zubuße für einen Gewerken durch einen Dritten; Eintritt des Dritten in die Rechte der bezahlten Gewerkschaft ohne Cession; dinglicher Gerichtsstand für die Geltendmachung des Anspruches des Dritten gegen den Gewerken. — Vergl. A. L. R. I. **11.** §§ 403. ff., **16.** §§ 46. ff.

Rechtsgr. **452.** — III. Senat. 13. Juli 1868. (LXXII. 78.)

Derjenige, welcher ausgeschriebene Zubußen für einen Gewerken an die Gewerkschaftskasse entrichtet hat, tritt ohne ausdrückliche Cession in die Rechte der bezahlten Gewerkschaft und ist befugt, seine derartigen Verläge in demjenigen Gerichtsstande, in welchem die Gewerkschaft den Gewerken auf Zahlung der Zubuße in Anspruch nehmen konnte oder mußte, gegen dieselbe geltend zu machen.

§ 130. Haftung des Gewerken für die Grubenschulden. — Vergl. Berggesetz § 234.

Rechtsgr. 453. — III. Senat. 4. Februar 1867. (LXV. 266.)

Die neue Vorschrift des § 130. des Berggesetzes vom 24. Juni 1865:

Der Gewerke kann seine Verurtheilung und Exekution dadurch abwenden, daß er, unter Ueberreichung des Kuxscheins, den Verkauf seines Antheils behufs Befriedigung der Gewerkschaft anheimstellt,

welche in ihrer Anwendung auf die bestehenden Gewerkschaften in den Uebergangsbestimmungen durch § 234. a. a. O. eine Modifikation erfahren hat, hindert nicht die Verurtheilung eines Gewerken wegen einer Schuldverpflichtung, die schon vor Entstehung des neuen Gesetzes begründet und Gegenstand der Klage geworden ist, indem jene neue Vorschrift für eine bloße Deklaration der früheren Gesetze nicht zu erachten ist.

Fünfter Titel. Von den Rechtsverhältnissen zwischen den Bergbautreibenden und den Grundbesitzern.

Erster Abschnitt. Von der Grundabtretung.

§§ 135. ff. Grundabtretung durch Expropriation:

A. Zwangsrecht auf Ueberlassung des für den Bergbau nothwendigen Areals. — Vergl. § 34. dieses Gesetzes.

Rechtsgr. 454. — III. Senat. 11. September 1868. (LXXII. 162.)

Dem Bergwerksbesitzer steht ein Zwangsrecht auf die Ueberlassung des für den Bergbau nothwendigen Areals zum Eigenthum nicht zu.

B. Expropriation im Sinne der §§ 135. ff. dieses Gesetzes im Verhältniß zur gütlichen Uebereignung. — Vergl. A. L. R. I. **11**. §§ 8—11. 221.

Rechtsgr. **455**. — III. Senat. 11. September 1868. (LXXII. 163.)

Eine Expropriation im Sinne der §§ 155. ff. des Berggesetzes vom 24. Juni 1865 ist nicht schon dadurch für ausgeschlossen zu erachten, daß die Uebereignung des Grundstücks an den Bergwerksbesitzer durch gütliche Vereinbarung und nicht im Wege des Zwangsverfahrens stattgefunden hat.

C. Uebereignung des zum Bergbau nothwendigen Areals in seinem Verhältniß zum Kaufvertrag, und insbesondere mit Bezug auf das Vorkaufsrecht. — Vergl. A. L. R. I. **20**. §§ 575. 631.

Rechtsgr. **456**. — III. Senat. 11. September 1868. (LXXII. 162.)

Verlangt der Bergwerksbesitzer die Abtretung eines Areals von dem Grundbesitzer, und muß der erstere in dem in den §§ 138. 139. des Berggesetzes vom 24. Juni 1865 gedachten Falle das Eigenthum erwerben, so ist eine demgemäß stattfindende Uebereignung nicht in aller Beziehung als ein auf einem Kaufvertrag beruhender Erwerb, und insbesondere als ein der Ausübung des Vorkaufsrechts, bezüglich dem Retrakt unterworfener Verkauf anzusehen.

D. Ausübung eines zuständigen Vorkaufsrechts bei Uebereignung eines Areals zum Zwecke des Bergbaus.

Rechtsgr. **457**. — III. Senat. 11. September 1868. (LXXII. 163.)

Erwirbt der Bergwerksbesitzer auf Grund der §§ 138. 139. des Berggesetzes vom 24. Juni 1865 ein Areal zu Eigenthum, so ist derjenige, welchem ein Vorkaufsrecht an dem Areal zusteht, nicht befugt, sei es, vor der Uebergabe des Grundstücks an den Bergwerksbesitzer an dessen Stelle in das Uebereignungsgeschäft einzutreten, sei es, nach der Uebergabe des Grundstücks durch Rückforderung desselben aus der Hand des Bergwerksbesitzers zu dessen Rechtsnachfolger zu machen.

Zweiter Abschnitt. Von dem Schadensersatze für Beschädigungen des Grundeigenthums.

§ 150. Entschädigungsverpflichtung des Bergbautreibenden dem Grundeigenthümer gegenüber bei neuen Anlagen desselben.

Rechtsgr. 458. — III. Senat. 22. November 1867. (LXIX. 145.)

Der § 150. des Berggesetzes vom 24. Juni 1865 setzt voraus, daß zur Zeit der neuen Anlage ein Bergbau schon in solcher Weise getrieben worden, daß eine weitere Ausdehnung desselben bis zu der neuen Anlage vernünftigerweise vorausgesehen werden konnte, was dahin aufgefaßt werden muß, daß bei derjenigen Aufmerksamkeit, welche allgemein erwartet werden kann, der Unternehmer der neuen Anlage im Stande sein muß, die durch die Fortsetzung des Bergbaues seiner Anlage drohende Gefahr vorauszusehen, daß er vernünftigerweise, d. h. bei Anwendung der nöthigen Vorsicht und Ueberlegung, diese Gefahr nicht ignoriren kann.

Dritter Abschnitt. Von dem Verhältnisse des Bergbaues zu öffentlichen Verkehrsanstalten.

§§ 153. 155. Kollision zwischen Grundeigenthum und Bergwerkseigenthum.

Rechtsgr. 459. — III. Senat. 24. Februar 1868. (LXXI. 74.)

Der bei der Kollision mehrerer Grundeigenthümer zutreffende Satz:

daß die Ausschließlichkeit und Willkürlichkeit des Gebrauchsrechtes des einen Eigenthümers ihre nothwendige Begrenzung finde in der dem anderen Eigenthümer ebenfalls zustehenden Willkürlichkeit und Ausschließlichkeit, und daß demgemäß die Benutzung des einen Eigenthümers nicht in den Rechtskreis der Benutzung des andern hinübergreifen dürfe,

ist nicht ohne Weiteres auf Kollisionen zwischen Grundeigenthum und Bergwerkseigenthum anzuwenden, vielmehr ist darauf zu sehen, wie sich diese widerstreitenden Verhältnisse durch Herkommen und besondere Gesetze gestaltet haben.

Erster Titel. Uebergangsbestimmungen.

§ **234**. Siehe Rechtsgrundsatz 453. (Berggesetz § 130.)

Gesetz vom 14. April 1851 über die Einführung des Strafgesetzbuches für die Preußischen Staaten.

Art. **18**. Siehe Rechtsgrundsatz 528. (A. G. O. I. **34**. §§ 1. ff.)

Strafgesetzbuch für die Preußischen Staaten vom 14. April 1851.

Erster Theil. Von der Bestrafung der Verbrechen und Vergehen im Allgemeinen.

Erster Titel. Von den Strafen.

§ **11**. Siehe Rechtsgrundsätze 506. 676. (A. G. O. I. **13**. § 25.; Deklaration vom 6. April 1839 Art. 13.)

§§ **12**. **21**. Siehe Rechtsgrundsatz 506. (A. G. O. I. **13**. § 25.)

Vierter Titel. Von den Gründen, welche die Strafen ausschließen oder mindern.

§§ **50**. ff. Siehe Rechtsgrundsatz 272. (A. L. R. II. **1**. § 188.)

§ 54. Siehe Rechtsgrundsätze 464. 476. (Strafgesetzbuch § 100.; A. G. O. I. 1. § 3.)

Zweiter Theil. Von den einzelnen Verbrechen und Vergehen und deren Bestrafung.

Dreizehnter Titel. Verletzung der Ehre.

§ 153. Retorsion als allgemeiner Grundsatz für Ehrverletzungen.

Rechtsgr. 460. — Senat für Strafsachen, I. Abth. 20. Sept. 1867. (LXVII. 355.)

Der § 153. des Strafgesetzbuches stellt den Grundsatz der Retorsion für Ehrverletzungen überhaupt auf.

Daher können auch gegenseitige Verleumdungen und Verleumdungen gegen Beleidigungen kompensirt werden.

§ 154. Anwendbarkeit des § 154. des Strafgesetzbuches auf Verleumdungen. — Vergl. Strafgesetzbuch § 156.

Rechtsgr. 461. — Senat für Strafsachen, I. Abth. 11. Januar 1867. (LXV. 248.)

Der § 154. des Strafgesetzbuches findet auch auf Verleumdungen Anwendung; ist also ein Fall desselben festgestellt, so findet eine Verurtheilung aus § 156. a. a. O. nur dann seine Rechtfertigung, wenn zugleich festgestellt wird:

daß die anzeigten Thatsachen wider besseres Wissen behauptet worden sind.

§ 156. Substanziirung der Verleumdungsklage; beleidigende Absicht bei der Verleumdung.

Rechtsgr. 462. — Senat für Strafsachen, I. Abth. 2. Nov. 1866. (LXVI. 145.)

a) Für die Substanziirung der Verleumdungsklage ist nicht schon die Behauptung der Unwahrheit der betreffenden Thatsache zu erfordern, vielmehr ist nur erforderlich, daß die angeblich behauptete oder verbreitete Thatsache geeignet sei, den Kläger dem Hasse oder der Verachtung auszusetzen. Dies vorausgesetzt, liegt nicht dem Kläger die Behauptung und der Beweis ihrer Unwahrheit, sondern umgekehrt dem Verklagten die Behauptung und der Beweis der Wahrheit ob.

b) Zum Thatbestande der Verleumdung gehört weder bei der Behauptung, noch bei der Verbreitung der Thatsache eine beleidigende Absicht.

Siehe auch Rechtsgrundsatz 461. (Strafgesetzbuch § 154.)

§§ 160. 162. Persönliche Fähigkeit des Beleidigten zur Anstrengung der Injurienklage:

A. Einfluß des § 162. auf Beantwortung dieser Frage.

Rechtsgr. **463.** — Senat für Strafsachen, II. Abth. 27. Sept. 1866. (LXVI. 96.)

Der § 162. des Strafgesetzbuches läßt die Frage unberührt, ob und inwieweit in dem Falle, wo der Staatsanwalt nicht einschreitet, oder nicht einschreiten darf, der als Kläger auftretende Beleidigte das Recht habe, selbstständig vor Gericht zu erscheinen.

B. Injurienklagen der großjährigen unter väterlicher Gewalt sich befindenden Kinder. — Vergl. Strafgesetzbuch § 54.; A. G. O. I. 1. §§ 3. 4. 13. 16.

Rechtsgr. **464.** — Senat für Strafsachen, II. Abth. 27. Sept. 1866. (LXVI. 97.)

Selbst bei großjährigen, noch unter väterlicher Gewalt sich befindenden Kindern ist durch die §§ 54. 160. 162. des Strafgesetzbuches in der Nothwendigkeit, bei Anstellung von Injurienklagen ihre Väter zuzuziehen, Nichts geändert.

C. Injurienklage eines abwesenden und seinem Aufenthalte nach unbekannten Mannes. — Vergl. A. G. O. I. 1. § 21.

Rechtsgr. **465.** — Senat für Strafsachen, II. Abth. 27. Sept. 1866. (LXVI. 97.)

Die Ehefrau eines abwesenden und eines seinem Aufenthalte nach unbekannten Mannes ist befugt, die ihr zugefügten Beleidigungen selbstständig vor Gericht zu verfolgen.

D. Verletzung der Ehre des Ehemannes durch eine gegen die Ehefrau gerichtete Verleumdung oder Beleidigung.

Rechtsgr. 466. — Senat für Strafsachen, I. Abth. 1. März 1867. (LXVII. 88.)

Der § 162. des Strafgesetzbuches hat nicht die Wirkung, daß der Ehemann, wenn er nicht wegen Beleidigung oder Verleumdung seiner Ehefrau klagen will oder kann, eine dieselbe betreffende Aeußerung nur dann rügen kann, wenn sie zugleich gegen ihn gerichtet ist; der Instanzrichter ist vielmehr nicht gehindert, in einer solchen Aeußerung, auch wenn sie nicht gegen den Ehemann gerichtet war, eine Verletzung der Ehre desselben zu finden.

Siehe auch Rechtsgrundsatz 272. (A. L. R. II. 1. § 188.)

Sechszehnter Titel. Körperverletzung.

§ 188. Erledigung der gegenseitigen Beleidigung durch rechtskräftige Entscheidung im Vorprozesse.

Rechtsgr. 467. — Senat für Strafsachen, I. Abth. 22. Nov. 1867. (LXIX. 148.)

Gegenseitige Beleidigungen können nur dann durch rechtskräftige Vorentscheidung für vollständig erledigt erachtet werden, wenn der erkennende Richter sie auf die im § 188. des Strafgesetzbuches gedachte Retorsion oder auf eine vom Verklagten angebrachte Widerklage gegründet hat.

Dritter Theil. Von den Uebertretungen.

Tritter Titel. Uebertretung in Beziehung auf die persönliche Sicherheit, Ehre und Freiheit.

§ 345. No. 9. Strafbarkeit und civilrechtliche Verantwortlichkeit dessen, welcher an Orten, wo Menschen hinkommen, Brunnen, Keller, Gruben 2c. unverdeckt oder unverwahrt läßt. — Vergl. A. L. R. I. 6. § 26.

Rechtsgr. 468. — I. Senat. 4. Januar 1867. (LXV. 242.)

Der § 345. No. 9. des Strafgesetzbuches stellt lediglich den, gleichviel, ob Eigenthümer oder Herr der Anlagen oder nicht, welcher in Häusern 2c. Gruben und Oeffnungen unverdeckt läßt, den andern Menschen, für welche daraus Gefahr entstehen kann, gegenüber, und macht derselbe sich straffällig und civilrechtlich für den daraus entstehenden Schaden verantwortlich, mag dieser Schaden den mit dem Vorhandensein dieser Gruben sowie mit der im Falle ihres Unbedecktseins möglichen Gefahr bekannten Eigenthümer oder Herrn der Anlage, oder einen gleich ihm mit der Lokalität bekannten Andern, oder aber eine mit der Lokalität nicht bekannte Person betroffen haben.

Allgemeine Gerichts-Ordnung.

Theil I. Prozeß-Ordnung.

Einleitung.

§§ **1.** ff. Streitigkeiten über Sachen und Rechte als Gegenstand des richterlichen Verfahrens:

A. Inhalt des § 1 als Rechtsgrundsatz.

Rechtsgr. **469.** — **II.** Senat. 12. Dezember 1867. (**LXIX.** 213.)

Der § 1. der Einleitung zur Allg. Gerichts-Ordnung enthält einen Rechtsgrundsatz.

B. Bestreiten oder Verletzung eines Rechts als Voraussetzung einer Klage. — Vergl. A. G. O. I. **5.** §§ 1. ff.

Rechtsgr. **470.** — **I.** Senat. 27. Mai 1867. (**LXVIII.** 92.)

Zur Substanziirung der Klage gehört, daß der Verklagte dem Kläger sein Recht irgendwie streitig gemacht oder verletzt hat.

C. Rechtsweg gegen den polizeilichen Baukonsens.

Rechtsgr. 471. — II. Senat. 14. November 1867. (LXIX. 104.)

Der polizeiliche Baukonsens ist nicht als eine den Rechtsweg verbietende polizeiliche Verfügung in Ansehung derjenigen Interessenten anzusehen, welchen derselbe nicht ertheilt worden.

Siehe auch Rechtsgrundsätze 343. 723. 737. (A. L. R. II. 15. § 4.; Verfassungs-Urkunde vom 31. Januar 1850 Art. 7.; Gesetz vom 7. März 1850 § 10.)

§ 16. Beweislast:

A. Grundsätze über die Beweislast als Prozeßvorschriften oder Rechtsgrundsätze. — Vergl. Verordnung vom 14. Dezember 1833 § 4.

Rechtsgr. 472. — IV. Senat. 5. September 1867. (LXIX. 17.)

Die Frage, welcher Partei der Beweis in Bezug auf eine streitige Thatsache obliegt, ist an sich auf prozessualischem Gebiet zu entscheiden, und es ist ein zur Begründung einer Nichtigkeitsbeschwerde geeigneter rechtsgrundsätzlicher Verstoß nur in dem Falle anzuerkennen, wenn der Richter eine für oder wider das Vorhandensein einer Thatsache im Gesetze aufgestellte rechtliche Vermuthung unberücksichtigt gelassen hat, oder wenn die von ihm für die Belastung einer Partei mit der Beweisführung geltend gemachten Gründe gegen Gesetze oder Rechtsgrundsätze verstoßen.

B. Behauptung der Unkenntniß von dem Inhalte eines unterschriebenen Vertrages, sowie von dem Inhalte anderer in den, den Vertragsabschluß betreffenden Erklärungen speziell bezeichneten Urkunden, insbesondere bei Handelsgeschäften. — Vergl. Allgem. Deutsches Handelsgesetzbuch Art. 282.

Rechtsgr. 473. — IV. Senat. 10. September 1868. (LXXII. 147.)

a) Sowenig, wie ein Kontrahent, welcher die den Vertrag enthaltende Urkunde mit seinem Namen unterschrieben hat, seine Unkenntniß von ihrem Inhalte vorschützen und von dem anderen Kontrahenten den Beweis des Gegentheils verlangen kann, sowenig kann ein solches Verlangen von demjenigen geltend gemacht werden, welcher in seinen den Vertragsabschluß betreffenden Erklärungen auf den Inhalt anderer speziell bezeichneter Urkunden direkt oder indirekt Bezug nimmt.

b) Der vorstehende Grundsatz findet umsomehr Anwendung, wenn ein Kaufmann ein Geschäft in dem Betriebe seines Handelsverkehrs abgeschlossen hat.

§ 56. Siehe Rechtsgrundsatz 16. (A. L. R. I. **1**. § 37.)

§§ 65. 66. Folgen und Wirkungen rechtskräftiger richterlicher Entscheidungen:

A. Identität des Fundaments der Klage beim Einwande der rechtskräftig entschiedenen Sache. — Vergl. A. G. O. I. **10**. § 59., **16**. § 1.

Rechtsgr. **474**. — IV. Senat. 30. April 1867. (**LXVII**. 182.)

Der Einwand der rechtskräftig entschiedenen Sache ist, die Identität des Fundaments beider Prozesse vorausgesetzt, auch dann begründet, wenn lediglich behufs Ergänzung der zur Begründung dieses Klagefundamentes erforderlichen Thatsachen neue Thatsachen angeführt werden.

B. Einwand der rechtskräftig entschiedenen Sache bei Zurückweisung der bezüglichen Thatsache aus formellen Gründen im Vorprozeß. — Vergl. A. G. O. I. **10**. § 5a.; **16**. § 1.

Rechtsgr. **475**. — IV. Senat. 30. April 1867. (**LXVII**. 179.)

Für die Beurtheilung des Einwandes rechtskräftig entschiedener Sache ist es, die Identität des Fundaments beider Prozesse vorausgesetzt, unerheblich, ob die darauf bezüglichen Thatsachen aus materiellen oder aus formellen Gründen zur Unterstützung des eingeklagten Anspruches nicht für geeignet erachtet worden sind.

Siehe auch Rechtsgrundsätze 115. 220. 254. 505. 506. 511. (A. L. R. I. **11**. § 342., **20**. § 520., **22**. § 28.; A. G. O. I. **13**. §§ 24. 25., **14**. § 2.)

Titel 1. Von den Personen, welche vor Gericht klagen und belangt werden können.

§§ 3. 4. 13. Injurienklage der großjährigen unter väterlicher Gewalt stehenden Kinder. — Vergl. § 16. dieses Titels.

Rechtsgr. 476. — Senat für Strafsachen, II. Abth. 27. Sept. 1866. (LXVI. 97.)

Selbst bei großjährigen, noch unter väterlicher Gewalt sich befindenden Kindern ist durch die §§ 54. 160. 162. des Strafgesetzbuches in der Nothwendigkeit, bei Anstellung von Injurienklagen ihre Väter zuzuziehen, Nichts geändert.

§§ 16 ff. 21. Gerichtliche Klagen einer Ehefrau:

A. Gegen den Ehemann und einen Dritten auf Ungültigkeitserklärung eines vom Ehemanne abgeschlossenen Vertrags.

Rechtsgr. 477. — III. Senat. 4. Februar 1867. (LXVII. 74.)

Die Ehefrau bedarf zur Anstellung einer Klage gegen ihren Ehemann und einen Dritten auf Ungültigkeitserklärung des von dem ersteren mit dem letzteren abgeschlossenen Vertrages über den Verkauf eines gütergemeinschaftlichen Grundstücks auch dann des Beitritts ihres Ehemannes nicht, wenn sie von dem Dritten zugleich die Räumung dieses Grundstücks verlangt.

B. Injurienklage der Ehefrau eines abwesenden und seinem Aufenthalt nach unbekannten Mannes.

Rechtsgr. 478. — Senat für Strafsachen, II. Abth. 27. Sept. 1866. (LXVI. 97.)

Die Ehefrau eines abwesenden und seinem Aufenthalte nach unbekannten Mannes ist befugt, die ihr zugefügten Beleidigungen selbstständig vor Gericht zu verfolgen.

Siehe auch Rechtsgrundsätze 272. 476. (A. L. R. II. 1. § 188.; A. G. O. I. 1. § 3.)

Titel 2. Vom Gerichtsstande.

§§ 9—15. Siehe Rechtsgrundsätze 8. 84. 282. (A. L. R. Einl. § 23., I. 9. § 350., II. 1. § 495.)

§§ 111. ff. Dinglicher Gerichtsstand:

A. Der auf Aufrechterhaltung der richterlichen Verfügung, durch welche dem Besitzer des Grundstückes zu Gunsten seines Hypothekengläubigers Schranken in der Disposition gestellt werden, gerichteten Klage. — Vergl. A. L. R. I. 20. §§ 441. 442.

Rechtsgr. 479. — III. Senat. 26. Oktober 1866. (LXV. 99.)

Für die auf Aufrechterhaltung der nach § 442. I. 20. des Allgem. Landrechts erlassenen, die Disposition des Besitzers eines Grundstücks zu Gunsten eines Hypothekengläubigers einschränkenden richterlichen Verfügung gerichtete Klage des letztern ist der dingliche Gerichtsstand begründet.

B. Dinglicher Gerichtsstand der Klage des Besitzers des verpfändeten Grundstückes gegen die Hypothekengläubiger wegen gänzlicher oder theilweiser Ungültigkeit der Hypothek und Befreiung des Grundstückes von derselben.

Rechtsgr. 480. — IV. Senat. 27. September 1866. (LXVII. 1.)

Wird von dem Besitzer des verpfändeten Grundstücks im Wege des Prozesses gegen den Hypothekengläubiger ausgeführt, die Hypothek sei gänzlich oder theilweise ungültig, und deshalb Befreiung des Grundstücks von derselben verlangt, so liegt eine dingliche Klage vor.

Dieselbe kann im Gerichtsstande der Sache angestellt werden.

C. Bedeutung vom „Gutsbesitzer" in dieser Gesetzesstelle.

Rechtsgr. 481. — III. Senat. 13. Juli 1868. (LXXII. 78.)

Der durch § 113. No. 2. I. 2. der Allgem. Gerichts-Ordnung für den Fall begründete dingliche Gerichtsstand:

„wenn ein solcher Gutsbesitzer die zum Besten des Grundstücks geleisteten Vorschüsse oder gelieferte Materialien und Arbeiten zu erstatten sich weigert",

bezieht sich auch auf die Besitzer anderer Grundstücke und unbeweglicher Dinge.

Siehe auch Rechtsgrundsatz 216. (A. L. R. I. 20. § 441.)

§ 114. und Anh. **§ 34.** Gerichtsstand der Ausländer:

A. Begriff der Einwohner der deutschen Bundesstaaten nach der Verordnung vom 7. Juli 1819. — Vergl. Verordnung vom 7. Juli 1819; Erlaß vom 29. Dezember 1852; Kabinets-Order vom 11. August 1857.

Rechtsgr. **482.** — I. Senat. 24. Februar 1868. (LXX. 87.)

Unter „Einwohner der deutschen Bundesstaaten" in der Verordnung vom 7. Juli 1819 sind nur die Unterthanen jener Staaten zu verstehen; die in den deutschen Bundesstaaten wohnenden Ausländer bleiben den Preußen gegenüber immer noch Ausländer und den Bestimmungen des Anh. § 34. zu § 114. I. 2. der Allgem. Gerichts-Ordnung unterworfen.

B. Forderungen des Ausländers an den Inländer als ein im Inlande befindliches Vermögensobjekt.

Rechtsgr. **483.** — IV. Senat. 10. September 1868. (LXXI. 324.)

Die einem Ausländer an einen Inländer zustehende Forderung ist im Sinne des § 34. Anhangs zur Allgem. Gerichts-Ordnung als ein im Inlande befindliches Vermögensobjekt des Ausländers anzusehen.

§ 121. Siehe Rechtsgrundsätze 84. 282. (A. L. R. I. 9. § 350., II. 1. § 495.)

§ 154. Nichtwesentliche Prozeßvorschrift in dieser Gesetzesstelle.

Rechtsgr. **484.** — III. Senat. 17. Januar 1868. (LXIX. 315.)

Der § 154. I. 2. der Allgem. Gerichts-Ordnung enthält eine Prozeßvorschrift, die nicht zu den wesentlichen gehört.

§ 166. Begründung der Rechtshängigkeit mit der Wirkung der Prävention durch Insinuation der Vorladung. — Vergl. A. G. O. I. 7. § 48b.

Rechtsgr. **485.** — III. Senat. 24. April 1868. (LXXI. 126.)

Soll die in einem Prozesse erfolgte Insinuation der Vorladung an den Verklagten die Rechtshängigkeit mit der Wirkung begründen, daß daraus die Prävention des Prozesses folgt, der Streit nicht mehr die Entscheidung eines anderen Gerichts unterbreitet werden kann und selbst Veränderungen des Verklagten in Bezug auf den Gerichtsstand unerheblich sind, so kann diese Wirkung der Einleitung eines zweiten Prozesses doch nur dann entgegengesetzt werden, wenn beide Prozesse in subjektiver und objektiver Beziehung identisch sind.

§§ 107. ff. Schiedsrichter und Schiedsspruch:

A. Fähigkeit der Person als Schiedsrichter; Verwaltungsrath und Generalversammlung einer Gesellschaft und namentlich der Pensions-Zuschußkasse für die Musikmeister des Königlich Preußischen Heeres als Schiedsrichter bei streitigen Ansprüchen eines Gesellschaftsmitgliedes.

Rechtsgr. 480. — IV. Senat. 14. März 1867. (LXVII. 106.)

Schiedsrichter kann nur eine den Parteien gegenüber stehende, mithin nur eine dritte außerhalb der Parteien stehende Person sein, und ist es deshalb unzulässig, daß für die Entscheidung des Streites zwischen einem Mitgliede der Gesellschaft und der Gesammtheit dieser Gesellschaft der Verwaltungsrath und in letzter Instanz die Generalversammlung als Schiedsgericht eingesetzt wird.

Dies gilt namentlich rücksichtlich des Streites über die Ansprüche eines Mitgliedes der Pensions-Zuschußkasse für die Musikmeister des Königlich Preußischen Heeres.

B. Vereidigung des Schiedsrichters. — Vergl. Cod. 2. 56. Lex 4.; Nov. 82. Cap. 11.; Extr. Decr. Grat. 1. 43. Cap. 2. 9.

Rechtsgr. 487. — III. Senat. 16. März 1868. (LXX. 205.)

Weder im Gemeinen Recht, noch durch die Allgem. Gerichts-Ordnung ist die Vereidigung des Schiedsrichters angeordnet.

C. Rechtsmittel gegen das einen Schiedsspruch bestätigende Erkenntniß eines Gerichts erster Instanz.

Rechtsgr. 488. — III. Senat. 16. März 1868. (LXX. 204.)

Hat der angegangene ordentliche Richter nicht blos auf Zurückweisung der Nichtigkeitsklage gegen einen Schiedsspruch erkannt, sondern den letztern bestätigt, so liegt ein Erkenntniß zweiter Instanz vor und ist die Nichtigkeitsbeschwerde das geeignete Rechtsmittel.

Titel 3. Von der Pflicht der Parteien, die Instruktion ihrer Prozesse persönlich abzuwarten, und inwiefern sie sich dabei rechtlicher Beistände oder Bevollmächtigter bedienen können.

§§ **22**. **25**. **29**. Siehe Rechtsgrundsatz 361. (Allg. Deutsches Handelsgesetzbuch Art. 47.)

Titel 5. Von Aufnehmung und Instruktion der Klage selbst, und was dabei zu beobachten.

§§ **1**. ff. Siehe Rechtsgrundsatz 470. (A. G. O. Einl. § 1.)

§ **12**. Siehe Rechtsgrundsatz 490. (A. G. O. I. **6**. § 7.)

§ **17**. No. **1**. **2**. Nicht wesentliche Prozeßvorschrift im § 17. No. 1. und 2. I. 5. der Allgem. Gerichts-Ordnung. — Vergl. Verordnung vom 14. Dezember 1833 § 5., Deklaration vom 6. April 1839 Art. 3.

Rechtsgr. 489. — III. Senat. 10. Juli 1868. (LXXII. 57.)

Der § 17. No. 1. und 2. I. 5. der Allg. Gerichts-Ordnung enthält keine wesentliche Prozeßvorschrift im Sinne des § 5. der Verordnung vom 14. Dezember 1833 und des Art. 3. der Deklaration vom 6. April 1839.

§§ **21**—**23**. Siehe Rechtsgrundsatz 492. (A. G. O. I. **10**. § 5a.)

Titel 6. Von der Verordnung auf die Klage.

§ **7**. Prüfung der Zulässigkeit des Rechtsweges von Amtswegen. — Vergl. A. G. O. I. **5**. § 12.

Rechtsgr. 400. — II. Senat. 24. März 1868. (LXX. 240.)

Die Frage, ob in einem konkreten Falle die richterliche Entscheidung zulässig oder ausgeschlossen ist, unterliegt, und zwar auch noch in der Revisions-Instanz, von Amtswegen der richterlichen Prüfung.

Titel 7. Von Abfassung und Insinuation gerichtlicher Verordnungen.

§ 48. Erbtheilungsverfahren in seiner Eigenschaft als prozessualisches Verfahren und in seinem Einfluß auf die Litispendenz.

Rechtsgr. 401. — III. Senat. 26. Oktober 1868. (LXXII. 331.)

a) Als ein wirklich prozessualisches Verfahren, bei welchem allein nur von einer wahren Litispendenz nach § 48. I. 7. der Allgem. Gerichts-Ordnung die Rede sein kann, läßt sich, wenn auch im ersten Theil der Allg. Gerichts-Ordnung abgehandelt, das Erbtheilungsverfahren in seiner Totalität nicht betrachten.

b) Daher läßt sich von einer Rechtshängigkeit der zwischen den Interessenten hervorgetretenen Streitpunkte durch deren Vorbringung beim Nachlaßrichter nicht in dem eigentlichen prozessualischen Sinne, sondern nur in der weiteren Bedeutung des Wortes und insofern sprechen, als der Nachlaßrichter von Amtswegen dafür Sorge zu tragen hat, daß jeder im Erbtheilungsverfahren einmal zu Tage gekommene streitige Anspruch, insofern ihm nicht ausdrücklich entsagt wird, nunmehr auch zum Austrage durch Urtheil und Recht gebracht werde.

§ 48b. Siehe Rechtsgrundsatz 485. (A. G. O. I. 2. § 166.)
§§ 48c. d. Siehe Rechtsgrundsatz 176. (A. L. R. I. 16. § 16.)

Titel 10. Von der Instruktion der Sache zum Definitiv-Erkenntnisse.

§ 5a. Unterlegung eines anderen Klagefundaments Seitens des Richters namentlich bei der auf Verjährung gegründeten Klage. — Vergl. A. G. O. I. 5. §§ 21—23.

Rechtsgr. 402. — II. Senat. 25. September 1866. (LXVI. 83.)

Ist die Klage ausdrücklich darauf gegründet, daß Kläger das fragliche Recht durch rechtsverjährten Besitz erworben habe, so hat sich der Richter bei Entscheidung der Sache auf Prüfung dieses Klagegrundes zu beschränken, wogegen er sich der Unterlegung eines andern Klagegrundes schuldig macht, wenn er aus den vom Kläger angeführten Thatsachen unter Heranziehung des Gesetzes das Recht des Klägers herleitet.

Siehe auch Rechtsgrundsatz 475. (A. G. O. Einl. § 65.)

§ 19. Anh. §§ 68—72. Siehe Rechtsgrundsätze 33. 149. (A. L. R. I. 5. § 172., 12. § 113.)

Erster Abschnitt. Von der näheren Vernehmung der Parteien, und Regulirung des status causae et controversiae.

§ 59. Siehe Rechtsgrundsatz 474. (A. G. O. Einl. § 65.)

§ 60. Auferlegung eines nothwendigen Eides und Nothwendigkeit der Festsetzung für den Schwörungs- und Nichtschwörungsfall zur definitiven Entscheidung des Prozesses. — Vergl. A. G. O. I. 10. § 377., 13. §§ 36—43., 22. § 4.

Rechtsgr. 403. — II. Senat. 25. Februar 1868. (LXIX. 345.)

Sofern es sich nicht um einen Präjudizial-Einwand handelt, ist der Instanzrichter nicht befugt, falls er auf einen Eid erkennt, für den Fall der Nichtableistung desselben das weitere Verfahren über die Hauptsache und den Kostenpunkt anzuordnen, es muß vielmehr zum gleichzeitigen Austrage des Rechtsstreites in seinem ganzen Umfange auch die Wirkung des Nichtschwörens festgesetzt werden.*

* Vergl. dagegen für den heutigen gemeinen Prozeß Rechtsgrundsatz No. 583. zur Reichskammergerichts-Ordnung von 1555 Thl. 3. Tit. 50. § 5.

Zweiter Abschnitt. Vom Beweise durch Zugeständniß.

§§ 82. ff. Untheilbarkeit eines qualifizirten Geständnisses als nicht wesentliche Prozeßvorschrift. — Vergl. Instruktion vom 7. April 1839 No. 11.

Rechtsgr. **404.** — III. Senat. 1. Mai 1866. (LXXI. 145.)

Der Grundsatz, daß qualifizirte Geständnisse nicht getheilt werden dürfen, enthält keinen Rechtsgrundsatz, sondern eine nicht wesentliche Prozeßvorschrift.

Dritter Abschnitt. Vom Beweise durch Urkunden.

§§ 91—100. Nicht wesentliche Prozeßvorschriften in diesen Gesetzesstellen. — Vergl. Verordnungen vom 14. Dezember 1833 § 5., vom 6. April 1839 Art. 3., und vom 21. Juli 1846 § 31.

Rechtsgr. **405.** — IV. Senat. 16. Juni 1868. (LXXI. 228.)

Die §§ 91—100. I. 10. der Allg. Gerichts-Ordnung enthalten Prozeßvorschriften, welche in der Verordnung vom 14. Dezember 1833 und der Deklaration vom 6. April 1839 als wesentliche nicht anerkannt sind.

§ 101. Editionseid als zugeschobener Eid. — Vergl. Verordnungen vom 14. Dezember 1833 § 5., vom 6. April 1839 Art. 3., und vom 21. Juli 1846 § 31.

Rechtsgr. **406.** — IV. Senat. 16. Juni 1868. (LXXI. 228.)

Die Nichtigkeitsbeschwerde kann nicht darauf gestützt werden, daß der Appellations-Richter den Editionseid nicht für einen zugeschobenen Eid erachtet hat.

§ 124. Siehe Rechtsgrundsatz 321. (A. L. R. II. 7. § 79.)

§ 126. Gegenbeweis gegen den Vermerk in einer gerichtlichen Verhandlung, daß der Erklärende geschäftsfähig gewesen sei. — Vergl. A. G. O. II. **2.** § 27., **3.** § 9.

Rechtsgr. **407.** — I. Senat. 8. März 1867. (LXVII. 92.)

Die im § 126. I. 10. der Allgem. Gerichts-Ordnung gegebene Bestimmung berechtigt nicht zu der Annahme, daß die Beurtheilung der Dispositionsfähigkeit einer Partei, insbesondere ob sie an Geistesstörung leide, ausschließlich dem pflichtmäßigen Ermessen des instrumentirenden Richters habe überlassen, ein Gegenbeweis gegen seine Auslegung nicht gestattet werden sollen.

Durch das Gutachten von Sachverständigen kann vielmehr dargethan werden, daß das Urtheil des Richters auf einem Irrthum beruht.

Siehe auch Rechtsgrundsatz 321. (A. L. R. II. 7. § 79.)

§ **127**. Siehe Rechtsgrundsatz 321. (A. L. R. II. 7. § 79.)

§ **129**. Eigenschaft der in einer Kompetenzüberschreitung des Schiedsmanns aufgenommenen Verhandlungen als öffentliche Urkunden, namentlich rücksichtlich des im § 13. des Gesetzes vom 24. April 1854 erforderten Anerkenntnisses der Vaterschaft in einer öffentlichen Urkunde. — Vergl. Instruktion vom 1. Mai 1841 §§ 5. 6.; Gesetz vom 24. April 1854 § 13. No. 2.

Rechtsgr. **498**. — I. Senat. 28. September 1866. (LXVI. 103.)

Hat der Schiedsmann in Ueberschreitung der ihm zugewiesenen Kompetenz eine Verhandlung aufgenommen, so wird derselben dadurch nicht die Eigenschaft einer öffentlichen Urkunde entzogen.

Namentlich hat auch die von dem Schiedsmann aufgenommene Verhandlung in Betreff des nach § 13. No. 2. des Gesetzes vom 24. April 1854 erforderten ausdrücklichen Anerkenntnisses der Vaterschaft Seitens des Schwängerers die Eigenschaft einer öffentlichen Urkunde, und nur diese Vereinbarung selbst hat die Bedeutung eines bloßen Privatvertrages.

§ **131**. Siehe Rechtsgrundsatz 321. (A. L. R. II. 7. § 79.)

Vierter Abschnitt. Von Aufnehmung des Beweises durch Zeugen.

§ **227**. Siehe Rechtsgrundsatz 506. (A. G. O. I. **13**. § 25.)

§§ **228**. **231**. **232**. Verstattung zum Erfüllungseide auf Grund der Aussage eines pro informatione vernommenen Zeugen. — Vergl.

A. G. O. I. **13**. §§ 24. ff.; Verordnung vom 14. Dezember 1833 § 5. No. 10. Lit. c.

Rechtsgr. **499**. — III. Senat. 20. Januar 1868. (LXIX. 317.)

Die Erfordernisse des Nichtigkeitsgrundes zu § 5. No. 10. Littr. c. der Verordnung vom 14. Dezember 1833 sind nicht vorhanden, wenn der Richter aus der Aussage eines nur pro informatione vernommenen Zeugen einen Unterstützungsgrund für den, der einen Partei auferlegten nothwendigen Eid entnommen hat.

Siehe auch Rechtsgrundsatz 506. (A. G. O. I. **13**. § 25.)

Fünfter Abschnitt. Von Aufnehmung des Beweises durch den Eid.

§§ **260**. ff. Siehe Rechtsgrundsatz 505. (A. G. O. I **13**. § 24.)
§ **295**. Wirkung der eventuellen Eidesdelation.

Rechtsgr. **500**. — III. Senat. 9. März 1868. (LXX. 161.)

Die eventuelle Eidesdelation hat lediglich die Bedeutung, daß der Eid unter der Bedingung zugeschoben wird, daß der prinzipaliter angetretene anderweite Beweis kein ausreichendes Ergebniß haben sollte, um das Behauptete als erwiesen anzusehen, oder um auf einen nothwendigen Eid darüber zu erkennen.

Ist die Bedingung eingetreten, so bedarf es keiner definitiven Zuschiebung des Eides, um den Delaten zu einer Erklärung über denselben zu verpflichten.

§§ **297**. **376**. Nicht wesentliche Prozeßvorschrift in diesen Gesetzesstellen.

Rechtsgr. **501**. — IV. Senat. 16. Juni 1868. (LXXI. 228.)

Die §§ 297. und 376. I. 10. der Allgem. Gerichts-Ordnung enthalten Prozeßvorschriften, welche in der Verordnung vom 14. Dezember 1833 und der Deklaration vom 6. April 1839 als wesentliche nicht anerkannt sind.

Siehe auch Rechtsgrundsatz 502. (§ 304. dieses Titels.)

§§ **304**. ff. Remonstration gegen die Fassung eines Eides, Kontumaz wegen nicht erfolgter Eidesleistung ohne vorherige Erledigung der Remonstration als Verletzung einer wesentlichen Prozeßvorschrift. — Vergl. A. G. O. I. 10. § 297.; Verordnung vom 14. Dezember 1833 § 5. No. 2.

Rechtsgr. 502. — IV. Senat. 30. Januar 1868. (LXIX. 325.)

Nach den §§ 306—308. I. 10. der Allg. Gerichts-Ordnung muß bei obwaltendem Streit über die Eidesformel der Richter durch besonderes Konklusum oder allenfalls im Erkenntniß darüber Beschluß zu fassen, ob und in welcher Norm der Eid geleistet werden soll, und erst, wenn dies geschehen, hat die Ableistung des Eides statt zu finden. Eine Weigerung desjenigen, der schwören soll, kann daher nicht vorliegen, so lange der zweite Richter die Remonstration gegen die Norm nicht durch einen Beschluß beseitigt resp. erledigt und diesen Beschluß nicht verkündet hat, und erst nach der Verkündung des Beschlusses können die in den §§ 297. u. 309. a. a. O. vorgesehenen Kontumazialfolgen des Nichtschwörens eintreten.

Ein Verstoß hiergegen enthält die Verletzung einer wesentlichen Prozeßvorschrift.

§ 376. Annahme oder Zurückschiebung eines Eides, über den eine Erklärung in den Vorinstanzen nicht abgegeben ist, in der Revisionsinstanz. — Vergl. A. G. O. I. 15. §§ 10. ff.

Rechtsgr. 503. — IV. Senat. 30. April 1867. (LXVII. 167.)

Ist eine Partei wegen verweigerter bestimmter Erklärung über die Annahme oder Zurückschiebung eines Eides in den Vorinstanzen dafür, daß sie diesen Eid nicht schwören könne oder wolle, erachtet worden, so findet eine purgatio morae durch Erklärung über den Eid in der Revisions-Instanz nicht mehr statt.

§ 377. Purifikatoria ohne vorherige mündliche Verhandlung. — Vergl. Verordnung vom 14. Dezember 1833 § 5. No. 1., § 7.; Deklaration vom 6. April 1839 Art. 1. 3. No. 1.

Rechtsgr. **504**. — IV. Senat. 20. November 1866. (LXV. 146.)

Der Richter erster Instanz ist verpflichtet, der von ihm nach Eingang der Schwurverhandlung abzufassenden Purifikations-Resolution eine mündliche Sachverhandlung voranzuschicken, und hierzu die Parteien resp. deren Vertreter, unter abschriftlicher Mittheilung der Schwurverhandlung, vorzuladen.*

Siehe auch Rechtsgrundsatz 493. (A. G. O. I. **10**. § 60.)

Titel 13. Von Abfassung und Publikation der Erkenntnisse.

§§ **9**. **10**. Siehe Rechtsgrundsatz 295. (A. L. R. II. **2**. §. 2.)

§ **24**. Unbestimmtheit der physischen Personen, welche einen auferlegten Eid leisten sollen, und Feststellung derselben durch die Purifikation oder durch ein Erkenntniß. — Vergl. A. G. O. Einl. §§ 65. 66., I. **10**. §§ 269. ff., **16**. § 1.

Rechtsgr. **505**. — IV. Senat. 18. Juni 1867. (LXVII. 284.)

Hat das Urtheil die physischen Personen, von deren Eidesleistung es die Definitiventscheidung abhängig macht, unbestimmt gelassen, so ist eine Erledigung der hypothetischen Bestimmung mittelst einer Purifikations-Resolution nur zuläßig, wenn die Parteien über die Personen, denen der Eid abzunehmen sei, einig sind.

Andernfalls muß nach vorgängiger Verhandlung mit den Parteien über die Frage, wer den Eid zu leisten habe, vorbehaltlich der Rechtsmittel erkannt werden.

Siehe auch Rechtsgrundsätze 295. 499. (A. L. R. II. **2**. § 2.; A. G. O. I. **10**. § 228.)

§ **25**. Einfluß des Verlustes der bürgerlichen Ehre auf die Abnahme eines Erfüllungs- oder Reinigungseides. — Vergl. A. G. O. Einl. §§ 65. 66., **10**. §§ 227. 228., **16**. § 1.; Strafgesetzbuch §§ 11. 12. 21.

* Vergl. dagegen Rechtsgrundsätze Bd. 4. S. 317. No. 785.

Rechtsgr. 506. — I. Senat. 27. September 1867. (LXVIII. 196.)

Ist einer Partei ein nothwendiger Eid auferlegt, und wird dieselbe hiernächst mit Untersagung der bürgerlichen Ehrenrechte bestraft, so ist nach anderweitiger Verhandlung mit den Parteien, unter Vorbehalt der Rechtsmittel über die Folgen und Wirkungen der in dem hypothetischen Urtheil nicht vorgesehenen, ganz neu eingetretenen Sachlage, zu erkennen.

Siehe auch Rechtsgrundsatz 295. (A. L. R. II. 2. § 2.)

§ 28. Thatsachen und Veränderungen werden nicht vermuthet:

A. Einfluß des § 28. I. 13. der Allgem. Gerichts-Ordnung auf die Beweislast.

Rechtsgr. 507. — IV. Senat. 5. September 1867. (LXIX. 18.)

Der § 28. I. 13. der Allg. Gerichts-Ordnung spricht, ohne Regeln darüber aufzustellen, welche Partei im einzelnen Falle zu beweisen habe, nur aus, daß beim Ausscheiden rechtlicher Vermuthungen der Satz den Ausschlag gebe, daß Thatsachen nicht zu präsumiren, beweislos aufgestellte Behauptungen mithin nicht zu berücksichtigen seien.

B. Affirmative Feststellung einer bestrittenen Thatsache als unzulässige Vermuthung derselben.

Rechtsgr. 508. — IV. Senat. 6. Oktober 1868. (LXXII. 256.)

Die affirmative Feststellung einer bestrittenen und nicht nachgewiesenen Thatsache involvirt eine unzuverlässige Vermuthung dieser Thatsache.

C. Aufhebung des § 28. I. 13. der Allgem Gerichts-Ordnung für Injuriensachen. — Vergl. Gesetz vom 11. März 1850 § 6.

Rechtsgr. 509. — Senat für Strafsachen, II. Abth. 13. Juni 1868. (LXXI. 218.)

Der § 28. I. 13. der Allg. Gerichts-Ordnung ist für Injuriensachen durch den § 6. des Gesetzes vom 11. März 1850 aufgehoben.

Siehe auch Rechtsgrundsätze 302. 425. (A. L. R. II. 2. § 210.; Allgem. Deutsche Wechsel-Ordnung Art. 18.)

§§ 30. ff. 43. Befugniß des Appellations-Richters zur Zurückweisung der Sache in die erste Instanz behufs eventueller Entscheidung über den Betrag der streitigen Forderung. — Vergl. A. G. O. I. 14. § 63

Rechtsgr. 510. — IV. Senat. 16. Juli 1868. (LXXII. 116.)

Ist in erster Instanz sowohl der Grund als der Betrag der Forderung bestritten, von dem Richter aber, obwohl er die Hauptsache mit zur Instruktion gezogen und die Beweisaufnahme über den Betrag der Forderung veranlaßt hat, dennoch die Klage lediglich auf den Grund des Einwandes der Verjährung abgewiesen, ohne eventuell über den Betrag der Forderung mit zu erkennen; so hat auch der Richter zweiter Instanz über diesen Betrag nicht zu erkennen, sondern sich darauf zu beschränken, die Verpflichtung des Verklagten zur Zahlung der Forderung überhaupt auszusprechen, die Entscheidung über den Betrag derselben aber in die erste Instanz zurück oder ad separatum zu verweisen.

Siehe auch Rechtsgrundsatz 493. 511. (A. G. O. I. 10. § 60., 14. § 2.)

Titel 14. Von Appellationen und wie mit der Instruktion derselben zu verfahren.

Erster Abschnitt. In welchen Fällen die Appellation zulässig ist und von der Wirkung derselben.

§ 2. Verpflichtung des Appellations-Richters, auf die vom Verklagten ergriffene Appellation auch das zweite, vom ersten Richter verworfene Fundament der Klage rechtlich zu prüfen. — Vergl. A. G. O. Einl. §§ 65. 66., 13. § 38., 16. § 1.

Rechtsgr. 511. — III. Senat. 17. Juni 1867. (LXVI. 332.)

Wenn die Klage auf zwei verschiedene Fundamente gestützt ist, und der erste Richter das eine Klagefundament verwirft, den Verklagten aber auf den zweiten Klagegrund hin nach dem Klageantrage verurtheilt, so verletzt der Appellations-Richter, wenn er auf die Appellation des Verklagten das erste Klagefundament wegen angeblich rechtskräftiger Beseitigung rechtlich zu würdigen ablehnt und den Kläger abweist, die Grundsätze von der res judicata; der Appellations-Richter hat in solchem Falle vielmehr auch das vom ersten Richter verworfene Klagefundament seiner rechtlichen Beurtheilung zu unterziehen.

§ 3. Interesse der das Rechtsmittel ergreifenden Partei zur Beurtheilung der Zulässigkeit des Rechtsmittels.

Rechtsgr. 512. — II. Senat. 12. November 1867. (LXIX. 88.)

Plenarbeschluß vom 22. März 1841: Die Zulässigkeit prozessualischer Rechtsmittel in den einer Schätzung nach Gelde fähigen Sachen ist nach dem Interesse der das Rechtsmittel ergreifenden Partei zu bestimmen.

§ 12. Appellation als gemeinschaftliche Rechtswohlthat.

Rechtsgr. 513. — IV. Senat. 4. April 1867. (LXVI. 289.)

a) Die durch die neuere Prozeßgesetzgebung nicht aufgehobene Bestimmung des § 12. I. 14. der Allgem. Gerichts-Ordnung:

„daß, wenn durch eine in zweiter Instanz von dem Appellanten veranlaßte neue Instruktion die Beschaffenheit und der Zusammenhang des bei dem Prozesse zum Grunde liegenden Fakti auf eine andere oder vollständigere Art und zwar zum Besten des Appellaten sich entwickelt hat, diesem letzteren freistehen solle, noch vor dem Schlusse der Sache in zweiter Instanz die seinerseits anfänglich unterlassene Appellation nachzuholen und darauf anzutragen, daß auf Grund der neuen Instruktion das Urtheil erster Instanz der nunmehrigen wahren Lage der Sache gemäß zu seinem Vortheile abgeändert werde, daß aber eine solche Partei niemals auf neue oder weitere Instruktion antragen, sondern ihre nachgeholte Appellation blos aus den bisherigen Verhandlungen rechtfertigen dürfe“, setzt, in Uebereinstimmung mit dem gemeinrechtlichen Civilprozeß, voraus, daß in Betreff derjenigen Punkte des Urtheils, bei denen die Partei der Appellation des Gegners adhäriren will, die Rechtskraft des Urtheils durch die Appellation des Gegners auch wirklich suspendirt ist.

b) Umfaßt dagegen der Prozeß mehrere auf verschiedenen thatsächlichen und rechtlichen Momenten beruhende Streitpunkte, sind einzelne derselben zu Gunsten des Gegners entschieden, und hat der letztere nur in Betreff der zu seinem Nachtheil abgeurtheilten andern einzelnen Punkte die Appellation eingelegt, so wird dadurch die Partei nicht berechtigt, dieser Appellation nach Ablauf der Präklusivfrist noch zu dem Zwecke und mit dem Erfolge zu adhäriren, daß nunmehr auch die schon rechtskräftig zu Gunsten des Gegners festgestellten und durch dessen Appellation gar nicht berührten Punkte anderweit zur Instruktion gezogen und je nach den Umständen zum Nachtheile des Gegners entschieden würden.

§ 14a. Wirkung der Appellation bei mehreren Litiskonsorten:

A. Beitritt eines Litiskonsorten zu dem von einem andern Litiskonsorten eingelegten Rechtsmittel.

Rechtsgr. **514**. — I. Senat. 5. Oktober 1866. (LXV. 34.)

Der im § 14a. I. 14. der Allgem. Gerichts-Ordnung einem Litiskonsorten nachgelassene Beitritt zu dem von einem andern Litiskonsorten angemeldeten Rechtsmittel setzt nothwendig voraus, daß dieser letztere von dem zulässigen Rechtsmittel wirklich Gebrauch macht, d. h. dasselbe nicht nur anmeldet, sondern auch einführt; unterbleibt die Einführung, so kann ein Beitritt zu dem Rechtsmittel nicht stattfinden.

B. Anwendung dieser Gesetzesstelle auf die den General-Kommissionen und den Regierungen übertragenen Auseinandersetzungen.

Rechtsgr. 515. — II. Senat. 12. November 1867. (LXIX. 88.)

Bei allen, den General-Kommissionen und den Regierungen übertragenen Auseinandersetzungen findet der § 14a. I. 14. der Allg. Gerichts-Ordnung Anwendung, auch wenn jeder einzelne der Litiskonsorten ein selbstständiges Recht verfolgt.

Siehe auch Rechtsgrundsatz 518. (A. G. O. I. 17. §§ 31. ff.)

Zweiter Abschnitt. Von der Einwendung der Appellation und der ferneren Instruktion dieses Rechtsmittels.

§ 26. Siehe Rechtsgrundsatz 189. (A. L. R. I. 16. § 392.)

§ 60. Beurtheilung der verschiedenen Angaben der Sachverständigen und Zuziehung eines Obmannes durch den ersten Richter.

Rechtsgr. 516. — III. Senat. 23. September 1867. (LXVIII. 183.)

Die im § 60. I. 14. der Allg. Gerichts-Ordnung für die Appellations-Instanz erwähnte Pflicht des Richters, zu beurtheilen, welche von verschiedenen Angaben mehrerer Sachverständigen mit den besten Gründen unterstützt sei und also den Vorzug verdiene, liegt ebenso dem Richter erster Instanz, wenn ihm verschiedene Angaben mehrerer Sachverständigen vorliegen, ob. Ebenso ist er, wenn er nicht Anlaß genug, sich hierüber zu bestimmen, in den Akten vorfindet, befugt, einen dritten Sachverständigen von Amtswegen zu ernennen und dessen Gutachten, wenn er es mit genügenden Gründen unterstützt findet, seiner Entscheidung zu Grunde zu legen.

§ 63. Siehe Rechtsgrundsatz 510. (A. G. O. I. 13. §§ 36. ff.)

Titel 15. Von Revisionen, und wie dabei zu verfahren.

§§ 10. ff. Neue thatsächliche Anführungen, wenn der Rechtsstreit zum zweiten Male in die Revisionsinstanz gelangt.

Rechtsgr. 517. — I. Senat. 15. Oktober 1866. (LXV. 60.)

Die Regel, daß neue thatsächliche Anführungen unstatthaft sind, wenn der Rechtsstreit zum zweiten Mal in die Revisions-Instanz gelangt, ist dann nicht anwendbar, wenn die Sache wegen eines formell ungültigen Verfahrens in die erste Instanz zurückgewiesen war.

Siehe auch Rechtsgrundsatz 503. (A. G. O. I. **10**. § 376.)

Titel 16. Von den Wirkungen eines rechtskräftigen Urtheils.

§ **1**. Siehe Rechtsgrundsätze 16. 189. 220. 474. 475. 505. 506. 511. (A. L. R. I. **1**. § 37., **16**. § 392., **20**. § 520., A. G. O. Einl. § 65., **13**. §§ 24. 25., **14**. § 2., **37**. § 11.)

Titel 17. Von der Litisdenunziation, Adzitation und Nomination.

§§ **25**. **31**. ff. Wahrnehmung der Rechte, namentlich rücksichtlich der Einlegung und Rechtfertigung der Rechtsmittel, durch den Litisdenunzianten und den assistirenden Litisdenunziaten. — Vergl. A. G. O. I. **14**. § 14a.

Rechtsgr. **518**. — IV. Senat. 24. September 1868. (LXXII. 205.)

Leistet der Litisdenunziat dem Litisdenunzianten Assistenz, so gereicht die Wahrnehmung der gemeinschaftlichen Rechte Seitens der einen von diesen beiden Prozeßpersonen auch der anderen zum Schutz und Vortheil.

Daher ist der Litisdenunziant, wie der Litisdenunziat, befugt, die von Einem von ihnen geschehene Anmeldung und Einführung eines Rechtsmittels durch nachträgliche Genehmigung zu seiner eigenen und somit die Wahrung der Fristen Seitens desjenigen, welcher rechtzeitig das

Rechtsmittel angemeldet, beziehentlich gerechtfertigt hat, für sich geltend zu machen.*

Siehe auch Rechtsgrundsatz 519. (A. G. O. I. 18. § 10.)

Titel 18. Von Interventionen.

§§ **10. 11.** Intervention nach Behändigung des Appellations-Urtheils; Rücknahme der Revision Seitens der Hauptpartei und selbstständige Verfolgung des Rechtsmittels durch den Intervenienten. — Vergl. A. G. O. I. 17. § 32.; Verordnungen vom 1. Juni 1833 § 58. und vom 21. Juli 1846 § 13.

Rechtsgr. **519.** — IV. Senat. 20. Februar 1868. (LXX. 83.)

Der Intervenient, welcher sich erst nach Behändigung des Appellations-Urtheils meldet und mit der betreffenden Prozeßpartei gemeinschaftlich die Revision eingelegt, ist, nachdem die Hauptpartei das Rechtsmittel vor dessen Einführung zurückgenommen hat, dasselbe selbstständig einzuführen nicht berechtigt.

Titel 20. Von Litisreassumtion und Renunziation.

§§ **9.** ff. Siehe Rechtsgrundsatz 782. (Verordnung vom 2. Juli 1866.)

Titel 22. Von den in einem Prozesse vorkommenden nothwendigen Eiden.

§§ **1—5.** Nicht wesentliche Prozeßvorschrift in diesen Gesetzesstellen.

Rechtsgr. **520.** — I. Senat. 19. November 1866. (LXVI. 178.)

Die in den §§ 1—5. I. 22. der Allgem. Gerichts-Ordnung enthaltenen Prozeßvorschriften über den Erfüllungs- und Reinigungseid sind zu den wesentlichen nicht zu rechnen.

Siehe auch Rechtsgrundsatz 493. (A. G. O. I. 10. § 60.)

* Vergl. dagegen den Rechtsgrundsatz No. 514. S. 224. dieses Bandes.

Titel 23. Von Kosten, Strafen, Schäden, Zinsen, Früchten und Abnutzungen.

§ 20. Siehe Rechtsgrundsatz 189. (A. L. R. I. **16**. § 392.)
§§ 58. ff. Siehe Rechtsgrundsatz 578. (Cod. **4**. 34. Lex 4.)

Titel 24. Von der Vollstreckung der rechtskräftigen Urtheile.

Erster Abschnitt. Von Nachsuchung und Verfügung der Exekution.

§§ 35. ff. Siehe Rechtsgrundsatz 655. (Exekutions-Verordnung vom 4. März 1834 § 6.)

Zweiter Abschnitt. Von Vollstreckung der Exekution.

§§ 110. ff. Siehe Rechtsgrundsatz 229. (A. L. R. I. **21**. § 110.)

Titel 29. Von Arresten, und wie dabei zu verfahren.

§§ 1. ff. Charakter und Dauer des Arrestes:
A. Charakter des Arrestes als anticipirte Exekution.

Rechtsgr. **521**. — IV. Senat. 11. Juli 1867. (**LXVII**. 333.)

Der mit einer Klage verbundene Arrest ist seiner Natur nach eine antizipirte Exekution in Betreff des eingeklagten Gegenstandes.

B. Relaxirung des Arrestes als selbstverständliche Folge der Zurückweisung der Forderung.

Rechtsgr. **522**. — IV. Senat. 17. September 1868. (**LXXII**. 194.)

Ist die Forderung, wegen welcher ein Arrest angelegt worden, dem Kläger in erster Instanz, unter Justifizirung des Arrestes, zuerkannt, in zweiter Instanz dagegen der Kläger zum Theil abgewiesen worden, so ist wegen der zurückgewiesenen Mehrforderung auch ohne ausdrücklichen

Ausspruch des Appellations-Richters der Arrest für relaxirt zu erachten.

Zweiter Abschnitt. Vom Verfahren bei ordentlichen und gewöhnlichen Arresten.

§§ 81. ff. Wirkungen des Arrestmandats, der Ueberweisung, der protestativischen Eintragung und der Verpachtung des mit Arrest belegten Grundstücks:

A. Wirkung des ausgebrachten Arrestmandats und des Inhibitoriale; Befreiung desjenigen, bei welchem der Arrest angelegt ist, von seinen Verpflichtungen aus der Arrestlegung überhaupt, und namentlich beim Auftreten anderer Gläubiger des Arrestaten mit Ansprüchen. — Vergl. A. L. R. I. 16. §§ 213. ff.

Rechtsgr. 523. — IV. Senat. 11. Juli 1867. (LXVII. 331.)

a) Das ausgebrachte Arrestmandat, beziehungsweise das Inhibitoriale geben kein dingliches Recht für den Arrestleger, wohl aber unter Vollwort des Richters, der den Arrest verhängte, die persönliche Verpflichtung desjenigen, bei welchem der Arrest angelegt ist — eine obligatio ex lege — dem Inhalt der Arrestverfügung und der darin gestellten Verwarnung gemäß:

zur Vermeidung nochmaliger Zahlung weder an den Arrestaten selbst, noch an etwaige Cessionarien oder Bevollmächtigte desselben Zahlung zu leisten, vielmehr die arrestirte Summe, oder doch soviel, als zur Tilgung der Forderung des Arrestlegers im bekannt gemachten Betrage erforderlich war, zu deponiren.

b) Nur durch eine solche gerichtliche Deposition, falls er sich mit Zurückbehaltung der arrestirten Summe nicht länger befassen wollte, oder — falls er sich dessen getraute — durch unmittelbare Zahlung der nächstdem rechtskräftig festgestellten Forderung des Arrestlegers aus dem verkümmerten Aktivum an letzteren kann derjenige, bei welchem der Arrest angelegt ist, sich von seiner Verbindlichkeit aus der Arrestlegung befreien.

c) Tritt nach erfolgter Arrestlegung noch ein anderer Gläubiger des Arrestaten mit Ansprüchen an das Arrestobjekt auf, und leistet derjenige, bei welchem der Arrest angelegt ist, an diesen Zahlung, so macht er sich damit diesem und dessen Successoren für nochmalige Zahlung verhaftet, — vorausgesetzt, daß er der Beanspruchung des Arrestlegers gegenüber nicht etwa mit dem Einwande und dem Beweise aufzukommen vermag,

daß er dem zweiten nach der Arrestlegung aufgetretenen Gläubiger des Arrestaten kraft eines seiner Forderuug beiwohnenden, den Anspruch des Arrestlegers ausschließenden Vorzugsrechts, also unter dem Schutz und Schirm des Gesetzes, gezahlt habe.

B. Verhältniß des Arrestes zur Ueberweisung in Kraft der Anweisung oder der Cession. — Vergl. Verordnung vom 4. Juli 1822 §§ 1. ff.

Rechtsgr. **524.** — IV. Senat. 11. Juli 1867. (LXVII. 333.)

Die durch einen angelegten Arrest gesicherten Rechte können durch eine Ueberweisung für einen Dritten in Kraft der Anweisung oder der Cession nicht verkürzt werden.

C. Wirkung einer im Wege des Arrestes erfolgten protestativischen Eintragung. — Vergl. A. L. R. I. **20.** §§ 13. 502.; Konkurs-Ordnung § 10.; Allg. Hypotheken-Ordnung II. § 290.; Exekutions-Verordnung vom 4. März 1834 § 22.

Rechtsgr. **525.** — III. Senat. 25. Februar 1867. (LXVI. 231.)

Die im Wege des Arrestes erfolgte protestativische Eintragung giebt bei später erfolgender Feststellung der Richtigkeit dieser Forderung kein Recht auf vorzugsweise Befriedigung vor den inzwischen definitiv eingetragenen Hypotheken.*

§ 83. Verpachtungen der mit Arrest belegten Grundstücke Seitens des Arrestaten.

* Vergl. dagegen Rechtsgrundsätze Bd. 2. S. 338. No. 932.

Rechtsgr. 526. — III. Senat. 10. Februar 1868. (LXX. 71.)

Durch den § 13. I. 29. der Allg. Gerichts-Ordnung werden auch Verpachtungen des mit Arrest belegten Grundstückes Seitens des Arrestaten betroffen.

Titel 31. Vom Verfahren im possessorio summarissimo und in Spoliensachen.

§ 1. Siehe Rechtsgrundsatz 62. (A. L. R. I. 7. § 146.)
§ 14. Siehe Rechtsgrundsatz 67. (A. L. R. I. 7. §§ 146. ff.)

Titel 32. Von Diffamations- und Provokationsprozessen.

§§ 1. ff. Diffamationsprozeß gegen den Besitzer von Sachen und Rechten.

Rechtsgr. 527. — IV. Senat. 3. Mai 1866. (LXV. 1.)

Der dem Preußischen und Gemeinen Recht gemeinschaftliche Grundsatz:

„der Besitzer dürfe im Wege des Diffamationsprozesses zur Klage nicht gezwungen werden",

ist nach Preußischem Rechte nicht auf den eigentlichen Sachbesitz beschränkt, er findet vielmehr auf den Besitz von Rechten ebenfalls Anwendung.

Titel 34. Vom Verfahren in Injuriensachen.

§§ 1. ff. Klageantrag im Injurienprozeß. — Vergl. Einführungsgesetz zum Strafgesetzbuch Art. 18.

Rechtsgr. 528. — Senat für Strafsachen, I. Abth. 6. März 1868. (LXX. 151.)

Wird eine Beleidigung in der Form des Civilprozesses durch den Verletzten verfolgt, so gehört hierzu ein Strafantrag; es ist aber nicht erforderlich, daß dieser Strafantrag diejenigen Formen enthält, welche für den zur Verfolgung eines Civilanspruches zu erhebenden Klageantrag im Civilprozeß vorgeschrieben sind, vielmehr genügt es, wenn der Wille des Klägers, daß die ihm zugefügte Verletzung gestraft werde, unzweideutig erkennbar gemacht ist.

Titel 37. Vom Verfahren gegen Verschollene.

§ 11. Rechtsmittel gegen Erkenntnisse auf Todeserklärung.

Rechtsgr. **529**. — **I.** Senat. 6. März 1868. (**LXX.** 139.)

Gegen ein Erkenntniß auf Todeserklärung sind die Rechtsmittel im Allgemeinen nicht ausgeschlossen.

Titel 42. Von Grenz- und Bausachen.

§§ **1**. ff. **30**. Siehe Rechtsgrundsatz 204. (A. L. R. I. **17**. §§ 362. ff.)

Titel 46. Von Erbsonderungen und Auseinandersetzungen.

§ **1**. Siehe Rechtsgrundsatz 89. (A. L. R. I. **9**. § 463.)
§§ **16**. ff. Siehe Rechtsgrundsätze 89. 201. (A. L. R. I. **9**. § 463., **17**. § 127.)

Titel 50. Von Konkursen, und wie dabei zu verfahren.

§§ **289—292**. Siehe Rechtsgrundsatz 371. (Allg. Deutsches Handelsgesetzbuch Art. 123.)

Titel 52. Vom Subhastationsprozesse.

Erster Abschnitt. Von der nothwendigen Subhastation.

§§ **22—26**. Siehe Rechtsgrundsatz 115 (A. L. R. I. **11**. § 342.)
§ **44**. Siehe Rechtsgrundsätze 660. 661 (Subhastations-Verordnung vom 4. März 1834 § 11.)

§ **62**. Nicht wesentliche Prozeßvorschrift in dieser Gesetzesstelle. — Vergl. Subhastations-Verordnung vom 4. März 1834 § 20.

Rechtsgr. **530**. — III. Senat. 29. November 1867. (LXIX. 172.)

Die Bestimmung des § 62. I. 52. der Allgem. Gerichts-Ordnung, wonach gegen den Adjudikatar vor Einleitung der Resubhastation ein Befehl mit höchstens vier Wochen Frist erlassen werden soll, enthält eine nicht wesentliche Prozeßvorschrift.

§ **64**. und Anh. § **408**. zu § **64**. Siehe Rechtsgrundsatz 659. (Subhastations-Verordnung vom 4. März 1834 § 9.)

Theil II. Von dem gerichtlichen Verfahren in nicht streitigen Angelegenheiten.

Titel 1. Von Handlungen der freiwilligen Gerichtsbarkeit überhaupt und was dazu gehöre.

§ **1**. Siehe Rechtsgrundsatz 321. (A. L. R. II. **7**. § 79.)
§ **10**. No. **5**. Siehe Rechtsgrundsatz 664. (Gesetz vom 20. März 1837.)

Titel 2. Von dem Verfahren bei den Handlungen der freiwilligen Gerichtsbarkeit überhaupt.

§ **27**. Siehe Rechtsgrundsatz 497. (A. G. O. I. **10**. § 126.)
§§ **33**. **34**. Siehe Rechtsgrundsatz 321. (A. L. R. II. **7**. § 79.)
§§ **45**. **46**. Siehe Rechtsgrundsatz 150. (A. L. R. I. **12**. § 115.)

Titel 3. Von dem Verfahren bei Aufnehmung und Bestätigung der Verträge und anderen Verhandlungen unter Lebendigen.

§ **9**. Siehe Rechtsgrundsatz 497. (A. G. O. I. **10**. § 126.)

Theil III. Von den Pflichten der bei der Justiz angesetzten Personen.

Titel 5. Von den Subalternen bei den Justiz-Kollegien.

Zweiter Abschnitt. Von dem Amte der Registraturbedienten.

§§ 27. 29. Berechnung der Rechtsmittelfristen bei Versendung der Schriftsätze an das Gericht mittelst rekommandirter Briefe und Aushändigung der Postauslieferungsscheine. — Vergl. Registratur- und Kanzlei-Reglement §§ 86. 88.; Verordnung vom 14. Dezember 1833 § 21.; Prozeß-Verordnung vom 21. Juli 1846 § 30.

Rechtsgr. 531. — IV. Senat. 7. Juli 1868. (LXXII. 43.)

Für rekommandirte Sendungen an Gerichtsbehörden ist hinsichtlich ihrer Aushändigung dem Postauslieferungsschein die Bedeutung einer Repräsentation der Sendung selbst beizulegen, dergestalt, daß für die Feststellung des Einganges eines Schriftsatzes, auch wenn derselbe die Anmeldung oder Rechtfertigung eines Rechtsmittels enthält, beim Gericht der Tag der Aushändigung des Postauslieferungsscheins maaßgebend ist, und eine Fristversäumniß für die Partei daraus nicht entsteht, daß erst am folgenden Tage der Schriftsatz mit dem Präsentationsvermerk versehen worden ist.*

Titel 7. Von dem Amte der Justizkommissarien und Notarien.

§§ 1. 2. Bedeutung von Rechtsangelegenheiten in diesen Gesetzesstellen — Vergl. Gesetz vom 12. Mai 1851 § 4.

Rechtsgr. 532. — IV. Senat. 28. Januar 1868. (LXX. 28.)

Unter „Rechtsangelegenheiten" im § 2. III. 7. der Allgem. Gerichts-Ordnung ist dasselbe zu verstehen, was

* Vergl. auch den Rechtsgrundsatz No. 653. dieses Bandes.

im § 1. a. a. O. mit den Worten: „Privatangelegenheiten“ ausgedrückt ist.

Allgemeines Registratur- und Kanzlei-Reglement für sämmtliche Landesjustiz-Kollegia.

§§ 86. 88. Siehe Rechtsgrundsatz 531. (A. G. O. III. 5. §§ 27. 29.)

Konkurs-Ordnung vom 8. Mai 1855.

Titel 1. Von den Rechtsverhältnissen im Konkurse.

Erster Abschnitt. Gegenstand und Wirkung des Konkurses im Allgemeinen.

§ 4. Siehe Rechtsgrundsatz 188. (A. L. R. I. 16. § 321.)

§ 8. Uebergang der gegen den Gemeinschuldner anhängigen Rechtssache auf die Gläubigerschaft. — Vergl. Konkurs-Ordnung § 15.

Rechtsgr. 533. — IV. Senat. 15. Oktober 1867. (LXVIII. 262.)

Die Bestimmungen des § 8. der Konkurs-Ordnung sind ausschließlich prozessualischer Natur, und bezweckt das Alin. 2. — ohne das materielle Recht des Gläubigers des Kridars gegenüber der Konkursmasse zu berühren und in den hierauf bezüglichen Vorschriften der §§ 15. ff. a. a. O. etwas zu ändern — nur, Zweifeln vorzubeugen, welche darüber entstehen könnten, ob die von dem Kridar in einem Rechtsstreite vor der Eröffnung des Konkurses abgegebenen Erklärungen, die von ihm gestellten Anträge u. s. w., für den an seine Stelle in den Prozeß eintretenden Konkursverwalter verbindlich seien.

§ 10. Siehe Rechtsgrundsätze 215. 525. (A. L. R. I. **20**. § 411.; A. G. O. I. **29**. § 81.)

§ 11. Siehe Rechtsgrundsatz 541. (Konkurs-Ordnung § 157.)

Zweiter Abschnitt. Wirkung der Konkurseröffnung auf die vor derselben von dem Gemeinschuldner eingegangenen Rechtsgeschäfte.

§§ 15. ff. Siehe Rechtsgrundsatz 533. (Konkurs-Ordnung § 8.)

§ 17. Siehe Rechtsgrundsatz 402. (Allgem. Deutsches Handelsgesetzbuch Art. 357.)

§ 18. Kündigung der Pachtungen eines Gemeinschuldners. — Vergl. A. L. R. I. **21**. §§ 342. 343.

Rechtsgr. **534**. — IV. Senat. 17. März 1868. (LXXII. 7.)

Der Sinn der Vorschrift in dem § 18. Alinea 2. der Konkurs-Ordnung vom 8. Mai 1855:

„Eine Pachtung des Gemeinschuldners wird von der Gläubigerschaft fortgesetzt; jedoch kann nach dem Ablaufe des Wirthschaftsjahres, in welches die Konkurseröffnung fällt, sowohl die Gläubigerschaft, als der Verpächter, von dem Kontrakt, unter Beobachtung der gesetzlichen Aufkündigungsfrist, zurücktreten",

ist der, daß bei Pachtungen des Gemeinschuldners — abweichend von Miethsverträgen — beiden Theilen das Kündigungsrecht mit den dafür in den Gesetzen angeordneten Fristen zustehen soll, und daß, wenn es sich um solche Pachtverträge handelt, in denen sich bestimmte kontraktlich oder gesetzlich geregelte Wirthschaftsjahre von einander scheiden, die Kündigung erst nach dem Ablaufe desjenigen Wirthschaftsjahres, in welches die Konkurseröffnung fällt, statthaft ist.

Siehe auch Rechtsgrundsatz 188. (A. L. R. I. **16**. § 321.)

Vierter Abschnitt. Ansprüche der Gläubiger auf abgeforderte Befriedigung.

§ 36. Siehe Rechtsgrundsatz 371. (Allg. Deutsches Handelsgesetzbuch Art. 23.)

Fünfter Abschnitt. Ansprüche der Arrestgläubiger.

§ 42. No. 3. Siehe Rechtsgrundsatz 188. (A. L. R. I. 16. § 321.)

Sechster Abschnitt. Rangordnung der Realgläubiger in Beziehung auf Immobilien.

§§ 46. ff. Siehe Rechtsgrundsatz 541. 545. (Konkurs-Ordnung §§ 157. 383.)

§ 49. Begriff der gemeinnützigen, unter der Autorität des Staats stehenden Institute; Nichtzuständigkeit des Vorzugsrechts der §§ 49. 74. der Konkurs-Ordnung für Prämien und Beiträge der Privat-Versicherungs-Gesellschaften. — Vergl. Gesetz vom 17. Mai 1853 § 1.; Konkurs-Ordnung § 74.

Rechtsgr. 535. — IV. Senat. 19. Mai 1868. (LXXII. 11.)

a) Unter den in den §§ 49. und 74. der Konkurs-Ordnung bezeichneten gemeinnützigen, unter der Autorität des Staates stehenden Instituten sind solche zu verstehen, welche für das öffentliche Interesse, das öffentliche Wohl Bedeutung haben, und bei deren Gründung, Leitung, Schutz ꝛc. der Staat eine dauernde Einwirkung hat, namentlich insofern, als die von den Interessenten zu leistenden, rückständig gebliebenen Beiträge in gleicher Art, wie die öffentlichen Steuern, auf administrativem Wege exekutivisch beigetrieben werden.

b) Die Bestätigung der Statuten einer Privatversicherungsgesellschaft und die Aufsicht der Regierung über dieselbe sind nicht gleichbedeutend mit der Autorität des Staats, welche einen staatlichen Schutz für das Institut bedeutet, der zu dessen Gunsten stattfinden soll, wogegen in den erwähnten polizeilichen Maaßnahmen ein Schutz des Staats gegen Nachtheile, die durch die Anstalten demselben und dem Publikum entstehen können, bezweckt wird.

c) Das in den §§ 49. 74. der Konkurs-Ordnung gedachte Vorrecht kann den Privatgesellschaften, die sich für

Feuer- oder Viehversicherung konstituirt haben, nicht beigelegt werden.

§ 56. Siehe Rechtsgrundsätze 50. 217. (A. L. R. I. 5. § 343., 20. § 468.)

Achter Abschnitt. Rangordnung der Konkursgläubiger.

§ 74. Siehe Rechtsgrundsatz 535. (§ 49. dieser Konkurs-Ordnung.)

§ 80. Vorzugsrecht der Pflegebefohlenen des Gemeinschuldners wegen des gesetzlich in die Verwaltung desselben gekommenen Vermögens, testamentarisch befreiter Vormund. — Vergl. A. L. R. II. 18. §§ 173. 422—678. 690.

Rechtsgr. 536. — IV. Senat. 7. Januar 1868. (LXIX. 266.)

Durch das in dem § 80. der Konkurs-Ordnung gebrauchte Wort: „gesetzlich" hat in Bezug auf die Pflegebefohlenen nur das ausgesprochen werden sollen, daß die Verwaltung ihres Vermögens Seitens des Gemeinschuldners keine blos angemaaßte gewesen sein darf, daß vielmehr der Gemeinschuldner diese Verwaltung als ihr wirklicher Vormund in Gemäßheit der Gesetze überkommen haben muß, wenn sie das hier in Rede stehende Vorrecht für sich in Anspruch zu nehmen befugt sein sollen.

Den Pflegebefohlenen steht dieses Vorrecht zu, sobald der Gemeinschuldner ihr wirklicher Vormund gewesen ist, auch wenn derselbe auf Grund einer testamentarischen Ernennung des Vaters von dem Vormundschaftsgerichte zum befreiten Vormunde bestellt worden ist.

§ 85. Siehe Rechtsgrundsatz 542. (Konkurs-Ordnung § 197.)

§ 87. Befugniß des Wechsel-Inhabers, in den Konkursen mehrerer Wechselverpflichteten die volle im Wechsel verschriebene Summe zu liquidiren. — Vergl. Allg. Deutsche Wechsel-Ordnung Art. 81.

Rechtsgr. 537. — IV. Senat. 27. Juni 1867. (LXVI. 346.)

Sind mehrere Wechselverpflichtete in Konkurs gerathen, so ist der Wechsel-Inhaber den vollen im Wechsel verschriebenen Betrag in jedem Konkurse zu liquidiren befugt, und zwar auch für den Fall, daß der Wechsel-Inhaber aus dem Konkurse eines Indossanten bereits eine Akkordrate auf den Wechsel erhalten hat.

Zehnter Abschnitt. Kompensation.

§ 96. No. 3. § 97. No. 1. Siehe Rechtsgrundsätze 188. 543. (A. L. R. I. 16. § 321.; Konkurs-Ordnung § 231.)

Eilfter Abschnitt. Befugniß der Gläubiger zur Anfechtung der vor der Konkurseröffnung vorgefallenen Rechtshandlungen.

§§ 100. ff. Siehe Rechtsgrundsatz 421. (Allgem. Deutsche Wechsel-Ordnung Art. 10.)

§ 101. Siehe Rechtsgrundsatz 766. (Gesetz vom 9. Mai 1855 § 5. No. 3.)

§ 101. No. 1. Anfechtung einer Hypothekbestellung des Gemeinschuldners für gleichzeitig mit derselben oder später zu Stande gekommene Verbindlichkeiten auf Grund des § 101. No. 1. der Konkurs-Ordnung.

Rechtsgr. **538.** — **III.** Senat. 26. Oktober 1866. (**LXVI.** 137.)

Die Bestimmung des § 101. No. 1. der Konkurs-Ordnung vom 8. Mai 1855 ist auf Hypothekbestellungen für gleichzeitig oder später zu Stande gekommene Verbindlichkeiten nicht zu beziehen.

§ 101. No. 2. 3. Begriff der Zahlung im § 101. No. 2. und 3. der Konkurs-Ordnung.

Rechtsgr. **539.** — **IV.** Senat. 5. November 1867. (**LXVIII.** 339.)

Unter Zahlung im § 101. No. 2. und 3. der Konkurs-Ordnung vom 8. Mai 1855 ist nicht die Zahlung im eigentlichen Sinne, die durch Geld oder geldgleiche Papiere erfolgt und von welcher im § 28. I. 16. des Allgem. Landrechts die Rede ist, zu verstehen; es ist vielmehr auch die Angabe an Zahlungsstatt mit einbegriffen.

§ 102. No. 2. 3. Kumulation der Anfechtungsgründe bei der Anfechtungsklage zufolge ausgebrochenen Konkurses; Indossament und zu Grunde liegendes Geschäft.

Rechtsgr. **540**. — IV. Senat 12. Februar 1867. (LXV. 302.)

Die unter den Nummern 2. und 3. des § 102. der Konkurs-Ordnung vom 8. Mai 1855 gegebenen Anfechtungsgründe schließen einander aus und dürfen zur Begründung der Anfechtungsklage kumulativ nicht benutzt werden.

Siehe auch Rechtsgrundsatz 766. (Gesetz vom 9. Mai 1855 § 5. No 3.)

§ 109. Siehe Rechtsgrundsatz 546. (Konkurs-Ordnung § 393. No. 4.)

Titel 2. Von dem Verfahren im kaufmännischen Konkurse.

Vierter Abschnitt. Von der Verhaftung des Gemeinschuldners, sowie von der Siegelung, dem offenen Arrest und der Beschlagnahme der Immobilien.

§ 143. Siehe Rechtsgrundsatz 88. (A. L. R. I. 9. § 427.)

Fünfter Abschnitt. Von den Maaßregeln zur Ermittelung, Erhaltung und vorläufigen Benutzung der Konkursmasse.

§ 153. Siehe Rechtsgrundsatz 88. (A. L. R. I. 9. § 427.)

§ 157. Gerichtliche Abschätzung eines zur Konkursmasse gehörigen Grundstückes und Nichtverbindlichkeit der Kaufgeldermasse zur Erstattung der Taxkosten. — Vergl. Konkurs-Ordnung §§ 11. 46.; A. G. O. I. 52. §§ 11 ff.

Rechtsgr. **541**. — III. Senat. 21. Februar 1868. (LXIX. 341.)

Ist ein zur Konkursmasse gehöriges Grundstück dem § 157. der Konkurs-Ordnung gemäß gerichtlich abgeschätzt worden, so fallen die Abschätzungskosten der Gemeinmasse zur Last, und die Konkursmasse kann, wenn bei späterer Subhastation des Grundstückes die Taxe benutzt wird, die Erstattung der Taxkosten aus der Kaufgeldermasse nicht verlangen.

Siebenter Abschnitt. Vom Akkorde.

III. Von den Wirkungen des bestätigten Akkordes.

§ **197**. Akkordmäßige Reduktion der nicht verfallenen Alimente eines unehelichen Kindes des Gemeinschuldners. — Vergl. A. L. R. II. 2. §§ 612. 626. 633.; Konkurs-Ordnung §§ 85. 250. 251.; Gesetz vom 24. April 1854 § 12.

Rechtsgr. **542**. — I. Senat. 24. Februar 1868. (LXX. 90.)

Nicht verfallene Alimente, welche der Gemeinschuldner an sein uneheliches Kind zu zahlen hat, unterliegen der akkordmäßigen Reduktion im Konkurse.

Siehe auch Rechtsgrundsatz 543. (Konkurs-Ordnung § 231.)

Zehnter Abschnitt. Von der Feststellung der streitigen Forderungen der Konkursgläubiger.

§ **231**. Blos mögliche Ansprüche, inwiefern dieselben sich zur Anmeldung im Konkursverfahren eignen und demselben unterworfen sind. — Vergl. Konkurs-Ordnung § 96. No. 3. §§ 197. 198. 249. 250.; Code Napoléon Art. 448. 502.

Rechtsgr. **543**. — V. Senat. 14. Juli 1868. (LXXII. 103.)

Bloß mögliche Ansprüche, welche erst durch ein außerhalb dem vertragsmäßigen Willen der Parteien liegendes Ereigniß ein rechtliches Dasein erlangen können, eignen sich vor Eintritt dieses Ereignisses nicht zur Anmeldung im Konkursverfahren und sind auch den Wirkungen desselben nicht unterworfen.

Eilfter Abschnitt. Von den Vertheilungen an die Konkursgläubiger.

§§ **242**. **244**. **245**. Theilungspläne nach der Konkurs-Ordnung vom 8. Mai 1855, Wirkung des Angriffes gegen dieselben durch einen Betheiligten rücksichtlich der übrigen Betheiligten. — Vergl. Konkurs-Ordnung § 255.

Rechtsgr. **544**. — IV. Senat. 10. Dezember 1867. (LXIX. 197.)

a) Die §§ 242. 244. 255. der Konkurs-Ordnung vom

8. Mai 1855 verhalten sich nicht über beabsichtigte, aber nicht zur Ausführung gebrachte Theilungspläne, sondern über solche, welche zur Ausführung der Theilung dienen und wirklich dienen können.

b) Ist eine beabsichtigte Vertheilung im Konkursverfahren als unstatthaft nachgewiesen, so wird dieselbe nicht allein den Interessenten gegenüber, welche ihre Unstatthaftigkeit dargethan haben, sondern im Ganzen unwirksam.

§ 249. Siehe Rechtsgrundsatz 543. (Konkurs-Ordnung § 231.)

§§ 250. 251. Siehe Rechtsgrundsätze 542. 543. (Konkurs-Ordnung §§ 197. 231.)

§ 255. Siehe Rechtsgrundsatz 544. (Konkurs-Ordnung § 242.)

Fünfzehnter Abschnitt. Besondere Bestimmungen.

II. Für den Konkurs über das Vermögen von Handelsgesellschaften.

§§ 286. ff. Siehe Rechtsgrundsatz 373. (Allgem. Deutsches Handelsgesetzbuch Art. 123.)

§ 287. Siehe Rechtsgrundsatz 371. (Allgem. Deutsches Handelsgesetzbuch Art. 123.)

§ 291. Siehe Rechtsgrundsatz 371. (Allgem. Deutsches Handelsgesetzbuch Art. 123.)

Titel 5. Von dem Prioritätsverfahren in der Exekutionsinstanz.

Erster Abschnitt. Von dem Prioritäts-Verfahren bei Exekutionsvollstreckungen in das bewegliche Vermögen.

§ 366. Siehe Rechtsgrundsatz 118. (A. L. R. **I. 11**. § 393.)

§ 375. Siehe Rechtsgrundsatz 546 (Konkurs-Ordnung § 393. No. 3.)

Dritter Abschnitt. Von der Vertheilung der Kaufgelder bei nothwendigen Subhastationen.

§§ 383. 392. Theilnahmerecht eines nicht eingetragenen Reallastenberechtigten an der Kaufgelderbelegung in nothwendiger Subhastation. — Vergl. Konkurs-Ordnung §§ 46—55. 392. 401.

Rechtsgr. 545. — III. Senat. 30. März 1868. (LXX. 269.)

Für den Fall der Kaufgelderbelegung in nothwendiger Subhastation muß als Bedingung der Theilnahme eines Reallastenberechtigten an der Kaufgeldertheilung und selbst schon als Bedingung der Befugniß zum Bestreiten der Richtigkeit des Hypothekenrechts und des Vorrechts anderer liquidirten Forderungen, falls letztere nicht dem Berechtigten deshalb zusteht, weil er die Subhastation selbst ausgebracht oder den Kaufgelderrest im Wege der Exekution in Beschlag genommen hat, gefordert werden, daß die Reallast selbst, oder wenigstens das Rechtsverhältniß, aus welchem sie entspringt, im Hypothekenbuche eingetragen sei.

§§ 393. No. 3. 4. Anfechtungsklage der Hypothekengläubiger gegen die Rechtsnachfolger der mit ihrer Forderung hypothezirten Ehefrau des Subhastaten. — Vergl. Konkurs-Ordnung §§ 109. 375.

Rechtsgr. 546. — III. Senat. 10. Januar 1868. (LXX. 10.)

Der § 393. No. 4. der Konkurs-Ordnung gestattet die Anfechtung auch gegen die Rechtsnachfolger der Ehefrau; es kann jedoch die Forderung jener Rechtsnachfolger nur mit den im § 375., beziehungsweise im § 109. a. a. O. hinsichtlich dritter Besitzer gegebenen Beschränkungen der Anfechtung unterzogen werden.

§ 394. Natur der im § 394. der Konkurs-Ordnung enthaltenen Bestimmungen über die Ausführung der Richtigkeit, des Hypothekenrechts oder des Vorrechts einer im Kaufgelder-Vertheilungsverfahren bei der nothwendigen Subhastation bestrittenen Forderung; vierzehntägige Frist zur Einreichung der Klage.

Rechtsgr. 547. — III. Senat. 10. Januar 1868. (LXX. 10.)

Die im § 394. Alinea 1—3. der Konkurs-Ordnung vom 8. Mai 1855 enthaltenen Anordnungen sind nur reglementarischer Art. Die im Alinea 2. bestimmte vierzehntägige Frist ist keine präklusivische und der dem Gläubiger angedrohte Nachtheil kein unabwendbarer. Vielmehr ist der Gläubiger befugt, vor Einleitung des Prozesses und vor der Klagebeantwortung und, soweit es nach den Verordnungen vom 1. Juni 1833 und 21. Juli 1846 zulässig ist, noch in der Replik, beziehungsweise in der mündlichen Verhandlung neue Thatsachen und Beweismittel zur Unterstützung seines Anspruches anzuführen, was ihm selbst in der zweiten Instanz unverschränkt ist.

§ 395. Siehe Rechtsgrundsätze 50. 217. (A. L. R. I. **5.** § 443., **20.** § 468.)

§ 401. Siehe Rechtsgrundsatz 545. (Konkurs-Ordnung § 383.)

§ 403. Siehe Rechtsgrundsatz 214. (A. L. R. I. **20.** § 302.)

Allgemeine Hypotheken-Ordnung.

Titel 1. Von der Form und der Einrichtung der Hypothekenbücher überhaupt.

§ 49. Siehe Rechtsgrundsatz 111. (A. L. R. I. **11** § 183.)

Titel 2. Von Verwaltung des Hypothekenwesens und Führung der Bücher bei den Ober-Kollegiis.

§ 18. Siehe Rechtsgrundsatz 215. (A. L. R. I **20.** § 411.)

§ 30. Siehe Rechtsgrundsätze 102. 215. (A. L. R. I. **10.** § 25., **20.** § 411.)

§§ 156. 157. Siehe Rechtsgrundsatz 751. (Hypotheken-Novelle vom 24. Mai 1853 § 14. No. 1.)

§ 159. Siehe Rechtsgrundsätze 50. 217. (A. L. R. I. **5.** § 443., **20.** § 468.)

§ 168. Siehe Rechtsgrundsatz 215. (A. L. R. I. **20.** § 411.)

§ 290. Siehe Rechtsgrundsatz 525. (A. G. O. I. **29.** § 81.)

Sächsisches Weichbildsrecht.

(Homeyer, Berlin 1835—1844; v. Daniels, Berlin 1853.)

Art. **10**. Magdeburgisches Recht kein Provinzialrecht, insbesondere auch nicht im Kreise Kottbus. — Vergl. Kottbuser Willkür von 1409; A. L. R. Publikations-Patent vom 5. Februar 1794 §§ 1—3.

Rechtsgr. **548**. — III. Senat. 7. Mai 1866. (LXVI. 32.)

a) Das Magdeburgische Recht charakterisirt sich als Ausdruck der besonderen Anwendung, welche das Sachsenrecht bei dem Schöffenstuhl in Magdeburg gefunden hat, und ist als Provinzialrecht nicht anzusehen.

b) Daher hat das Magdeburgische Recht auch in dem Kottbuser Kreise nicht als Provinzialrecht Gültigkeit.

Provinzialrecht für Westpreußen.

(Gesetz-Sammlung von 1844 S. 103.)

§§ **59—61**. Umwandelung der Kalende, Vitaltag, Quartalgeld, Personaldezem, Kirchendezem, Kleindezem und Offertorien in Reallasten in Westpreußen.

Rechtsgr. **549**. — II. Senat. 6. Juni 1867. (LXVII. 255.)

Zur Anwendung des § 61. des Westpreußischen Provinzialrechts:

„Sind dergleichen Abgaben (die unter dem Namen Kalende, Vitaltag, Quartaltag, Personaldezem, Kirchendezem, Kleindezem und Offertorien bisher üblich gewesenen persönlichen Abgaben der Gemeindemitglieder) in Reallasten verwandelt, so hat auf deren Entrichtung das Glaubensbekenntniß des Grundbesitzers keinen Einfluß“, kommt allein in Betracht, ob die Abgabe den dinglichen Charakter angenommen hat.

Daß diese Anwendung nur durch Dotations- oder Exekutions-Urkunden, oder durch sonstige Verträge habe geschehen können, ist nicht anzunehmen.

Siehe auch Rechtsgrundsatz 602. (Warschauer Tractat vom (13.) 24. Februar 1768.)

Revidirtes Lübisches Recht.

(Ausgabe von Kollius, Hamburg 1586.)

Buch **I.** Tit. **5.** Art. **1. 5—9. 11.** Aufhebung der Gütergemeinschaft zum Nachtheil der Gläubiger.

Rechtsgr. **550.** — III. Senat. 25. Februar 1867. (LXV. 345.)

Nach Lübischem Recht ist die Aufhebung der Gütergemeinschaft zum Nachtheil der Gläubiger und zur Gefährdung des Verkehrs während des Bestehens der Ehe nicht gestattet.

Buch **II.** Tit. **2.** Fortgesetzte Gütergemeinschaft nach Lübischem Recht in Pommern.

Rechtsgr. **551.** — III. Senat. 21. Juni 1867. (LXVIII. 105.)

Bei der in Pommern nach Lübischem Recht stattfindenden ehelichen Gütergemeinschaft ist der Ehemann nicht befugt, ohne Zuziehung und Bewilligung seiner Ehefrau die von ihm vor Eingehung der Ehe besessenen oder während der Ehe von ihm erworbenen Grundstücke zu veräußern.

Buch **III.** Tit. **12.** Art. **3. 7. 13.** Bauvorschriften nach lübischem Recht, namentlich mit Rücksicht auf den Nachbarn und den Grenzbau.

Rechtsgr. **552.** — II. Senat. 14. November 1867. (LXIX. 103.)

a) Nach dem Lübischen Recht hat der Bauende zwar die wohlerworbenen Rechte seines Nachbars und die gesetzlichen Baubeschränkungen zu respektiren, er hat aber im

Uebrigen volle Baufreiheit und ist nicht dafür verantwortlich, wenn der Neubau per consequentiam dem Nachbar Schaden bringt, oder bisherige Vortheile entzieht. Dagegen darf der Bauende nicht aus bloßer Chikane zum Schaden seines Nachbars bauen.

b) Der Art. 12. Titel 12. Buch III. des Lübischen Rechts ist nicht auf solche Fenster und Thüren zu beschränken, welche in einem unmittelbar an oder auf der Grenze errichteten Gebäude angelegt sind. Dem Nachbar steht ein Widerspruchsrecht zu, und unterliegt es dem richterlichen Ermessen, wer als Nachbar zu betrachten ist.

Provinzialrecht der Kurmark Brandenburg.

(Dr. v. Scholz und Hermensdorff, das bestehende Provinzialrecht der Kurmark Brandenburg, II. Ausgabe, Entwurf und Motive, Berlin 1854.)

Motive Bd. 1. S. 153. Siehe Rechtsgrundsatz 210. (A. L. R. I. 18. § 360.)

Spezial-Bau-Observanzen der Stadt Berlin.

(Grein, die Rechtsverhältnisse der Nachbarn in Bau-Angelegenheiten, Berlin, 1842 S. 131.)

Kap. 4. §§ 1. 2. Siehe Rechtsgrundsatz 590. (Bau-Ordnung vom 30. November 1641 § 23.)

Revidirter Entwurf des Provinzialrechts der Grafschaft Mark, der Stadt und der Grafschaft Dortmund und der Städte Soest und Lippstadt.

(Berlin, 1836.)

§§ **12**. **14**. **15**. Dispositionsbefugniß des Ehemannes, nach dem Kleve-Märkischen Provinzialrecht; fraudulöse Veräußerungen. — Vergl. Reskript vom 9. März 1787; Gutachten der Gesetz-Kommission vom 9. März und 17. April 1787.

Rechtsgr. **553**. — I. Senat. 22. Februar 1867. (LXV. 324.)

a) Nach dem Kleve-Märkischen Provinzialrecht erstreckt sich die Verfügungsbefugniß des gütergemeinschaftlichen Ehemannes auch auf den ganzen gütergemeinschaftlichen Vermögensinbegriff.

b) In der Vermögens-Uebertragung gegen Ausbedingung bestimmter Gegenleistungen, namentlich auch einer angemessenen Leibzucht für beide Eheleute und der den Kindern zu gewährenden Verpflegung und Abfindung, ist an und für sich keine fraudulöse Veräußerung des ganzen gütergemeinschaftlichen Vermögens, keine bösliche Vernichtung des ganzen Zwecks der ehelichen Gütergemeinschaft und keine absichtliche Verletzung der Miteigenthumsrechte der Ehefrau an dem Gesammtgute zu finden.

Code Napoléon.

Art. **6**. Siehe Rechtsgrundsatz 355. (Einführungsgesetz zum Allgem. Deutschen Handelsgesetzbuch Art. 47.)

Art. **448**. **502**. Siehe Rechtsgrundsatz 443. (Konkurs-Ordnung § 231.)

Art. **544**. **552**. ff. Besitz von unvergitterten Fenstern in der Grenzmauer Seitens des einen Nachbars, und Befugniß des andern Nachbars, sein Grundstück bis an dessen Grenze zu bebauen, nach Rheinischem Rechte. — Vergl. Code Napoléon Art. 676. ff. 686. 701.

Rechtsgr. **554**. — V. Senat. 16. Juni 1868. (LXXI. 231.)

Aus dem Umstande, daß der eine Nachbar das Eigenthum seiner Mauer ohne die Beschränkung, womit die Art. 552. und 676. ff. des Code Napoléon dasselbe belasten, besessen habe, folgt noch nicht, daß der andere Nachbar sein angrenzendes Grundstück überhaupt nicht, oder nicht in seiner ganzen Ausdehnung bis an dessen Grenzen bebauen dürfe.

Art. **656. 663.** Verpflichtung des Eigenthümers in Städten und Vorstädten zur Herstellung und Unterhaltung der gesetzlichen Abgrenzung der aneinanderstoßenden Höfe und Gärten, nach Rheinischem Recht. — Vergl. Code Napoléon Art. 699.

Rechtsgr. **555**. — V. Senat. 30. Oktober 1866. (LXVI. 140.)

Die Vorschrift des Art. 656. des Code Napoléon, — nach welcher jeder Miteigenthümer einer gemeinschaftlichen Mauer befugt ist, sein Miteigenthum aufzugeben und sich dadurch von der Last der Erhaltung und Wiederherstellung der Mauer zu befreien, — findet auf den Fall des Art. 663. — nach welchem der Eigenthümer in Städten und Vorstädten zur Herstellung und Unterhaltung der gesetzlich vorgeschriebenen Abgrenzung der an einander stoßenden Höfe und Gärten verpflichtet ist — keine Anwendung.

Art. **676**. ff. Siehe Rechtsgrundsatz 554. (Code Napoléon Art. 544.)
Art. **699**. Siehe Rechtsgrundsatz 555. (Code Napoléon Art. 656.)
Art. **701**. Siehe Rechtsgrundsatz 554. (Code Napoléon Art. 544.)
Art. **784**. Notarielle Erbesentsagung und deren Wirksamkeit.

Rechtsgr. **556**. — I. Senat. 6. März 1868. (LXX. 140.)

Eine notarielle Erbesentsagung ist nach Französischem Recht nicht nichtig; vielmehr ist dieselbe ihrer äußeren Form nach gültig, dagegen ist ihre Wirksamkeit ausgeschlossen.

Art. **894**. Unwiderruflichkeit der Schenkungen, namentlich der Schenkungen zum Vortheil einer Ehe. — Vergl. Art. 955. 959.

Rechtsgr. **557**. — V. Senat. 17. März 1868. (LXX. 216.)

Bei Schenkungen, die zum Vortheil einer Ehe gemacht sind, greift die gesetzliche Regel der Unwiderruflichkeit der Schenkungen auch in Fällen des Undankes Platz, die Schenkungen mögen von dritten Personen oder von dem einen Ehegatten an den andern gemacht sein.

Art. **895**. Vermögensbestimmungen der Brautleute gegen einander im Ehevertrage, nach Rheinischem Recht.

Rechtsgr. **558**. — V. Senat. 17. März 1868. (LXX. 216.)

Die in einem Ehevertrage von dem Einen der Brautleute bezüglich des Andern getroffenen Vermögensbestimmung fällt, als nach Abschluß der Ehe für beide Theile unabänderlich, nicht unter den Begriff einer testamentarischen Verfügung.

Art. **955**. **959**. Siehe Rechtsgrundsatz 557. (Code Napoléon 894.)

Art. **1128**. Siehe Rechtsgrundsatz 561. (Code Napoléon 1598.)

Art. **1133**. **1134**. Siehe Rechtsgrundsatz 355. (Einführungsgesetz zum Allg. Deutschen Handelsgesetzbuch Art. 47.)

Art. **1153**. Beschränkung des Artikels 1153. des Code Napoléon auf Verzugszinsen aus einer auf Zahlung einer bestimmten Geldsumme gerichteten Obligation.

Rechtsgr. **559**. — V. Senat. 14. Juli 1868. (LXXII. 103.)

Der Art. 1153. des Bürgerlichen Gesetzbuches bezieht sich nur auf Verzugszinsen aus einer auf Zahlung einer bestimmten Geldsumme gerichteten Obligation.

Art. **1167**. Erfordernisse der Anfechtungsklage nach dieser Gesetzesstelle. Vergl. Dig. **42**. 8. Lex. 9.

Rechtsgr. **560**. — V. Senat. 7. Januar 1868. (LXX. 4.)

Die im Art. 1167. des Bürgerlichen Gesetzbuchs dem Gläubiger gewährte Anfechtungsklage ist in Beziehung auf Dritte nur dann von Wirksamkeit, wenn auch ihnen gegenüber Theilnahme an der betrügerischen Absicht oder Kenntniß derselben nachgewiesen ist.

Art. **1271**. Siehe Rechtsgrundsatz 386. (Allg. Deutsches Handelsgesetzbuch Art. 291.)

Art. **1598**. Eigenschaft eines Gebäudes als res sacra und außer Verkehr durch dessen Bestimmung und Verwendung zum öffentlichen Gottesdienste. — Vergl. 1128.

Rechtsgr. **561**. — V. Senat. 12. November 1867. (LXIX. 73.)

Ein Gebäude, selbst wenn es von einem hierzu befugten Eigenthümer zur Abhaltung des öffentlichen Gottesdienstes bestimmt wird, erhält durch diese Bestimmung allein nicht die Eigenschaft einer Kirche und wird dadurch allein nicht als eine res sacra dem öffentlichen Verkehr entzogen; es muß vielmehr eine dieser Bestimmung entsprechende Verwendung des Gebäudes hinzutreten, und erst durch diese und solange dieselbe dauert wird das Gebäude als eine res sacra dem Verkehr entzogen.

Art. **1832**. Separationsrecht der Gläubiger einer Gesellschaft überhaupt, nach Rheinischem Recht.

Rechtsgr. **562**. — V. Senat. 7. Januar 1868. (LXX. 4.)

Die Gläubiger einer Gesellschaft überhaupt und nicht blos einer Handelsgesellschaft sind berechtigt, an dem Werthobjekte der Gesellschaft vor den persönlichen Gläubigern der einzelnen Gesellschafter ihre Befriedigung zu verlangen.

Art. **1859**. Befugniß des Sozius, den Operationen der übrigen Sozien entgegen zu treten, nach Rheinischem Recht.

Rechtsgr. **563**. — IV. Senat. 2. April 1867. (LXVII. 135.)

Der Art. 1859. des Code civil giebt dem einen Sozius nur das Recht, einzelnen die Gemeinschaft betreffenden Operationen der übrigen Sozien entgegen zu treten und ein Verbot derselben im Wege der Klage zu beantragen; dagegen ist das Recht eines Theilhabers, die Hemmung der gesammten Einwirkung des Andern auf die gemeinschaftliche Sache zu verlangen, daraus nicht herzuleiten.

Art. **2037**. Rückgriff des Gläubigers gegen den Bürgen.

Rechtsgr. **564**. — IV. Senat. 10. September 1867. (LXVIII. 120.)

Obschon nach Art. 2037. des Code Napoléon der Bürge seiner Verbindlichkeit entledigt wird, wenn er durch Schuld des Gläubigers in dessen Rechte, Hypotheken und Privilegien nicht mehr eingesetzt werden kann, so geht doch der Rückgriff an den Bürgen nur insoweit verloren, als der Gläubiger durch seine Handlungen die ihm anderweit bestellte Sicherheit wirklich geschmälert hat.

Art. **2073—2075**. Verpfändung ausstehender Forderungen.

Rechtsgr. **565**. — IV. Senat. 10. September 1867. (LXVIII. 120.)

Nach den Art. 2073—2075. des Code Napoléon ist nur das Vorzugsrecht des Pfandinhabers vor andern Gläubigern des Verpfänders von der Einräumung des Pfandrechts in einer öffentlichen Urkunde oder in einer einregistrirten Privaturkunde abhängig; dagegen ist die Verpfändung ausstehender Forderungen, was das Verhältniß der Parteien unter einander betrifft, an jene Formen gebunden.

Art. **2101**. No. **4**. Lohnforderung eines homme de service.

Rechtsgr. **566**. — V. Senat. 26. Februar 1867. (LXV. 354.)

Die Forderung eines homme de service beruht nicht wesentlich auf dem Vertrage, durch welchen das Dienstverhältniß begründet sein soll, sondern auf diesem Dienstverhältniß selbst und auf der Thatsache, daß die Dienste gegen eine zu gewährende Entschädigung geleistet worden sind.

Code de commerce.

Art **448**. Siehe Rechtsgrundsatz 402. (Allg. Deutsches Handelsgesetzbuch Art. 357.)

Code de procédure civile.

Art. **59**. Siehe Rechtsgrundsatz 355. (Einführungsgesetz zum Allgem. Deutschen Handelsgesetzbuch Art. 47.)

Art. **473**. Die wegen Inkompetenz ergangenen Urtheile erster Instanz als definitive Urtheile im Sinne des Art. 473. des Code de procédure.

Rechtsgr. **567**. — V. Senat. 14. Juli 1868. (LXXII. 103.)

Die wegen Inkompetenz ergangenen **Urtheile** erster Instanz, mögen sie die materielle oder relative Inkompetenz betreffen, sind definitive **Urtheile** im Sinne des Artikels 473. der Bürgerlichen Prozeß-Ordnung.

Corpus juris civilis.

1. Institutiones.

Lib. **3**. Tit. **14**. Quibus modis re contrahitur obligatio:
— pr. Siehe Rechtsgrundsatz 571. (Dig. **12**. 1. Lex 15.)

Lib. **3**. Tit. **27**. De obligationibus quae quasi ex contractu nascuntur:
— § **1**. Siehe Rechtsgrundsatz 570. (Dig. **3**. 5. Lex 2.)

Lib. **3**. Tit. **29**. Quibus modis obligatio tollitur:
— § **3**. in fine. Siehe Rechtsgrundsatz 576. (Dig. **46**. 3. Lex 52.)

2. Digesta.

Lib. **1**. Tit. **5**. de statu hominum:

— Lex 12. Siehe Rechtsgrundsätze 294. 297. (A. L. R. II. 2. §§ 2 19. 20.)

Lib. 1. Tit. 6. de his, qui sui vel alieni juris sunt:

— Lex 6. Siehe Rechtsgrundsatz 295. (A. L. R. II. 2. § 2.)

Lib. 2. Tit. 4. de in jus vocando:

— Lex 5. Siehe Rechtsgrundsätze 294. 297 (A. L. R. II. 2. §§ 2 19. 20.)

Lib. 2. Tit. 14. de pactis:

— Lex 7. § 19., Lex 8—10. Nachlaßvertrag im Konkurse als pactum de non petendo in personam. — Vergl. Dig. 17. 1. Lex 58. § 1.

Rechtsgr. 568. — V. Senat. 22. September 1868. (LXXII. 196.)

Ein dem Schuldner im Konkurse bewilligter Nachlaßvertrag ist als ein pactum de non petendo in personam zu betrachten.

— Lex 27. pr. Einrede des einen correus debendi aus dem pactum des Andern. — Vergl. Dig. 34. 3. Lex 3. § 3., 45. 1. Lex 10., 45. 2. Lex 19.

Rechtsgr. 569. — V. Senat. 22. September 1868. (LXXII. 196.)

Auch bei dem reinen Korrealverhältniß kann der eine correus debendi dem Gläubiger die pacti exceptio des andern correus nicht entgegensetzen, es sei denn, daß ein anderes, dem Korrealverhältniß an sich fremdes Rechtsverhältniß hinzutritt.

Lib. 3. Tit. 5. de negotiis gestis:

— Lex 2. Inhalt einer zu legenden Rechnung. — Vergl. Inst. 3. 27. § 1.; Dig. 35. 1. Lex 82.

Rechtsgr. 570. — V. Senat. 22. Januar 1867. (LXVI. 226.)

Nicht jedes blos chronologisch niedergeschriebene Verzeichniß von Einnahmen und Ausgaben ist eine Rechnung im gesetzlichen Sinne, vielmehr kann der Geschäftsherr einem solchen Produkte das sogenannte monitum generale, daß dasselbe keine abnahmefähige Rechnung sei, entgegenstellen.

Lib. 12. Tit. 1. de rebus creditis, si certum petitur et de condictione:

— Lex **15**. Darlehn durch Uebergabe desselben nicht unmittelbar aus der Hand des Darleihers. — Vergl. Inst. **3**. 14. pr.

Rechtsgr. **571**. — V. Senat. 30. April 1867. (LXVII. 157.)

Nach dem neueren Römischen und dem Gemeinen Rechte ist ein gültig kontrahirtes Darlehn auch da anzunehmen, wo, bei dem auf Abschluß eines Darlehnsgeschäfts gerichteten beiderseitigen Willen der Kontrahenten, das dargeliehene Geld nicht unmittelbar aus der Hand des Darleihers in die des Darlehnsschuldners übergegangen ist.

Lib. **12**. Tit. **2**. de jure jurando sive voluntario, sive necessario, sive judicati:

— Lex **3**. § **1**., Lex **34**. pr. Siehe Rechtsgrundsatz 295. (A. L. R. II. **2**. § 2.)

Lib. **14**. Tit. **2**. de lege Rhodia de jactu:

— Lex **2**. pr. Siehe Rechtsgrundsatz 410. (Allg. Deutsches Handelsgesetzbuch Art. 409.)

Lib. **17**. Tit. **1**. Mandati vel contra:

— Lex **58**. §. **1**. Siehe Rechtsgrundsatz 568. (Dig. **2**. 14. Lex 7. § 19.)

Lib. **19**. Tit. **1**. de actionibus empti et venditi:

— Lex **13**. pr. Inhalt der ädilitischen Klage. — Vergl. Dig. **21**. 1. Lex 23. § 8., Lex 31. pr., Lex 58. pr. § 1., Cod. **4**. 58. Lex 1.

Rechtsgr. **572**. — IV. Senat. 10. Januar 1867. (LXVII. 21.)

Auch die ädilitische Klage des Römischen Rechts umfaßt den Anspruch auf den Ersatz der Erhaltungskosten und des durch die fehlerhafte Sache selbst verursachten Schadens.

Lib. **19**. Tit. **2**. Locati conducti:

— Lex **9**. §§ **1**. **4**., Lex **11**. § **3**., Lex **13**. § **1**., Lex **15**. § **6**., Lex **19**. §§ **6**. **7**., Lex **25**. § **7**., Lex **30**. **33**. Siehe Rechtsgrundsatz 409. (Allg. Deutsches Handelsgesetzbuch Art. 409.)

— Lex **22**. § **3**., Lex **23**. Siehe Rechtsgrundsatz 231. (A. L. R. I. **21**. § 263.)

Lib. **21**. Tit. **1**. de aedilitio edicto et redhibitione, et quanti minoris:

— Lex **21**. pr., Lex **23**. § **1**. Siehe Rechtsgrundsatz 655. (Exekutions-Verordnung vom 4. März 1834 § 6.)

— Lex **23**. § **8**., Lex **31**. pr., Lex **58**. pr. § **1**. Siehe Rechtsgrundsatz 572. (Dig. **19**. 1. Lex 13.)

Lib. **29**. Tit. **2**. de acquirenda vel omittenda hereditate.

— Lex **25**. § **5**. Antretung der Erbschaft durch einen Generalbevollmächtigten.

Rechtsgr. **573**. — Ober-Appellationsgericht, I. Senat. 19. Dez. 1867. (**LXXI**. 7.)

Wenn auch eine gewöhnliche Generalvollmacht den Bevollmächtigten nicht zur Antretung oder Ausschlagung von Erbschaften für den Vollmachtgeber ermächtigt, so ist doch dem Generalbevollmächtigten, welchem die Befugniß zur Antretung und Ausschlagung von Erbschaften ausdrücklich in der Vollmacht ertheilt ist, diese Befugniß zuzugestehen.

Lib. **34**. Tit. **3**. de liberatione legata:

— Lex **3**. § **3**. Siehe Rechtsgrundsatz 569. (Dig. **2**. 14. Lex 27 pr.)

Lib. **35**. Tit. **1**. de conditionibus et demonstrationibus et causis et modis eorum, quae in testamento scribuntur:

— Lex **82**. Siehe Rechtsgrundsatz 570. (Dig. **3**. 5. Lex 2.)

Lib. **38**. Tit. **16**. de suis et legitimis heredibus.

— Lex **3**. §§ **9**. **11**. **12**. Siehe Rechtsgrundsätze 294. 297. (A. L. R. II. **2**. §§ 2. 19 20.)

Lib. **41**. Tit. **1**. de acquirendo rerum dominio:

— Lex **7**. § **1**. Siehe Rechtsgrundsatz 79. (A. L. R. I. **9** § 225.)

Lib. **41**. Tit. **2**. de acquirenda vel omittenda possessione:

— Lex **18**. pr., Lex **25**. § **1**. Uebergabe einer vermietheten Sache Seitens des Verkäufers. — Vergl. Dig. **43**. 16. Lex 12. 18., 26. Lex 6. § 2.; Cod. **4**. 49. Lex 4., **8**. 28. Lex 13.

Rechtsgr. **574**. — III. Senat. 19 Juni 1868. (**LXXI**. 258.)

Das zwischen dem Verkäufer und einem „Dritten bestehende“ Miethsverhältniß steht der Uebergabe der verkauften Sache an den Käufer nicht entgegen.

Lib. **41**. Tit. **5**. pro heredo vel pro possessore:

— Lex **3**. Siehe Rechtsgrundsätze 99. 213. (A. L. R. I. **9**. § 579., **20**. § 250.)

Lib. **42**. Tit. **1**. de re judicata et de effectu sententiarum et de interlocutionibus:

— Lex **1**. Siehe Rechtsgrundsatz 575. (Dig. **44**. 2. Lex 27.)

Lib. **42**. Tit. **8**. quae in fraudem creditorum facta sunt, ut restituantur:
— Lex **9**. Siehe Rechtsgrundsatz 560. (Code Napoléon Art. 1167.)
Lib. **43**. Tit. **12**. de fluminibus, ne quid in flumine publico, ripave ejus fiat, quod pejus navigetur:
— Lex **1**. § **5**. Siehe Rechtsgrundsatz 79. (A. L. R. I. **9**. § 225.)
Lib. **43**. Tit. **16**. de vi, et de vi armata:
— Lex **12**. **18**. Siehe Rechtsgrundsatz 574. (Dig. **41**. 2. Lex 18.)
Lib. **43**. Tit. **26**. de precario:
— Lex **6**. § **2**. Siehe Rechtsgrundsatz 574. (Dig. **41**. 2. Lex 18.)
Lib. **44**. Tit. **1**. de exceptionibus, praescriptionibus et praejudiciis:
— Lex **22**. § **1**. Siehe Rechtsgrundsatz 704. (Prozeß-Verordnung vom 21. Juli 1846 § 7.)
Lib. **43**. Tit. **2**. de exceptione rei judicatae:
— Lex **27**. Erforderniß „desselben Gegenstandes" und der „eadem quaestio" bei der exceptio rei judicatae, nach Gemeinem Rechte. — Vergl. Dig. **42**. 1. Lex 1., **50**. 17. Lex 207.

Rechtsgr. **575**. — I. Senat. 21. Januar 1867. (LXVII. 57.)

a) Bei der exceptio rei judicatae ist „dieselbe Sache" dann vorhanden, wenn derselbe Kläger von demselben Verklagten denselben Gegenstand aus demselben Grunde fordert.

b) Das Erforderniß der "eadem quaestio" liegt auch dann vor, wenn die in dem späteren Prozesse geforderte Summe von der in dem Vorprozesse beurtheilten verschieden ist, jedoch mit Ausnahme des Falles, daß im Vorprozeß nur ein Theil der Forderung eingeklagt ist, und nunmehr eine Restforderung geltend gemacht wird.

Lib. **45**. Tit, **1**. de verborum obligationibus:
— Lex **35**. § **2**. Siehe Rechtsgrundsatz 401. (Allgem. Deutsches Handelsgesetzbuch Art. 354.)
Lib. **45**. Tit. **2**. de duobus reis constituendis:
— Lex **19**. Siehe Rechtsgrundsatz 569. (Dig. **2**. 14. Lex 27. pr.)
Lib. **46**. Tit. **3**. de solutionibus et liberationibus:
— Lex **17**. **52**. **56**. **87**. Novation durch Wechsel und Tilgung einer Forderung durch Weiterbegebung des über die ursprüngliche Schuld ausgestellten Wechsels und Empfangnahme der Valuta, nach Ge-

meinem Recht; Zahlung durch Wechsel im Handels- und Geschäftsverkehr. — Vergl. Inst. 3. 29. § 3. in fine; Dig. 50. 16. Lex 176.

Rechtsgr. 576. — IV. Senat. 17. September 1867. (LXVIII. 150.)

a) In der Ausstellung eines Wechsels Seitens des Gläubigers und dessen Acceptation Seitens des Schuldners über den Betrag eines zwischen beiden bestehenden Schuldverhältnisses kann für sich allein nie eine das letztere aufhebende Novation gefunden werden, wenn nicht die ausdrückliche Erklärung der Kontrahenten hinzugekommen ist, daß die ursprüngliche Forderung ganz hat getilgt und aufgehoben sein und daß an deren Stelle die neue Wechsel-Obligation hat treten sollen. Fehlt es an einer solchen ausdrücklichen Erklärung, so entsteht neben der alten eine neue Obligation und beide bleiben, unabhängig unter sich, neben einander bestehen.

b) Eine Forderung kann dadurch allein nicht für getilgt erachtet werden, daß der Gläubiger den über dieselbe vom Schuldner ausgestellten Wechsel gegen Empfangnahme der Valuta weiter begeben und so sich Befriedigung verschafft hat.

Siehe auch Rechtsgrundsatz 178. (A. L. R. I. 16. § 28.)

Lib. 50. Tit. 16. de verborum significatione:
— Lex 176. Siehe Rechtsgrundsatz 576. (Dig. 46. 3. Lex 17.)
Lib. 50. Tit. 17. de diversis regulis juris antiqui:
— Lex 207. Siehe Rechtsgrundsatz 575. (Dig. 43. 2. Lex 27.)

3. Codex.

Lib. 2. Tit. 56. de receptis:
— Lex 4. Siehe Rechtsgrundsatz 487. (A. G. O. I. 2. § 167.)
Lib. 4. Tit. 31. de compensationibus:
— Lex 14. § 1. Verfahren bei der Kompensation. — Vergl. jüngster Reichsabschied von 1654.

Rechtsgr. 577. — V. Senat. 22. September 1868. (LXXII. 197.)

Die Lex 14. § 1. Cod. 4. 31. de compensationibus

enthält eine gemeinrechtliche Vorschrift des Verfahrens, welche fortdauernde Gültigkeit hat und durch die Grundsätze der Eventualmaxime, wie solche der Reichsabschied von 1654 aufstellt, keinerlei Beschränkungen erleidet.

Lib. **4**. Tit. **32**. de usuris:
— Lex **13**. Siehe Rechtsgrundsatz 578. (Cod. **4**. 34. Lex 4.)
Lib. **4**. Tit. **34**. depositi vel contra:
— Lex **4**. Verfolgung der im Hauptprozeß nicht geforderten oder nicht zugesprochenen Accessorien in einem besonderen Verfahren, nach Gemeinem Prozeß. — Cod. **4**. 32. Lex 13., **7**. 51. Lex 3.; A. G. O. I. **23**. §§ 58. ff.

Rechtsgr. **578**. — V. Senat. 11. Dezember 1866. (LXV. 176.)

a) Nach Gemeinem Prozeß gilt der Grundsatz, daß nach entschiedenem Hauptprozeß die darin nicht geforderten oder nicht zugesprochenen Accessorien des Streitgegenstandes in einem besonderen Verfahren nicht verfolgt werden dürfen, wenn nicht etwa der Richter im Hauptprozesse die Verpflichtung zum Ersatz der Nutzungen in thesi anerkannt und nur die Liquidation derselben zum Separatverfahren verwiesen hat.

b) Sind deshalb die einen Theil des ursprünglichen Streitgegenstandes bildenden Accessorien im Hauptprozeß nicht zugesprochen, so sind sie als aberkannt zu betrachten.

Lib. **4**. Tit. **38**. de contrahenda emptione et venditione:
— Lex **8**. **9**. Siehe Rechtsgrundsatz 401. (Allgem. Deutsches Handelsgesetzbuch Art. 354.)
Lib. **4** Tit. **44**. de rescindenda venditione:
— Lex **14**. Siehe Rechtsgrundsatz 401. (Allgem. Deutsches Handelsgesetzbuch Art. 354.)
Lib. **4**. Tit. **45**. quando liceat ab emptione discedere:
— Lex **2**. Siehe Rechtsgrundsatz 401. (Allgem. Deutsches Handelsgesetzbuch Art. 354.)
Lib. **4**. Tit. **49**. de actionibus empti et venditi:
— Lex **4**. Siehe Rechtsgrundsatz 575. (Dig. **41**. 2. Lex 18.)
Lib. **4**. Tit. **58**. de aedilitiis actionibus:

— Lex **1**. Siehe Rechtsgrundsatz 572. (Dig. **19**. 1. Lex 13.)
Lib. **4**. Tit. **65**. de locato et conducto:
— Lex **9**. Bedeutung der Parömie: „Kauf bricht Miethe."

Rechtsgr. **579**. — III. Senat. 19. Juni 1868. (LXXI. 258.)

Die Parömie: „Kauf bricht Miethe" ist dahin zu verstehen, daß nicht schon der Abschluß eines Kaufvertrages, sondern erst der Eigenthumsübergang, also Kauf und Uebergabe, das Recht des Käufers zur Exmission des Miethers begründen.

Lib. **5**. Tit. **9**. de secundis nuptiis:
— Lex **3**. § **1**., Lex **4**. in fine. Siehe Rechtsgrundsatz 582. (Nov. 22. Cap. 23.)
Lib. **6**. Tit. **56**. ad senatusconsultum Tertullianum:
— Lex **7**. § **1**. Siehe Rechtsgrundsatz 582. (Nov. 22. Cap. 23.)
Lib. **7**. Tit. **39**. de praescriptione XXX. vel XL. annorum:
— Lex **3**. Unterbrechung der Klage- und Akquisitiv-Verjährung nur durch die Behändigung, nicht schon durch die Anmeldung oder Anbringung der Klage, nach Gemeinem Recht. — Vergl. Cod. **7**. 40. Lex 3.; A. L. R. I. **9**. § 551.

Rechtsgr. **580**. — IV. Senat. 5. März 1867. (LXVI. 240.)

a) Gemeinrechtlich wird die Klage-Verjährung ebenso, wie die Akquisitiv-Verjährung, nur durch die Behändigung der Klage an den Verklagten, und nicht schon durch die Anmeldung oder Anbringung derselben beim gehörigen Richter unterbrochen.

b) Daher kann die erst nach abgelaufener Verjährungsfrist erfolgte Behändigung der Klage nicht in Betreff der Wirkung der Unterbrechung der Klageverjährung auf den Tag der vor Ablauf dieser Frist geschehenen Anmeldung oder Anbringung der Klage zurückbezogen werden.

Lib. **7**. Tit. **40**. de annali exceptione italici contractus tollenda, et de diversis temporibus et exceptionibus, et praescriptionibus, et interruptionibus earum:
— Lex **3**. Siehe Rechtsgrundsatz 580. (Cod. **7**. 39. Lex 3.)
Lib. **7**. Tit. **51**. de fructibus et litis expensis:
— Lex **3**. Siehe Rechtsgrundsatz 578. (Cod. **4**. 34. Lex 4.)

Lib. **7**. Tit. **62**. de appellationibus et consultationibus:
— Lex **6**. Siehe Rechtsgrundsatz 583. (Reichskammergerichts-Ordnung von 1555 III. **50**. § 5.)

Lib. **8**. Tit. **28**. de distractione pignorum:
— Lex **13**. Siehe Rechtsgrundsatz 574. (Dig. **41**. 2. Lex 18.)

4. Novellae.

Nov. **18**. de triente et semisse, et successionibus filiorum et nepotum naturalium, et collationibus vel distributionibus, nec non et literarum aut numerationum atque rerum ex quibus detinent, inficiationibus:
— Cap. **2**. Erbrecht der außerehelichen Kinder von verschiedenen Müttern, nach Gemeinem Recht und namentlich der Nassau-Katzenellnbogischen Landes-Ordnung. — Vergl. Nov. 89. Cap. 4. § 4., Cap. 12. § 4.; Nassau-Katzenellnbogische Landes-Ordnung vom 1. Mai 1616 Thl. 4. Cap. 2.

Rechtsgr. **581**. — I. Senat. 24. April 1868. (LXX. 298.)

Wenn das Erbrecht der Konkubinenkinder nach den Vorschriften der Novelle 89. Kap. 12. § 4. und Novelle 18. Kap. 5. nur alsdann statthaft war, wenn der Erblasser mit einer Konkubine zusammengelebt hatte und die Kinder in seinem Hause erzogen waren, und ausgeschlossen blieb, wenn uneheliche Kinder von mehreren Konkubinen vorhanden waren: so ist doch auf keine Weise anzunehmen, daß man überhaupt und daß namentlich die Nassauische Landes-Ordnung dieses Erbrecht noch weiter über jenen Fall des Gemeinen Rechts hinaus habe ausdehnen und auch selbst dann habe anwenden wollen, wenn der Erblasser mit noch mehreren Frauenspersonen uneheliche Kinder erzeugt hatte.

Nov. **22**. de nuptiis:
— Cap. **23**. **46**. § **2**. Poenae secundarum nuptiarum für den Ehemann; Tod des ersten Ehegatten unter der Herrschaft eines Gesetzes, welches diese Nachtheile nicht kennt, und Eingehung der zweiten Ehe

in Neuvorpommern. — Vergl. Cod. 5. 9. Lex 3. § 1., Lex 4. in fine, 6. 56. Lex 7. § 1.; Nov. 118. 127. Cap. 3.

Rechtsgr. 582. — I. Senat. 7. Dezember 1866. (LXV. 168.)

a) Die Nachtheile, welche nach der Novelle 22. Kap. 46. § 2. die wiederheirathende Mutter in Beziehung auf die von einem Kinde erster Ehe ab intestato ererbten, vom ersten Ehemanne herrührenden Sachen treffen, finden nicht ebenso gegen den wiederheirathenden Vater Anwendung.

b) Die Römischen Gesetze über die poena secundarum nuptiarum in einer in Neuvorpommern geschlossenen zweiten Ehe kommen auch dann zur Anwendung, wenn der Tod des ersten Ehegatten in einer andern Provinz und unter der Herrschaft eines Gesetzes erfolgt ist, welches dem conjux superstes keine Beschränkungen dieser Art auferlegt.

Nov, **82**. de judicibus et ut nullatenus cum jurejurando eligatur aliqui judex, quod permaneat ei:
— Cap. **11**. Siehe Rechtsgrundsatz 487. (A. G. O. I. **2**. § 167.)

Nov. **89**. Quibus modis naturales efficiuntur sui et de eorum ex testamento sive ab intestato successione:
— Cap. **4**. § **4**. Siehe Rechtsgrundsatz 581. (Nov. 18. Cap. 2.)
— Cap. **12**. § **4**. Siehe Rechtsgrundsätze 581. 589. (Nov. 18. Cap. 2., Landes-Ordnung vom 1. Mai 1616 Thl. 4. Cap. 2.)

Nov. **118**. de heredibus ab intestato venientibus et de agnatorum jure sublato:
— Siehe Rechtsgrundsatz 582. (Nov. 22. Cap. 23.)

Nov. **127**. ut fratrum filii succedant:
— Cap. **3**. Siehe Rechtsgrundsatz 582. (Cov. 22. Cap. 23.)

5. Feudorum libri.

Lib. **2**. Tit. **1**. de feudi cognitione:
— § **1**. Siehe Rechtsgrundsatz 211. (A. L. R. I. **18**. § 506.)

Lib. **2**. Tit. **33**. de consuetudine recti feudi:
— pr. Siehe Rechtsgrundsatz 211. (A. L. R. I. **18**. § 506.)

Lib. **2**. Tit. **45**. an agnatus vel filius defuncti possit retinere feudum repudiata hereditate:
— Siehe Rechtsgrundsatz 591. (Lehnskonstitution vom 8. Dezember 1694.)

Corpus juris canonici.

Libri V. extra Decretum Gratiani.

Lib. **1**. Tit. **43**. de arbitris:
— Cap. **2**. **9**. Siehe Rechtsgrundsatz 487. (A. G. O. **I**. **2**. § 167.)
Lib. **3**. Tit. **35**. de statu monachorum:
— Cap. **2**. **4**. **6**. Siehe Rechtsgrundsatz 338. (A. L. R. **II**. **11**. § 1199.)

Einzelne Gesetze und Verordnungen.

1409. Kottbuser Willkür (Wilke, die Kottbuser Willkür S. 42.)
— Siehe Rechtsgrundsatz 548. (Sächsisches Weichbildrecht Art. 10.)

1555. Des Heil. Römischen Reiches Kammergerichts-Ordnung. (Teutsche Reichsabschiede Thl. 3. S. 43.)
— Thl. **3**. Tit. **50**. § **5**. Zurückweisung der Sache zur weiteren Verhandlung und Entscheidung in die Vorinstanz. — Vergl. Cod. **7**. 62. Lex 6.; Verordnung vom 24. Juni 1867 § 60.

Rechtsgr. **583**. — I. Senat. 19. Dezember 1867. (LXXI. 8.)

Nach dem heutigen gemeinen Prozeßrecht ist es dem höhern Gericht gestattet, aus Gründen der Zweckmäßigkeit die Entscheidung auf den unmittelbaren Beschwerdepunkt zu beschränken, in Ansehung der bisher nicht zur Erörterung gelangten Punkte aber die Sache zum weiteren Verfahren an die betreffende Instanz zurückzuweisen.

Die Verordnung über das Verfahren in Civilprozessen vom 24. Juni 1867 steht einem solchen Verfahren nicht entgegen.*

1592, Januar 18. Polizei-Ordnung der Haupt- und Residenzstadt Münster. (Schlüter, Provinzialrecht der Provinz Westphalen Bd. 1. S. 117. ff.)

— **Kap. 6. § 1.** Siehe Rechtsgrundsatz 585. (Kap. 7. §§ 9—11. dieser Polizei-Ordnung.)

— **Kap. 7. § 1.** Pflichttheilsberechtigung abgeschichteter Kinder und Eltern, sowie gesetzliche Erbfolge in den Nachlaß eines ohne Leibeserben verstorbenen abgeschichteten Kindes, nach dem Institut der Münsterischen ehelichen Gütergemeinschaft. — Vergl. § 13. dieser Polizei-Ordnung; Verordnung vom 8. Januar 1816 § 1.

Rechtsgr. **584**. — I. Senat. 8. Mai 1868. (**LXXI.** 161.)

Die in dem § 1. Kap. 7. der Münsterischen Polizei-Ordnung vom 18. Januar 1592 verordnete unbeschränkte Testirfreiheit der abgeschichteten Kinder und der Eltern über ihren Schichttheil, sowie die in dem § 13. daselbst verordnete gesetzliche Erbfolge in den Nachlaß des ohne Leibeserben versterbenden abgeschichteten Kindes nach dem gemeinen Römischen Rechte ist durch die Verordnung vom 8. Januar 1816 nicht wieder hergestellt worden.

Siehe auch Rechtsgrundsatz 196. (A. L. R. I. **17** § 87.)

— **§ 5.** Siehe Rechtsgrundsätze 196. 776. (A. L. R. I. **17**. § 87., Gesetz vom 4. Juni 1856 §§ 1. ff.)

— **§§ 9—11.** Einfluß der Verhinderung des einen Ehegatten zur Testamentserrichtung, z. B. durch Blödsinn, auf die Testirfähigkeit des andern Ehegatten über das ganze gütergemeinschaftliche Vermögen, nach der Münsterischen Gütergemeinschaft. — Vergl. Kap. 6. dieser Polizei-Ordnung; Verordnung vom 20. Dezember 1601.

Rechtsgr. **585**. — I. Senat. 7. September 1866. (**LXVI.** 65.)

Nach den Grundsätzen der Münsterischen ehelichen Gütergemeinschaft kann, insofern die Ehe beerbt ist, auch

* Vergl. dagegen Rechtsgrundsätze Bd. 4. No. 1167. S. 509. und Bd. 5. No. 493. S. 215.

in dem Falle, daß der eine Ehegatte zur Theilnahme an der Testamentserrichtung, z. B. durch Blödsinn, verhindert ist, der andere Ehegatte nicht über das ganze gütergemeinschaftliche Vermögen oder über den beiderseitigen Nachlaß letztwillig verfügen.

— **§ 13**. Siehe Rechtsgrundsatz 584. (Kap. 7. § 1. dieser Polizei-Ordnung.)

— **§§ 19. 21**. Siehe Rechtsgrundsatz 776. (Gesetz vom 4. Juni 1856 § 8.)

— **§§ 25. 26**. Siehe Rechtsgrundsatz 196. (A. L. R. I. **17**. § 87.)

1601, Dezember 20. Adjektum zu Kap. 6. der Münsterischen Polizei-Ordnung vom 18. Januar 1592. (Schlüter, Provinzialrecht der Provinz Westphalen Bd. 1. S. 117. ff.)

— Siehe Rechtsgrundsatz 585. (Polizei-Ordnung vom 18. Januar 1592 Kap. 7. § 9.)

1611. Reform der freien Stadt Frankfurt.

— Thl. **II**. Tit. **2**. **§§ 6—8**., Tit. **6**. **§§ 3. 7**. Uebergang des Grundeigenthums, nach Frankfurter Partikularrecht; Verpfändung eines Grundstücks in der Zeit zwischen der Tradition und der Transskription.

Vergl. Verordnungen vom 3. Februar 1801 und vom 16. Juni 1821.

Rechtsgr. **586**. — V. Senat. 10. September 1867. (**LXVIII. 127.**)

Das Frankfurter Partikularrecht der neuern Zeit gehört zu denjenigen, worin die deutsche Rechtsanschauung, daß der Uebergang des Grundeigenthums durch gerichtliche Anmeldung oder Auflassung bedingt sei, dem Römischen Rechtsgrundsatz seines Ueberganges durch Vertrag und Tradition gewichen ist.

Jedoch kann sowenig der Käufer als der Verkäufer in der Zeit zwischen der Tradition und der Transskription das Kaufobjekt insatzweise mit Schulden belasten.

— Thl. **III**. Tit. **2**. **§ 4**., Thl. **V**. Tit. **4**. **§§ 1—3. 5**., Tit. **5**. **§§ 9. 10**. Eheliche Güterverhältnisse nach der Frankfurter Reform:

A. Nießbrauchsrecht des überlebenden Ehegatten nach der Frankfurter Reform und dem Fränkischen ehelichen Güterrecht.

Rechtsgr. 587. — V. Senat. 5. November 1867. (LXIX. 35.)

Der dem überlebenden Ehegatten an allen ihm nicht zu Eigenthumsrecht zufallenden Theilen des Nachlasses des verstorbenen Ehegatten oder des ehelichen Vermögens zustehende lebenslängliche Nießbrauch ist nach allgemeinen, auch aus der Natur des Fränkischen ehelichen Güterrechts herzuleitenden Grundsätzen, sowie im Geiste des Frankfurter Partikularrechts, als in dem ehelichen Güterrecht wurzelnd und als ein Bestandtheil des ehelichen Güterrechts bildend zu betrachten.

B. Eheverträge nach der Frankfurter Reform.

Rechtsgr. 588. — V. Senat. 5. November 1867. (LXIX. 36.)

a) Die Bestimmung der Frankfurter Reform vom Jahre 1611 Thl. V. Tit. 4. § 1.:

„daß alle pacta — darinnen ein Ehegemahl dem andern alle oder einen benannten ansehnlichen Theil seiner Güter, über die Ehesteuer und Wiederlegung, erblich vermachen wollt — sollen unterlassen, und da sie gleich in die Heirathsverschreibung gesetzt, doch für ungültig und kraftlos gehalten werden sollen",

kann nicht dahin ausgedehnt werden, die Ehegatten in ihrer Befugniß zu beschränken, die Güterverhältnisse ihrer Ehe autonomisch zu ordnen und sich wechselseitig Vortheile zu bedingen.

b) Aus den Bestimmungen der Frankfurter Reform vom Jahre 1611 Thl. III. Tit. 2. § 4. und Thl. V. Tit. 4. § 2. ist nicht die Ungültigkeit aller, eine Abweichung von dem gesetzlichen Güterrecht überhaupt oder einen Verzicht auf Vortheile, welche dasselbe gewährt, in sich schließender Eheverträge herzuleiten.

1616, Mai 1. Nassau-Katzenellnbogische Landes-Ordnung. (Zweite Aufl. Frankfurt 1711.)

— Thl. 4. Kap. 2. Erbrecht der außerehelichen Kinder von verschie denen Müttern, nach Gemeinem Recht und der Nassau-Katzenellnbogischen Landes-Ordnung. — Vergl. Nov. 18. cap. 2., Nov. 89. cap. 12. § 4.

Rechtsgr. 580. — I. Senat. 24. April 1868. (LXX. 297.)

In der Nassau-Katzenellnbogischen Landes-Ordnung vom 1. Mai 1616 Thl. 4. Kap. 2.:

Als nemlichen, verstirbt ein Mann, ohne Hinterlassung ehelicher Erben, und verläst ein natürliches Leib-Kind, so erbet dasselbige mit und beneben seiner Mutter, da sie noch lebet, vermöge der gemeinen Kayserlichen Rechten ein mehreres nicht, als duas uncias, d. i., das sechste Theil der Erbschaft, und wird das übrige alles des Mannes nächsten Erben allein gelassen,

ist unter dem Gemeinen Kaiserlichen Recht das Römische Recht und zwar das in der Novelle 89. Kap. 12. § 4. und Novelle 18. Kap. 5. den mit einer Konkubine erzeugten Kindern und deren Mutter eingeräumte Erbrecht von einem Sechstel gemeint.

Siehe auch Rechtsgrundsatz 581. (Nov. 18. cap. 2.)

1641, November 30. Bau-Ordnung der Stadt Berlin. (Rabe, Samml. Bd. 1. Abth. 1. S. 29.; Grein, die Rechtsverhältnisse der Nachbarn, S. 120.)

— §§ **23**. **27**. Beschränkungen des Nachbars bei Bauten an der Grenze, nach der Bau-Ordnung der Stadt Berlin. — Vergl. A. L. R. I. 8. § 138.; Berliner Spezial-Bau-Observanzen Kap. 4. §§ 1. 2.

Rechtsgr. 590. — II. Senat. 14. Januar 1868. (LXIX. 310.)

Zur Begründung der in den §§ 23. 27. der Bau-Ordnung der Stadt Berlin vom 30. November 1641 enthaltenen Beschränkungen des Nachbars bei Bauten an der Grenze reicht es nicht hin, daß das Grundstück, dessen Besitzer zum Widerspruch gegen die Anlegung von Fenstern nach seiner Seite zu berechtigt sein will, innerhalb der Stadtmauer liegt und an den Bau des Nachbars grenzt; vielmehr kommt auch die rechtliche Natur des Grundstücks in Betracht, und ist hierbei entscheidend, ob es einen Theil eines bebauten städtischen Grundstücks — praedii urbani — ausmacht, oder mit demselben, sei es als Hof, Garten, oder sonst wie als Zubehör ein Ganzes bilde.

1654. Jüngster Reichsabschied. (Emminghaus, corp. jur. germ. Thl. 1. S. 477.; Schmauß, corp. jur. publ. No. 73. S. 1132.)

— Siehe Rechtsgrundsatz 577. (Cod. 4. 31. Lex 14. § 1.)

1694, Dezember 8. Lehnskonstitution für Hinterpommern. (Lüning, corp. jur. feud. Thl. II. S. 1113.)

— Trennung der Lehns- und Allodial-Erbfolge, nach Longobardischem und Hinterpommerschem Lehnsrecht. — Vergl. Feud. II. 45.

Rechtsgr. **591.** — I. Senat. 7. Dezember 1866. (LXV. 166.)

Der im Longobardischen Lehnrecht geltende Grundsatz: „daß die Descendenten des Lehnsbesitzers die Lehn- und Allodialerbfolge nicht beliebig trennen könnten",
hat in der Hinterpommerschen Lehnskonstitution keine Anwendung gefunden.

— § **2.** Revokationsrecht nach dieser Lehnskonstitution.

Rechtsgr. **592.** — I. Senat. 7. Dezember 1866. (LXV. 165.)

Der § 2. der Lehnskonstitution für Hinterpommern: „Söhne und andere Descendentes, wann sie gleich ihres Vaters Erben gar nicht oder nur vermittelst Inventarii geworden, können dessen Verkauf, ungeachtet solcher ein altväterliches Stammgut beträfe, nicht revoziren noch anfechten",
ist nicht auf die Söhne und weiteren Descendenten des vasallus possessor zu beschränken.

1700, Juni 28. Kurkölnische Juden-Ordnung. (Scotti, Sammlung Kurkölnischer Verordnungen Abth. 1. Thl. 1. S. 568. Kap. 1.)

— §§ **1—3.** Siehe Rechtsgrundsatz 716. (Gesetz vom 23. Juli 1847 § 1.)

1704. Kurfürst's Lothar Franz Statuta in Successionsfällen ab intestato vor die Stadt Erfurt und sämmtliche zugehörige Landschaft. Verhältniß dieses Statuts zum Publikations-Patent vom 24. März 1803. — Vergl. Patente vom 24. März 1803 und 9. September 1814.

Rechtsgr. **593.** — I. Senat. 4. Oktober 1867. (LXVIII. 217.)

Das Publikations-Patent vom 24. März 1803 wegen Einführung des Allgem. Landrechts in die Erbfürstenthümer Eichsfeld, die Stadt Erfurt und das Erfurter Gebiet erkennt ein auf besonderen Gesetzen und Konstitutionen beruhendes Recht über die Intestat-Erbfolge nicht als bestehend an, faßt die Kurmainzische Verordnung von 1704 nicht als Gewohnheitsrecht auf und hat nicht beabsichtigt, ihre mit dem Gemeinen Recht übereinstimmenden Bestimmungen aufrecht zu erhalten.

1719, März 21. Jülich-Bergische Bergordnung. (Brassert, Bergordnungen S. 759.)

— **§ 24**. Dreimalige Fristung nach dieser Bergordnung.

Rechtsgr. **594.** — III. Senat. 23. März 1866. (LXVI. 6.)

Der § 24. der Jülich-Bergischen Berg-Ordnung vom 21. März 1719:

„Der Bergmeister soll nicht leichtlich ohne merklich nothdürftige und nützliche Ursachen Fristung geben oder Verstreckung thun, so aber aus genugsamer Ursache in einer Zeche zwei oder zum höchsten drei Mal Frist gegeben wird, soll er förderShin davon keinen Nutzen gewarten, gleichwohl sollen allezeit die Ursachen in das Gerichtsbuch aufgeschrieben werden",

enthält zunächst nur eine Instruktion für den Bergmeister, und es geht daraus nicht hervor, daß nach der dritten Fristverlängerung ein Stilliegen der Grube unbedingt den Verlust derselben zur Folge haben solle, vielmehr sind in diesem Falle die Hinderungsgründe in Erwägung zu ziehen.

1720, Mai 20. Renovirte und verbesserte Holz-, Mast- und Jagd-Ordnung für die Mittel-, Alt-, Neu- und Uckermark. (Mylius, C. C. March. Thl. 4. Abth. 1. No. 104. S. 683.; Rabe, Samml. Bd. 1. Abth. 1. S. 531.)

— Tit. 4. §§ 3. 4. Unbestimmte Brennholzberechtigung in der Kur- und Neumark Brandenburg und Erwerbung derselben durch Verjährung. — Vergl. Deklaration vom 18. August 1806.

Rechtsgr. 595. — II. Senat. 26. März 1867. (LXVIII. 47.)

Ueber eine unbestimmte Brennholzgerechtigkeit ist in den §§ 1. ff. der Deklaration der §§ 3. und 4. Tit. 4. der Kur- und Neumärkischen Holz-, Mast- und Jagd-Ordnung vom 20. Mai 1720, betreffend die Raff-, Lager- und Leseholzberechtigungen in der Kur- und Neumark Brandenburg, vom 18. August 1806 nichts gesagt, und ist die rechtliche Möglichkeit der Verjährung als eines Erwerbstitels für vorhanden zu erachten.

1741, November 26. Königlich Preußische Eigenthums-Ordnung der Fürstenthümer Minden und der Grafschaft Ravensberg. (Wigand, Provinzialrecht des Fürstenthums Minden Bd. 2. S. 382. ff.; Rabe, Samml. Bd. 1. Abth. 2. S. 154.)

— Kap. 11. §§ 1. 10. 11., Kap. 12. § 9. Siehe Rechtsgrundsatz 663. (Gesetz vom 13. Juli 1836 § 4.)

1750, August 8. Reglement, nach welchem künftig die Gravamina in geistlichen Sachen der in Schlesien subsistirenden Religionen abgemacht und entschieden werden sollen. (Korn, Edikten-Sammlung Bd. 5. S. 415.)

— § 11. Siehe Rechtsgrundsatz 715. (Schulbaugesetz vom 21. Juli 1846 §§ 2—6.)

1755, Februar 7. Dorf-Ordnung für das Fürstenthum Minden und der Grafschaft Ravensberg, Tecklenburg und Lingen. (Rabe, Samml. Bd. 1. Abth. 2. S. 388.)

— § 29. Kondominial- oder Konsolidationsprinzip bei beerbter Ehe nach der in der ehemaligen Grafschaft Ravensberg und den ehemaligen Fürstenthümern Paderborn und Minden hergebrachten ehelichen Gütergemeinschaft. — Vergl. A. L. R. II. 1. §§ 634. 637. ff.; Deklaration vom 26. März 1861.

Rechtsgr. 596. — I. Senat. 28. Februar 1868. (LXX. 108.)

Nach den Grundsätzen der in den ehemaligen Fürstenthümern Paderborn und Minden und der ehemaligen Grafschaft Ravensberg hergebrachten ehelichen Gütergemeinschaft tritt bei einer Ehe, aus welcher Kinder nachgelassen sind, durch den Tod des einen Ehegatten keine gänzliche Vereinigung der Rechte beider Eheleute in der Person des Ueberlebenden (Konsolidation) ein, vielmehr gelangen die Kinder sogleich zum Miterbrecht und Miteigenthum in Betreff des ihnen gebührenden Antheils, und die Rechte des überlebenden Ehegatten auf dieses Erbtheil der Kinder werden nur als ein Nießbrauchsrecht und ausgedehntes Verwaltungsrecht angesehen.

Dieses Kondominialprinzip ist auch in der Deklaration vom 26. März 1861 festgehalten.

1764, Dezember 30. Pommersche Bauer-Ordnung. (Köslin, 1854.) — Tit. **4**. Gütergemeinschaft nach dieser Bauer-Ordnung:

A. Ueberhaupt.

Rechtsgr. 597. — III. Senat. 6. April 1868. (LXXI. 107.)

Die Gütergemeinschaft der Pommerschen Bauer-Ordnung vom 30. Dezember 1764 ist nicht eine beschränkte, sondern eine allgemeine.

B. Befugnisse des Ehemannes während bestehender Ehe und Befugniß der überlebenden Ehefrau nach der Gütergemeinschaft der Pommerschen Bauer-Ordnung. — Vergl. A. L. R. II. **1**. § 360.

Rechtsgr. 598. — III. Senat. 26. November 1866. (LXV. 156.)

a) Die Befugnisse des Ehemannes während der ehelichen Gütergemeinschaft regeln sich für den Bereich der Pommerschen Bauer-Ordnung nach den Vorschriften in den §§ 377. ff. II. 1. des Allgem. Landrechts.

b) Die der überlebenden Ehefrau in der fortgesetzten Gütergemeinschaft der Pommerschen Bauer-Ordnung zustehende alleinige Verwaltung und Nutzung des Sammtvermögens begreift das Recht in sich, die zum Sammtvermögen gehörigen Grundstücke zu verpachten und den Pachtzins für sich zu erheben und zu verwenden, sowie auch den festgesetzten Pachtzins zu ermäßigen; endlich sind ihr auch Schenkungen schlechthin keineswegs untersagt.

C. Fortgesetzte Gütergemeinschaft nach dieser Bauer-Ordnung überhaupt.

Rechtsgr. **590**. — III. Senat. 21. Juni 1867. (LXVIII. 104.)

a) Nach der Pommerschen Bauer-Ordnung wird die Gütergemeinschaft durch den Tod des einen Ehegatten nicht aufgelöst, der überlebende bleibt vielmehr in Gemeinschaft der Güter auf gemeinschaftlichen Gewinn und Verderb sitzen, es mögen Kinder vorhanden sein oder nicht, bis er zur anderweiten Ehe schreitet, und kann er früher nicht zur Auseinandersetzung angehalten werden. Er hat keine Rechnung über seine Verwaltung zu legen, und es wächst dem gemeinschaftlichen Vermögen auch das zu, was der überlebende Ehegatte durch Glücksfälle oder sonst erwirbt.

b) Nach der Pommerschen Bauer-Ordnung stehen dem überlebenden Ehegatten in der fortgesetzten Gütergemeinschaft keine ausgedehnteren Rechte zu, als dem Ehemanne in der vorausgegangenen ehelichen Gütergemeinschaft zukamen.

— Befugniß des überlebenden Ehegatten, ohne Zustimmung der Miterben die zur Gütergemeinschaft gehörigen Grundstücke zu veräußern, nach der Pommerschen Bauer-Ordnung. — Vergl. A. L. R. II. 1. §§ 634. 653. 656. ff.

Rechtsgr. **600**. — III. Senat. 21. Juni und 21. Oktober 1867. (LXVIII. 105. 288.)

Nach der Pommerschen Bauer-Ordnung ist der überlebende Ehegatte, sei es der Mann oder die Frau, während der mit den Miterben des verstorbenen Ehegatten fortgesetzten Gütergemeinschaft die zur Gütergemeinschaft gehörigen Grundstücke ohne Zustimmung der Miterben zu veräußern nicht befugt.

1765, November 3. General-Land-Schul-Reglement für die Römisch-Katholischen in Städten und Dörfern des souverainen Herzogthums Schlesien und der Grafschaft Glatz. (Korn, Edikten-Samml. Bd. 8. S. 780.)

— §§ **12—14**. **27—29**. Stellung des Schullehrer-Adjuvanten, nach dem Schlesischen General-Land-Schul-Reglement vom 5. November 1765.

Rechtsgr. **601**. — I. Senat. 9. November 1866. (**LXV. 127.**)

Nach dem General-Landschul-Reglement für die Römisch-Katholischen in Städten und Dörfern des souverainen Herzogthums Schlesien und der Grafschaft Glatz vom 3. November 1765 erstreckt sich die Anstellung eines Adjuvanten und das Bedürfniß dazu nur auf die alte Schule, und steht der Adjuvant nur mit der alten Schule, dem alten Lehrer und seitherigen Schulgemeinde in rechtlicher und faktischer Verbindung.

1768, Februar (13.) 24. Warschauer Traktat wegen der Dissidenten in Polen. (Martens, recueil des traités I. 535.)

— Einfluß des Warschauer Traktats wegen der Dissidenten in Polen vom (13.) 24. Februar 1768 auf die Erwerbung der von der katholischen Geistlichkeit von den Dissidenten geforderten Abgaben durch Verjährung. — Vergl. Patent vom 13. September 1772; Instruktion vom 21. September 1773 § 4. No. 10c.; Edikt vom 30. Juli 1789 § 3.; Westpreußisches Provinzialrecht §§ 59—61.

Rechtsgr. **602**. — II. Senat. 6. Juni 1867. (**LXVII. 255.**)

Durch Art. II. § 7. des Warschauer Traktats wegen der Dissidenten in Polen ist ein unbedingtes Prohibitivgesuch gegen die Verjährung nicht gegeben, und ist den katholischen Geistlichen die Erhebung der Kalende, sofern sie in dem Glauben standen, daß ihnen solche als ein Recht zustehe, nicht untersagt.

1769, Juni 5. Revidirte Bergordnung vor das souveraine Herzogthum

Schlesien und die Grafschaft Glatz. (N. C. C. Tom. 4. Alte Aufl. Kol. 5827. No. 43., Neue Aufl. Kol. 3449.; Brassert, Bergordnungen S. 953.; Korn, Edikten-Samml. Bd. 2. S. 89.)

— **Kap. 1.** Siehe Rechtsgrundsatz 352. (A. L. R. II. **16.** §§ 423. ff.)

— **§ 2.** Siehe Rechtsgrundsatz 344. (A. L. R. II. **15.** § 69.)

— **Kap. 15.** Stollort mit Gesprenge.

Rechtsgr. **603.** — III. Senat. 13. September 1867. (LXVIII. 141.)

Es kann die im Kap. 15. der Schlesischen Bergordnung vom 5. Juni 1769 enthaltene Bestimmung:

daß ein Stöllner, welcher ohne Erlaubniß des Ober-Bergmeisters sein Stollort mit Gesprenge in ein oder mehrere Zechen treiben wird, dadurch keine Gerechtigkeit haben soll,

nur dahin aufgefaßt werden, daß, wenn sich auch bei der nachherigen Untersuchung das Gesprenge als nicht gerechtfertigt ergiebt, dieser ungesetzliche Betrieb den Verlust seines Stollenrechts zur Folge haben soll, nicht aber dahin, daß, wenn auch das Gesprenge aus erheblichen und unumgänglichen Ursachen vollständig gerechtfertigt gefunden wird, die bloße Unterlassung einer vorherigen Besichtigung und Genehmigung von Seiten des Ober-Bergmeisters mit dem Verluste des Stollenrechts bestraft werden soll.

1770, Mai 10. Fürstlich Münsterische Eigenthums-Ordnung. (Schlüter, Westphälisches Provinzialrecht Bd. 1. S. 257.)

— Thl. **2.** Tit. **5.** § **3.**, Thl. **3.** Tit. **7.** §§ **1. 5. 9.** Rückfall der Aussteuer oder des Brautschatzes in die ehemals eigenbehörige Stätte, insbesondere nach der Münsterischen Eigenthums-Ordnung. — Vergl. Gesetz vom 21. April 1825 § 23.; Deklaration vom 24. November 1838.

Rechtsgr. **604.** — I. Senat. 12. Oktober 1868. (LXXII. 264.)

a) Die Forderung der Aussteuer oder des Brautschatzes aus eigenbehörigen Kolonaten war durch die Heirath oder durch den wirklichen Abgang des Kindes von dem Hofe bedingt, und verblieb bei dem Absterben des Kindes vor

Eintritt dieser Bedingung der geschehenen Auslobung ungeachtet der Brautschatz oder die Aussteuer dem Hofe.

b) Diese Grundsätze galten namentlich auch nach der Münsterischen Eigenthums-Ordnung und kommen da, wo das Heimfallsrecht noch unabgelöst besteht, auch bei den nach der Publikation des Gesetzes No. 940. vom 21. April 1825 errichteten Brautschatzverschreibungen, in Ermangelung abweichender Bestimmungen, noch jetzt zur Anwendung.

1772, September 13. Besitznahmepatent für Westpreußen. (Lemann, Einleitung in die Provinzialrechte Westpreußens S. 73.)
— Siehe Rechtsgrundsatz 602. (Traktat vom (13.) 24. Februar 1768.)

1773, September 21. Instruktion für die Westpreußische Regierung. (Lemann, Einleitung in die Provinzialrechte Westpreußens S. 128.)
— § 4. Siehe Rechtsgrundsatz 602. (Traktat vom (13.) 24. Februar 1768.)

1785, Mai 23. Deklaration, die Vindikation, Erneuerung und Amortisation der Bank-Aktien, Pfandbriefe und andere billets au porteur betreffend. (Rabe, Samml. Bd. 12. S. 231., N. C. C. Bd. 7. S. 3127.)
— Siehe Rechtsgrundsatz 692. (Gesetz vom 4. Mai 1843 § 4.)

1787, März 9. und April 17. Gutachten der Gesetzkommission, betreffend die Kleve-Märkische Gütergemeinschaft. (Scotti, Sammlung der Kleve-Märkischen Gesetze und Verordnnngen Bd. 4. S. 2302.)
— Siehe Rechtsgrundsatz 553. (Entwurf des Provinzialrechts der Grafschaft Mark von 1836 §§ 12. 14. 15.)

1788, Juli 8. Konklusum der Gesetzkommission, betreffend die Anwendung der Edikte wegen des verbotenen Schuldenmachens der Offiziere. (Klein, Annalen Bd. 3. S. 267.)
— Siehe Rechtsgrundsatz 139. (A. L. R. I. **11**. § 853.)

1789, Juli 30. Edikt, betreffend die künftige Entrichtung des Mennonistenwesens, exkl. Schlesien. (Lemann, Provinzialrecht von Westpreußen Bd. 3. S. 271.)
— § **3**. Siehe Rechtsgrundsatz 602. (Traktat vom (13.) 24. Februar 1768.)

1790, Juli 22. Entscheidung der Gesetzkommission, betreffend die Befugniß eines in Gütergemeinschaft lebenden Ehemannes, Schenkungen zum Nachtheile der Ehefrau vorzunehmen. (Sammlung der Entscheidungen der Gesetzkommission Bd. 1. S. 215. No. 163.; Rabe, Samml. Bd. 13. S. 202.; Klein, Annalen Bd. 6. S. 353.)

— Schenkungen des in der Gütergemeinschaft lebenden Ehemanns überhaupt und namentlich in fraudem uxoris.

Rechtsgr. **605.** — V. Senat. 22. Januar 1867. (LXVII. 62.)

Wenn auch dem in der Gütergemeinschaft lebenden Ehemann das Recht zu einseitigen Schenkungen unter Lebenden im Allgemeinen zusteht, und auch die Zweckdienlichkeit derselben im Einzelfalle nicht in Frage gestellt werden kann; so ist doch die in fraudem der Rechte der Ehefrau gemachte Schenkung unzweifelhaft ungültig. Die Abwesenheit der fraus ist eine der Natur der Schenkung anklebende innere Bedingung ihrer Gültigkeit und Wirksamkeit.

1790, August 16. und 24. Décret sur l'ordre judiciaire. (v. Daniels, Handbuch I. S. 268.; Gräff, Chronologische Samml. S. 109.)

— Tit. **14**. Art. **4**. **5**. Siehe Rechtsgrundsatz 355. (Einführungsgesetz zum Allgem. Deutschen Handelsgesetzbuch Art. 47.)

1796, Mai 31. Chaussee-Reglement für die Grafschaft Mark. (Rabe, Samml. Bd. 3. S. 407.)

— § **14**. Siehe Rechtsgrundsatz 344. (A. L. R. II. **15**. § 69.)

1798, Februar 13. Gutachten der Gesetzkommission, betreffend die Folgen der unterlassenen Versiegelung eines gerichtlich übergebenen Testaments mit dem Gerichtssiegel und der im Annahmeprotokoll unterlassenen Bemerkung der Ueberschreibung des Testaments. (Rabe, Samml. Bd. 5. S. 52.)

— Siehe Rechtsgrundsatz 148. (A. L. R. I. **12**. § 103.)

1800, November 3. Reskript, betreffend die Kraft der nicht gerichtlich niedergelegten Kodizille. (Rabe, Samml. Bd. 6. S. 334.)

— Siehe Rechtsgrundsatz 153. (A. L. R. I. **12**. § 163.)

1801, Februar 3. Frankfurter Verordnung wegen der Währschaften. (Beyersbach, IV. S. 3045.)

— Siehe Rechtsgrundsatz 586. (Reform von 1611 Thl. 2. Tit. 2. § 6.)

1801, Mai 18. Schulreglement für die niedern katholischen Schulen in den Städten und auf dem platten Lande von Schlesien und der Grafschaft Glatz. (Wenzel, Provinzialrecht für Schlesien Bd. 1. S. 451.)

— **§§ 6. 13. 19. 22. 28.** Siehe Rechtsgrundsätze 601. 715. (Reglement vom 3. November 1765 §§ 12. ff.; Gesetz vom 21. Juli 1846 §§ 2. ff.)

1801, Juli 2. Reskript wegen näherer Bestimmung einiger die Armen-Anstalten betreffenden Vorschriften des Allgem. Landrechts. (N. C. C. Bd. 11. S. 317.; Rabe, Samml. Bd. 6. S. 542.)

— Siehe Rechtsgrundsatz 354. (A. L. R. **II. 19.** § 50.)

1803, März 24. Patent wegen Einführung des Allgem. Landrechts in das Fürstenthum Eichsfeld, die Städte Mühlhausen, Nordhausen, Erfurt und das Erfurter Gebiet. (N. C. C. Tom. 11. S. 1457.; Rabe, Samml. Bd. 7. S. 328.)

— Siehe Rechtsgrundsatz 593. (Verordnung von 1704.)

1806, März 29. Reskript, das Verfahren bei Wiederinkoursgebung außer Umlauf gesetzter Pommerscher Pfandbriefe betreffend. (N. C. C. Bd. 12. S. 113.; Matthis, Bd. 2. S. 487.; Rabe, Samml. Bd. 8 S. 496.)

— Siehe Rechtsgrundsatz 692. (Gesetz vom 4. Mai 1843 § 4.)

1806, Mai 5. Französisches Dekret, betreffend die Beschaffung der Wohnungen der evangelischen Pfarrer. (Graeff, Chronol. Samml. S. 576.)

— Bedeutung der Worte: "les communes sont autorisées" im Art. 1. dieses Dekrets.

Rechtsgr. **606**. — V. Senat. 29. Januar 1867. (**LXVIII.** 19.)

Der im Art. 1. des Dekrets vom 5. Mai 1806 gewählte Ausdruck: "les communes sont autorisées" ist nicht fakultativ sondern obligatorisch zu verstehen.

1806, August 18. Deklaration der §§ 3. und 4. der Kur- und Neumärkischen Holz-, Mast- und Jagd-Ordnung vom 20. Mai 1720, betreffend die Raff-, Lager- und Leseholzberechtigung in der Kur- und Neumark Brandenburg. (Rabe, Samml. Bd. 8. S. 652.)

— Siehe Rechtsgrundsatz 595. (Jagd-Ordnung vom 20. Mai 1720.)

1807, Oktober 9. Edikt, den erleichterten Besitz und freiern Gebrauch des Grundeigenthums, sowie die persönlichen Verhältnisse der Landbewohner betreffend. (N. C. C. Tom. 12. S. 251.; Rabe, Samml. Bd. 9. S. 85.)

— **§ 5**. Siehe Rechtsgrundsätze 205. 206. (A. L. R. I. **18**. § 192.)

1808, Juli 9. Großherzoglich Hessische Verordnung zur Beförderung der Kultur im Herzogthnm Westphalen durch Gemeinheitstheilungen. Befugnisse des Weideberechtigten und Theilung größerer Bauergüter in kleine Etablissements.

— **§§ 114. 115**. Gültigkeit der Großherzoglich Hessischen Gemeinheitstheilungs-Ordnung vom 9. Juli 1808 rücksichtlich der Verhältnisse des Provinzialrechts. — Vergl. Gemeinheitstheilungs-Ordnung vom 7. Juni 1821 §§ 1. ff.; Patent vom 21. Juli 1825 §§ 1—3.

Rechtsgr. **607**. — II. Senat. 28. April 1868. (LXX. 322.)

Die Vorschriften der §§ 114. und 115. der Großherzoglich Hessischen Gemeinheitstheilungs-Ordnung vom 9. Juli 1808 gehören nicht zu denjenigen Bestimmungen derselben, welche, als auf Verhältnisse des Provinzialrechts sich beziehend, in Gültigkeit geblieben sind.

1808, Juli 27. Verordnung, betreffend die Verleihung des Grundeigenthums an die Immediat-Einsassen von Ostpreußen, Litthauen und Westpreußen. (Matthis, Bd. 7 S. 297.; Rabe, Samml. Bd. 9. S. 312.)

— **§§ 2—4**. Erlöschung der Waldweide als Pertinenz des Nutzungsrechts der Immediat-Einsassen durch die Eigenthumsverleihung.

Rechtsgr. **608**. — II. Senat. 18. Juni 1867. (LXVII. 286.)

Die Waldweide, wenn sie Pertinenz des Nutzungsrechts der Immediat-Einsassen gewesen ist, ist durch die Eigenthumsverleihung der Höfe erloschen.

1809, Dezember 9. Verordnung wegen Mortifikation der an einen gewissen Inhaber, und wegen des öffentlichen Aufgebots der an jeden

Inhaber ausgestellten Privat-Schuldverschreibungen und Urkunden. — (Neue Edikte Samml. Bd. 1. S. 909.)

— Siehe Rechtsgrundsatz 69. (A. L. R. I. 7. § 169.)

1810, Oktober 8. Verordnung wegen Einrichtung des Justizwesens in Neuvorpommern und Rügen. (Sonnenschmidt, Samml. Bd. 2. S. 165.)

— **§ 31**. Befugniß zur Errichtung eines Testaments vor dem Pfarrer der Gemeinde in Neuvorpommern und Rügen überhaupt und namentlich für Krämer; Thätigkeit der Zeugen bei dieser Testamentserrichtung.

Rechtsgr. **609**. — I. Senat. 18. Januar 1867. (LXVII. 52.)

a) Die im § 31. der Verordnung wegen Einrichtung des Justizwesens in Neuvorpommern und Rügen vom 8. Oktober 1810 neben dem Gesinde aufgeführte eine Klasse von Bewohnern des platten Landes und die Aufführung von einzelnen Lebensstellungen und Berufsarten, welchen gestattet ist, ihren letzten Willen vor dem Pfarrer ihrer Gemeinde und zwei Zeugen männlichen Geschlechts mit Rechtsbestand zu erklären, enthält Beispiele der zu dieser Klasse gehörenden Personen, schließt aber die Anwendung der Bestimmung auf andere dieser Klasse zuzurechnende Personen keinesweges aus.

Krämer, welche ein den Krügern ähnliches Geschäft betreiben, gehören zu dieser Klasse.

b) Nach § 31. der Verordnung wegen Einrichtung des Justizwesens in Neuvorpommern und Rügen vom 8. Oktober 1810 ist es nicht erforderlich, daß den beiden Zeugen der Inhalt des letzten Willens bekannt gemacht wird; vielmehr genügt es, daß die Zeugen das von dem Pfarrer über den letzten Willen Aufgezeichnete unterschreiben oder anerkennen. Es reicht daher vollkommen aus, wenn der Pfarrer den ihm erklärten Willen des Testators aufschreibt, und der Testator vor den Zeugen erklärt, daß der vom Pfarrer niedergeschriebene Aufsatz seinen letzten Willen enthalte.

1810, Oktober 28. Edikt No. 10. wegen der Mühlengerechtigkeit und Aufhebung des Mahlzwanges, des Bier- und Branntweinzwanges in der ganzen Monarchie. (Ges.-Samml. S. 253.)

— § 1. Aufhebung des Krugverlagsrechts. — Vergl. Gesetz vom 7. November 1811 §§ 1. 54.

Rechtsgr. **610**. — II. Senat. 4. April 1867. (LXVIII. 54.)

Der Krugverlag ist unter denjenigen Rechten begriffen, welche im § 1. des Edikts vom 28. Oktober 1810 aufgehoben worden waren.

— § 2. Druckfehler in dieser Gesetzesstelle.

Rechtsgr. **611**. — II. Senat. 4. April 1867. (LXVIII. 54.)

In dem Exemplar der Gesetz-Sammlung von 1810 befindet sich im § 2. des Edikts vom 28. Oktober 1810 der Druckfehler, daß dort Erbpächter und Zeitpächter statt Erbverpächter und Zeitverpächter steht.

1810, November 8. Gesinde-Ordnung für sämmtliche Provinzen der Preußischen Monarchie. (Ges.-Samml. S. 101.)

— §§ 47. 160. Nothwendigkeit der polizeilichen Vermittelung bei verweigerter Annahme des Gesindes oder des Hausoffizianten.

Rechtsgr. **612**. — I. Senat. 27. Januar 1868. (LXXI. 39.)

Auch bei verweigerter Annahme muß das Gesinde resp. der Hausoffiziant sich zuvor an die Polizei-Obrigkeit wenden, ehe auf Entschädigung geklagt werden kann.

1811, September 14. Edikt No. 53. zur Beförderung der Landeskultur. (Ges.-Samml. S. 300.)

— § 2. Siehe Rechtsgrundsatz 230. (A. L. R. I. 21. § 199.)

— § 7. Gründung und erbliche Ueberlassung von Dienstfamilienstellen; Recht zur Aufhebung eines solchen Vertrages Seitens des Dienstberechtigten und Dienstverpflichteten.

Rechtsgr. **613**. — III. Senat. 14. Dezember 1866. (LXV. 223.)

Ist in dem § 7. des Kultur-Edikts vom 14. September 1811:

„Jedem Grundbesitzer steht zwar frei, so viel Arbeitsfamilien, wie er zu bedürfen glaubt, auf seinem Eigenthume anzusetzen und solche ganz oder theilweise durch Landnutzung abzulohnen. Damit sich aber hierdurch nicht neue kulturschädliche Verhältnisse bilden, so sollen die Miethsverträge einen Zeitraum von längstens zwölf Jahren umfassen; erbliche Ueberlassungen solcher Stellen aber niemals unter Verpflichtung zu fortwährenden Diensten geschehen, sondern nur im Wege des Verkaufs oder mit Auflegung einer bestimmten Abgabe an Geld und Körnern zulässig sein",

zuwider ein Vertrag, die Gründung einer Dienstfamilie betreffend, geschlossen, so ist nicht der dienstberechtigte Grundbesitzer von dem Vertrage zurückzutreten und dem Dienstverpflichteten ohne weitere Entschädigung das Grundstück abzunehmen berechtigt; vielmehr kann nur der Dienstverpflichtete für befugt erachtet werden, auf Hinwegräumung des der Kultur schädlichen Hindernisses durch Aufhebung der Dienstpflicht zu dringen.

1811, November 7. Gesetz No 30. über die polizeilichen Verhältnisse der Gewerbe. (Ges.-Samml. S. 253.)

— §§ **1**. **54**. Siehe Rechtsgrundsatz 610. (Edikt vom 28. Oktober 1810 § 1.)

1812, Januar 9. Kabinetsorder, betreffend die Patronatrechte und Patronatlasten bei Veräußerung der Domänen und geistlichen Güter. (Ges.-Samml. S. 207.)

— Siehe Rechtsgrundsatz 330. (A. L. R. **II**. **11**. § 568.)

1813, April 19. Kabinetsorder, betreffend die zwischen verschiedenen Kontrahenten bestehenden Verträge, welche die gesetzlich gegebene Gewerbefreiheit beschränken. (Ges.-Samml. S. 69.)

— Siehe Rechtsgrundsatz 698. (Gewerbe-Ordnung vom 17. Januar 1845 § 1.)

1814, September 9. Patent wegen Wiedereinführung des Allgem. Landrechts und der Allg. Gerichts-Ordnung in die von den Preußischen Staaten getrennt gewesenen, mit denselben wiedervereinigten Provinzen. (Ges.-Samml. S. 89.)

— Gültigkeit des Publikations-Patents vom 9. September 1814 für das Fürstenthum Corvey und Einführung des Allgem. Landrechts daselbst mit dem 1. Januar 1815. — Vergl. Kabinets-Order vom 20. November 1814; Verordnung vom 25. Mai 1818 Einl. §§ 1. 2.

Rechtsgr. **614**. — I. Senat. 26. November 1866. (LXVI. 195.)

Das Patent vom 9. September 1814, wegen Wiedereinführung des Allgem. Landrechts und der Allgem. Gerichts-Ordnung in die von den Preußischen Staaten getrennt gewesenen, mit denselben wiedervereinigten Provinzen, ist auch für das Fürstenthum Corvey als ergangen anzusehen und damit das Allgem. Landrecht als mit dem 1. Januar 1815 dort eingeführt zu betrachten.

Siehe auch Rechtsgrundsatz 593. (Kurmainzische Verordnung von 1704.)

— **§ 18**. Siehe Rechtsgrundsatz 4. (A. L. R. Publikations-Patent vom 5. Februar 1794 § 13.)

1814, November 20. Kabinetsorder, betreffend die Einführung des Allg. Landrechts und der Allg. Gerichts-Ordnung in die Enklaven der mit den Preußischen Staaten wiedervereinigten Provinzen. (von Kamptz Jahrb. Bd. 53. S. 309.)

— Siehe Rechtsgrundsatz 614. (Patent vom 9. September 1814.)

1815, Juni 8. Deutsche Bundesakte. (Ges.-Samml. für 1818 Anh. S. 143.)

— Art. **14**. Siehe Rechtsgrundsätze 615. 629. 697. (Verordnung vom 21. Juni 1815 § 4.; Stempelgesetz vom 7. März 1822 Tarifsatz „Fideikommißstiftungen"; Kabinetsorder vom 3. Januar 1845.)

1815, Juni 21. Verordnung No. 291., betreffend die Verhältnisse der vormals unmittelbaren Deutschen Reichsstände in den Preußischen Staaten. (Ges.-Samml. S. 106.)

— **§ 4**. Verpflichtung der Standesherren zur Zahlung von Kommunal-Abgaben. — Vergl. Deutsche Bundesakte vom 8. Juni 1815 Art. 14., Instruktion vom 8. Mai 1820 §§ 2. 13.

Rechtsgr. **615**. — I. Senat. 10. Januar 1868. (LXXI. 15.)

Den Standesherren steht eine Befreiung von den Kommunal-Abgaben in der Gemeinde, in welcher sie ihren Wohnsitz aufgeschlagen, nicht zu.

1815, Oktober 16. Traktat mit dem Landgrafen von Hessen-Rothenburg. (Ges.-Samml. 1818 S. 65.)

— Art. **3**. Nichtberechtigung des Fürsten von Corvey auf Eidesvertretung. — Vergl. Instruktion vom 30. Mai 1820 § 1.; Kabinets-Order vom 3. Januar 1845 und 11. August 1845.

Rechtsgr. **616**. — I. Senat. 9. März 1868. (LXX. 167.)

Die in dem Traktate vom 16. Oktober 1815 dem Fürsten von Corvey beigelegten Ehrenrechte der begünstigtesten Grundbesitzer sind nicht auf das den Häusern der ehemals reichsunmittelbaren Familien als solchen verliehene Vorrecht der Eidesvertretung auszudehnen.

1815, Juni 21. Edikt und Taxe für die praktischen Aerzte. (Ges.-Samml. S. 110.)

— No. **4**. **23**. **24**. Meilengelder und Fuhrkosten der Aerzte.

Rechtsgr. **617**. — IV. Senat. 5. Dezember 1867. (LXIX. 186.)

Außer den in No. 24. der Taxe für Medizinalpersonen vom 21. Juni 1815 zustehenden Meilengeldern hat der Arzt auch freie Fuhre zu beanspruchen. Die Meilengelder vertreten die Taxe, nicht die Fuhrkosten.

1816, Januar 8. Verordnung, betreffend die eheliche Gütergemeinschaft in den Westphälischen Provinzen und in dem Herzogthum Kleve. (Ges.-Samml. S. 97.)

— § **1**. Siehe Rechtsgrundsatz 584. (Polizei-Ordnung vom 18. Januar 1592. Kap. 7. § 1.)

1816, Mai 29. Deklaration des Edikts vom 14. September 1811 wegen Regulirung der gutsherrlich bäuerlichen Verhältnisse. (Ges.-Samml. S. 154.)

— Art. **96**. Ausübung der Weidegerechtigkeit bei Abzweigung eines Theils von dem berechtigten Gute.

Rechtsgr. **618**. — II. Senat. 28. April 1868. (LXX. 317.)

Im Falle der Abzweigung eines Theiles von dem zur Waldweide berechtigten Gute gebührt die Weidegerechtigkeit dem Restgute und der abgezweigten Parzelle dergestalt, daß beide zusammen dieselbe ausüben und zwar mit soviel Vieh, als womit vor der Theilung die Benutzung zulässig war.

1816, Juni 20. Kabinetsorder No. 367., betreffend die Gültigkeit gerichtlicher Verhandlungen bei des Schreibens und Lesens unerfahrenen Personen. (Ges.-Samml. S. 203.)

— Siehe Rechtsgrundsatz 150. (A. L. R. I. **12**. § 115.)

1817, Februar 9. Verordnung, betreffend die Justizverwaltung im Großherzogthum Posen. (Ges.-Samml. S. 37.)

— §§ **145**. ff. Prozessualische Verhandlung und Erkenntniß in polnischer Sprache und Appellations-Anmeldung in deutscher Sprache.

Rechtsgr. **619**. — Senat für Strafsachen, I. Abth. 15. Febr. 1867. (LXV. 319.)

a) Der Sinn der Verordnung vom 9. Februar 1817 §§ 145. ff. ist nur der, daß alle prozessualischen Akte, welche einen beiderseitigen Verkehr unter den Parteien enthalten, in polnischer Sprache erfolgen sollen, daß dagegen der blos einseitige Verkehr oder die einseitige Verhandlung des Richters mit der Partei, mithin alle diejenigen, welche zur Mittheilung an den Gegner nicht bestimmt sind, jener Regel nicht unterliegen.

b) Für die Appellations-Anmeldung ist deshalb die polnische Sprache nicht obligatorisch.

1817, Juni 20. Verordnung No. 430. wegen Organisation der General-Kommissionen und Revisions-Kollegien zur Regulirung der gutsherrlichen und bäuerlichen Verhältnisse ingleichen wegen des Geschäftsbetriebes bei diesen Behörden. (Ges.-Samml. S. 161.)

§§ **2**. **42**. **141**. **146**. **150**. Wirkung des Gemeinheitstheilungs-Rezesses auf Wegegerechtigkeit.

Rechtsgr. **620**. — II. Senat. 26. Mai 1868. (LXXI. 192.)

a) Bei einer Gemeinheitstheilung müssen auch Wegegerechtigkeiten geltend gemacht werden, und wenn der Prozeß weder eine Festsetzung noch einen Vorbehalt darüber enthält, so sind dieselben als untergegangen zu erachten.

b) Daß der Weg für ein Grundstück beansprucht wird, welches nicht Gegenstand der Theilung gewesen, ist unerheblich; vielmehr kommt es nur darauf an, daß das Grundstück, über welches der Weg beansprucht wird, zu den den Gegenstand der Theilung bildenden Grundstücken gehört hat und daß bei dem Rezesse über die Theilung der Besitzer des Grundstücks, welches zu dem Wege berechtigt gewesen sein soll, zugezogen worden.

1817, Oktober 23. Instruktion No. 440. zur Geschäftsführung der Regierungen. (Ges.-Samml. S. 249.)

— § **18**. Littr. C. Unzulässigkeit des Rechtsweges in Betreff der Einpfarrung einer Gemeinde in eine benachbarte Pfarrei. — Vergl. Verordnung vom 17. Juni 1845 § 5. No. 2.

Rechtsgr. **631**. — V. Senat. 29. Januar 1867. (LXVIII. 18.)

Nach § 18. Littr. l. der Instruktion zur Geschäftsführung der Regierungen vom 23. Oktober 1817 und § 5. No. 2. der Verordnung vom 27. Juni 1845 hat eine Gemeinde, welche vermeint, daß ihre Einpfarrung in eine benachbarte Pfarrei nicht in legaler Weise und unter Erfüllung der gesetzlich erforderlichen Bedingungen geschehen sei, ihre desfallsige Beschwerde nur bei den Verwaltungs-Instanzen anzubringen, bei deren Entscheidung es sein Bewenden behält.

Die Gerichte haben sich mit der Entscheidung über die Gültigkeit einer solchen Einpfarrung und namentlich mit der Frage, ob die gesetzlichen Vorbereitungen einer solchen Einpfarrung vorliegen oder nicht, in keiner Weise zu befassen, und dies auch dann nicht, wenn die Einpfarrung einer Gemeinde in eine Pfarrei für die erstere eine privatrechtliche Belastung zur Folge hatte.

1818, Mai 25. Verordnung wegen Einführung des Allgem. Landrechts und der Allg. Gerichts-Ordnung in die mit den Preußischen Staaten vereinigten, zwischen den älteren Provinzen belegenen Distrikten und

Ortschaften, und wegen Einführung des Hypothekenwesens in dieselben. (Ges.-Samml. S. 45.)

— Einl. §§ 1. 2. Siehe Rechtsgrundsatz 614. (Patent vom 9. September 1814.)

1819, Juli 7. Verordnung wegen Aufhebung des § 34. des Anhanges zur Allgem. Gerichts-Ordnung in Beziehung auf die Staaten des Deutschen Bundes. (Ges.-Samml. S. 212.)

— Begriff der Einwohner der Deutschen Bundesstaaten in dieser Verordnung. — Vergl. A. G. O. I. 2. Anh. § 34. zu § 114.; Erlaß vom 29. Dezember 1852; Kabinetsorder vom 11. August 1857

Rechtsgr. **622**. — I. Senat. 24. Februar 1868. (LXX. 87.)

Unter „Einwohner der deutschen Bundesstaaten" in der Verordnung vom 7. Juli 1819 sind nur die Unterthanen jener Staaten zu verstehen; die in den deutschen Bundesstaaten wohnenden Ausländer bleiben den Preußen gegenüber immer noch Ausländer und den Bestimmungen des Anhangs § 34. zu § 114. I. 2. der Allg. Gerichts-Ordnung unterworfen.

1820, Mai 29. Deklaration, betreffend die Verpflichtung der Magisträte zur Anstellung der versorgungsberechtigten Militär-Invaliden in städtische Subalternstellen. (Ges.-Samml. S. 79.)

— Anstellung derjenigen Personen, welche keine Civil-Versorgungs-Berechtigung haben, in städtischen Subalternposten. — Vergl. A. L. R. I. 5. §§ 51. ff. 68.; Staats-Ministerial-Beschluß vom 12. Oktober 1837, Kabinetsorder vom 22. Dezember 1837.

Rechtsgr. **623**. — I. Senat. 23. November 1866. (LXVI. 182.)

a) Die gesetzliche Bestimmung, nach welcher die Magisträte die Verpflichtung haben, zu den besoldeten städtischen Subalternstellen in der Regel keine andern als versorgungsberechtigte Militär-Invaliden zu wählen, besteht noch fort.

b) Die unter No. 9. des durch die Allerhöchste Order vom 22. Dezember 1837 genehmigten Staats-Ministerialbeschlusses vom 12. Oktober 1837 enthaltene Festsetzung: „daß für die Kommunen in Absicht auf die Invaliden-

Versorgung die für die Staatsbehörden gegebenen Vorschriften gelten sollen", ist nicht blos als eine Instruktion an die Staatsbehörden aufzufassen.

c) Der von einer Kommune durch ihren ständigen Vertreter, den Magistrat, mit einem Nichtversorgungsberechtigten abgeschlossenen Anstellungsvertrag ist nach den Grundsätzen des Allgem. Landrechts I. 5. §§ 51. ff. 68. keineswegs nichtig oder von Anfang an ungültig.

1820, Mai 30. Instruktion No. 607. wegen Ausführung des Edikts vom 21. Juni 1815, die Verhältnisse der vormals unmittelbaren deutschen Reichsstände in der Preußischen Monarchie betreffend. (Ges.-Samml. S. 81.)

— **§ 1**. Siehe Rechtsgrundsatz 616. (Traktat vom 16. Oktober 1815 Art. 3.)

— **§ 2**. Siehe Rechtsgrundsatz 615. (Verordnung vom 21. Juni 1815 § 4.)

— **§ 13**. Siehe Rechtsgrundsätze 615. 627. 629. (Verordnung vom 21. Juni 1815 **§ 4**.; Stempelgesetz vom 7. März 1822 **§** 1. und Tarifsatz „Fideikommißstiftung.")

— **§§ 62**. **63**. Siehe Rechtsgrundsatz 697. (Kabinets-Order vom 3. Januar 1845.)

1821, März 16. Frankfurter Verordnung über die Transskriptionen. (Beyersbach, II. S. 3045.)

— Art. **4**. **9**. ff. **13**. ff. **19**. No. **2**. Siehe Rechtsgrundsatz 586. (Frankfurter Reform von 1611 Thl. II. Tit. 2. **§§** 6—8.)

1821, Juni 7. Gemeinheitstheilungs-Ordnung. (Ges.-Samml. S. 53.)

— **§§ 1**. ff. Siehe Rechtsgrundsatz 607. (Hessische Gemeinheitstheilungs-Ordnuug vom 9. Juli 1808 **§** 114.)

— **§ 2**. Sonstige Weideplätze:

A. Begriff der „sonstigen Weideplätze" im Sinne des **§** 2. der Gemeinheitstheilungs-Ordnung vom 7. Juni 1821. — Vergl. Deklaration vom 31. März 1841.

Rechtsgr. **624**. — **II**. Senat. 19. September 1867. (**LXVIII**. 161.)

Als „sonstige Weideplätze" im Sinne des § 2. der Gemeinheitstheilungs-Ordnung vom 7. Juni 1821 sind alle Plätze anzusehen, auf denen eine Weide überhaupt ausgeübt worden ist.

Daher sind auch die Ufer von Gewässern, namentlich von Teichen, soweit sie trocken liegen und beweidet werden können, für Weideplätze zu erachten, ohne daß hieran dadurch etwas geändert wird, daß der Umfang der Hütung, je nach dem Wasserstande im Teiche, wechselt.

B. Aufhebung der Gemeinheiten bei Weideberechtigungen überhaupt und namentlich an Ufern, welche zeitweise unter Wasser stehen. — Vergl. § 164. dieses Gesetzes.

Rechtsgr. **625**. — II. Senat. 4. April 1867. (LXV. 362.)

Durch die Worte: „sonstige Weideplätze" im § 2. der Gemeinheitstheilungs-Ordnung vom 7. Juni 1821 sind alle Plätze getroffen, auf welchen eine gemeinschaftliche Weide ausgeübt worden ist, namentlich auch die Ufer von Teichen, und ist es dabei gleichgültig, daß der Umfang der Hütung, je nach dem Wasserstande im Teiche, wechselt.

— **§ 12**. Siehe Rechtsgrundsatz 662. (Verordnung vom 30. Juni 1834 § 25.)

— **§ 164**. Siehe Rechtsgrundsatz 625. (§ 2. dieser Gemeinheitstheilungs-Ordnung.)

1821, Juli 1. Gesetz, die Verleihung des Bergwerks-Eigenthums auf Flötzen betreffend. (Ges.-Samml. S. 106.)

— Mittelpunkt der Mulde bei der Feldes-Vermessung.

Rechtsgr. **626**. — III. Senat. 16. Juli 1866. (LXVI. 53.)

Der Mittelpunkt der Mulde liegt, zumal wenn es sich um eine Feldesvermessung handelt, nicht blos in der eigentlichen Muldenlinie, sondern er liegt überall auf derjenigen Linie, welche man sich auf der Muldenlinie durch die Mitte der Mulde gelegt denkt.

1822, März 7. Gesetz No. 709. wegen der Stempelsteuer. (Ges.-Samml. S. 47.)

— § 1. Stempelsteuer als indirekte Steuer. — Vergl. Instruktion vom 30. Mai 1820 § 13b.

Rechtsgr. 627. — I. Senat. 16. Dezember 1867. (LXIX. 233.)

Die Stempelsteuer ist nicht unter die direkten oder, wie es in der Instruktion vom 30. Mai 1820 § 13. Littr. b. heißt, unter die ordentlichen Personalsteuern, welche unmittelbar von der Person erhoben werden, zu begreifen; sie ist vielmehr den indirekten Steuern beizuzählen.

Siehe auch Rechtsgrundsatz 629. (Stempeltarif „Fideikommißstiftungen.")

— § 2. Siehe Rechtsgrundsätze 629. 634. (Stempeltarif „Fideikommißstiftungen", „Punktation.")

— § 3. Siehe Rechtsgrundsätze 628. 634. (Stempeltarif „Assekuranzpolicen", „Punktation.")

— § 4. Siehe Rechtsgrundsätze 628. 631. (Stempeltarif „Assekuranzpolicen", „Leibrentenverträge.")

— § 5. Siehe Rechtsgrundsatz 634. (Stempeltarif „Punktation.")

— § 6. Siehe Rechtsgrundsätze 628. 634. (Stempeltarif „Assekuranzpolicen", „Punktation.")

— §§ 12—15. Siehe Rechtsgrundsätze 629. 634. (Stempeltarif „Fideikommißstiftungen", „Punktation.")

— § 16. Siehe Rechtsgrundsätze 629. 632. (Stempeltarif „Fideikommißstiftungen", „Leibrentenverträge.")

1822, März 7. Stempeltarif. (Ges.-Samml. S. 73.)

— Assekuranzpolicen:

— Stempelpflichtigkeit der Assekuranzpolicen. — Vergl. Stempelgesetz § 3. Littr. a., § 4. Littr. c. d., § 6. Littr. e. f.

Rechtsgr. 628. — V. Senat. 21. Januar 1868. (LXX. 23.)

Zur Beurtheilung der Stempelpflichtigkeit von Versicherungspolicen ist lediglich die in der Police selbst festgesetzte Prämie maaßgebend.

Deshalb sind Lebens-Versicherungspolicen auf eine unbestimmte Zeitdauer, wenn die in der Police bestimmte Prämie den Betrag von 50 Rthlrn. nicht erreicht, nicht stempelpflichtig.

— Fideikommißstiftungen:
— Stempelpflichtigkeit der Fideikommißstiftungen der Standesherren. — Vergl. deutsche Bundesakte vom 8. Juni 1815 Art. 14.; Stempelgesetz §§ 1. 2. 12. 16.

Rechtsgr. 629. — I. Senat. 16. Dezember 1867. (LXIX. 233.)

Die in Folge der autonomischen Befugnisse der Standesherren errichteten Fideikommisse sind stempelpflichtig.

— Kaufverträge:
— Begriff von „Grundstücken" in der Tarifposition „Kaufverträge" des Stempelgesetzes vom 7. März 1822.

Rechtsgr. 630. — I. Senat. 13. Juli 1868. (LXXII. 71.)

Unter den in der Tarifposition „Kaufverträge" des Stempelgesetzes vom 7. März 1822 gedachten Grundstücken sind Wohnhäuser überhaupt, welche zur fortdauernden Benutzung dienen und zum Abbruch nicht bestimmt sind, und auch für den Fall mit enthalten, wenn dieselben auf fremdem Grund und Boden sich befinden.

— Leibrentenverträge:
A. Leibrentenverträge im Sinne des Stempelgesetzes. — Vergl. A. L. R. I. 11. §§ 606 ff.; Stempelgesetz § 4c.

Rechtsgr. 631. — I. Senat. 8. Juli 1867. (LXVII. 322.)

Im Sinne des Stempelgesetzes vom 7. März 1822 und des Tarifes dazu sind Leibrentenverträge solche Verträge, wodurch Jemand gegen Entgelt, dieses möge in einer bestimmten Geldsumme oder in Hingabe von Sachen zu einem nach dem Geldwerthe vereinbarten Preise (Aequivalente) oder aber in der Uebernahme von Leistungen oder Verpflichtungen bestehen, — von einem Andern eine auf die Lebenszeit eines Menschen bestimmte Abgabe (Leibrente) erwirbt.

B. Mutationsstempel bei Erbschaften und Schenkungen im Gegensatz zu lästigen Verträgen, namentlich Leibrentenverträgen. — Vergl. Stempelgesetz § 16.

Rechtsgr. 632. — I. Senat. 8. Juli 1867. (LXVII. 322.)

Die besonderen Bestimmungen des Mutationsstempels für die Erbschafts- resp. Schenkungsstempel finden auf dem Urkundenstempel unterliegende lästige Verträge überhaupt keine Anwendung, namentlich auch nicht auf Verträge, wodurch Leibrenten gegen Entgelt erworben werden, selbst wenn sie dem Erwerber in Zukunft gezahlt werden sollen.

— Lieferungsverträge:

— Stempelsteuer für Prolongation von Lieferungsverträgen. — Vergl. Instruktion vom 26. Mai und 15. Juni 1840.

Rechtsgr. 633. — I. Senat. 25. Oktober 1867. (LXVIII. 327.)

Ist in einem Lieferungsvertrage von den Kontrahenten verabredet, daß im Falle der Nichtkündigung der Vertrag auf eine bestimmte Zeit für verlängert gelten solle, so ist für diese Vertragsverlängerung die Stempelsteuer zu entrichten.

— Punktationen:

— Stempelpflichtigkeit einer Punktation beim mündlichen Vorbehalt des Abschlusses eines gültigen Vertrages Seitens der Kontrahenten. — Vergl. A. L. R. I. 5. §§ 120. 121. 125.; Stempelgesetz §§ 2. 3. 5. 6. Littr. e., §§ 12—15.

Rechtsgr. 634. — I. Senat. 16. November 1866. (LXV. 137.)

Enthält eine von einem fähigen Kontrahenten vollzogene Punktation alle erheblichen Bestandtheile eines Kaufvertrages, dergestalt, daß in der Urkunde das Geschäft sich als ein definitiv abgeschlossenes darstellt, so genügt dies zur Stempelpflichtigkeit, und wird dieselbe nicht dadurch beseitigt, daß die Kontrahenten den Abschluß des gültigen Vertrages ausdrücklich sich noch vorbehalten haben, und deshalb in einem Vorprozeß unter ihnen der Punktation die Kraft eines gültigen Vertrages rechtskräftig abgesprochen worden ist.

1822, Juli 4. Gesetz No. 785., betreffend den Verkauf ausstehender

Forderungen und Kours habender Schuldpapiere im Wege der Exekution. (Ges.-Samml. S. 178.)

— § 1. Ueberweisung noch nicht fälliger Forderungen im Wege der Exekution.

Rechtsgr. 635. — IV. Senat. 15. September 1868. (LXXII. 181.)

Aktivforderungen des Exequenden, deren Fälligkeit in der Zukunft liegen, können dem Gläubiger mit den Wirkungen der Assignation zur eigenen Einziehung überwiesen werden.

Siehe auch Rechtsgrundsätze 241. 524. (A. L. R. I. 21. § 358.; A.-G. O. I. 29. § 81.)

— § 5. Wirkung der Verfügung des Exequenden über eine im Wege der Exekution überwiesene Forderung.

Rechtsgr. 636. — IV. Senat. 15. September 1868. (LXXII. 181.)

Durch den § 5. des Gesetzes vom 4. Juli 1822, betreffend den Verkauf ausstehender Forderungen und kourshabender Schuldpapiere im Wege der Exekution, ist der Rechtsgrundsatz ausgedrückt, daß der Exequendus überhaupt keine Dispositionen über das überwiesene Aktivum mit, für den Exekutionssucher nachtheiliger, Wirkung treffen kann, daß also der Exekutionssucher im Falle der von dem Exequendus mit dem Aktivum vorgenommenen Veräußerung an einen Dritten diese Veräußerung nur insoweit gegen sich gelten lassen muß, als seine Rechte durch sie nicht beeinträchttigt werden.

1825, April 21. Gesetz No. 939. über die den Grundbesitz betreffenden Rechtsverhältnisse und über die Realberechtigungen in den Landestheilen, welche zu dem ehemaligen Großherzogthum Berg eine Zeit lang gehört haben. (Ges.-Samml. S. 94.)

— 22. Erbliches bäuerliches Besitzrecht im Großherzogthum Berg.

Rechtsgr. 637. — II. Senat. 9. Januar 1868. (LXXI. 13.)

Falls ein direkter Beweis der Erblichkeit des bäuerlichen Besitzrechtes nicht geführt werden kann, läßt der § 22. des Gesetzes vom 21. April 1825 über die den

Grundbesitz betreffenden Rechtsverhältnisse und über die Realberechtigungen in den Landestheilen, welche zu dem ehemaligen Großherzogthum Berg eine Zeit lang gehört haben, einen indirekten Beweis in anderer Art nicht zu, als durch den Beweis der im Gesetze selbst angegebenen Merkmale oder Kriterien.

— § 23. Siehe Rechtsgrundsatz 604. (Eigenthums-Ordnung vom 10. Mai 1770 Thl. 2. Tit. 5. § 3.)

1825, Juni 21. Patent No. 949. wegen Einführung des Allg. Landrechts und der Allgem. Gerichts-Ordnung in das Herzogthum Westphalen. (Ges.-Samml. S. 153.)

— §§ 1—3. Siehe Rechtsgrundsatz 607. (Hessische Gemeinheitstheilungs-Ordnung vom 9. Juli 1808 § 114.)

— § 18. Siehe Rechtsgrundsatz 4. (A. L. R. Publikations-Patent vom 5. Februar 1794 § 13.)

1828, November 18. Kabinets-Order, betreffend die Unzulässigkeit des Rechtsweges über die Verbindlichkeit zur Entrichtung der Stempelsteuer. (Ges.-Samml. für 1829 S. 16.)

— Siehe Rechtsgrundsatz 781. (Gesetz vom 24. Mai 1861 § 11.)

1830, September 7. Regulativ für die Verwaltung des Charité-Krankenhauses in Berlin. (Ges.-Samml. S. 130.)

— § 7. Ortsangehörigkeit im Sinne dieses Regulativs. — Vergl. Armenpflegegesetz vom 31. Dezember 1842 §§ 1—13. 17—35.

A. Rechtsgr. 638. — I. Senat. 16. November 1866. (LXVI. 172.)

In dem § 7. des Regulativs für die Verwaltung des Charité-Krankenhauses zu Berlin vom 7. September 1830, welcher bestimmt:

„daß zur Vermeidung aller Weitläuftigkeiten die städtischen Behörden oder sonstigen Kommunen für die Kur- und Verpflegungskosten eines jeden ihnen angehörigen in die Charité aufgenommenen und daselbst verpflegten Kranken vorzüglich haften und demnach auf Erfordern des Kuratorii die Zahlung für denselben, ohne die Behörde erst an den Zahlungspflichtigen selbst zu verweisen, nach den niedrigsten Zahlungssätzen zu leisten haben, wobei es ihnen immerhin unbenommen bleibt, sich durch den Zahlungspflichtigen selbst, inwiefern er zahlungsfähig ist, wieder entschädigen zu lassen",

ist die Ortsangehörigkeit darnach zu beurtheilen, welcher Gemeinde die in die Charité aufgenommenen Kranken in Bezug auf die Armenpflege angehören.

B. Rechtsgr. 639. — I. Senat. 4. Januar 1867. (LXVII. 7.)

Unter der „Ortsangehörigkeit" im Sinne des Regulativs vom 7. September 1830 für die Verwaltung des Charité-Krankenhauses in Berlin ist die Ortsangehörigkeit zu verstehen, nach welcher sich im Allgemeinen die Verpflichtung zur Armenpflege richtet.

1831, März 17. Revidirte Städte-Ordnung für die Preußische Monarchie. (Ges.-Samml. S. 10.)

— **§ 122**. Siehe Rechtsgrundsatz 318. (A. L. R. II. **6**. **§** 65.)

1832, August 11. Kabinetsorder, die Diensteide des Beamten betreffend. (Ges.-Samml. S. 204.)

— No. **1**. und **2**. Siehe Rechtsgrundsatz 324. (A. L. R. **II**. **10**. **§** 68.)

1833, Mai 13. Gesetz über erloschene Parochien und über die Behandlung des Vermögens derselben. (Ges.-Samml. S. 51.)

— **§ 3**. Siehe Rechtsgrundsatz 329. (A. L. R. **II**. **11**. **§** 308.)

1833, Juni 1. Verordnung über den Mandats-, den summarischen und Bagatellprozeß. (Ges.-Samml. S. 37.)

— Freie richterliche Beurtheilung bei der Behauptung, daß ein Recht durch das Gesetz aufgehoben sei, im Gegensatz zur Verhandlungsmaxime. — Vergl. Verordnung vom 21. Juli 1846.

Rechtsgr. 640. — II. Senat. 4. April 1867. (LXVIII. 53.)

Die Behauptung, daß ein Recht, z. B. das Krugverlagsrecht, gesetzlich aufgehoben sei, unterliegt der freien richterlichen Beurtheilung, welche sich nach Maaßgabe der bestehenden Gesetzgebung richten muß, nicht aber von dem

Umstande abhängig gemacht werden kann, daß die Prozeßpartei für ihre Behauptung ein passendes oder unpassendes Gesetz allegirt hat.

— § 8. Siehe Rechtsgrundsatz 719. (Verordnung vom 21. Juli 1846 § 7.)

— § 14. Siehe Rechtsgrundsätze 641. 642. (§§ 40. ff. dieser Verordnung.)

— §§ 20—28. Siehe Rechtsgrundsätze 361. 642. 745. (Allg. Deutsches Handelsgesetzbuch Art. 47.; Verordnung vom 1. Juni 1833 §§ 40 ff.; Gesetz vom 3. Mai 1852 Art. 101.)

— §§ 33. 34. Siehe Rechtsgrundsatz 745. (Gesetz vom 3. Mai 1852 Art. 101.)

— § 35. Siehe Rechtsgrundsätze 641. 642. (§§ 40. ff. dieser Verordnung.)

— §§ 40. ff. Verfahren in der Appellationsinstanz:

A. Verspätete Appellations-Beantwortung. — Vergl. §§ 14. 35. 70. dieser Verordnung; Verordnungen vom 21. Juli 1846 § 20., 21. Juli 1849 § 50. und vom 24. Juni 1867 § 52.

Rechtsgr. 641. — III. Senat. 9. März 1868. (LXX. 161.)

Außerdem, daß dem säumigen Appellaten die in den §§ 44. und 45. der Verordnung vom 1. Juni 1833 angedrohten Rechtsnachtheile treffen, gilt die etwa verspätete Appellations-Beantwortung selbst für nicht angebracht.

B. Anbringung neuer Thatsachen im Audienztermin zweiter Instanz. — Vergl. §§ 14. 27. 35. dieser Verordnung; Instruktion vom 24. Juli 1833 §§ 29. 45.

Rechtsgr. 642. — IV. Senat. 2. April 1867. (LXVII. 138.)

Eine von dem Appellaten erst in dem Audienz-Termine zweiter Instanz vorgebrachte völlig neue thatsächliche Behauptung, welche in der Appellations-Beantwortungsschrift hätte vorgebracht werden müssen, darf von dem Appellations-Richter auch dann nicht berücksichtigt werden, wenn der Appellant die Verspätung nicht gerügt hat.

C. Anbringung neuer rechtlicher Einwendungen nach Abschluß der

Instruktion in zweiter Instanz. — Vergl. Instruktion vom 24. Juli 1833 § 45; Verordnung vom 21. Juli 1846 §§ 7—9. 22.

Rechtsgr. 643. — II. Senat. 30. Januar 1868. (LXX. 36.)

Auf Grund rechtzeitig vorgebrachter Thatsachen können in zweiter Instanz nach Abschluß der Instruktion rechtliche Einwendungen zur Geltung gebracht werden, welche bis dahin ausdrücklich nicht aus- oder angeführt waren.

Siehe auch Rechtsgrundsätze 712. 745. (Verordnung vom 21. Juli 1846 § 20.; Gesetz vom 3. Mai 1852 Art. 101.)

— **§ 58.** Siehe Rechtsgrundsatz 519. (A. G. O. I. **18.** § 10.)
— **§ 70.** Siehe Rechtsgrundsatz 641. (§§ 40. ff. dieser Verordnung.)

1833, Juni 17. Gesetz wegen Ausstellung von Papieren, welche eine Zahlungsverpflichtung an jeden Inhaber enthalten. (Ges.-Samml. S. 75.)

— **§ 1.** Siehe Rechtsgrundsätze 127. 175. (A. L. R. I. **11** § 730., **15.** § 47.)

1833, Juli 24. Instruktion des Justiz-Ministers für die Gerichte zur Ausführung der Verordnung No. 1426. über den Mandats-, den summarischen und den Bagatellprozeß. (v. Kamptz, Jahrb. Bd 41. S. 452.)

— **§§ 29. 45.** Siehe Rechtsgrundsätze 642. 643. (Verordnung vom 1. Juni 1833 §§ 40. ff.)

1833, November 24. Kabinetsorder, betreffend die Deklaration der §§ 37. und resp. 24. und 23. der Gesetze vom 21. April 1825 über die gutsherrlich bäuerlichen Verhältnisse. (Ges.-Samml. S. 292.)

— Siehe Rechtsgrundsatz 604. (Eigenthums-Ordnung vom 17. Mai 1770 Thl. 2. Tit. 5. § 3.)

1833, Dezember 14. Verordnung über das Rechtsmittel der Revision und Nichtigkeitsbeschwerde. (Ges.-Samml. S. 302.)

— **§ 4. No. 1.** Beurtheilung der erhobenen Nichtigkeitsbeschwerde auf Grund der Verletzung eines Rechtsgrundsatzes.

Rechtsgr. 644. — I. Senat. 4. Januar 1867. (LXVII. 7.)

Einem an sich bestimmten und begründeten Angriff

in der Nichtigkeitsbeschwerde auf Grund des § 4. No. 1. der Verordnung vom 14. Dezember 1833 gegenüber ist es von keiner entscheidenden, die Wirkung des Angriffes aufhebenden Bedeutung, wenn der Implorant in der weiteren Ausführung der Nichtigkeitsbeschwerde und der Begründung seines Angriffes fehlgegangen sein sollte, und hat der Richter nicht über diese Begründung, sondern über den bestimmten Angriff zu erkennen.

Siehe auch Rechtsgrundsatz 472. (A. G. O. Einl. § 16.)

— § 5. Beweisregeln als Prozeßvorschriften. — Vergl. Instruktion vom 7. April 1839 No. 11.

Rechtsgr. 645. — I. Senat. 19. November 1866. (LXVI. 178.)

Die Regeln des Beweises einer bestrittenen Thatsache gehören zu den Prozeßvorschriften.*

Siehe auch Rechtsgrundsätze 489. 495. 496. (A. G. O. I. 5. § 17. No. 1., 10. §§ 91. ff. 101.)

— § 5. No. 1. Siehe Rechtsgrundsätze 495. 504. (A. G. O. I. 10. §§ 91. 377.)

— § 5. No. 2. Siehe Rechtsgrundsätze 502. 719. (A. G. O. I. 10. § 304.; Verordnung vom 21. Juli 1849 § 7.)

— Substanziirung der Nichtigkeitsbeschwerde nach § 5. No. 2. dieser Verordnung.

Rechtsgr. 646. — IV. Senat. 18. September 1866. (LXVI. 81.)

Zur Substanziirung der Nichtigkeitsbeschwerde nach § 5. No. 2. der Verordnung vom 14. Dezember 1833 gehört es, daß dasjenige Präjudiz, welches das Gesetz für den vorliegenden Fall ausdrücklich androht, angegeben und dann bewiesen wird, daß ein anderes und nicht das angedrohte zur Anwendung gebracht sei.

— § 5. No. 3. Freie Beurtheilung des Nichtigkeitsrichters im Falle des § 5. No. 3. dieser Verordnung.

* Vergl. die wechselnden Ansichten Rechtsgrundsätze Bd. 3. No. 1463. S. 594., Bd 5.. No. 1055—1058. S. 494.

Rechtsgr. 647. — II. Senat. 30. Januar 1868. (LXX. 36.)

Wird eine Nichtigkeitsbeschwerde auf § 5. No. 3. der Verordnung vom 14. Dezember 1833 gegründet, so unterliegt in einem solchen Falle die erhobene Beschuldigung der freien Beurtheilung.

Siehe auch Rechtsgrundsätze 713. 738. (Verordnung vom 21. Juli 1846 § 27.; Ferien-Ordnung vom 16. April 1850.)

— § 5. No. **10a**. Uebergehung der von einer Partei angeführten und mit Beweismitteln unterstützten erheblichen Thatsache, und Uebergehung des in Bezug auf eine erhebliche Thatsache aufgenommenen oder vorgeschlagenen Beweises in den Urtheilsgründen.

Rechtsgr. 648. — III. Senat. 4. September 1868. (LXXII. 124.)

Die Vorschrift des § 5. No. 10. Littr. a. der Verordnung vom 14. Dezember 1833 bezieht sich nur auf solche Thatsachen, welche von einer Partei angeführt worden sind. Es kann also in der bloßen Nichterwähnung einer, nur von einem Zeugen erklärten Thatsache ein Widerspruch gegen den klaren Inhalt der Akten im Sinne des § 5. No. 10. a. a. O. und ein Verstoß gegen Littr. a. daselbst nicht gefunden werden.

— § 5. No. **10b**. Nichtigkeitsbeschwerde, wenn der aus einer bestimmten Erklärung einer Partei entnommene Entscheidungsgrund dem wörtlichen Inhalte dieser Erklärung entgegen ist, oder wenn eine Thatsache, im Fall eine Beweisaufnahme stattfand, gegen den wörtlichen Inhalt das beigelegte oder aufgenommene Beweismittel festgestellt worden ist:

A. Begründung der Nichtigkeitsbeschwerde im Falle des § 5. No. 10b. dieser Verordnung.

Rechtsgr. 649. — IV. Senat. 18. September 1866. (LXVI. 81.)

Der § 5. No. 10b. der Verordnung vom 14. Dezember 1833 setzt voraus, daß der Richter seine Entscheidung auf eine bestimmte Erklärung der Partei gründet, diese Erklärung aber wörtlich das Gegentheil von dem sagt, was der Richter als darin ausgedrückt anführt; der Fall

des § 5. No. 10b. a. a. O. liegt daher nicht vor, wenn der Richter sich nicht auf eine Erklärung der Partei beruft, sondern eine Erklärung vermißt.

B. Wirkungskreis dieser Gesetzesstelle.

Rechtsgr. 650. — III. Senat. 26. April 1867. (LXVIII. 65.)

Der Fall des § 5. No. 10b. der Verordnung vom 14. Dezember 1833 ist nicht auf bestimmte Erklärungen zu beschränken, sondern ist auch für anwendbar zu achten, wenn gar keine andern Erklärungen vorhanden sind, als solche, welche das Anführen des Richters geradehin als aktenwidrig ergeben.

— § 5. No. **10c**. Siehe Rechtsgrundsatz 499. (A. G. O. I. **10**. § 228.)
— § 7. Siehe Rechtsgrundsatz 504. (A. G. O. I. **10**. § 377.)
— § 16. Thatsächliche Feststellung auf Grund einer rechtsgrundsätzlichen Verletzung.

Rechtsgr. 651. — II. Senat. 16. Oktober 1866. (LXV. 71.)

Ist der Appellations-Richter zu seiner thatsächlichen Feststellung nur durch eine rechtsgrundsätzliche Verletzung gelangt, so kann das Erkenntniß durch die thatsächliche Feststellung nicht gehalten werden.

— §§ 21. 22. Behändigung des Erkenntnisses und Eingang des Schriftsatzes zur Rechtfertigung eines Rechtsmittels beim Gericht:

A. Berechnung der Rechtsmittelfristen bei Rückforderung des bereits behändigten Erkenntnisses und erneuerte Behändigung nach vorgenommener Aenderung in demselben. — Vergl. Verordnung vom 5. Mai 1838 §§ 5. 6.

Rechtsgr. 652. — IV. Senat. 24. September 1868. (LXXII. 205.)

Ist nach Zurückforderung der bereits behändigten Erkenntniß-Ausfertigung eine Aenderung in dem Erkenntniß vorgenommen und sodann dasselbe zum zweiten Mal behändigt, so ist für die Berechnung der Rechtsmittelfristen die zweite Behändigung maaßgebend.

B. Rechtzeitiger Eingang einer Prozeßschrift beim Gericht.

Rechtsgr. 653. — IV. Senat. 11. Juli 1868. (LXXII. 65.)

Für die Entscheidung der Frage, ob eine Prozeßschrift rechtzeitig bei dem Gericht eingegangen war, ist die Feststellung des Umstandes entscheidend:

ob ohne Störung des ordnungsmäßigen Verkehrsweges die betreffende Prozeßschrift an das kompetente Gericht gelangt wäre.

So weit aber diese Störung lediglich aus einem fehlerhaften Verfahren des Gerichtes im speziellen Falle, oder aus einer mangelhaften Einrichtung bei demselben hervorgeht, kann weder für die eine Partei ein Vortheil, noch für die andere ein Nachtheil daraus erwachsen.*

Siehe auch Rechtsgrundsatz 531. (A. G. O. III. 5. § 27.)

1834, März 4. Verordnung No. 1511. über die Exekution in Civilsachen. (Ges.-Samml. S. 31.)

— § 6. Einwendungen in der Exekutions-Instanz:

A. Prozeßvorschrift in dieser Gesetzesstelle.

Rechtsgr. 654. — I. Senat. 24. Januar 1868. (LXIX. 318.)

Plenarbeschluß vom 19. Oktober 1840 (Präjudiz No. 917.):

Die Bestimmung des § 6. der Verordnung über die Exekution in Civilsachen vom 4. März 1834, nach welcher die Einwendungen der Zahlung, der Kompensation, des Erlasses und des Vergleichs die Exekution nur alsdann hemmen, wenn sie liquid sind — § 3. der Verordnung vom 1. Juni 1833 — und die Thatsachen, auf welche sie gegründet worden, sich erst nach geschlossener Instruktion der Sache ereignet haben, oder erst nach diesem Zeitpunkte zur Kenntniß des Schuldners gelangt sind,

ist für eine Prozeßvorschrift zu achten, deren Verletzung die Nichtigkeitsbeschwerde nicht begründet.

* Vergl. dagegen den Rechtsgrundsatz No. 531. S. 234. dieses Bandes.

B. Vollstreckung der Exekution aus einem Erkenntnisse, durch welches der Verklagte gegen Rücknahme des gelieferten, als untüchtig befundenen Werkes zur Zurückzahlung des angezahlten Preises verurtheilt ist, und Zulässigkeit der Einwendungen hiergegen, in der Exekutions-Instanz. — Vergl. A. L. R. I. 5. §§ 327. ff., 11. §§ 347. ff.; A. G. O. I. 24. §§ 35. ff.; Dig. 21. 1. Lex 21. pr., Lex 23. § 1.

Rechtsgr. 655. — IV. Senat. 15. Oktober 1868. (LXXII. 268.)

a) Hat der Besteller eines verdungenen Werkes dessen Annahme verweigert, weil dasselbe für untüchtig befunden worden, und ist der Werkmeister verurtheilt worden, gegen Zurücknahme des Werkes den bereits gezahlten Preis zurückzuzahlen, so ist diese Zahlung nicht davon abhängig, daß der Besteller nachweist, daß den Anforderungen des § 327. I. 5. des Allgem. Landrechts Genüge geleistet sei; noch weniger kann das bloße Vorgeben des Verklagten, der Besteller sei seinen desfallsigen Obliegenheiten nicht nachgekommen, die sofortige Aufhebung des Exekutionsmandats mit sich führen und den Exekutionssucher zwingen, in einem besonderen Prozesse darzuthun, daß er den beanspruchten redhibitorischen Pflichten nachgekommen sei.

b) Der verklagte Werkmeister darf nicht aus dem Grunde, weil der klagende Besteller nicht das ganze Werk und in dem Stande, wie er es empfangen, zurückgeliefert habe, ohne Weiteres die Zahlung, zu der er verurtheilt ist, verweigern, sondern er darf lediglich dann und insoweit den ohne rechtlichen Grund erhobenen Preis des Werkes dem Besteller vorenthalten, als er ein Retentionsrecht daran nachzuweisen im Stande ist.

Siehe auch Rechtsgrundsätze 721. 722. (Verordnung vom 21. Juli 1849 §§ 77. 85.)

— § 9. Interesse des Klägers dem zur Löschung einer Hypothekenforderung verurtheilten Verklagten gegenüber.

Rechtsgr. 656. — III. Senat. 15. Juni 1868. (LXXI. 223.)

Kann der rechtskräftig zur Löschung einer Hypothekenforderung verurtheilte Verklagte dieselbe wegen irgend eines Mangels in dem Hypothekendokumente nicht beschaffen, und muß deshalb ein Amortisationsverfahren veranlaßt werden, so besteht das Interesse des Klägers, welches er nach § 9. der Verordnung vom 4. März 1834 zu fordern berechtigt ist, nicht in den Kosten des Aufgebotsverfahrens, vielmehr hat der Verklagte den Betrag des Kapitals nebst Zinsen und Löschungskosten zum gerichtlichen Gewahrsam zu zahlen.

— § 22. Siehe Rechtsgrundsatz 525. (A. G. O. I. 29. § 81.)

1834. März 4. Verordnung No. 1512. über den Subhastations- und Kaufgelderliquidationsprozeß. (Ges.-Samml. S. 39.)

— § 2. Siehe Rechtsgrundsätze 195. 196. (A. L. R. I. 17. § 87.)

— § 5. Siehe Rechtsgrundsatz 115. (A. L. R. I. 11. § 342.)

— §§ 6. 8. Angabe des Taxwerthes im Subhastationspatent. — Vergl. A. L. R. I. 11. § 343. No. 2. 3.

Rechtsgr. 657. — III. Senat. 29. November 1867. (LXIX. 171.)

Die Angabe des Taxwerthes des zur Subhastation gestellten Grundstückes im Subhastations-Patent ist kein Essentiale des Geschäfts; dieselbe dient nur zur Information. Eine Verschiedenheit der Angabe des Taxwerthes in den Bekanntmachungen ist unerheblich, und fallen Irrthümer dabei nicht unter § 348. No. 2. und 3. I. 11. des Allgem. Landrechts.

— § 9. Schuldner und Subhastat:

A. Bedeutung von Schuldner in dieser Gesetzesstelle.

Rechtsgr. 658. — III. Senat. 29. November 1867. (LXIX. 171.)

Unter dem „Schuldner“ im § 9. der Subhastations-Verordnung vom 4. März 1834 ist der Besitzer des zur nothwendigen Subhastation gestellten Gutes zu verstehen.

B. Nichterforderniß der Zuziehung des Adjudikatars, welcher das subhastirte Grundstück verkauft und übergeben hat, bei der Resubhastation. — Vergl. A. G. O. Anh. § 408. zu I. 52. § 64.

Rechtsgr. 659. — III. Senat. 29. November 1867. (LXIX. 172.)

Wenn der Adjudikatar das erstandene Grundstück bereits weiter verkauft hat und der Besitztitel für den Käufer berichtigt ist, so bedarf es bei der hiernächst eingeleiteten Resubhastation der Zuziehung des Adjudikatars zum Resubhastations-Verfahren nicht.

— § 11. Kautionsforderung vom Bieter. — Vergl. A. G. O. I. 52. § 44.

A. Aeltere Ansicht.

Rechtsgr. 660. — III. Senat. 29. November 1867. (LXIX. 171.)

Der Antrag eines Realgläubigers im Subhastationstermin:

„daß jeder Bieter Kaution stellen solle",

ist vollkommen zulässig, und steht es den Real-Interessenten frei, geeigneten Falles Ausnahmen zu sanktioniren.

B. Jüngere Ansicht.

Rechtsgr. 661. — III. Senat. 18. Dezember 1867. (LXIX. 259.)

Nach § 11. der Subhastations-Verordnung vom 4. März 1834 kann der Antrag auf Bestellung einer Kaution nur gegen eine bestimmte Person gerichtet werden; es ist daher unzulässig, daß von einem oder mehreren Interessenten ganz allgemein die Bedingung gestellt wird, daß Niemand ohne Kaution zugelassen werde.

— § 20. Siehe Rechtsgrundsatz 530. (A. G. O. I. 52. § 62.)

1834. Juni 30. Verordnung No. 1542. wegen des Geschäftsbetriebes in den Angelegenheiten der Gemeinheitstheilungen, Ablösungen und Regulirungen. (Ges.-Samml. S. 96.)

— §§ 25—27. Wirkung des öffentlichen Aufgebots in Gemeinheitstheilungssachen. — Vergl. Gemeinheitstheilungs-Ordnung vom 7. Juni 1821 § 12.

Rechtsgr. 632. — II. Senat. 19. September und 10 Oktober 1867. (LXVIII. 243.)

Die von der General-Kommission in Gemäßheit des § 25. der Verordnung vom 30. Juni 1834 erlassene öffentliche Bekanntmachung äußert ihre Wirkung gegen alle, auch die unmittelbaren Interessenten der Auseinandersetzung, und zwar sowohl gegen die bekannten, als gegen die unbekannten.

Diese Wirkung erstreckt sich bis auf die Provokation zurück, welcher sowenig ein präkludirter unmittelbarer, als ein präkludirter mittelbarer Theilnehmer widersprechen kann.*

1836, Juli 13. Gesetz No. 1730. über die bäuerliche Erbfolge in der Provinz Westphalen. (Ges.-Samml. S. 209.)

— §§ **1**. **2**. **5**. **9**. **10** **12**. **16**. Siehe Rechtsgrundsatz 4. (A. L. R. Publikations-Patent vom 5. Februar 1794 § 13.)

— § **21**. Bedeutung von „Eltern" und Beziehung der Worte „soweit sie dessen bedürfen" im § 21. des Gesetzes vom 13. Juli 1836 über die bäuerliche Erbfolge in der Provinz Westphalen. — Vergl. Eigenthums-Ordnung vom 26. November 1741 Kap. 11. §§ 1. 10. 11., Kap. 12. § 9.

Rechtsgr. 663. — I. Senat. 28. Juni 1867. (LXVII. 313.)

In dem § 21. des Gesetzes vom 13. Juli 1836 über die bäuerliche Erbfolge in der Provinz Westphalen:

Der Anerbe oder Nießbraucher ist schuldig:

a) seinen Eltern und zwar in der nach dem Herkommen bestandenen Art,

b) seinen Miterben, welche ihre Abfindung noch nicht ausgezahlt erhalten haben,

c) denjenigen, welche aus einer früheren, nach den Bestimmungen dieses Gesetzes erfolgten Erbtheilung, ein solches Recht zusteht,

* Vergl. dagegen Rechtsgrundsätze Bd. 5. No. 1009. S. 468.

soweit sie dessen bedürfen, freie Wohnung, Beköstigung und Kleidung auf dem Gute zu gewähren, dieselben auch unentgeltlich zu erziehen. Dagegen sind die Miterben auch verpflichtet, die ihren Kräften angemessene Arbeitshülfe unentgeltlich zu leisten,

sind unter „Eltern“ nicht auch die Stiefeltern einbegriffen.

Ebendaselbst beziehen sich die Worte: „soweit sie dessen bedürfen“, nicht lediglich auf die Miterben.

1837, März 20. Gesetz No. 1792. über Errichtung und Bekanntmachung der Verträge wegen Einführung oder Ausschließung der ehelichen Gütergemeinschaft. (Ges.-Samml S. 63.)

— Form der Verträge über die Einführung oder Ausschließung der ehelichen Gütergemeinschaft. — Vergl. A. G. O. II. **1**. § 10. No. 5.

Rechtsgr. **664**. — V. Senat. 16. Oktober 1866. (LXVI. 118.)

Die von dem § 10. No. 5. II. 1. der Allg. Gerichts-Ordnung abweichende Bestimmung des Gesetzes vom 20. März 1837 über die Errichtung und Bekanntmachung der Verträge wegen Einführung oder Ausschließung der ehelichen Gütergemeinschaft hat nur die Ausschließung der in dem Geltungsbereiche des Allgem. Landrechts partikulären oder ortsrechtlich geltenden Gütergemeinschaft zum Gegenstande.

Siehe auch Rechtsgrundsatz 280. (A. L. R. II. **1**. § 422.)

1837, Mai 8. Gesetz über die persönliche Fähigkeit zur Ausübung der Rechte der Standschaft, der Gerichtsbarkeit und des Patronats. (Ges.-Samml. S. 99.)

— **§ 6**. Siehe Rechtsgrundsatz 330. (A. L. R. II. **11**. § 568.)

1837, Oktober 12. Staatsministerialbeschluß, betreffend die Versorgung der Militär-Invaliden. (v. Kamptz Jahrb. Bd 50. S. 549.)

— Siehe Rechtsgrundsatz 623. (Deklaration vom 29. Mai 1820.)

1837, Dezember 22. Kabinetsorder, betreffend die Genehmignng des Staatsministerialbeschlusses vom 12. Oktober 1837, wegen Versorgung der Militär-Invaliden. (v. Kamptz Jahrb. Bd. 50. S. 549.)

— Siehe Rechtsgrundsatz 623. (Deklaration vom 29. Mai 1820.)

1838, März 31. Gesetz No. 1885, wegen Einführung kürzerer Verjährungsfristen. (Ges.-Samml. S. 249.)

— Verjährung aus dem Gesetz vom 31. März 1838 mit Rücksicht auf die subjektiven Eigenschaften und Privilegien der berechtigten Person — Vergl. A. L. R. I. 9. §§ 535. ff.

Rechtsgr. **665**. — I. Senat. 13. Juli 1868. (LXXII. 82.)

Das Gesetz vom 31. März 1838 wegen Einführung kürzerer Verjährungsfristen hat die darin bestimmten Forderungen ihrer Natur nach unterschiedslos, d. h. ohne Rücksicht auf die subjektiven Eigenschaften und sonstigen Privilegien der berechtigten Personen, der kürzeren Verjährung unterworfen.

— §§ **1**. ff. Siehe Rechtsgrundsätze 92. 93. (A. L. R. I. 9. § 535.)

— § **1**. No. **1**. Alin. **1**. Verjährung der Forderungen der Maurermeister für Herrichtung der Erdarbeiten, Vorhaltung der Gerüste und Geräthschaften und Lieferung von Sand und Steinen.

Rechtsgr. **666**. — IV. Senat. 16. Juli 1868. (LXXII. 116.)

Die Forderung eines Maurermeisters für Herrichtung der Erdarbeiten, Vorhaltung der Gerüste und Geräthschaften und Lieferung von Sand und Steinen sind der kürzeren Verjährung des § 1. des Gesetzes vom 31. März 1838 nicht unterworfen.

— § **1**. No. **1**. Alin. **2**. Ausschließung der kurzen Verjährung von Forderungen in Bezug auf den Gewerbebetrieb:

A. Thatsächliche Feststellung des Gewerbebetriebes.

Rechtsgr. **667**. — IV. Senat. 31. März 1868. (LXX. 275.)

Der § 1. No. 1. Alin. 2. des Gesetzes vom 31. März 1838 giebt nicht an, in welchen Fällen ein Bezug der Forderungen auf den Gewerbebetrieb des Empfängers angenommen werden soll, er überläßt die Entscheidung dieser thatsächlichen Frage dem Ermessen des Richters.

B. Forderungen, welche in Bezug auf den Gewerbebetrieb des Empfängers entstanden sind, im Sinne des § 1. des Gesetzes vom 31. März 1838.

Rechtsgr. 668. — IV. Senat. 1. September 1868. (LXXII. 121.)

Die Forderung für Malerarbeiten zur Herrichtung einer zum Gewerbetrieb des Empfängers gebauten Fabrik ist von der zweijährigen Verjährung des Gesetzes vom 31. März 1838 ausgeschlossen.

— § 5. No. 1. Siehe Rechtsgrundsatz 91. (A. L. R. I. 9. § 524.)

1838, März 31. Deklaration No. 1886. des § 54. I. 6. des Allgem. Landrechts, betreffend die Verjährungsfrist bei einer Schadensersatzforderung. (Ges.-Samml. S. 252.)

A. Anwendbarkeit der Deklaration vom 31. März 1838 bei Schmälerung oder Einschränkung des Eigenthums durch öffentliche Anlagen. — Vergl. A. L. R. I. 6. § 54.

Rechtsgr. 669. — II. Senat. 23. April 1868. (LXXI. 122.)

Die Bestimmung der Deklaration vom 31. März 1838 ist in ihrer Anwendung nicht auf den Fall zu beschränken, wo behufs der öffentlichen Anlage ein Eigenthums- oder Nutzungsrecht völlig aufgehoben wird, sondern sie muß auch zur Anwendung kommen, wo die öffentliche Anlage die Schmälerung oder Einschränkung eines solchen Rechtes nothwendig gemacht hat, und der Berechtigte für die ihm dadurch entstandenen Nachtheile Vergütung fordert.

B. Verjährung der Entschädigungsansprüche für die bei Anlegung und Verlegung neuer öffentlicher Straßen und Anlegung einer Brücke über öffentliche Ströme zugefügte Beschädigung fremden Eigenthums, im Gegensatz zur Verjährung des Vergütungsanspruches für das abgetretene Eigenthum. — Vergl. A. L. R. I. 6. § 54., II. 15. §§ 2. ff. 6. 52.

Rechtsgr. 670. — I. Senat. 1. Februar 1867. (LXV. 260.)

a) Hat bei der Anlegung und Verlegung neuer öffentlicher Straßen und Anlegung neuer Brücken über öffentliche Ströme eine Beschädigung fremden Eigenthums stattgefunden, welche nicht unter § 6. II. 15. des Allgem. Landrechts fällt, so greift gegen die aus solchem Grunde hergeleitete Entschädigungsklage die im § 54. I. 6. des

Allgem. Landrechts vorgeschriebene Klageverjährung von drei Jahren Platz.

b) Durch die Deklaration vom 31. März 1838 No. 1. ist diese Verjährung nur rücksichtlich der Vergütung des zu solchen Anlagen abzutretenden Eigenthums ausgeschlossen.

1838, März 31. Verordnung, betreffend die Anwendung der Deklaration vom 10. Februar 1827, bezüglich auf die Patrimonialgerichtsbarkeit. (Ges.-Samml. S. 253.)

— **§ 2.** Siehe Rechtsgrundsatz 775. (Gesetz vom 14. April 1856 § 7.)

1838, Mai 5. Verordnung wegen Einführung eines gleichmäßigen Verfahrens bei der Insinuation der richterlichen Erkenntnisse und bei Einlegung der Rechtsmittel. (Ges.-Samml. S 273.)

— **§ 1.** Siehe Rechtsgrundsatz 674. (Deklaration vom 6. April 1839 Art. 3. No. 2)

— **§§ 5. 6.** Siehe Rechtsgrundsatz 652. (Verordnung vom 14. Dezember 1833 §§ 21. 22.)

1838, November 3. Gesetz über die Eisenbahn-Unternehmungen. (Ges.-Samml. S. 505.)

— **§ 11.** Siehe Rechtsgrundsatz 104. (A. L. R. **I. 11.** § 4.)

— **§ 15.** Siehe Rechtsgrundsatz 344. (A. L. R. **II. 15.** § 69.)

— **§ 25.** Siehe Rechtsgrundsatz 55. (A. L. R. **I. 6.** § 54.)

1838, Dezember 12. Reglement über die Einrichtung des Sparkassenwesens. (Ges.-Samml. für 1839 S. 5.)

— Art. **14.** Siehe Rechtsgrundsatz 117. (A. L. R. I. **11.** 393.)

1838, Dezember 31. Kabinetsorder, die Regulirung verschiedener Streitigkeiten zwischen dem Fiskus und der Stadtgemeinde Berlin betreffend.

— Verpflichtung des Fiskus zur Herstellung des Straßenpflasters bei Straßenverbreiterungen und Straßenverlängerungen in Berlin.

Rechtsgr. **671.** — II. Senat 7. Juli 1868. **(LXXI. 295.)**

Für diejenigen Straßen in Berlin, welche bis zum 1. Januar 1837 bereits angelegt waren, hat der Fiskus im Falle der Verbreiterung dieser Straßen, nicht aber im Falle der Straßenverlängerung, die Verpflichtung zur Straßenpflasterung.

1839, April 6. Deklaration No. 1999. der Verordnung vom 14. Dezember 1833 über das Rechtsmittel der Revision und der Nichtigkeitsbeschwerde. (Ges.-Samml. S. 126.)

— Art. 1. Siehe Rechtsgrundsatz 504. (A. G. O. I. 10. § 377.)

— Art. 3. Siehe Rechtsgrundsätze 11. 489. 495. 496. (A. L. R. Einl. § 23.; A. G. O. I. 5. § 17. No. 1., 10. §§ 91. ff. 101.)

— Art. 3. No. 1. Verletzung einer wesentlichen Prozeßvorschrift durch Nichthörung der Partei:

A. Begriff eines Einwandes und einer Einrede überhaupt und namentlich eines Rechtseinwandes im Sinne des Art. 3. No. 1. der Deklaration vom 6. April 1839.

Rechtsgr. 672. — II. Senat. 25. September 1866. (LXVI. 83.)

a) Unter Einwand oder Einrede im weitern Sinne ist jede im Verlaufe des Prozesses nach angestellter Klage von einer oder der andern Partei zur Vertheidigung ihrer Gerechtsame und zur Widerlegung der gegnerischen Anführungen vorgebrachte selbstständige Behauptung zu verstehen, insbesondere auch die einem Einwande des Verklagten entgegenstehende Replik.

b) In dieser Bedeutung ist auch das Wort „Rechtseinwand" im Art. 3. No. 1. der Deklaration vom 6. April 1839 aufzufassen.

B. Annahme des ersten Richters, daß die Parteien über die Thatfrage einig sind, Annahme des Appellations-Richters, daß diese in zweiter Instanz nicht angefochtene Thatfrage unbestritten sei.

Rechtsgr. 673. — V. Senat. 30. April 1867. (LXVII. 158.)

Ist die Annahme des ersten Richters, daß die Parteien über eine Thatfrage einig seien, in der zweiten Instanz nicht angefochten worden, und hat sodann mit Rücksicht hierauf der Appellations-Richter die Thatsache als unbestritten angenommen, so kann ihm nicht der Vorwurf gemacht werden, daß er seiner Entscheidung Thatsachen zu Grunde gelegt habe, über welche die Parteien nicht gehört worden.

Siehe auch Rechtsgrundsätze 11. 322. 504. 520. (A. L. R. Einl. § 33., II. 8. § 569.; A. G. O. I. 10. § 377., 22. §§ 1. ff.)

— Art. 3. No. 2. Begriff eines Rechtsmittels im Sinne dieser Gesetzesstelle. — Vergl. Verordnung vom 5. Mai 1838 § 1.

Rechtsgr. 674. — IV. Senat. 16. Juni 1868. (LXXI. 229.)

Unter Rechtsmittel im Sinne des Art. 3. No. 2. der Deklaration vom 6. April 1839 können nur solche verstanden werden, durch welche richterliche Erkenntnisse und die in dieser Beziehung gleichstehenden, im § 1. der Verordnung vom 5. Mai 1838 aufgeführten Kontumazial-, Agnitions-, Purifikations-Resolutionen, Präklusions- und Adjudikations-Bescheide angefochten werden; dagegen kann der Begriff: „Rechtsmittel" nicht da Anwendung finden, wo eine einfache richterliche Verfügung, z. B. der vom Appellations-Richter aufrecht erhaltene Bescheid des Gerichts erster Instanz in Betreff des Restitutionsgesuchs gegen Verabsäumung des Termins zur Eidesleistung, angefochten wird.

Siehe auch Rechtsgrundsätze 708. 738. (Verordnung vom 21. Juli 1846. § 17.; Ferien-Ordnung vom 16. April 1850.)

— Art. 3. No. 4. Uebergehung eines angetretenen Beweises.

Rechtsgr. 675. — III. Senat. 4. September 1868. (LXXII. 124.)

Der Art. 3. No. 4. der Deklaration vom 6. April 1839 betrifft nur Beweise über Thatsachen, welche von einer Partei angeführt worden sind.

— Art. 7. Siehe Rechtsgrundsatz 694. (Verordnung vom 21 Juli 1843 §§ 2. 3.)

— Art. 13. Frist zur Einlegung von Rechtsmitteln für die unter Vormundschaft stehenden Zuchthaussträflinge. — Vergl. Strafgesetzbuch § 11.

Rechtsgr. 676. — III. Senat. 11. November 1867. (LXIX. 59.)

Den unter Vormundschaft stehenden Zuchthaussträflingen steht die Doppelfrist zur Einlegung der Rechtsmittel zu.

1839, April 7. Instruktion zur Ausführung der Verordnung über das

Rechtsmittel der Revision und der Nichtigkeitsbeschwerde. (Ges.-Samml. S. 133.)

— No. 9. Verkennung des Rechtsbegriffes der exceptio de jure tertii als Angriff in der Nichtigkeitsbeschwerde.

Rechtsgr. 677. — III. Senat. 4. Februar 1867. (LXV. 266.)

Die Verkennung des Rechtsbegriffes der exceptio de jure tertii ist kein geeigneter Angriff in der Nichtigkeits-Instanz, namentlich läßt sich darauf nicht die unter der Nummer 9. der Instruktion vom 7. April 1839 enthaltene Bestimmung anwenden.

— No. 11. Siehe Rechtsgrundsätze 494. 645. (A. G. O. I. 10. § 82.; Verordnung vom 14. Dezember 1833 § 5.)

— No. 28. 29. Siehe Rechtsgrundsatz 694. (Verordnung vom 21. Juli 1843 §§ 2. 3.)

1839, Dezember 10. Kabinetsorder, betreffend die behauptete Observanz über die Beitragspflicht des Patrons und der Eingepfarrten zu Kirchenbauten im Bezirk des vormaligen Konsistoriums zu Glogau. (Liegnitzer Amtsblatt für 1840 S. 14.; Justiz-Ministerial-Blatt für 1840 S. 23.)

— Siehe Rechtsgrundsatz 777. (Gesetz vom 16. Februar 1857 Art. 11. No. 6.)

1840, Februar 15. Gesetz über die Familienschlüsse bei Familienstiftungen und Lehen. (Ges.-Samml. S. 20.)

— §§ 15. 16. Siehe Rechtsgrundsatz 206. (A. L. R. II. 18. § 192.)

1840, Mai 26. und Juni 15. Instruktion, betreffend die Berechnung des Werthsstempels von Lieferungs- und Kaufverträgen. (Justiz-Ministerial-Blatt S. 202.)

— Siehe Rechtsgrundsatz 633. (Stempeltarif vom 7. März 1822 „Lieferungsverträge.")

1841, März 31. Gesetz wegen Deklaration und näherer Bestimmung des § 164. der Gemeinheitstheilungs-Ordnung vom 7. Juni 1821. (Ges.-Samml. S. 75.)

— Siehe Rechtsgrundsatz 624. (Gemeinheitstheilungs-Ordnung vom 7. Juni 1821 § 2.)

1841, Mai 1. Justizministerial-Instruktion, betreffend das Verfahren der Schiedsmänner. (Justiz-Ministerial-Blatt S. 230.)
— **§§ 5. 6.** Siehe Rechtsgrundsatz 498. (A. G. O. I. **10**. § 129.)

1842, Mai 11. Gesetz No. 2273. über die Zulässigkeit des Rechtsweges in Beziehung auf polizeiliche Verfügungen. (Ges.-Samml. S. 192.)
— **§ 1.** Siehe Rechtsgrundsatz 343. (A. L. R. II. **15**. § 4.)

1842, Juli 28. Kabinetsordre wegen der Suspension des § 5. des Edikts vom 9. Oktober 1807, den erleichterten Besitz und freien Gebrauch des Grundeigenthums, sowie die persönlichen Verhältnisse der Landbewohner betreffend. (Ges.-Samml. S. 242.)
— Siehe Rechtsgrundsätze 205. 206. (A. L. R. I. **18**. § 192.)

1842, August 16. Kanal- und Graben-Ordnung für den Obrabruch. (Amtsblatt der Regierung zu Posen für 1842 Anhang zu No. 44.)
— **§ 35.** Unterhaltung der Brücken nach der Kanal- und Graben-Ordnung für den Obrabruch.

Rechtsgr. **678**. — III. Senat. 16. März 1868. (LXX. 205.)

Der § 35. der Kanal- und Graben-Ordnung der Obra-Melioration vom 16. August 1842 unterscheidet nur, ob es sich von Brücken über Kanäle und Gräben, welche der Sozietät dienen, gleichviel, ob sie schon angelegt waren oder nicht, oder von Brücken über alte Flußbetten handelt; nicht hat er unterschieden, ob die ersteren Brücken über Kanäle und Gräben neu angelegte oder schon bestehende waren.

1842, Dezember 31. Gesetz No. 2317. über die Aufnahme neuanziehender Personen. (Ges.-Samml. S. 5.)
— **§§ 1. 8—10.** Eigenschaft der mittelbaren und unmittelbaren Staatsbeamten als Gemeindemitglieder; Vereidigung eines Beamten. — Vergl. A. L. R. II. **10**. § 68.

Rechtsgr. **679**. — I. Senat. 20. Januar 1868. (LXXI. 31.)

Die durch ihr Amt an einen Ort gewiesenen Beamten, gleichviel, ob sie im unmittelbaren oder im mittelbaren Staatsdienste stehen, können durch die Gemeinde dieses

Orts nicht zurückgewiesen werden; sie werden durch die Anstellung Mitglieder der Gemeinde, ohne daß es einer Aufnahme-Erklärung bedarf, die Berufung und Anstellung durch die geordnete Behörde macht die ausdrückliche Aufnahme als Gemeindemitglied überflüssig.

1842, Dezember 21. Gesetz No. 2318. über die Verpflichtung zur Armenpflege. (Ges.-Samml. für 1843 S. 8.)
— Anwendbarkeit dieses Gesetzes auf Beamte.

Rechtsgr. 680. — I. Senat. 29. Oktober 1866. (LXVIII. 9.)

Das Armenpflege-Gesetz ist auch auf verarmte Beamte zur Anwendung zu bringen, sofern nicht aus der besonderen Stellung der Beamten dem Staate gegenüber und dem dem letztern zustehenden unbeschränkten Rechte der Anstellung gewisse Ausnahmen und Maaßgaben sich als nothwendig und selbstverständlich ergeben.

— §§ 1. ff. Verpflichtung der örtlichen Armenverbände zur Armenpflege:
A. Verhältniß des örtlichen Armenverbandes zum Landarmenverband.
— Vergl. § 20. dieses Gesetzes.

Rechtsgr. 681. — I. Senat. 2. November 1866. (LXVI. 147.)

Die Verpflichtung des örtlichen Armenverbandes gründet sich wesentlich auf das Domizilverhältniß des Verarmten; fehlt es hiernach an einem verpflichteten Armenverbande, so hat derjenige Landarmenverband die Armenpflege zu übernehmen, in dessen Bezirk das Bedürfniß hervorgetreten ist, und ist dabei lediglich der Ort und die Zeit des Bedürfnisses maaßgebend, dergestalt, daß die Verpflichtung nie hierüber hinaus reicht.

Von diesem, dem Armenpflege-Gesetz vom 31. Dezember 1842 zu Grunde liegenden Prinzip macht auch der § 20. a. a. O. keine Ausnahme.

B. Feststellung des Zustandes der Verarmung bei bereits gewährter

Privat-Unterstützung und später erfolgter öffentlicher Unterstützung. — Vergl. § 33. dieses Gesetzes; Gesetz vom 21. Mai 1855 Art. 1.

Rechtsgr. 682. — I. Senat. 7. Februar 1868. (LXX. 67.)

In Betreff der Verpflichtung zur Armenpflege ist es für die Feststellung des Zustandes der Verarmung unerheblich, ob der Hülfsbedürftigkeit früher durch Privatmildthätigkeit abgeholfen worden; vielmehr ist lediglich die Nothwendigkeit einer öffentlichen Unterstützung entscheidend.

Siehe auch Rechtsgrundsätze 308. 311. 638. (A. L. R. II. 3. § 14, Regulativ vom 7. September 1830 § 7.)

— § 1. No. 1. und 2. Anstellung eines Beamten und sein Einfluß auf die Verpflichtung zur Armenpflege. — Vergl. Gesetz vom 21. Mai 1855 Art. 1.

Rechtsgr. 683. — I. Senat. 29. Oktober 1866. (LXVIII. 9.)

Durch die Anstellung und die damit verbundene Verpflichtung, in einem bestimmten Orte seinen Wohnsitz zu nehmen und sich daselbst dauernd aufzuhalten, wird der Beamte nothwendig ein Mitglied der Gemeinde. Die Anstellung steht insofern der Aufnahme als Gemeindemitglied gleich, von welcher § 1. No. 1. des Armenpflege-Gesetzes vom 31. Dezember 1842 handelt.

Der § 1. No. 2. des Armenpflege-Gesetzes findet somit auf Beamte keine Anwendung.

— § 4. Verlust des Armendomizils durch dreijährige Abwesenheit.

Rechtsgr. 684. — I. Senat. 13. Januar 1868. (LXIX. 301.)

In der Bestimmung des § 4. des Armenpflege-Gesetzes vom 31. Dezember 1842:

„Die Verpflichtung der Gemeinde erlischt, wenn der Verarmte nach erlangter Großjährigkeit seit drei Jahren aus der Gemeinde abwesend ist. Eine Ausnahme hiervon findet statt, wenn die Abwesenheit durch blos vorübergehende Verhältnisse, insonderheit durch den

Betrieb eines nicht stehenden Gewerbes, durch Erfüllung der allgemeinen Militärpflicht, durch Abbüßung einer zeitigen Freiheitsstrafe u. s. w. veranlaßt worden ist",

ist die dreijährige Abwesenheit nicht **in ihrer ununterbrochenen Dauer**, sondern überhaupt nur ein Theil jener Abwesenheit zu verstehen, so daß jeder Abschnitt, während dessen der Verarmte nur durch vorübergehende Verhältnisse entfernt gehalten worden ist, von der Dauer der Abwesenheit in Abzug zu bringen ist.

— **§ 5.** Ländliche und städtische Gemeinden als örtliche Armenverbände gegenüber den Gutsherrschaften.

Rechtsgr. **685.** — I. Senat. 14. Dezember 1866. (LXV. 202.)

Das Armenpflege-Gesetz unterscheidet nicht zwischen ländlichen und städtischen Gemeinden; es stellt vielmehr den Gemeinden überhaupt als örtlichen Armenverbänden nur die Gutsherrschaften gegenüber.

— **§ 7.** Siehe Rechtsgrundsatz 638. (Regulativ vom 7 September 1830.)

— **§ 9.** Siehe Rechtsgrundsatz 308. (A. L. R. II. 8. § 14.)

— **§§ 17.** ff. Siehe Rechtsgrundsatz 638. (Regulativ vom 7. September 1830.)

— **§ 20.** Siehe Rechtsgrundsätze 638. 741. (§ 1. dieses Gesetzes.)

— **§ 30.** Allgemeine Verwaltungskosten der Armenpflege-Anstalt.

Rechtsgr. **686.** — I. Senat. 24. Mai 1867. (LXVII. 234.)

Die Bestimmung des § 30. des Armenpflege-Gesetzes vom 31. Dezember 1842, daß die Gemeinde oder Gutsherrschaft keinen Beitrag zu den allgemeinen Verwaltungskosten der Anstalt, worin der auf der Reise erkrankte Arme verpflegt worden ist, in Rechnung stellen soll, enthält keinen allgemeinen Grundsatz.

— **§ 34.** Festsetzung der Erstattungsverbindlichkeit der für einen Verarmten bereits verausgabten Pflegekosten durch Resolut der Verwaltungsbehörde; Rückforderung der bereits erstatteten Pflegekosten auf Grund des Nachweises, daß der erstattende Armenverband nicht der verpflichtete sei.

Rechtsgr. 687. — I. Senat. 14. Dezember 1866. (LXV. 201.)

Aus der Verbindlichkeit zur Uebernahme der Armenpflege folgt ganz nothwendig auch die Verbindlichkeit zur Erstattung der inzwischen aufgewendeten Pflegekosten, und es erscheint dann auch nur als eine nothwendige Folge, wenn der durch ein Resolut der Verwaltungsbehörde für verpflichtet erklärte Armenverband dem andern die inzwischen verauslagten Kosten erstattet; noch weniger läßt es sich irgend als eine Ueberschreitung der Kompetenz der Verwaltungsbehörde bezeichnen, wenn dieselbe in dem Resolute gleichzeitig die Erstattung jener inzwischen verausgabten Pflegekosten anordnet. Ist dieses geschehen, so ist auch dieser Theil der Entscheidung so lange zu befolgen, bis im Rechtswege entschieden wird, welcher Armenverband die Armenpflege zu übernehmen hat.

— § 35. Siehe Rechtsgrundsätze 638. 639. (Regulativ vom 7. September 1830 § 7.)

1843, Februar 13. Verordnung, betreffend die Legitimationsatteste bei Veräußerungen von Pferden in den östlichen Provinzen der Monarchie. (Ges.-Samml. S. 75.)

— Siehe Rechtsgrundsatz 174. (A. L. R. I. 15. § 44.)

1843, Februar 28. Gesetz über die Benutzung der Privatflüsse. (Ges.-Samml. S. 41.)

— § 2. Entnahme von Wasser aus einem Privatflusse zur Speisung von Dampfkesseln und Lokomotiven; desfallsige Entschädigungsansprüche.

Rechtsgr. 688. — II. Senat. 10. Januar 1867. (LXVII. 30.)

Aus § 2. des Gesetzes über die Benutzung der Privatflüsse vom 28. Februar 1843, — nach welcher da, wo öffentliche Plätze oder Wege das Ufer eines Privatflusses bilden, der Gebrauch des Wassers zum Trinken und

Schöpfen, sowie zum Tränken des Viehes einem Jeden gestattet ist, sofern es nach der Entscheidung der Ortspolizeibehörde ohne Gefahr für die Beschädigung des Ufers geschehen kann, — folgt nicht, daß einer Eisenbahn-Gesellschaft die Befugniß zum Schöpfen von Wasser aus dem Privatflusse behufs Speisung von Dampfkesseln und Lokomotiven uneingeschränkt dem Wassernutzungsberechtigten gegenüber zusteht, und daß nur die Polizeibehörde legitimirt sei, in dieser Beziehung eine Beschränkung aufzuerlegen.

— §§ 8. ff. Verpflichtung des Eigenthümers eines Privatflusses, den Gebrauch des Flußwassers zum Holzflößen einem Jeden zu gestatten. — Vergl. A. L. R. Einl. §§ 74. 75.

Rechtsgr. 689. — II. Senat. 9. Juli 1868. (LXXII. 52.)

In den § 8. des Gesetzes vom 28. Februar 1843 über die Benutzung der Privatflüsse:

> Die Eigenthümer eines Privatflusses, sowie die Uferbesitzer, Stauungs- oder Leitungsberechtigten können nur durch landesherrliche Entscheidung verpflichtet werden, den Gebrauch des Flusses zum Holzflößen einem Jeden zu gestatten.

ist von einer Maaßregel die Frage, welche nach den §§ 74. 75. der Einleitung zum Allgem. Landrecht zum gemeinen Besten getroffen wird.

— §§ 24. 25. No. 2. 30. Befestigung von Stauwerken, insbesondere von steinernen Stauwerken, am Ufer des gegenüber liegenden Adjazenten.

Rechtsgr. 690. — II. Senat. 25. September 1866. (LXVI. 84.)

Das Befestigen von Stauwerken, insbesondere steinernen Stauwerken, am Ufer des gegenüber liegenden Adjazenten enthält eine Belästigung des Eigenthums desselben, welche aus dem Wassernutzungsrechte des andern Adjazenten allein nicht hergeleitet werden kann, vielmehr da, wo sie stattfinden soll, besonders begründet werden muß.

1843. März 5. Vorläufige Verordnung über die Ausübung der Waldstreuberechtigung (Ges.-Samml. S. 105.)

— Begriff der Waldstreugerechtigkeit. — Vergl. A. L. R. I. **22**. § 228.

Rechtsgr. **CDI**. — II. Senat. 31. Oktober 1867. (LXVIII. 332.)

a) Die Waldstreugerechtigkeit besteht in der Befugniß, abgefallenes Laub und Nadeln, sowie dürres Moos zum Unterstreuen unter das Vieh, behufs der Bereitung des Düngers, in dem Walde eines Andern zu sammeln.

b) Die Waldstreugerechtigkeit ist eine Grundgerechtigkeit; dieselbe ist auf den Düngerbedarf des berechtigten Grundstücks eingeschränkt; wird auf dem Grundstück kein Vieh gehalten, oder ist ein Düngerbedarf für dasselbe nicht vorhanden, so ist eine Waldstreugerechtigkeit rechtlich nicht denkbar.

1843, Mai 4. Gesetz über das Wiederinkourssetzen der unter öffentlicher Autorität auf jeden Inhaber ausgefertigten Papiere. (Ges.-Samml. S. 179.)

— Form des Wiederinkourssetzungs-Vermerkes bei außer Kours gesetzten Inhaber-Papieren und Bedeutung des Amtssiegels, namentlich in blauer Farbe. — Vergl. A. L. R. I. **15**. §§ 50. 51.; Deklaration vom 23. Mai 1785; Reskript vom 29. März 1806; Verordnung vom 16. August 1867 § 6.

Rechtsgr. **692**. — IV. Senat. 3. November 1868. (LXXII. 359.)

a) Die Worte im § 4. des Gesetzes vom 4. Mai 1843 über die Wiederinkourssetzung der unter öffentlicher Autorität auf jeden Inhaber ausgefertigten Papiere: „Wieder in Kours gesetzt" sind nicht dergestalt als solenn zu betrachten, daß ganz gleichbedeutende z. B. „die Wiederinkourssetzung ist verfügt", als unverbindlich betrachtet werden könnten.

b) Ist deren amtliche Wiederinkourssetzungsvermerk das Siegel der Behörde, des Gerichts oder Instituts, welches den Vermerk ausgestellt hat, nicht in schwarzer Farbe, sondern in Siegellack, Oblaten, in blauer oder anderer Farbe ausgedrückt, so ist dies auf die Gültigkeit des Wiederinkourssetzungsvermerks ohne Einfluß.

1843, Juli 21 Verordnung No. 2367., betreffend die Einlegung der Rechtsmittel. (Ges Samml. S. 297.)

— §§ **1**. **10** Uneigentliches Litiskonsortium und Berechnung des Streit-Gegenstandes rücksichtlich der Zulässigkeit der Rechtsmittel der Litiskonsorten.

Rechtsgr. **693**. — II. Senat 12. November 1867. (LXIX. 88.)

Die Bestimmung des § 10. der Verordnung vom 21. Juli 1843:

„In allen Fällen, in welchen mehrere Personen als Kläger oder Verklagte in einem Prozesse zugelassen sind, ist die Zulässigkeit des Rechtsmittels nach dem Gesammtbetrage der Forderungen oder Leistungen der mehreren Streitgenossen zu beurtheilen",

kommt auch dann zur Anwendung, wenn es sich um das s. g. uneigentliche Litiskonsortium, d. h. um solche Fälle handelt, in welchen die Streitgenossenschaft Mehrerer aus verschiedenen Rechtsgeschäften vorwaltet.

1843, Juli 21. Verordnung No. 2368. über die Befugniß der Justiz-Kommissarien zur Anfertigung und Legalisirung von Rechtsschriften aller Art. (Ges.-Samml. S. 295.)

— §§ **2**. **3**. Form der Legalisirung. — Vergl. Deklaration vom 6. April 1839 Art. 7.; Instruktion vom 7. April 1839 No. 28. 29.; Prozeß-Verordnung vom 21. Juli 1846 §§ 3. 7. 21. 23.

Rechtsgr. **694**. — III. Senat. 13. September 1867. (LXIX. 20.)

Zur Legalisation eines Schriftsatzes ist nur die Unterzeichnung durch den Rechtsanwalt erforderlich, es bedarf hierbei keines Zusatzes, um zu beurkunden, daß der Rechtsanwalt den Inhalt gewußt habe und vertreten wolle, und ist es gleichgültig, ob er seiner Unterschrift das Wort

„legalisirt" oder „beglaubigt" beifügt, oder den Schriftsatz einfach mit seinem Namen unterzeichnet.

1843, November 9. Gesetz über die Aktiengesellschaften. (Ges.-Samml. S. 341.)

— **§ 1**. Siehe Rechtsgrundsatz 377. (Allgem. Deutsches Handelsgesetzbuch Art. 208. Abs. 1. 228.)

— **§§ 10—27**. Siehe Rechtsgrundsatz 379. (Allg. Deutsches Handelsgesetzbuch Art. 225.)

1844, Januar 24. Verordnung No. 2422. über die Festsetzung und den Ersatz der bei Kassen und anderen Verwaltungen vorkommenden Defekte. (Ges.-Samml. S. 52.)

— **§ 10**. Präklusivfrist im § 16. der Verordnung vom 24. Januar 1844 bezüglich der Einlegung des Rekurses oder Beschreitung des Rechtsweges gegen den Beschluß, durch welchen ein Beamter zum Ersatz eines Defektes verpflichtet erklärt wird.

Rechtsgr. **605**. — I. Senat. 18. Oktober 1867. (LXVIII. 274.)

Der § 16. der Verordnung vom 24. Januar 1844 über die Festsetzung und den Ersatz der bei Kassen und andern Verwaltungen vorkommenden Defekte:

„Gegen den Beschluß, wodurch ein Beamter zur Erstattung eines Defekts für verpflichtet erklärt wird (§ 10.), steht demselben sowohl hinsichtlich des Betrages als hinsichtlich der Ersatzverbindlichkeit, außer dem Rekurse an die vorgesetzte Behörde, die Berufung auf rechtliches Gehör zu.

Von dieser Befugniß muß jedoch innerhalb eines Jahres, vom Tage der dem Verpflichteten geschehenen Bekanntmachung des vollstreckbaren Beschlusses, oder, wenn der Verpflichtete ausgetreten ist, vom Tage des abgefaßten Beschlusses an Gebrauch gemacht werden",

enthält eine Präklusivfrist.

1844, Juni 28. Verordnung über das Verfahren in Ehesachen. (Ges.-Samml. S. 184.)

— §§ 10. 72. Weigerung des katholischen Geistlichen zur Vornahme des Sühneversuchs vor Einleitung des Ehescheidungsprozesses.

Rechtsgr. 696. — I. Senat. 12. Oktober 1868. (LXXII. 259.)

a) Das von dem katholischen Geistlichen über seine Weigerung, den Sühneversuch vor Einleitung des Ehescheidungsprozesses vorzunehmen, ausgestellte Attest vertritt auch dann die Stelle des Attestes über die Fruchtlosigkeit des Sühneversuchs, wenn er den Sühneversuch aus anderen Gründen, als weil er die Ehe nicht für kirchlich gültig anerkennt, verweigert.

b) Wenn aber der katholische Geistliche schon in früheren Fällen jede Auskunft über den Sühneversuch verweigert hat, so kann in späteren Fällen von Beibringung des Sühne-Attestes ganz abgesehen und der Mangel desselben überhaupt nicht als Hinderniß der Einleitung des Ehescheidungsprozesses angesehen werden.

1845, Januar 3. Kabinetsorder auf den Bericht des Staatsministeriums vom 23. Dezember 1844, betreffend die Ausübung der Oberaufsicht des Staates über Familienstiftungen. (Ges.-Samml. S. 37.)

— Veräußerung der Standesherrlichkeit und Recht der Standesherren zur Vertretung bei der Eidesableistung. — Vergl. Deutsche Bundes-Akte vom 8. Juni 1815 Art. 14. No. 2.; Instruktion vom 30. Mai 1820 §§ 62. 63.; Erlaß vom 9. Oktober 1854.

Rechtsgr. 697. — I. Senat. 9. März 1868. (LXX. 167.)

Hat das Haupt einer vormals reichsständischen Familie die Standesherrlichkeit an ein ebenbürtiges Mitglied der standesherrlichen Familie veräußert, so steht ihm nicht ferner das Recht zu, einen Eid durch einen seiner Beamten leisten zu lassen, und dies selbst für den Fall nicht, wenn in dem Veräußerungsvertrage ein Vorbehalt wegen des Ranges gemacht ist.

Siehe auch Rechtsgrundsatz 616. (Traktat vom 16. Oktober 1815.)

1845, Januar 17. Allgemeine Gewerbe-Ordnung. (Ges.-Samml. S. 45.)

— §§ 1. 4. 5. Verträge einer Gemeinde über die Entnahme des Gases von einer bestimmten Person und Verzicht auf Anlage einer eigenen Gasanstalt. — Vergl. A. L. R. I. 22. § 13., 23. §§ 1 ff.

Rechtsgr. 698. — IV. Senat. 19. September 1867. (LXVIII. 165.)

Ein Vertrag, durch welchen eine Gemeinde auf das Recht verzichtet, während einer bestimmten Zeit auf ihrem Gebiete selbst eine Gasanstalt zu errichten und das zur öffentlichen Beleuchtung erforderliche Gas von einer bestimmten Person zu entnehmen, ist in seiner Gültigkeit anzuerkennen.

— §§ 137. 153. Aufhebung eines Gewerbelehrverhältnisses und Begründung eines Entschädigungsanspruches wegen Aufhebung des Lehrverhältnisses.

Rechtsgr. 699. — IV. Senat. 18. Februar 1868. (LXX. 78.)

a) Nur durch Ausspruch einer der in dem § 137. der Gewerbe-Ordnung vom 17. Januar 1845 bezeichneten Behörden kann die Frage entschieden werden, ob das Lehrverhältniß fortzusetzen oder aufzuheben ist.

b) Insofern hiervon ein Entschädigungsanspruch abhängt, gehört zur Substanziirung der Klage der Ausspruch der betreffenden Innungs- oder Verwaltungsbehörde, daß das Lehrverhältniß aufzuheben sei.

1845, März 14. Gesetz, betreffend die Verpflichtung zur Aufbringung der Kosten für die kirchlichen Bedürfnisse der Pfarrgemeinde in den Landestheilen des linken Rheinufers. (Ges.-Samml. S. 163.)

— §§ 2. 3. Bedeutung von Kirchenvermögen in dieser Gesetzesstelle.

Rechtsgr. 700. — V. Senat. 29. Januar 1867. (LXVIII. 18.)

Der in den §§ 2. und 3. des Gesetzes vom 14. März 1845, betreffend die Verpflichtung zur Aufbringung der Kosten für die kirchlichen Bedürfnisse der Pfarrgemeinde in den Landestheilen des linken Rhein-Ufers, vorkommende Ausdruck „Kirchenvermögen“ bezeichnet nicht das Kapitalvermögen der Kirche, sondern nur die Revenüen.

1845, Juni 27. Verordnung, betreffend die Ressortverhältnisse der Provinzialbehörden für das evangelische Kirchenwesen. (Ges.-Samml. S. 440.)

— § 5. No. 2. Siehe Rechtsgrundsatz 621. (Instruktion vom 23. Oktober 1817 § 18. Litt. C.)

1845, Juli 11. Gesetz No. 2528. über das Verfahren bei Aufnahme von Notariats-Instrumenten. (Ges.-Samml. S. 487.)

— **§ 10. No. 5.** Abgabe der Versicherung, daß dem Notar und den Zeugen keines der Verhältnisse entgegensteht, welche nach der Notariats-Ordnung vom 11. Juli 1845 von der Theilnahme an der Verhandlung ausschließen.

Rechtsgr. **701.** — III. Senat. 14. Januar 1867. (LXV. 250.)

Die Notariats-Ordnung vom 11. Juli 1845 bestimmt im § 10.:

„Die von den Notaren aufzunehmenden Protokolle müssen enthalten:

5. die Versicherung, daß dem Notar, sowie dem zugezogenen zweiten Notar, oder den Instrumentszeugen keines der Verhältnisse entgegensteht, welche von der Theilnahme an der Verhandlung nach den §§ 5—9. ausschließen",

nur über den Inhalt der Versicherung, nicht aber darüber, von Wem dieselben ausgehe soll.

— **§ 40.** Siehe Rechtsgrundsatz 85. (A. L. R. I. 9. § 398.)

1845, Dezember 11. Schulordnung für die Elementarschulen der Provinz Preußen. (Ges.-Samml. für 1846 S. 1.)

— **§§ 18. 31.** Nachweisung der sämmtlichen Einwohner, Berechtigungen des Elementarschullehrers und Unterzeichnung der von dem Schulvorstande ausgehenden Schriftstücke, nach der Schulordnung vom 11. Dezember 1845.

Rechtsgr. **702.** — I. Senat. 31. Januar 1868. (LXX. 47.)

a) Die im § 18. der Schul-Ordnung für die Elementarschulen der Provinz Preußen enthaltene Nachweisung sämmtlicher Einwohner und Berechtigungen der Schullehrer, in Verbindung mit der Vokation, sind für alle

Verhältnisse maaßgebend und begründen das Vertragsverhältniß zwischen dem Lehrer und der Schulgemeinde, nach welchem die gegenseitigen Rechte und Pflichten beurtheilt werden müssen.

b) Wenn auch der Regel nach die von dem Schulvorstande ausgehenden Schriftstücke in Gemäßheit des § 31. der Schul-Ordnung vom 11. Dezember 1845 von sämmtlichen Mitgliedern des Schulvorstandes unterschrieben zu werden pflegen, so ist doch die Unterschrift aller Mitglieder des Schulvorstandes nicht stets und unbedingt dergestalt nothwendig, daß, wenn in einzelnen Fällen ausnahmsweise dennoch die Unterschrift der im § 31. unter No. 3. erwähnten Familienväter fehlen sollte, die ausgestellte Urkunde schon allein wegen dieses Mangels als ungültig und unverbindlich angesehen werden muß. Eine derartige kategorische Vorschrift enthält der § 31. keineswegs und sie kann aus dessen Wortfassung: der Schulvorstand besteht aus den unter No. 1—3. bezeichneten Personen, — ohne Weiteres noch nicht hergeleitet werden.

1846, April 9. Verordnung über die Befugnisse der Kreisstände in der Rheinprovinz. (Ges.-Samml. S. 161.)

— § **1**. Siehe Rechtsgrundsatz 318. (A. L. R. II. **6**. § 65.)

— § **6**. Litt. a. Ausgaben zu gemeinnützigen Einrichtungen und Anlagen und Vertheilung derselben auf den ganzen Kreis in der Rheinprovinz.

Rechtsgr. **703**. — II. Senat. 22. Oktober 1867. (LXVIII. 313.)

Der § 6. Littr. a. der Verordnung vom 9. April 1846 ist auch auf den Fall anzuwenden, wenn es sich darum handelt, ob eine Ausgabe auf den ganzen Kreis zu vertheilen, bei welcher nur ein Theil desselben, oder ein einzelner Stand interessirt.

1846, April 24. Gesetz, betreffend die Vereidigung der von den Inhabern der Polizeigerichtsbarkeit gewählten Stellvertreter. (Ges.-Samml. S. 167.)

— Siehe Rechtsgrundsatz 755. (Gesetz vom 14. April 1856 § 7.)

1846. 21. Juli. Verordnung No. 2729. über das Verfahren in Civilprozessen. (Ges.-Samml. S. 291.)

— **§ 1.** Siehe Rechtsgrundsatz 361. (Allg. Deutsches Handelsgesetzbuch Art. 47.)

— **§ 2.** Siehe Rechtsgrundsatz 719. (Verordnung vom 21. Juli 1849 § 7.)

— **§ 3.** Siehe Rechtsgrundsatz 694. (Verordnung vom 21. Juli 1843 § 2.)

— **§§ 7. 8.** Begriff eines Einwands und einer Einrede. — Vergl. Dig. **44.** 1. Lex 22. § 1.

Rechtsgr. **704.** — II. Senat. 25. September 1866. (LXVI. 83.)

Unter Einwand oder Einrede im weitern Sinne ist jede im Verlaufe des Prozesses nach angestellter Klage von einer oder der andern Partei zur Vertheidigung ihrer Gerechtsame und Widerlegung der gegnerischen Anführungen vorgebrachte selbstständige Behauptung zu verstehen, insbesondere auch die einem Einwande des Verklagten entgegengesetzte Replik.

Siehe auch Rechtsgrundsätze 641. 643. (Verordnungen vom 1. Juni 1833 §§ 40. ff. und 21. Juli 1843 § 2.)

— **§ 18.** Siehe Rechtsgrundsätze 519. 721. (A. G. O. I. **18.** § 10.; Verordnung vom 21. Juli 1849 § 77.)

— **§ 16.** Appellations-Anmeldung durch Telegramm.

Rechtsgr. **705.** — III. Senat. 17. Juli 1868. (LXXI. 322.)

In Form telegraphischer Depeschen eingegangene Appellations-Anmeldungen sind für genügend zu erachten.

— **17.** Appellationsrechtfertigungsschrift:

A. Verlängerung der Appellations-Einführungsfrist nach Ablauf derselben.

Rechtsgr. **706.** — III. Senat. 30. März 1868. (LXXI. 105.)

Nach Ablauf der Appellations-Einführungsfrist ist eine Verlängerung derselben nicht statthaft.

B. Appellationsrechtfertigung durch Telegramm.

Rechtsgr. 707. — III. Senat. 17. Juli 1868. (LXXI. 322.)

Es genügt das Telegramm, welches seiner Natur nach höchstens als eine Abschrift der aufgegebenen Depesche erscheint, zur Feststellung einer legalen Appellations-Rechtfertigung nicht.

C. Frist, innerhalb welcher der das Rechtsmittel der Appellation einführende Rechtsanwalt den Auftrag hierzu nachzuweisen hat. — Vergl. Deklaration vom 6. April 1839 Art. 3. No. 2.

Rechtsgr. 708. — IV. Senat. 30. Oktober 1866. (LXV. 108.)

Der Grundsatz, daß das Rechtsmittel der Appellation für gewahrt anzusehen ist, wenn eine von einem Rechtsanwalt unterzeichnete Einführungsschrift Namens der Partei eingereicht ist, sofern der Rechtsanwalt, wenn auch nicht sofort, doch späterhin den Auftrag nachweist, erfordert nicht, daß der Nachweis der Bevollmächtigung innerhalb der Appellations-Einführungsfrist geschehen müsse.

D. Einreichung einer vom Mandatar des Appellanten nicht unterzeichneten Appellations-Rechtfertigungsschrift.

Rechtsgr. 709. — IV. Senat. 8. September 1868. (LXXII. 145.)

Hat der Appellations-Richter die von dem Mandatar des Appellanten rechtzeitig eingereichte, mit der Namensunterschrift jedoch nicht versehene Appellations-Rechtfertigung angenommen und auf Grund dessen das weitere Appellationsverfahren instruirt, auch der Appellat, ohne den Mangel zu rügen, sich eingelassen, und der Mandatar des Appellanten im Termin zur mündlichen Verhandlung ohne Widerspruch des Appellaten erklärt,

daß die Appellations-Rechtfertigungsschrift von ihm abgefaßt und durch ein Versehen seines Schreibers vor der Unterschrift zum Gerichte befördert worden sei,

so ist der Formmangel der Appellations-Rechtfertigungsschrift als beseitigt anzusehen.

Siehe auch Rechtsgrundsatz 738. (Ferien-Ordnung vom 16. April 1850.)

— § 18. Antrag und Beschwerdepunkte in der Appellationsrechtfertigungsschrift:

A. Antrag in der Beschwerde über ein Erkenntniß.

Rechtsgr. 710. — I. Senat. 16. März 1868. (LXX. 197.)

Die Beschwerde über ein ergangenes Urtheil ist erst dann ganz vollständig, wenn dieselbe zugleich ergiebt, welche anderweitige Entscheidung verlangt wird, wobei es freilich gleichgültig bleibt, ob dazu das Wort Antrag gebraucht wird, oder eine andere Fassung, wenn diese nur jenes Verlangen der Parteien erkennen läßt.

B. Entbehrlichkeit eines auf die Beschwerdepunkte gestützten ausdrücklichen Antrages in der Appellations-Rechtfertigungsschrift; Nachtrag zur Appellations-Rechtfertigungsschrift.

Rechtsgr. 711. — IV. Senat. 9. Mai 1867. (LXVII. 194.)

a) Daß außer den Beschwerdepunkten die Appellations-Rechtfertigungsschrift noch einen denselben entsprechenden, speziell darnach formulirten Antrag enthalten müsse, bestimmt der § 18. der Prozeßverordnung vom 21. Juli 1846 nicht.

b) Ist, nach rechtzeitig angemeldeter Appellation eine Appellations-Rechtfertigungsschrift nicht, wohl aber innerhalb gesetzlicher Frist ein Schriftsatz, welcher sich als Nachtrag zur Appellations-Rechtfertigung bezeichnet, eingegangen, und enthält diese Schrift bestimmte Beschwerdepunkte, so ist das Rechtsmittel gewahrt.

— §§ 20. ff. Berücksichtigung der in schleunigen Sachen vom Appellaten vor dem Audienztermin zweiter Instanz eingereichten Entgegnung auf die Appellations-Rechtfertigungsschrift. — Vergl. § 27. dieser Verordnung; Verordnung vom 1. Juni 1833 §§ 44. 45. 49—53.

Rechtsgr. 712. — IV. Senat. 21. April 1868. (LXX. 305.)

In schleunigen Sachen ist die vor dem mündlichen Termin eingereichte Entgegnung auf die Appellations-

Rechtfertigungsschrift auch beim Ausbleiben des Appellaten in dem Termin zu berücksichtigen.

Siehe Rechtsgrundsätze 641. 643. 694. (Verordnungen vom 1. Juni 1833 § 43. und vom 21. Juli 1843 § 7.)

— § 27. Verfahren in schleunigen Sachen:

A. Verletzung einer wesentlichen Prozeßvorschrift im Falle der Nicht-Berücksichtigung der eingereichten Appellations-Beantwortung in schleunigen Sachen. — Vergl. Verordnung vom 1. Dezember 1833 § 5. No. 2.

Rechtsgr. 713. — IV. Senat. 21. April 1868. (LXX. 288.)

Hat der Appellations-Richter die von dem, im Audienztermin ausgebliebenen Appellaten vor dem Termin eingereichte Entgegnung auf die Appellations-Rechtfertigung nicht berücksichtigt, sondern gegen denselben Kontumazialverfahren eintreten lassen, so liegt eine Verletzung einer wesentlichen Prozeßvorschrift im Sinne des § 5. No. 2. der Verordnung vom 14. Dezember 1833 vor.*

B. Frist zur Erlangung der Rechtsmittel in schleunigen Sachen, welche in erster Instanz im ordentlichen Verfahren verhandelt worden sind.

Rechtsgr. 714. — IV. Senat. 12. Mai 1868. (LXXI. 169.)

Ist eine der in dem § 27. der Verordnung vom 21. Juli 1846 bezeichneten schleunigen Sachen in erster Instanz in dem ordentlichen Verfahren verhandelt worden, so ist für das Rechtsmittel der Appellation nicht die im § 27. a. a. O. bestimmte dreitägige Frist, sondern die ordentliche Rechtsmittelfrist maaßgebend.

Siehe auch Rechtsgrundsätze 712. 721. (§ 20. dieser Verordnung; Verordnung vom 21. Juli 1849 § 77.)

— § 30. Siehe Rechtsgrundsatz 531. (A. G. O. III. 5. § 27.)

— § 31. Siehe Rechtsgrundsätze 495. 496. (A. G. O. I. 10. §§ 91. ff 101.)

* Vergl. dagegen Rechtsgrundsätze Bd. 5. No. 1062b. S. 497.

— § 39. Siehe Rechtsgrundsatz 361. (Allg. Deutsches Handelsgesetzbuch Art. 47.)

1846, Juli 21. Gesetz No. 2742., betreffend den Bau und die Unterhaltung der Schul- und Küsterhäuser. (Ges.-Samml. S. 343.)

— §§ 2—6. Erweiterungsbau einer katholischen Pfarrschule zu Schulzwecken in Schlesien. — Vergl. A. L. R. II. 12. § 34.; Reglement vom 8. August 1750 § 11.; Reglement vom 18. Mai 1801 §§ 6. 13.

Rechtsgr. 715. — I. Senat. 29. Juni 1868. (LXXI. 275.)

Handelt es sich lediglich um den zu Schulzwecken unternommenen Erweiterungsbau einer katholischen Pfarrschule in Schlesien, so finden die Vorschriften der §§ 2—5. des Gesetzes vom 21. Juli 1846, betreffend den Bau und die Unterhaltung der Küsterhäuser, Anwendung.

1847, Juli 23. Gesetz über die Verhältnisse der Juden. (Ges.-Samml. S. 263.)

— §§ 1. 20. Ehegelöbniß unter Juden. — Vergl. Juden-Ordnung vom 28. Juni 1700 §§ 1. 3.; A. L. R. II. 1. §§ 75 ff.

Rechtsgr. 716. — I. Senat. 22. Juni 1868. (LXXI. 252.)

Durch das Gesetz über die Rechtsverhältnisse der Juden vom 23. Juli 1847 sind die jüdischen Ritualgesetze über die Form des bindenden Ehegelöbnisses nicht aufgehoben.

1847, Juli 26. Deklaration einiger Vorschriften des Allgem. Landrechts und der Gemeinheitstheilungsordnung vom 7. Juni 1821, betreffend das nutzbare Gemeindevermögen. (Ges.-Samml. S. 327.)

— § 3. Siehe Rechtsgrundsatz 319. (A. L. R. II. 6. § 72.)

1847, November 1. Feldpolizei-Ordnung für alle Landestheile, in denen das Allgem. Landrecht Gesetzeskraft hat, mit Ausschluß der Kreise Rees und Duisburg. (Ges.-Samml. S. 376.)

— §§ 5. 58. Klage auf Entrichtung des Pfandgeldes und Einrede dagegen.

Rechtsgr. 717. — III. Senat. 3. Februar 1868. (LXXI. 49.)

a) Die Klage auf Entrichtung des schuldigen Pfandgeldes ist keine Besitzstörungsklage, sondern verfolgt einen petitorischen Anspruch.

b) Gegen die Klage ist die Einrede durchgreifend, daß der verklagte Eigenthümer des betroffenen Viehs an dem Grund und Boden ein besseres Besitzrecht, als der Pfändende, oder das Eigenthumsrecht selbst habe.

1848, Dezember 5. Verfassungs-Urkunde für den Preußischen Staat. (Ges.-Samml. S. 375.)

— Art. **140**. Siehe Rechtsgrundsatz 230. (A. L. R. I. **21**. § 199.)

1848, Dezember 18. Verordnung No. 3078. betreffend die bäuerliche Erbfolge in der Provinz Westphalen. (Ges.-Samml. S. 425.)

— § **5**. Siehe Rechtsgrundsatz 4. (A. L. R. Publikations-Patent vom 5. Februar 1794 § 13.)

1849, Januar 2. Verordnung über die Aufhebung der Privatgerichtsbarkeit und des eximirten Gerichtsstandes, sowie über die anderweitige Organisation der Gerichte. (Ges.-Samml. S. 1.)

— § **35**. Beseitigung der gegen die Aktivlegitimation des Cedenten von dem Hypothekenrichter erhobenen Bedenken.

Rechtsgr. **718**. — III. Senat. 12. April 1867. (LXVI. 304.)

a) Die Verpflichtung des Cedenten eines Hypothekenkapitals darf durch Bedenken, welche der Hypothekenrichter ohne hinreichenden gesetzlichen Grund erhoben hat, nicht erschwert werden.

b) Hat der Hypothekenrichter Anstand genommen, über eine ihm bedenklich scheinende Frage durch Verfügung zu entscheiden, und dieselbe als eine solche bezeichnet, deren Entscheidung vor den Prozeßrichter gehöre, so muß, wenn hiernächst der Kläger mit seinem die Frage betreffenden Klageantrage in dritter Instanz abgewiesen wird, weil der Verklagte zu der verlangten Erklärung nicht verpflichtet sei, vorausgesetzt werden, daß der Hypothekenrichter in der Entscheidung Veranlassung finden werde, sein Bedenken aufzugeben.

1849, Juni 7. Königlich Sächsisches Gesetz über die kaufmännischen Anweisungen. (Ges.-Samml. für das Königreich Sachsen für 1849.)

— Siehe Rechtsgrundsätze 388. 427. (Allg. Deutsches Handelsgesetzbuch Art. 300.; Allg. Deutsche Wechsel-Ordnung Art. 7. 8.)

1849. Juli 21. Verordnung No. 3153. über das Verfahren in Civilprozessen in den Bezirken des Appellationsgerichts zu Greifswald und des Justizsenats zu Ehrenbreitstein. (Ges.-Samml. S. 307.)

— § 7. Aufforderung an den Rechtsanwalt des Verklagten, die vollständige Klagebeantwortung binnen vier Wochen unter dem gesetzlichen Präjudize einzureichen, als Verletzung einer wesentlichen Prozeßvorschrift. — Vergl. Verordnungen vom 1. Juni 1833 § 8., vom 14. Dezember 1833 § 5. No. 2., vom 21. Juli 1846 § 2., vom 21. Juli 1849 § 59., und vom 24. Juni 1867 §§ 6. 10. 12. 63.

Rechtsgr. 710. — V. Senat. 14. Januar 1868. (LXXI. 21.)

Soll nach Beseitigung der von dem Verklagten der Klage nach § 13. der Verordnung vom 21. Juli 1849 entgegengesetzten Einrede die Klage beantwortet werden, so liegt eine Verletzung einer wesentlichen Prozeßvorschrift vor, wenn nicht ein Termin zur Klagebeantwortung anberaumt, sondern der von dem Verklagten bevollmächtigte Rechtsanwalt zur Einreichung einer Klagebeantwortung unter dem gesetzlichen Präjudiz aufgefordert wird.

— §§ 11. 16. Siehe Rechtsgrundsatz 720. (§ 47. dieser Verordnung.)

— § 29. Siehe Rechtsgrundsatz 11. (A. L. R. Einl. § 83.)

— §§ 47. 48. Bedeutung des Grundsatzes: contumax non appellat; Appellation gegen Kontumazial-Erkenntnisse und Wirkungen einzelner Kontumazien; Anbringen neuer Thatsachen in zweiter Instanz; die Grundsätze: contumax non appellat und beneficium novorum als wesentliche Prozeßvorschriften überhaupt und in Wechselsachen, nach der Verordnung vom 21. Juli 1849. — Vergl. §§ 11. 16. 77. dieser Verordnung.

Rechtsgr. 720. — IV. Senat. 10. Oktober 1867. (LXIX. 33.)

a) Der Grundsatz: contumax non appellat hat nur die Bedeutung, daß die Appellation gegen die eigentlichen Kontumazial-Erkenntnisse nur wegen der, aus den festgestellten Thatsachen hergeleiteten Folgen, nicht gegen die Thatsache selbst, gerichtet werden kann.

In Ansehung einzelner Kontumazien, damit verbundener Präklusionen und fingirter Geständnisse beschränkt sich die Folge der Kontumazie auf die erste Instanz, in welcher sie vorgekommen ist.

Für die zweite Instanz ist das neue Vorbringen ohne Beschränkung, also auch das Bestreiten der vom ersten Richter in Kontumaziam für thatsächlich begründet erachteten Einreden, gestattet.

b) Die Grundsätze: contumax non appellat sowie des beneficium neuen Vorbringens in zweiter Instanz sind als wesentliche Prozeßvorschriften anzusehen.

c) Dies gilt auch für Wechselsachen.

— § 50. Siehe Rechtsgrundsatz 641. (Verordnung vom 1. Juni 1833 § 43.)

— § 59. Siehe Rechtsgrundsatz 719. (§ 7. dieser Verordnung.)

— §§ 77. 80. Einwendungen in der Exekutions-Instanz gegen ein Wechsel-Erkenntniß. — Vergl. Exekutions-Verordnung vom 4. März 1834 § 6.; Verordnung vom 21. Juli 1846 §§ 13. 27.; Gesetz vom 24. Juni 1867 §§ 87. 101.

Rechtsgr. 721. — IV. Senat. 22. Oktober 1867. (LXVIII. 309.)

Wird in der Exekutions-Instanz gegen ein Wechsel-Erkenntniß vom Verklagten der Einwand des Vergleichs erhoben, so bleibt der Rechtsstreit eine Wechselsache, und wenn auch die Verhandlung über den Einwand in erster Instanz nicht in der Form des schleunigen Wechselprozesses stattgefunden hat, so greifen doch die für die zweite Instanz bezüglich dieses Verfahrens gegebenen Formen und Fristen Platz.

— § 85. Einwendungen in der Exekutions-Instanz. — Vergl. Exekutions-Verordnung vom 4. März 1834 § 6.

Rechtsgr. 722. — II. Senat. 14. März 1867. (LXVI. 279.)

Die Bestimmung des § 85. der Verordnung vom 21. Juli 1849 dahin lautend:

„In der Exekutions-Instanz können die Einreden der Zahlung, der Kompensation, des Erlasses und des

Vergleichs geltend gemacht werden. Dieselben hemmen aber nur dann die Exekution, wenn die Thatsachen, auf welche sie gegründet werden, sich erst zu einer Zeit ereignet haben, in welcher dieselben in dem, der Exekution vorhergegangenen Prozeßfahren nicht mehr angebracht werden konnten, und wenn dieselben sofort liquide gemacht werden können",

ist nur von denjenigen Einwendungen zu verstehen, welche die Existenz und Beschaffenheit des streitig gewesenen Rechts zum Gegenstande haben, und werden solche Einwendungen, welche in Frage stellen, ob das Recht des judikatmäßig Berechtigten durch neuere Ereignisse auf einen Anderen übergegangen ist, durch die angeführte Gesetzesstelle nicht betroffen, letztere Einwendungen sind nach den gemeinrechtlich geltenden Vorschriften für zulässig zu halten.

1850, Januar 31. Verfassungs-Urkunde No. 3212. für den Preußischen Staat. (Ges.-Samml. S. 17.)

— Art. **7**. Vorschriften über die Kompetenz der Gerichte als Rechtsgrundsätze. — Vergl. A. G. O. Einl. §§ 1. ff.

Rechtsgr. **723**. — IV. Senat. 27. September 1866. (LXVII. 1.)

Aus Art. 7. der Verfassungs-Urkunde vom 31. Januar 1850, daß Niemand seinem gesetzlichen Richter entzogen werden darf und Ausnahmegerichte sowie außerordentliche Kommissionen unstatthaft sind, folgt nicht, daß alle Vorschriften über die Kompetenz der Gerichte als Rechtsgrundsätze zu bezeichnen sind.

— Art. **15**. Verwaltung der Güter der Kirchenfabriken.

Rechtsgr. **724**. — V. Senat. 12. November 1867. (LXIX. 73.)

Der Art. 15. der Verfassungs-Urkunde vom 31. Januar 1850 ist nicht dahin aufzufassen, daß da, wo nach den bestehenden Gesetzen eine von der Kirche verschiedene juristische Person, die Kirchenfabrik, bis dahin gesetzliche

Vertreterin der betreffenden Rechte gewesen sei, an die Stelle dieser juristischen Person die Kirche treten und daß die gesetzliche Handlungsfähigkeit der Kirchenfabriken die Natur einer Angelegenheit der Kirche und zwar einer blos kirchlichen annehmen sollte.

Die Verwaltung der Güter der Kirchenfabriken steht keinesweges der Kirche allein zu, sondern geht wesentlich auch die Civilgemeinde und den Staat an.

— Art. **40**. Siehe Rechtsgrundsatz 746. (Gesetz vom 5. Juni 1852.)
— Art. **42**. Siehe Rechtsgrundsatz 230. (A. L. R. I. **21**. § 199.)

1850, März 2. Gesetz, betreffend die Ablösung der Reallasten und die Regulirung der gutsherrlichen und bäuerlichen Verhältnisse. (Ges.-Samml. S. 77.)

— § **2**. No. **1**. Einfluß des Gesetzes vom 2. März 1850, betreffend die Ablösung der Reallasten und die Regulirung der gutsherrlich-bäuerlichen Verhältnisse, auf die früher im Erbpachtvertrage übernommenen kontraktlichen Gegenleistungen. — Vergl. § 60. dieses Gesetzes, A. L. R. I. **5**. §§ 270. 271.

Rechtsgr. **725**. — II. Senat. 25. Juni 1867. (LXVII. 298.)

Auf das Fortbestehen der kontraktlich übernommenen Gegenleistungen hat die durch das Gesetz vom 2. März 1850, betreffend die Ablösung der Reallasten und die Regulirung der gutsherrlich-bäuerlichen Verhältnisse, stattgehabte Umwandelung des bestandenen nutzbaren Eigenthums und vollständigen Nutzungsrechts in volles Eigenthum keinen Einfluß.

Siehe auch Rechtsgrundsatz 746. (Gesetz vom 5. Juni 1852.)

— § **2**. No. **2**. Siehe Rechtsgrundsatz 206. (A. L. R. I. **18**. § 192.)
— § **3**. No. **2**. Siehe Rechtsgrundsatz 230. (A. L. R. I. **21**. § 199.)
— §§ **18**—**35**. Ablösung des Naturalfruchtzehnten.

Rechtsgr. **720**. — II. Senat. 28. Mai 1867. (LXVII. 252.)

Das Gesetz vom 2. März 1850 versteht unter Naturalfruchtzehnten nur solche Abgaben, die in einer Quote des jährlichen, daher wechselnden Ertrages des belasteten Grundstücks bestehen und deshalb selbst keine festen Abgaben sind.

— § 90. Siehe Rechtsgrundsatz 725. (§ 2. No. 1 dieses Gesetzes.)
— § 91. Nichtbegründung ablösbarer Lasten eines Grundstücks, welche nicht in festen Geldrenten bestehen, durch Verjährung.

Rechtsgr. 727. — II. Senat. 30. April 1867. (LXVII. 171.)

Der § 91. des Ablösegesetzes vom 2. März 1850, betreffend die Unzulässigkeit der Auferlegung neuer, der Ablösung unterworfenen Lasten eines Grundstücks, unterscheidet nicht zwischen Lasten, welche vertragsmäßig auferlegt werden, und solchen, welche durch Ersitzung entstehen.

1850, März 2. Gesetz No. 3452. über die Einrichtung der Rentenbanken. (Ges.-Samml. S. 112.)
— §§ 18. 23. 61—63. Rechtlicher Charakter der Kasse der Rentenbanken.

Rechtsgr. 728. — III. Senat. 26. November 1866. (LXV. 157.)

Die Kasse der Rentenbank ist keine Staatskasse.

1850, März 7. Jagdpolizeigesetz. (Ges.-Samml. S. 165.)
— § 1. Die Interessenten eines gemeinschaftlichen Jagdbezirks als vom Staate genehmigte Gesellschaft. — Vergl. A. L. R. II. 6. §§ 2. 11. 25. 26., 7. § 24.

Rechtsgr. 729. — II. Senat. 25. Juni 1867. (LXVII. 291.)

Den Interessenten eines gemeinschaftlichen Jagdbezirks wohnt nicht die Eigenschaft einer moralischen oder juristischen Person oder einer Korporation bei, vielmehr bilden dieselbe eine vom Staate ausdrücklich genehmigte oder privilegirte Gesellschaft.

— §§ 2. 3. 5. 6. Siehe Rechtsgrundsatz 731. (§ 9. dieses Gesetzes.)
— § 7. Feststellung der Höhe des Pachtzinses für die zeitpachtweise Uebernahme der Jagdausübung auf einer vom Walde umschlossenen Enklave Seitens des Besitzers des Waldes. — Vergl. A. L. R. I. 11. § 9.

Rechtsgr. 730. — II. Senat. 27. September 1866. (LXV. 22.)

Macht der Besitzer eines über dreitausend Morgen im Zusammenhange großen Waldes von dem Recht der zeitpachtweisen Uebernahme der Jagdausübung auf Enklaven Gebrauch, so kommen bei Festsetzung der für die Jagdausübung zu gewährenden Entschädigung nicht die Grundsätze über die Expropriation rücksichtlich des außerordentlichen Werthes der Sache in Anwendung.

— §§ 9. ff. Verhältniß der Jagdgemeinde zur politischen Gemeinde:

A. Jagdbezirk und Gemeindebezirk. — Vergl. §§ 2. 3. 5—7. dieses Gesetzes.

Rechtsgr. 731. — II. Senat. 25. Juni 1867. (LXVII. 290.)

Im Jagdpolizeigesetz vom 7. März 1850 ist nicht vorgeschrieben, daß der Jagdbezirk mit dem Gemeindebezirk identisch sein solle oder müsse, vielmehr werden die Dimensionen des Jagdbezirkes durch selbstständige der Konstruirung eines Gemeindebezirkes fremde Bedingungen geregelt.

B. Gemeindebehörde nach § 9. des Jagdpolizeigesetzes und § 23. der Landgemeinde-Ordnung für die Provinz Westphalen. — Vergl. Landgemeinde-Ordnung für Westphalen vom 19. März 1856 §§ 4. 23. 24. 38. 41. 46. ff. 65. 71 72. 74 75 80.

Rechtsgr. 732. — II. Senat. 27. Juni 1867. (LXVII. 305.)

Als die im § 9. des Jagdpolizeigesetzes vom 7. März 1850 bezeichnete Gemeindebehörde ist in Gemäßheit des § 23. der Landgemeinde-Ordnung für die Provinz Westphalen vom 19. März 1856 der Gemeindevorsteher zu betrachten.

C. Gemeindebehörde im Sinne des § 9. dieses Gesetzes. — Vergl. A. L. R. II. 7. §§ 46. 56—71.

Rechtsgr. 733. — II. Senat. 12. Dezember 1867. (LXIX. 213.)

Als Gemeindebehörde im Sinne des § 9. des Jagdpolizeigesetzes vom 7. März 1850 sind der Schulze und die Gerichtsmänner anzusehen.

D. Gemeindebehörde als Vertreterin der Besitzer der einen Jagdbezirk bildenden Grundstücke.

Rechtsgr. 734. — II. Senat. 25. Juni 1867. (LXVII. 291.)

Der Gemeindebehörde als Behörde ist durch Gesetz, neben ihrer Funktion als Vertreterin der politischen Gemeinde, die Vertretung der Besitzer der, einen Jagdbezirk bildenden Grundstücke in allen Jagdangelegenheiten unter den im Gesetze enthaltenen besondern Bestimmungen aufgetragen.

Was die Gemeindebehörde in ihrer Eigenschaften als Vertreterin der Interessenten eines Jagdbezirks vorgenommen hat, dafür kann die politische Gemeinde nicht aus dem Grunde verantwortlich gemacht werden, weil dieselbe Behörde auch ihr Vorstand ist.

E. Jagd und deren Ausübung im Verhältniß zu den Vermögensangelegenheiten der Gemeindekorporation.

Rechtsgr. 735. — II. Senat. 25. Juni 1867. (LXVII. 291.)

Die Jagd und deren Ausübung ist nicht als eine Vermögensangelegenheit der Gemeindekorporation anzusehen und zu behandeln.

F. Jagdeinnahme im Verhältniß zu den Intraden der Gemeindekasse.

Rechtsgr. 736. — II. Senat. 25. Juni 1867. (LXVII. 291.)

Die Jagdeinnahmen bilden keine Intrade der Gemeindekasse für die politische Gemeinde, sondern eine den zum Jagdbezirke vereinigten Grundbesitzern gehörige durchlaufende Post.

— § 10. Rechtsweg bei Streitigkeiten über Rechtsbeständigkeit von Jagdpachtverträgen. — Vergl. A. G. O. Einl. § 1.

Rechtsgr. 737. — II. Senat 12. Dezember 1867. (LXIX. 213.)

Bei Streitigkeiten über die Rechtsbeständigkeit von

Jagdpachtsverträgen, welche von Gemeindebehörden mit dritten Personen abgeschlossen worden sind, ist der Rechtsweg zulässig.

1850, März 11. Gesetz No. 3245., betreffend die Aufhebung der Circular-Verordnung vom 20. Februar 1799, wegen Bestrafung der Diebstähle und ähnlicher Verbrechen und die Abänderung der Injurienstrafen. (Ges.-Samml. S. 174.)

— **§ 6**. Siehe Rechtsgrundsatz 509. (A. G. O. **I. 13. §** 28.)

1850, April 16. Ferien-Ordnung. (Justiz-Ministerialblatt S. 129.)

— Berechnung der Prozeßfristen während der Erndteferien. — Vergl. A. L. R. I. **3**. § 47; Verordnung vom 14. Dezember 1833 § 5. No. 3.; Deklaration vom 6. April 1839 Art. 3. No. 2.; Verordnung vom 21. Juli 1846 § 17.

Rechtsgr. **738**. — I. Senat. 17. September 1866. (**LXVI.** 78.)

Die Fristen zur Einführung und Rechtfertigung der eingelegten Rechtsmittel, sowie zu deren Beantwortung, deren Endpunkt in die durch die Ferien-Ordnung vom 16. April 1850 eingeführten Erndteferien fallen würden, laufen in nicht schleunigen Prozeßsachen erst mit dem Ende des 1. September ab, wenn auch auf ihre Verlängerung nicht ausdrücklich angetragen ist; und kommt für den Ablauf der Frist noch der ganze 1. September zu Gute.

1851, April 26. Gesetz, betreffend die Zusätze zu der Verordnung vom 2. Januar 1849 über die Aufhebung der Privatgerichtsbarkeit und des eximirten Gerichtsstandes, sowie über die anderweitige Organisation der Gerichte. (Ges.-Samml. S. 181.)

— Art. **2**. No. **3**. **4**. Dinglicher Gerichtsstand bei Besitzstörungsklagen gegen die Bau-Unternehmer der Deich-, Bewässerungs-, Meliorations-, Chausseebau- und Eisenbahngesellschaften.

Rechtsgr. **739**. — III. Senat. 23. Oktober 1868. (**LXXII.** 316.)

Haben die im Art. 2. No. 3. 4. des Gesetzes vom 26. April 1851 gedachten Deich-, Bewässerungs-, Meliorations-, Chausseebau- und Eisenbahngesellschaften die

Herstellung der Anlagen, zu deren Ausführung ihnen das Expropriationsrecht verliehen worden, ganz oder theilweise einem Unternehmer in Entreprise gegeben, so ist dieser, sofern er bei Herstellung der Anlagen Besitzstörungen vornimmt, auch dem dinglichen Gerichtsstand unterworfen.

1851, Mai 10. Gesetz über den Ansatz und die Erhebung der Gerichtskosten. (Ges.-Samml. S. 622.)

— §§ **1**. ff. **13**. Siehe Rechtsgrundsätze 340. 341. 342. (A. L. R. II. **14**. § 78.)

1851, Mai 12. Gesetz No. 3391. über die Verhältnisse der Miteigenthümer eines Bergwerks für den ganzen Umfang der Monarchie mit Ausnahme der auf dem linken Rhein-Ufer belegenen Landestheile. (Ges.-Samml. S. 265.)

— §§ **1**. **4**. Kenntniß der Gewerkschaft von einer Thatsache. — Vergl. Berggesetz vom 24. Juni 1865 §§ 94. 111.

Rechtsgr. **740**. — **IV**. Senat. 4. Juni 1867. (**LXIX**. 12.)

Von einer Wissenschaft der Gewerkschaft kann nur dann die Rede sein, wenn der Gegenstand, um dessen Kenntniß es sich handelt, den einzelnen Gewerken selbst bekannt geworden oder in der Gewerken-Versammlung zum Vortrage gekommen ist.

Siehe auch Rechtsgrundsatz 742. (§ 18. dieses Gesetzes.)

— § **8**. Siehe Rechtsgrundsatz 450. (Berggesetz vom 24. Juni 1865 § 114.)

— §§ **15**. **18**. Begriff der äußeren Rechte und Verpflichtungen im § 15. des Gesetzes vom 12. Mai 1851.

Rechtsgr. **741**. — **III**. Senat. 10. September 1866. (**LXVI**. 71.)

Wenn der § 15. des Gesetzes vom 12. Mai 1851 über die Verhältnisse der Miteigenthümer eines Bergwerks den Vertreter eines Grubenvorstandes als dasjenige Mitglied desselben bezeichnet,

welches den Vorstand bei Ausübung seiner äußern Rechte und Verpflichtungen vertritt,

so sind darunter diejenigen nach § 18. a. a. O. dem

Repräsentanten oder Grubenvorstande obliegenden Geschäfte begriffen, welche die Vertretung der Gewerkschaft in ihren Rechten und Verpflichtungen gegen Dritte zum Gegenstande haben, also namentlich nach § 18. No. 1. die Verhandlungen mit andern Gewerkschaften ꝛc., die Abgabe rechtsgültiger Erklärungen und die Abschließung von Verträgen über die Bewahrung, Sicherstellung, Verwaltung und Benutzung des gemeinschaftlichen Eigenthums, sofern nicht der § 19. a. a. O. eine Beschränkung begründet.

— **§ 18.** Grubenvorstand in seiner Verantwortlichkeit den einzelnen Gewerken gegenüber. — Vergl. A. L. R. I. **5.** § 270., **17.** § 169., II. **10.** §§ 128 268.; Gesetz vom 12. Mai 1851 § 1.

Rechtsgr. **342.** — III. Senat. 4. Februar 1867. (LXV. 266.)

Der Grubenvorstand ist nach den Vorschriften vom Vollmachtsauftrage verpflichtet, seinem Machtgeber, d. h. der Gewerkschaft, über die Ausführung des ertheilten Auftrages Rechenschaft abzulegen, nicht aber dem einzelnen Gewerken, und dieser kann mithin auch nicht für befugt erachtet werden, von den Mitgliedern des Grubenvorstandes, die innerhalb der Grenzen ihres Auftrages eine Vollmacht zur Anstellung eines Prozesses ausgestellt haben, einen Nachweis darüber zu verlangen, daß die Anstellung des Prozesses auf einem ordnungsmäßigen Beschlusse des Vorstandes beruhe. Glaubt der einzelne Gewerke, gegen das Verfahren des Grubenvorstandes erhebliche Bedenken erheben zu können, so hat er dieselben in der Generalversammlung geltend zu machen und darauf zu dringen, daß diese die erforderliche Rechenschaft vom Vorstande erfordert; für seine Person ist er dazu nicht befugt.

1851, Mai 12. Gesetz No. 3452. über den Ansatz und die Erhebung der Gebühren der Rechtsanwalte. (Ges.-Samml. S. 656.)

— **§§ 4. 5.** Beschwerde über den Ansatz der Gebühren eines Rechts-Anwalts und Klage auf Rückzahlung zu viel gezahlter Gebühren.

Rechtsgr. 323. — IV. Senat 2. Oktober 1866. (LXV. 27.)

Ist über den Ansatz der Gebühren eines Rechtsanwalts Seitens der Partei Beschwerde erhoben, so ist die Erledigung derselben abzuwarten, bevor auf Rückzahlung der angeblich überhobenen Gebühren Klage erhoben werden kann.

Siehe auch Rechtsgrundsatz 532. (A G O. III. 7 § 1.)

— Tarif §. 29. Gebührenforderung des Rechtsanwalts im Falle des § 29. des Tarifs zum Gesetz vom 12. Mai 1851, betreffend den Ansatz und die Erhebung der Gebühren der Rechtsanwalte, namentlich bei ertheilter Generalvollmacht.

Rechtsgr. 344. — IV. Senat 28. Januar 1868. (LXX. 28.)

Im § 29. des Tarifs zum Gesetz, betreffend den Ansatz und die Erhebung der Gebühren der Rechtsanwalte, vom 12. Mai 1851:

„Ist dem Rechtsanwalt aber der Betrieb einer, mehrere derartige Geschäfte bedingenden Angelegenheit oder eines ganzen Inbegriffs von Geschäften übertragen, z. B. eine Nachlaß-Kuratel, Testaments-Vollstreckung, Güter- oder Häuser-Administration, oder ein Syndikat ꝛc., oder ist derselbe zum General-Bevollmächtigten oder sonst wie zu einer generellen Vertretung bestellt, so kann er nur im Mangel der Verabredung eines Honorars für seine Geschäftsführung, nach jenen Bestimmungen liquidiren",

drückt der Schlußpassus nur aus, daß eine solche Verabredung zulässig und für den Rechtsanwalt bindend ist, während demselben nicht die Befugniß ertheilt ist, bei der Nichtexistenz derselben für seine Geschäftsführung andere und höhere Sätze, wie die gesetzlich vorgeschriebenen, zu fordern.

1852, Mai 3. Gesetz No 3544, betreffend die Zusätze zu der Verordnung vom 3. Januar 1849 über die Einführung des mündlichen und öffentlichen Verfahrens mit Geschworenen in Untersuchungssachen. (Ges.-Samml. S. 209.)

— Art. 101. 103. Beweisaufnahme zweiter Instanz in Injuriensachen. Vergl. Verordnung vom 1. Juni 1833 §§ 26—28. 33. 34. 53.

Rechtsgr. 745. — Senat für Strafsachen, I. Abth. 12. Okt. 1866. (LXV. 37.)

Zur Vollständigkeit einer Beweisaufnahme in Injuriensachen, die im Wege des Civilprozesses verfolgt werden, gehört es nicht, daß die in zweiter Instanz kommissarisch aufgenommenen Zeugenvernehmungsprotokolle in dem demnächstigen Audienztermine verlesen werden; durch die maaßgebende Verordnung vom 1. Juni 1833 ist vielmehr nur angeordnet, daß die Beweisverhandlungen den Parteien abschriftlich mitgetheilt werden und daß bei der mündlichen Verhandlung die Sachlage durch ein Mitglied des Richter-Kollegiums vorgetragen und sodann den Parteien, respektive deren Sachwaltern, das Wort gestattet, somit Gelegenheit gewährt wird, sich auch über den Inhalt der Beweisverhandlungen zu äußern.

1852, Juni 5. Gesetz, betreffend die Abänderung der Art. 40. und 41. der Verfassungs-Urkunde vom 31. Januar 1850. (Ges.-Samml. S. 319.)

— Bedeutung von Lehen und allodifizirten Lehen. — Vergl. Gesetz vom vom 2. März 1850 § 2. No. 1.; Verfassungs-Urkunde vom 31. Januar 1850 Art. 40.

Rechtsgr. 746. — I. Senat. 26. November 1866. (LXVI. 197.)

Der gewöhnliche Sprachgebrauch und die neueste Gesetzgebung hat für die „allodifizirten Lehen“ die Bezeichnung „Lehne“ schlechtweg beibehalten; und wenn nach der allgemeinen Aufhebung des Lehns-Obereigenthums durch das Gesetz vom 2. März 1850 der Art. 40. der Verfassungs-Urkunde, laut des Gesetzes vom 5. Juni 1852, die Fassung erhalten hat:

> Der in Bezug auf die vorhandenen Lehne noch bestehende Lehnsverband soll durch die gesetzliche Anordnung aufgelöst werden,

so begreifen diese vorhandenen Lehne eben die durch die

früheren Assekurationen und im Jahre 1850 hinsichtlich des Lehnsherrn bereits allodifizirten Güter.

1852, Juli 21. Gesetz No. 3609., betreffend die Dienstvergehen der nicht richterlichen Beamten, die Versetzung derselben auf eine andere Stelle oder in den Ruhestand. (Ges. Samml. S. 465.)

— §§ 1. 23. Begriff der auf Lebenszeit angestellten nicht richterlichen Beamten. — Vergl. A. L. R. II. 10. 68. 69.

Rechtsgr. 747. — I. Senat. 7. September 1868. (LXII. 132.)

Als auf Lebenszeit angestellte Beamte sind alle diejenigen nicht richterlichen, im unmittelbaren oder mittelbaren Staatsdienst stehenden Beamten anzusehen, welche, im Gegensatz zu den auf Probe, auf Kündigung oder sonst auf Widerruf angestellten, ohne ein förmliches Disciplinarverfahren nicht entlassen werden können, und zwar ohne Unterschied, ob ihr Diensteinkommen in festem Gehalt, festen Dienst-Emolumenten, oder in fixirten Diäten besteht.

1853, April 7. Reglement über die Verpflegung der Truppen im Frieden. (Berlin, 1853.)

— § 88. Gesetzlicher Charakter des Verpflegungs-Reglements vom 7. April 53.

Rechtsgr. 748. — I. Senat. 3. Oktober 1866. (LXVI. 109.)

Das Verpflegungs-Reglement vom 7. April ist nicht blos eine Instruktion administrativer Natur, sondern enthält, und dies insbesondere der § 88. des Verpflegungs-Reglements-, Bestimmungen, welchen die Kraft und Bedeutung gesetzlicher Vorschriften beizulegen ist.

1853, Mai 17 Gesetz, betreffend den Geschäftsbetrieb der Versicherungs-Gesellschaften. (Ges.-Samml. S. 293.)

— § 1. Siehe Rechtsgrundsatz 535. (Konkurs-Ordnung § 49.)

1853, Mai 24. Gesetz No. 3757. zur Ergänzung des Gesetzes vom 2. März 1850, betreffend die Zerstückelung von Grundstücken. (Ges.-Samml. S. 241.)

— § 3. Siehe Rechtsgrundsatz 31. (A. L. R. I. 5. § 165.)

— § 5. Auslegung der Ausnahmebestimmungen dieses Paragraphen.

Rechtsgr. 749. — III. Senat. 2. März 1868. (LXX. 116.)

Der § 5. des Gesetzes vom 24. Mai 1853 zur Ergänzung des Gesetzes vom 3. Januar 1845, betreffend die Zerstückelung von Grundstücken und die Gründung neuer Ansiedelungen, ist strikt zu inpretiren.

— § 5. No. 4. Abtretung einer Grundstücksparzelle an die Tochter und den Schwiegersohn.

Rechtsgr. 750. — III. Senat. 2. März 1868. (LXX. 116.)

Die Abtretung einer Grundstücksparzelle an eine Tochter und den Schwiegersohn ist keine Ueberlassung im Sinne der Ausnahmebestimmung des § 5. No. 4. des Gesetzes vom 24. Mai 1853.

1853, Mai 24. Gesetz No. 3804., betreffend einige Abänderungen der Hypotheken-Ordnung vom 20. Dezember 1783. (Ges.-Samml. S. 521.)

— § 14. No. 1. Abänderung der in der hypothekarischen Schuldverschreibung getroffenen Bestimmungen über Fälligkeit und Zahlbarkeit des Kapitals. — Vergl. A. L. R. I. 20. § 423.; Hypotheken-Ordnung II. §§ 156. 157.; Hypotheken-Novelle vom 24. Mai 1853 § 29.; Instruktion vom 3. August 1853 Art. 8. No. 2.

Rechtsgr. 751. — III. Senat. 14. Februar 1868. (LXIX. 337.)

Auch die erst nach der Eintragung des Hypothekenkapitals verabredeten Nebenbestimmungen über die Zahlung des Hypothekenkapitals bedürfen keiner Eintragung.

Ist in der hypothekarisch versicherten Schuldverschreibung über die Fälligkeit und Zahlbarkeit des Kapitals Bestimmung getroffen, so ist es Sache des Schuldners, daß spätere Abänderungen auch aus dem Dokumente irgendwie ersichtlich werden, falls er davon gegen den dritten Inhaber der Hypothekenforderung Gebrauch machen will.

— § 15. Einwendungen des Hypothekenschuldners mit Rücksicht auf § 15. der Hypotheken-Novelle. — Vergl. A. L. R. I. 20. §§ 423 ff.; Instruktion vom 3. August 1853 Art. 8b. Alin. 2.

Rechtsgr. **752**. — **III.** Senat. 18. Oktober 1867. (**LXVIII.** 271.)

Der § 15. der Hypotheken-Novelle vom 24. Mai 1853 bezieht sich nur auf die Legitimation des Auktors und schneidet nicht die sonstigen Einwendungen gegen den Titel des ersten eingetragenen Gläubigers und seiner Nachfolger ab.

— § **43**. Wirkung der nach Ablauf von sechs Monaten im Hypothekenbuch ungelöscht gebliebenen Protestation. — Vergl. A. L. R. **I. 11.** § 738., **20**. § 425.

Rechtsgr. **753**. — **III.** Senat. 5. Oktober 1866. (**LXV.** 37.)

Ist die richtig eingetragene Protestation wegen nicht erhaltener Valuta nach Verlauf von sechs Monaten ungelöscht im Hypothekenbuch stehen geblieben, so hat sie damit auch die Kraft behalten, die Beweiskraft der Schuld-Urkunde zu suspendiren.

1853, Mai 30. Städte-Ordnung für die sechs östlichen Provinzen der Preußischen Monarchie. (Ges.-Samml. S. 261.)

— § **2**. No. **7**. Ausschließung des Rechtsweges gegen die Entscheidung des Ministers des Innern bei Zerlegung von Gemeinden.

Rechtsgr. **754**. — **IV.** Senat. 19. September 1867. (**LXVIII.** 165.)

Die bei Abtrennung einzelner bisher zu einer Gemeinde gehörigen Grundstücke und deren Vereinigung mit einem angrenzenden Stadtbezirk, der Auflösung der erstern Gemeinde in ihrem früheren Bestande und der Ueberweisung eines Theiles ihres Vermögens an eine andere Gemeinde selbst gegen den Willen der Betheiligten im § 2. Abs. 7. der Städte-Ordnung vom 30. Mai 1853 in Entstehung einer gütlichen Einigung dem Minister des Innern übertragene Entscheidung ist eine definitive, gegen welche der Rechtsweg nicht stattfindet.

— §§ **4**. **56**. Siehe Rechtsgrundsatz 320. (A. L. R. **II. 7**. § 37.)

1853, August 3. Instruktion zum Gesetz vom 24. Mai 1853, betreffend einige Abänderungen der Hypotheken-Ordnung vom 20. Dezember 1783. (Justiz-Ministerial-Blatt S. 273.)

— Art. 8 Siehe Rechtsgrundsätze 751. 752. (Hypotheken-Novelle vom 24. Mai 1853 § 14. No. 1. § 15.)

1854, April 24. Gesetz No. 3993., betreffend die Abänderungen des Abschnitts 11. II. 1. und des Abschnitts 9. II. 2. des Allg. Landrechts. (Ges.-Samml. S. 193.)

— § 2. Begriff der Schwängerung; Absonderung einer aller menschlichen Bildung entbehrenden Masse.

Rechtsgr. 755. — I. Senat. 3. Mai 1867. (LXVII. 186.)

Eine von ihrem Verlobten geschwächte Frauensperson kann aus der Absonderung einer aller menschlichen Bildung entbehrenden Masse, sogenannten Mole, nicht die Rechte einer geschwängerten Frauensperson herleiten.

— § 9. Verheirathete Frauenzimmer im Sinne des § 9. des Gesetzes vom 24. April 1854.

Rechtsgr. 756. — I. Senat. 15. Oktober 1866. (LXVI. 114.)

Unter „verheiratheten Frauenspersonen" im Sinne des § 9. des Gesetzes vom 24. April 1854 sind nur solche, die in der Konzeptionszeit verheirathet waren, zu verstehen.

— § 9. No. 2. Begriff der geschlechtlichen Bescholtenheit.

Rechtsgr. 757. — I. Senat. 25. Mai 1868. (LXXI. 190.)

Der § 9. No. 2. des Gesetzes vom 24. April 1854 verlangt zum Begriff der Bescholtenheit nicht, daß frühere Beischlafsvollziehungen mit anderen Männern festgestellt werden.

— § 9. No. 2. Litt. c. Beweislast im Falle des § 9. No. 2. Litt. c. des Gesetzes vom 24. April 1854.

Rechtsgr. 758. — I. Senat. 17. April 1868. (LXXI. 117.)

Der Beweis der Negative, daß die Klägerin, welche bereits früher einmal außerehelich geboren hat, damals nicht von dem Verklagten, welcher als der Vater des zweiten Kindes in Anspruch genommen wird, geschwängert worden sei, liegt nicht dem Verklagten ob, vielmehr hat die Klägerin zu beweisen, daß der Verklagte es gewesen sei, welcher sie schon früher geschwängert habe.

— **§ 10**. Bedeutung von Fehlgeburt im § 10. dieses Gesetzes. — Vergl. § 15. dieses Gesetzes; A. L. R. II. **1**. §§ 1062. 1063. 1083.

Rechtsgr. **759**. — I. Senat. 3. Mai 1867. (LXVII. 185.)

Unter Fehlgeburt (abortus) im Sinne des § 10. des Gesetzes vom 24. April 1854 ist die Geburt einer nicht lebensfähigen Leibesfrucht, d. h. eines noch nicht zur Reife gediehenen Kindes, zu verstehen.

Als deren Erzeuger kann der angebliche Schwängerer nur auf dem im § 15. a. a. O. angegebenen Wege ermittelt und solchergestalt zur Entschädigung der Geschwängerten verpflichtet werden.

— §§ **12**. ff. Klage aus der nützlichen Verwendung gegen den Alimentationspflichtigen nach dem Gesetze vom 24. April 1854; Absicht, wohlthätig zu sein, und Versionsklagen.

Rechtsgr. **760**. — IV. Senat. 13. Dezember 1866. (LXV. 193.)

Das Gesetz vom 24. April 1854, betreffend die Abänderung des Abschnittes 11. II. 1. und des Abschnittes 9. II. 2. des Allgem. Landrechts, bezeichnet das Klagerecht der außerehelichen Mutter und des Kindes nicht in der Weise als ein an deren Person geknüpftes, daß deshalb ein Dritter, welcher das Kind alimentirt hat, nicht aus der nützlichen Verwendung gegen dessen Erzeuger klagen dürfte, sondern es hat lediglich den Effekt, daß da, wo gesetzlich die Alimentationspflicht des in Anspruch Genommenen fortfällt, auch die Versionsklage cessirt.

Siehe auch Rechtsgrundsätze 307b. 498. 542. (A. L. R. II. **2**. § 612.; A. G. O. I. **10**. § 129.; Konkurs-Ordnung vom 8. Mai 1855 § 197.)

— **§ 13**. No. **2**. Siehe Rechtsgrundsatz 498. (A. G. O. I. **10**. § 129.)

— § 15. Siehe Rechtsgrundsatz 750. (§ 10 dieses Gesetzes.)
— § 18. Siehe Rechtsgrundsatz 307b. (A. L. R. II. 2. § 612.)

1854, Mai 11. Instruktion für die Dorfgerichte. (Justiz-Ministerial-Blatt S. 306.)
— §§ 8. ff. 10. Siehe Rechtsgrundsatz 321. (A. L. R. II. 7. §§ 79 ff.)

1854, Oktober 9. Allerhöchster Erlaß, betreffend die Vertretung der vormals reichsmittelbaren deutschen Fürsten und Grafen in Prozessen. (Ges.-Samml. S. 540.)
— Siehe Rechtsgrundsatz 697. (Kabinets-Order vom 3. Januar 1845.)

1855, Mai 9. Gesetz No. 4228., betreffend die Befugniß der Gläubiger zur Anfechtung von Rechtshandlungen zahlungsunfähiger Schuldner außerhalb des Konkurses für die Landestheile, in welchen das Allg. Landrecht und die Allg. Gerichts-Ordnung Gesetzeskraft haben. (Ges.-Samml. S. 429.)
— § 1. Siehe Rechtsgrundsatz 772. (§ 16. dieses Gesetzes.)
— §§ 2. ff. Beweis und Gegenbeweis der Vermögensunzulänglichkeit des Schuldners nach dem Anfechtungsgesetz vom 9. Mai 1855. — Vergl. § 17. dieses Gesetzes.

Rechtsgr. 761. — IV. Senat. 17. Oktober 1866. (LXV. 30.)

a) Aus § 2. des Anfechtungsgesetzes vom 9. Mai 1855 folgt nicht, daß der Gläubiger, um eine ihm nachtheilige Rechtshandlung seines Schuldners anfechten zu können, für dessen Vermögensunzulänglichkeit im Sinne der Vorschriften der Allgem. Gerichts-Ordnung einen vollständigen Beweis führen und den dagegen vom Verklagten angetretenen Gegenbeweis entkräften soll; sondern nur, daß der Gläubiger verpflichtet ist, in Gemäßheit des § 3. des erwähnten Gesetzes Thatsachen darzuthun, aus welchen der Richter entweder in den dort besonders hervorgehobenen Fällen oder sonst nach § 17. a. a. O. auf die Vermögensunzulänglichkeit schließen kann. Hat er also dieselbe in dieser Weise nachgewiesen, so hat er auch die Befugniß erlangt, die Rechtshandlung seines Schuldners anzufechten, und kann ihm diese nicht dadurch wieder vereitelt werden, daß hinterher ein Gegenbeweis zur Widerlegung der einmal in der angegebenen Art festgestellten Vermuthung der Vermögensunzulänglichkeit versucht wird.

b) Ein Gegenbeweis kann nur auf die zum Nachweise der Vermögensunzulänglichkeit von dem Gläubiger behaupteten Thatsachen selbst gerichtet und im Falle des § 3. No. 1. a. a. O. nur bei der Exekutionsvollstreckung selbst geführt werden.

— § 3. No. 1. Vermögensunzulänglichkeit des Exequenden im Falle des § 3. No. 1. dieses Gesetzes; Immobiliarvermögen.

Rechtsgr. 763. — IV. Senat. 2. April 1868. (LXX. 281.)

Die Bestimmung des § 3. No. 1. des Anfechtungsgesetzes vom 9. Mai 1855, betreffend die von dritten Personen in Anspruch genommenen Sachen, findet auch auf das Immobiliarvermögen Anwendung.

— § 4. No. 4. Vermögensunzulänglichkeit des Exequenden im Falle des § 4. No. 4.; Immobiliarvermögen.

Rechtsgr. 763. — IV. Senat. 2. April 1868. (LXX. 281.)

a) Die Bestimmung des § 4. No. 4. des Anfechtungsgesetzes vom 9. Mai 1855, nach welcher, bevor eine Vermögens-Unzulänglichkeit des Schuldners anzunehmen, der Gläubiger im Falle:

„wenn für seine Forderung eine Sache als Pfand oder Hypothek bestellt ist, welche sich **nicht mehr** im Eigenthum des Schuldners befindet, zuvörderst deren gerichtlichen Verkauf und die Vertheilung der Kaufgelder abwarten soll, sofern nicht der Ausfall der Forderung klar zu übersehen ist",

findet dann keine Anwendung, wenn die Eintragung der Forderung im Wege der Exekution auf solche Grundstücke und Vermögensobjekte des Schuldners erfolgte, „welche von Dritten in Anspruch genommen werden."

b) Der § 4. No. 4. des Anfechtungsgesetzes vom 9. Mai 1855 spricht nur von solchen Grundstücken, deren Verpfändung von dem Schuldner ausging, die sich daher zur Zeit dieser Verpfändung zweifelsfrei im Besitze des Exequenden befunden haben müssen.

— § 5. No. 2. Anfechtung einer Erbschaftsentsagung durch die Gläubiger des entsagenden Schuldners. — Vergl. A. L. R. I. 9. § 411.

Rechtsgr. 764. — III. Senat. 22. Februar 1867. (LXV. 341.)

Auch eine Erbschafts-Entsagung kann, falls die übrigen Voraussetzungen des Anfechtungsgesetzes vom 9. Mai 1855 vorliegen, auf Grund des § 5. No. 2. des gedachten Gesetzes von dem Gläubiger des entsagenden Schuldners angefochten werden.

— § 5. No. 3. Anfechtung von Veräußerungen unter einem lästigen Titel:

A. Anfechtung von Verpfändungen und Hypothekbestellungen.

Rechtsgr. 765. — IV. Senat. 23. Juni 1868. (LXXI. 268.)

Verpfändungen und Hypothekbestellungen gehören nicht zu den Veräußerungen unter einem lästigen Titel im Sinne des § 5. No. 3. des Gesetzes vom 9. Mai 1855.

B. Anfechtung einer Angabe an Zahlungsstatt auf Grund des § 5 No. 3. des Anfechtungsgesetzes vom 9. Mai 1855. — Vergl. Konkurs-Ordnung vom 9. Mai 1855 §§ 101. 102. No. 3.

Rechtsgr. 766. — IV. Senat. 25. September 1866. (LXVI. 92.)

Die Bestimmung des § 5 No. 3. des Anfechtungsgesetzes vom 9. Mai 1855 findet auf die Angabe an Zahlungsstatt keine Anwendung.

C. Anfechtung von Zeitpachtverträgen als Veräußerungen unter einem lästigen Titel.

Rechtsgr. 767. — IV. Senat. 22. September 1868. (LXXII. 200.)

Zeitpachtverträge gehören nicht zu den Veräußerungen

unter einem lästigen Titel des § 5. Nr. 3. des Anfechtungsgesetzes vom 9. Mai 1855.

— § 5. Alin. 2. Beweis durch Eideszuschiebung, daß der Erwerber zur Zeit der Veräußerung Seitens des zahlungsunfähigen Schuldners um die Absicht dieses letzteren, seine Gläubiger zu benachtheiligen, nicht gewußt habe. — Vergl. § 17. dieses Gesetzes.

Rechtsgr. 768. — IV. Senat. 20. Oktober 1868. (LXXII. 307.)

Bei Anfechtung der Rechtshandlungen zahlungsunfähiger Schuldner kann der Beweis, daß der Erwerber zur Zeit der Veräußerung um eine Absicht des Schuldners, seine Gläubiger durch die Veräußerung zu benachtheiligen, nicht gewußt habe, durch Eideszuschiebung geführt werde, ohne daß es der Angabe besonderer Umstände, aus denen das Beweisthema sich ergeben soll, bedarf.

— § 6. Siehe Rechtsgrundsatz 772. (§ 16. dieses Gesetzes.)

— § 7. No. 1. Nachweis der Simulation des zwischen dem Schuldner und dem Dritten geschlossenen Rechtsgeschäfts Seitens des Exekutionssuchers außerhalb des Gesetzes vom 9. Mai 1855.

Rechtsgr. 769. — IV. Senat. 26. März 1867. (LXVII. 131.)

Jeder Gläubiger, welchem bei der Exekutionsvollstreckung gegen seinen Schuldner ein Dritter, gestützt auf ein mit dem Schuldner geschlossenes Rechtsgeschäft, entgegentritt, ist unabhängig von dem Gesetze vom 9. Mai 1855 berechtigt, den Nachweis zu führen, daß das Rechtsgeschäft simulirt, also zur Uebertragung von Rechten nicht bestimmt gewesen sei und somit in den Eigenthumsverhältnissen seines Schuldners eine rechtliche Aenderung nicht hervorgebracht habe.

Siehe auch Rechtsgrundsatz 771. (§ 16. dieses Gesetzes.)

— § 9. Zeitpunkt der Entstehung der Forderung des Gläubigers, wegen welcher die Rechtshandlung eines zahlungsunfähigen Schuldners angefochten werden soll.

Rechtsgr. 770. — IV. Senat. 11. Juli 1868. (LXXII. 63.)

Der § 9. des Gesetzes vom 9. Mai 1855, betreffend die Befugniß der Gläubiger zur Anfechtung der Rechtshandlungen zahlungsunfähiger Schuldner außerhalb des Konkurses:

> Die Anfechtung ist unstatthaft, wenn die Rechtshandlung schon vor der Entstehung der Forderung des Gläubigers vorgenommen worden ist und es sich nicht um ein Scheingeschäft handelt,

setzt eine perfekte Forderung, nicht aber schon die Entstehung ihres Rechtsgrundes, als Bedingung für die Anfechtungsbefugniß voraus.

Siehe auch Rechtsgrundsätze 421. 425. (Allg. Deutsche Wechsel-Ordnung Art. 10. 18.)

— §§ 12—14. Siehe Rechtsgrundsatz 772. (§ 16. dieses Gesetzes.)

— § 10. Anfechtungs- und Rückforderungsrecht gegen den dritten Besitzer:

A. Anfechtungsklage gegen den nicht mehr im Besitze der veräußerten Sache befindlichen Erwerber. — Vergl. § 5. No. 3., § 7. dieses Gesetzes.

Rechtsgr. 771. — IV. Senat. 5. Februar 1867. (LXV. 274.)

a) Die Anfechtungsklage aus dem Gesetze vom 9. Mai 1855 kann, wenn durch sie eine neue Rechtshandlung angefochten wird, welche die Veräußerung einer Sache zum Gegenstande hat, nur gegen den Besitzer der Sache gerichtet werden.*

b) Das für den veräußerten Gegenstand in das Vermögen des ersten Erwerbers gelangte Surrogat darf mit der Anfechtungsklage als solcher nicht in Anspruch genommen werden.

B. Anfechtungsklage gegen den Erwerber und derzeitigen Besitzer der veräußerten Sache allein. — Vergl. §§ 1. 6. 12—14. dieses Gesetzes.

* Vergl. dagegen Rechtsgrundsätze Bd. 4. No. 1222. S. 534.

Rechtsgr. 772. — IV. Senat. 22. November 1866. (LXV. 150.)

Die allein gegen den Erwerber und derzeitigen Besitzer der veräußerten Sache im Falle des § 16. des Anfechtungsgesetzes vom 9. Mai 1855 gerichtete Anfechtungsklage ist an sich für zulässig zu erachten und kann nicht von vornherein deshalb zurückgewiesen werden, weil sie nicht zugleich gegen den Veräußerer gerichtet ist.

— **§ 16.** No. **2.** Anfechtungsklage gegen den Ehegatten, nahen Verwandten oder Verschwägerten des Schuldners als dritten Besitzer. — — Vergl. § 5. No. 3. dieses Gesetzes.

Rechtsgr. 773. — IV. Senat. 8. Oktober 1867. (LXVIII. 238.)

Der Fall des § 16. No. 2. des Gesetzes vom 9. Mai 1855 ist nur dann für vorliegend zu erachten, wenn zur Zeit des angefochtenen Vertrages die Ehe, nahe Verwandtschaft oder Schwägerschaft zwischen dem Schuldner und dem dritten Besitzer bereits bestand.

— **§ 17.** Siehe Rechtsgrundsätze 761. 768. (§§ 2. und 5. Alinea 2. dieses Gesetzes.)

1855, Mai 21. Gesetz No. 4224. über die Ergänzung der Gesetze vom 31. Dezember 1842 über die Verpflichtung zur Armenpflege und die Aufnahme neuanziehender Personen. (Ges.-Samml. S. 311.)

— **Art. 1.** Siehe Rechtsgrundsätze 682. 683. (Armenpflegegesetz vom 31. Dezember 1842 § 1.)

1856, März 19. Landgemeinde-Ordnung (No. 4401.) für die Provinz Westphalen. (Ges.-Samml. S. 265.)

— **§§ 4. 23. 24. 28. 38. 41.** ff. **65. 69. 71. 72. 74. 75. 80.** Siehe Rechtsgrundsatz 732. (Jagdpolizeigesetz vom 7. März 1850 § 9.)

1856, April 14. Gesetz No. 4414., betreffend die Landgemeinde-Verfassungen in den sechs östlichen Provinzen der Preußischen Monarchie. (Ges.-Samml. S. 359.)

— **§ 2. Rückwirkende Kraft dieser Gesetzesstelle; Vereinigung eines selbstständigen Gutsbezirks zu einem Gemeindeverbande.**

Rechtsgr. 774. — IV. Senat. 24. März 1868. (LXX. 240.)

Der § 2. des Gesetzes vom 14. April 1856 hat auf frühere Fälle rückwirkende Kraft.

Siehe auch Rechtsgrundsatz 319. (A. L. R. II. 6. § 72.)

— §§ 7. 9. 13. Stellung des Besitzers eines Ritterguts und Inhabers der polizeiobrigkeitlichen Gewalt als Nicht-Staatsbeamter; vereideter Stellvertreter des Inhabers der polizeiobrigkeitlichen Gewalt als öffentlicher Beamter. — Vergl. Verordnung vom 31. März 1838 § 2; Gesetz vom 24. April 1846; Instruktion vom 30. Juli 1856 Art. 10.

Rechtsgr. 775. — IV. Senat. 5. Februar 1867. (LXV. 280.)

Wenn auch die aus einem Staatshoheitsrechte abgeleitete, mit dem Besitze eines Ritterguts verbundene polizeiobrigkeitliche Gewalt von deren Inhabern nicht als ein unmittelbares oder mittelbares Staatsamt, der Natur ihres Rechtes nach, ausgeübt wird, so folgt daraus keineswegs, daß auch die Funktion des vereideten Stellvertreters dieses Charakters ermangele, da sie nicht, mindestens der Regel nach nicht, aus einem gewöhnlichen Mandatsverhältnisse herzuleiten ist, sondern die Verwaltung der Ortspolizei mittelst Stellvertreter durch das Gesetz zu einer besonderen selbstständigen Stellung erhoben ist, welcher alle wesentlichen Eigenschaften eines öffentlichen Amtes anhaften, wofern nicht im konkreten Falle besondere, einschränkende Verhältnisse nachgewiesen werden.

1856. Juni 4. Gesetz No. 4464., betreffend die Abschätzung von Landgütern zum Behufe der Pflichttheilsberechnung in der Provinz Westphalen. (Ges.-Samml. S. 550.)

— §§ 1. ff. 8. 9. Begrenzung der Anwendbarkeit des Gesetzes vom 4. Juni 1856, betreffend die Abschätzung von Landgütern zum Behufe der Pflichttheilsberechnung in der Provinz Westphalen. — Vergl. Münsterische Polizei-Ordnung vom 18. Januar 1592 Kap. 7. §§ 5. 19. 21.

Rechtsgr. 776. — I. Senat. 3. Dezember 1866. (LXVI. 204.)

a) Die Vorschriften der §§ 8. und 9. des Gesetzes

vom 4. Juni 1856, betreffend die Abschätzung von Landgütern zum Behufe der Pflichttheilsberechnung in der Provinz Westphalen, — nach welchen das Vormundschaftsgericht ermächtigt ist, eine unter den Theilungs-Interessenten der Verlassenschaft oder ehelichen Gütergemeinschaftsmasse abgeschlossene Auseinandersetzung zu genehmigen, durch welche das Gut entweder dem überlebenden Ehegatten oder einem der Erben ungetheilt gegen eine nach den Grundsätzen des § 3. dieses Gesetzes festgestellte Taxe mit billigen Zahlungsfristen übertragen wird, — enthalten lediglich eine Instruktion für das Vormundschaftsgericht und sind daher für die übrigen, dessen Obsorge nicht unterworfenen Interessenten nicht verbindend.

b) Auf den nach der Münsterischen ehelichen Gütergemeinschaft den Kindern des vor dem Erlasse des Gesetzes vom 4. Juni 1856 verstorbenen Ehegatten gebührenden Schichttheil (Erbtheil) erleidet dies Gesetz keine Rückanwendung.

1856, Juli 30. Ministerial-Instruktion zur Ausführung des Gesetzes vom 14. April 1856, betreffend die ländlichen Ortsobrigkeiten in den sechs östlichen Provinzen der Preußischen Monarchie. (Ministerialblatt für die innere Verwaltung S. 184.)

— Art. **10**. Siehe Rechtsgrundsatz 775. (Gesetz vom 14. April 1856 § 7.)

1857, Februar 16. Gesetz, betreffend die Einführung des Westpreußischen Provinzialrechts in die Stadt Danzig und deren Gebiet. (Ges.-Samml. S. 87.)

— Art. **11**. No. **6**. Ununterbrochene Gewohnheiten in dem Art. 11. No. 6. des Gesetzes vom 16. Februar 1857, betreffend die Einführung des Westpreußischen Provinzialrechts in die Stadt Danzig und deren Gebiet. — Vergl. A. L. R. Publikations-Patent vom 5. Februar 1794 §§ 4. 7., **II**. **11**. §§ 710. 720. 731.; Kabinets-Order vom 10. Dezember 1839.

Rechtsgr. **777**. — I. Senat. 11. September 1868. (**LXXII**. 151.)

Auch in Betreff der kirchlichen und Patronats-Verhältnisse in der Stadt Danzig und deren altem Gebiet sind unter den nach No. 6. des Art. 11. des Gesetzes vom 16. Februar 1857 in Kraft gebliebenen Gewohnheiten nicht blos die örtlichen Observanzen in nur einzelnen Parochien, sondern auch allgemeine Gewohnheiten des alten Gebiets der Stadt Danzig zu verstehen.

1859, November 4. Servis-Reglement.
— Gesetzlicher Charakter dieses Servis-Reglements.

Rechtsgr. **778**. — I. Senat. 3. Oktober 1866. (LXVI. 109.)

Das Servis-Reglement vom 4. November 1859 ist nicht blos eine Instruktion administrativer Natur, sondern enthält, und dies insbesondere der § 69. dieses Reglements, Bestimmungen, welchen die Kraft und die Bedeutung gesetzlicher Vorschriften beizulegen ist.

1860, April 16. Gesetz, betreffend das eheliche Güterrecht in der Provinz Westphalen und den Kreisen Rees, Essen und Duisburg. (Ges.-Samml. S. 165.)
— **§§ 3. 10.** Siehe Rechtsgrundsatz 277. (A. L. R. II. **1**. §§ 360. ff.)

1860, Mai 21. Gesetz, die Aufsicht der Bergbehörden über den Bergbau und das Verhältniß der Berg- und Hüttenarbeiter betreffend. (Ges.-Samml. S. 201.)
— **§ 1.** Abhängigkeit des Bergbaues von der Staatsgewalt; Direktionsprinzip und Schutz der Oberfläche im Interesse des Verkehrs. — Vergl. Gesetz vom 10. Juni 1861 § 9.

Rechtsgr. **779**. — III. Senat. 24. Februar 1868. (LXXI. 75.)

Die frühere Abhängigkeit des Bergbaues von der Staatsgewalt ist durch § 1. des Gesetzes vom 21. Mai 1860, betreffend die Aufsicht der Bergbehörden über den Bergbau und das Verhältniß der Berg- und Hüttenarbeiter, nur insofern eingeschränkt worden, als in ihm das sogenannte Direktionsprinzip aufgegeben worden, andererseits aber namentlich insoweit aufrecht erhalten worden, als zum Schutz der Oberfläche im Interesse des Verkehrs erforderlich ist.

1861, März 26. Deklaration, betreffend die Befugnisse des überlebenden Ehegatten nach der in den Fürstenthümern Paderborn und Minden, den Grafschaften Ravensberg und Rietberg, den Herrschaften Rheda und Gütersloh in dem vormaligen Amte Reckeberg geltenden Gütergemeinschaft, während der communio prorogata über das gütergemeinschaftliche Vermögen zu disponiren. (Ges.-Samml. S. 161.)

— Siehe Rechtsgrundsatz 596. (Dorf-Ordnung vom 7. Februar 1755 § 29.)

1861, Mai 21. Anweisung zu dem Gesetz vom 21. Mai 1861, betreffend die anderweite Regelung der Grundsteuer. (Ges.-Samml. S. 257.)

— §§ **14**. ff. Siehe Rechtsgrundsatz 318. (A. L. R. II. **6**. § 65.)

1861, Mai 24. Gesetz über die Erweiterung des Rechtsweges. (Ges.-Samml. S. 241.)

— §§ **9**. **10**. Siehe Rechtsgrundsatz 342. (A. L. R. II. **14**. § 78.)

— §§ **11**. ff. Rückforderungsklage, betreffend gezahlte Stempelbeträge:

A. Rechtliche Beurtheilung der Klage, betreffend die Nichtverpflichtung zur Entrichtung eines geforderten Stempels; Nachweis der Stempelpflichtigkeit Seitens des verklagten Fiskus.

Rechtsgr. **780**. — I. Senat. 3. September 1866. (LXVIII. 7.)

Ist gegen den Fiskus Klage wegen eines geforderten Stempels erhoben, zu dessen Entrichtung der Kläger gar nicht oder nicht in dem geforderten Betrage verpflichtet zu sein vermeint, so ist der Richter in seiner Beurtheilung nicht auf die von dem Kläger vorgebrachten Gegengründe beschränkt, vielmehr ist der Fiskus die Stempelpflichtigkeit der Urkunde zu begründen verpflichtet.

B. Nachweis der Zahlung des Stempels mit Vorbehalt. — Vergl. A. L. R. I. **16**. §§ 160. 165.; Kabinets-Order vom 18. November 1828.

Rechtsgr. **781**. — I. Senat. 24. Februar 1868. (LXX. 92.)

Zur Begründung der im § 11. des Gesetzes vom 24. Mai 1861 nachgelassenen gerichtlichen Rückforderungsklage bedarf es, wenn der Stempelbetrag ohne Beitreibung erfolgt ist, des Nachweises, daß die Zahlung des defektirten Stempels mit Vorbehalt geleistet ist.*

1861. Juni 10. Gesetz, die Kompetenz der Ober-Bergämter betreffend. (Ges.-Samml. S. 425.)

— **§ 9.** Siehe Rechtsgrundsatz 779. (Gesetz vom 21. Mai 1860 § 1.)

1864. Februar 15. Gesetz über die Aktiengesellschaften, bei welchen der Gegenstand des Unternehmens nicht in Handelsgeschäften besteht. (Ges.-Samml. S. 57.)

— **§ 2.** Siehe Rechtsgrundsatz 377. (Allg. Deutsches Handelsgesetzbuch Art. 208. Abs. 1.)

1866. Juli 2. Verordnung, betreffend die Einstellung des Civilprozeßverfahrens gegen Militärpersonen. (Ges.-Samml. S. 375.)

— Zweck und Anwendbarkeit der Verordnung, betreffend die Einstellung des Civilprozeßverfahrens gegen Militärpersonen, vom 2. Juli 1866. — Vergl. A. G. O. I. **20.** §§ 9. ff.; Reskript vom 10. Juli 1866.

Rechtsgr. **783.** — **IV.** Senat. 12. Februar 1867. (**LXV.** 297.)

a) Die Verordnung vom 2. Juli 1866, betreffend die Einstellung des Civilprozeßverfahrens gegen Militärpersonen, hat die Regulirung des Schutzes derjenigen bei Civilprozessen betheiligten Personen zum Zwecke, welche durch die von ihnen während des damaligen Krieges erforderten Kriegs-Dienstleistungen theils an der dauernden Sorge für die Betreibung ihrer Rechtsangelegenheiten, theils an der für den regelmäßigen Gang des Prozeßverfahrens erforderlichen Kommunikation mit ihren Vertretern und den gerichtlichen Behörden gehindert worden sind.

b) Nur in den Fällen, in welchen

1. eine bei den mobilen Truppen der Land- und Seemacht, oder
2. bei den Besatzungstruppen einer von dem Feinde eingeschlossenen Festung im Kriegsdienste stehende, oder

* Vergl. dagegen Rechtsgrundsätze Bd. 5. No. 1231. S. 587.

3. bei solchen Truppen ihres Amtes oder Berufes halber befindliche, oder endlich
4. von dem Feinde als Geißel oder Gefangener weggeführte

Person als Kläger, Verklagter, Litisdenunziant oder Nebenintervenient betheiligt ist, ist die in der gedachten Verordnung gewährte Begünstigung anwendbar, und es darf dieselbe auf die demobilen Truppen nicht ausgedehnt werden.

1866, Juli 10. Ministerial-Reskript, betreffend die Motive zu der vorstehenden Verordnung vom 2. Juli 1866. (Justiz-Ministerial-Blatt S. 198. ff.)

— Siehe Rechtsgrundsatz 782. (Verordnung vom 2. Juli 1866.)

1866, Dezember 12. Verordnung, betreffend das Verfahren in den, der Zuständigkeit des Ober-Tribunals unterliegenden Rechtssachen in dem Gebiete der ehemaligen freien Stadt Frankfurt. (Ges.-Samml. S. 795.)

— **§ 38**. Zulässigkeit der Adhäsion nach der Verordnung vom 12. Dezember 1866, betreffend das Verfahren in den, der Zuständigkeit des Ober-Tribunals unterliegenden Rechtssachen, in dem Gebiete der ehemaligen freien Stadt Frankfurt; Entschädigungsklage nach dem Verfahren der ehemaligen freien Stadt Frankfurt.

Rechtsgr. **783**. — V. Senat. 17. Dezember 1867. (LXIX. 219.)

a) Für die Adhäsion ist es unerheblich, ob der Ober-Appellant dem zweiten Richter eine unrichtige Beurtheilung der Streitfragen zum Vorwurf macht, oder ob die Abänderung auf Grund neuer Thatsachen oder Beweise beantragt wird; es genügt für die Zulässigkeit der Adhäsion, daß in dem nämlichen Streitpunkt beide Parteien eine Abänderung des zweiten Erkenntnisses verlangen.

b) Bei Klagen auf Leistung einer Entschädigung braucht nicht eine feste Summe angegeben, sondern nur die Rechtsverletzung artikulirt zu werden; die Ermittelung des Betrages kann der Kläger dem Beweisverfahren überlassen.

1867, März 27. Gesetz, betreffend die privatrechtliche Stellung der Erwerbs- und Wirthschaftsgenossenschaften. (Ges.-Samml. S. 501.)
— **§ 1. No. 4.** Siehe Rechtsgrundsatz 315. (A. L. R. II. **6.** § 2.)

1867, Juni 24. Prozeßverordnung (No. 6699.) über das Verfahren in Civilprozessen. (Ges.-Samml. S. 855.)
— **§§ 6. 10. 12.** Siehe Rechtsgrundsatz 719. (Gesetz vom 21. Juli 1849 § 7.)
— **§ 60.** Siehe Rechtsgrundsatz 583. (Reichskammergerichts-Ordnung von 1555 Thl. III. Tit. 50. § 5.)
— **§ 63.** Siehe Rechtsgrundsatz 719. (Gesetz vom 21. Juli 1849 § 7.)
— **§§ 87. 100.** Siehe Rechtsgrunds. 721. (Gesetz v. 21. Juli 1849 § 77.)

1867, August 16. Verordnung, betreffend die Außer- und Wiederinkourssetzung, sowie die Umschreibung der Papiere auf Inhaber für die mit der Preußischen Monarchie vereinigten Landestheile. (Ges.-Samml. S. 1457.)
— **§ 6.** Siehe Rechtsgrundsatz 692. (Gesetz vom 4. Mai 1843 § 4.)

1868, Juli 4. Gesetz No. 134., betreffend die privatrechtliche Stellung der Erwerbs- und Wirthschaftsgenossenschaften. (Bundesgesetz-Blatt für 1868 S. 415.)
— **§ 1. No. 4.** Siehe Rechtsgrundsatz 315. (A. L. R. II. **6.** § 2.)

Nachtrag.

Zu Seite 160.
Art. **61.** Frist zur Kündigung des Handlungsdieners, mit dem der Dienstvertrag vor Einführung des Allg. Deutschen Handelsgesetzbuchs abgeschlossen und nach jener Zeit fortgesetzt ist. — Vergl. A. L. R. Einl. § 12.; Einführungsgesetz zum Handelsgesetzbuch Art. 61.

Rechtsgr. **366a.** — IV. Senat. 30. Juni 1868. (LXX. 319.)

Der Art. 61. des Allg. Deutschen Handesgesetzbuchs, welcher bestimmt:

„Das Dienstverhältniß zwischen dem Prinzipal und dem Handlungsdiener kann von jedem Theile mit Ablauf eines jeden Kalenderjahres nach vorgängiger sechswöchentlicher Kündigung aufgehoben werden",

findet auch da Anwendung, wo der Vertrag nicht unter der Herrschaft des Allg. Deutschen Handelsgesetzbuchs errichtet, vielmehr nur nach Einführung desselben fortgesetzt worden ist.

Register.

A.

B.

C.

D.

F.

G.

H.

J.

K.

L.

M.

N.

O.

P.

S.

T.

U.

V.

W.

Z.

Inhalts-Anzeige.

Seite

Berichtigungen.

Seite 1. Zeile 8. von unten statt 228 lies: 208.
" 13. " 5. von oben statt Juni lies: Mai.
" 155. " 14. von unten statt Tit. 4. lies: Tit. 14.
" 160. vor Zeile 8. von unten ist der Nachtrag Seite 360. einzuschalten.
" 204. Zeile 7. von unten „hinter Injurienklage" ist einzuschalten: der Ehefrau.
" 285. " 14. von oben statt 17 lies: 27.

Kolibri 360 GmbH
Ferdinand-Jühlke-Straße 7
99095 Erfurt, Deutschland
produktsicherheit@kolibri360.de